国学经典文库

图文珍藏版

聚集人生哲理智慧 荟萃儒家文化经典

孟子

诠解

〔战国〕孟子◎原著 马博◎主编

线装书局

三十

【原文】

公都子曰:"匡章,通国皆称不孝焉。夫子与之游,又从而礼貌之,敢问何也?"

孟子曰:"世俗所谓不孝者五:惰其四支^①,不顾父母之养,一不孝也;博奕好饮酒,不顾父母之养,二不孝也;好货财,私妻子,不顾父母之养,三不孝也;从^②耳目之欲,以为父母戮^③,四不孝也;好勇斗很^④,以危父母,五不孝也。章子有一于是乎? 夫章子,子父责善而不相遇也。责善,朋友之道也。父子责善,贼恩之大者。夫章子,岂不欲有夫妻子母之属哉? 为得罪于父,不得近,出妻屏^⑤子,终身不养焉。其设心以为不若是,是则罪之大者,是则章子已矣。"

【注释】

①四支:即四肢。

②从:通"纵"。

③戮:羞辱。

④很:通"狠"。

⑤屏:赶出。

【译文】

公都子说:"匡章,全国都说他不孝。您却同他交往,还对他很客气,请问这是为什么呢?"

孟子说:"通常认为不孝的情况有五种:四肢懒惰,不管赡养父母,这是第一种;酗酒聚赌,不管赡养父母,这是第二种;贪容钱财,只顾老婆孩子,不管赡养父母,这是第三种;放纵于声色享乐,使父母感到羞辱,这是第四种;逞勇好斗,连累父母,这是第五种。章子可有其中一种吗? 章子是因为父子之间以善相责而不能相处在一块的。责求善行,这是朋友相处的原则。父子之间责求善行,却是大伤感情的事。章子难道不想有夫妻母子的团聚? 只是因为得罪了父亲,不能亲近他,所以才把妻子儿女赶出了门,终身不要他们侍奉。他心里设想如果不这么做,就是更大的罪过,这就是章子啊。"

【评析】

孟子认为的五种不孝的表现，大家要引以为戒。

【典例阐幽】

以善相责

子发是战国时期楚国的一员大将，一次带兵和楚国打仗，前线断了粮草，派人向楚王告急。使者顺便去看望了子发的母亲。

老人问使者："兵士都好吗？"使者说："还有点豆子，只能一粒一粒的分着吃。""你们的将军呢？"

使者回答道："将军每餐都能吃到肉和米饭。身体很好。"

子发得胜回来，母亲紧闭大门不让他进家门，并派人去告诉子发："你让人去饿肚子打仗，自己却有吃有喝，这样做将军打了胜仗也不是你的功劳。"母亲又说："越王勾践伐吴的时候，有人献给他一罐酒，越王让人把酒倒在了江的上游，叫士兵一起喝下游的水。虽然大家没有尝到酒味，但是却鼓舞了全军的士气，提高了战斗力。现在你只顾自己不顾士兵，你不是我的儿子，你不要进我的门。"

这样以善相责以后，子发决心改过。后来领兵打仗果然体恤兵士。子发母亲深明大义之举也流传了下来，成为后来教子的楷模。

三十一

【原文】

曾子居武城①，有越寇。或曰："寇至，盍去诸②？"

曰："无寓人于我室，毁伤其薪木。"寇退，则曰："修我墙屋，我将反。"寇退，曾子反。左右曰："待先生如此其忠且敬也，寇至，则先去以为民望；寇退，则反，殆于不可。"沈犹行曰③："是非汝所知也。昔沈犹有负刍之祸④，从先生者七十人，未有与焉。"

子思居于卫⑤，有齐寇。或曰："寇至，盍去诸？"子思曰："如伋去，君谁与守？"

孟子曰："曾子、子思同道。曾子,师也,父兄也。子思,臣也,微也。曾子、子思易地则皆然。"

【注释】

①武城:鲁国邑名,故城在今山东费县西南。

②盍:何不。

③沈犹行:曾子弟子,姓沈犹,名行。

④负刍:人名。

⑤子思:孔子之孙,名伋,字子思。

【译文】

曾子住在武城,有越国军队入侵。有人说:"敌人要来了,何不离开这里?"

曾子说:"不要让人住到我屋里,毁坏那些树木。"敌人撤退了,他又说:"修葺好我的房屋,我要回来了。"敌人撤退,曾子回来了。左右的人说:"武城的人们待先生这样忠诚恭敬,敌人一来您先走开,给老百姓树立了一个坏榜样;敌人一退您就回来,恐怕不可以的。"沈犹行说:"这不是你们懂得的。从前先生住在我那里,遇到一个叫负刍的人作乱,随从先生的七十人,也都跟着先生走了,没有人参加抵抗。"

子思住在卫国,有齐国的军队入侵。有人说:"敌人要来了,何不离开这里?"子思说:"如果我走了,君主和谁一道来守城呢?"

孟子说:"曾子、子思走的是同一条道路。曾子,是老师,是父兄。子思,是臣子,是地位较低的人。曾子和子思如果交换地位,也会像对方一样行动的。"

【评析】

本章也是讲圣贤的行为不尽相同,但遵守的原则是一样的。曾子是武城的宾客,子思则是卫国的臣子。所以当敌人入侵时,曾子可以泰然离去,而子思则必须恪尽职守。

三十二

【原文】

储子①曰:"王使人瞷②夫子,果有以异于人乎?"

孟子曰:"何以异于人哉? 尧、舜与人同耳。"

【注释】

①储子:齐国人,曾任齐相。

②瞯:窥视

【译文】

储子说:"齐王派人暗中观察先生,您果真有同别人不同之处吗?"

孟子说:"哪有什么不一样的呢? 尧、舜也都是跟别人一样的普通人。"

【评析】

孟子到了齐国,齐臣储子对他说,齐王让人悄悄地窥视您,您果有与他人不同的地方吗? 齐王如此,大概孟子此时已经名震天下了。

孟子淡淡地说,有什么不同呢? 尧舜也与常人相同呢。

由此可知,孟子自视为尧舜。他多次讲"五百年必有王者兴,其间必有名世者"。看来,他不仅自视为"名世"的贤人,而且自视为应运而生的"王者",自视为尧舜之类的圣人。

【典例阐幽】

王侯将相宁有种乎

"王侯将相宁有种乎",这句激励着不少仁人志士的名句是陈胜说的,他是我国最早的农民起义军将领之一。

秦朝末年,秦朝法吏严酷,徭役繁多,农民不堪驱使。一日陈胜和吴广被同时发配到渔阳,路上遇到大雨,延误了期限,按当时秦朝的法律,延误期限一律要被杀头的,陈胜和吴广便商议,延误期限要死,为国家死于大义也是死。于是他们决定起义。

做好了起义的准备工作以后,陈胜便把一同被发配的人聚集起来说:"延误了期限是要斩头的,如果侥幸不被杀头,戍守边塞的苦役十有六、七也要送命。接着说道:"且壮士不死就算了,死就要取得大名声,王侯将相难道是天生的贵种吗!"

在等级森严的封建社会,这句话犹如晴天霹雳,不但拉开了这次起义的序幕,同时也成为很多人反抗阶级压迫,反抗暴政的依据。

三十三

【原文】

齐人有一妻一妾而处室者,其良人①出,则必餍②酒肉而后反。其妻问所与饮食者,则尽富贵也。其妻告其妾曰:"良人出,则必餍酒肉而后反;问其与饮食者,尽富贵也,而未尝有显者来,吾将瞯良人之所之也。"

蚤③起,施④从良人之所之,遍国中⑤无与立谈者。卒⑥之东郭⑦墦⑧间,之祭者,乞其余;不足,又顾而之他,此其为餍足之道也。

其妻归,告其妾,曰:"良人者,所仰望而终身也,今若此!"与其妾讪其良人,而相泣于中庭。而良人未之知也,施施⑨从外来,骄其妻妾。

由君子观之,则人之所以求富贵利达者,其妻妾不羞也,而不相泣者,几希矣。

【注释】

①良人:妻子对丈夫的称呼。

②餍:饱,足。

③蚤:通"早"。

④施:同"斜",斜行,这里是说暗暗尾随着别人。

⑤国中:城中。

⑥卒:最后,最终。

⑦东郭:东城外。郭,外城。

⑧墦:坟墓。

⑨施施:得意的样子。

【译文】

齐国有个人,家里有一妻一妾,每次她们的丈夫出去,必定会吃饱喝足了才回来。他的妻子问跟他一起吃饭的都是些什么人,他说都是富有之人。他的妻子对他的妾说:"丈夫每次出去,必定会吃饱喝足了才回来;问跟他一起吃饭的都是什么人,他说都是富有的人,但是却从不曾有显贵之人到家里来过,我要暗中观察观察他都是到哪里去的。"

第二天妻子早早地起来,暗中跟着丈夫出去,在城中走了一圈,没有一个人站起来跟他说话。丈夫最后到了东城外面的坟墓中间,走到祭扫坟墓的人那里,乞讨些剩余的祭品;不够,又左右看看到别人那里去乞讨,这就是他吃饱喝足的办法。

妻子回来之后,把自己所看到的告诉了妾,说:"我们的丈夫啊,这个要托付终身的人,不想竟是这个样子!"妻子与妾暗暗咒骂她们的丈夫,在庭院中相拥哭泣。但是丈夫并不知道这事,很得意地从外面回来,骄傲地对他的妻妾吹嘘着。

由君子看来,人们那些追求富贵通达的方法,能使自己的妻妾不感到羞耻,能使她们不哭泣的,真是少见。

【评析】

由君子观之,则人之所以求富贵利达者,其妻妾不羞也,而不相泣者,几希矣。

自重从而尊重别人,是社会交往的重要原则。自重尤其是做人的根本。

孟子说:在君子看来,人们用来乞求升官发财的办法,能不让他们的妻妾感到羞耻,不相对而泣的,实在很少。朱熹批注指出:"言今之求富贵者,皆以枉曲之道,昏夜乞哀以求之,而以骄人于白日,与斯人何以异哉?"意思是说,为求富贵不走正路,晚上可怜兮兮到处奔走,白天大摇大摆盛气凌人,这种人和这个齐人又有什么本质的不同呢?

【本篇总结】

在这一篇,孟子提出君臣关系是对等的,如果君王把臣子视为手足,则臣子将视君王为腹心;若君王视臣子如土芥,则臣子将视君王为仇敌。因此作为君王不可不慎,国君仁慈则天下人无不仁慈。爱人者人恒爱之,敬人者人恒敬。孟子还提出人应该保持自己的赤子之心。商界人士若能保持一颗赤子之心。不但会发现很多有趣的东西,还能以童心开创事业。

【古代事例】

魏文帝学驴叫

赤子之心,至诚无息,不舍任何功利是非。若将赤子之心扩充一下,则能化育天下万物,温暖天下万情。东汉末年,流寓荆州的王粲投奔曹操,与曹丕诗文酬唱,相与往还,挚友深情,可比托赤子之诚。

曹操死后,继位的世子曹丕(187—226 年)不能与兄弟相容,尤其猜忌被曹操宠爱的同胞兄弟曹植(192—232 年),一心想寻找机会把他处死。有一次,曹丕勒令曹植以"兄弟"为题,在七步之内做出一首诗,但诗中不能出现"兄弟"之类的字眼,否则遭死。曹植不假思索,应声而作:"煮豆持作羹,漉菽以为汁。萁在釜下燃,豆在釜中泣,本自同根生,相煎何太急!"曹丕听后,深有惭色。杀害曹植的念头亦打消。在这则故事中,曹丕给人的印象是心胸狭窄,凶险毒辣,而在他与王粲(117—217 年)相交的故事中,却是一位情感真挚的人。

当初,刘表(142—208 年)曾在王粲的爷爷王畅门下求学,与王家有通世之谊。可是,王粲在荆州避难时,因面目丑陋得不到刘表的赏识。刘表曾想把女儿嫁给王粲,但嫌他不俊美,转而把女儿嫁给王粲貌美的族兄王凯。后来刘表父子掌控下的荆州归降曹操,王粲离开荆州来到邺下(今河北临漳),成为邺下文人集团中富有嘉名的才子,与孔融、陈琳、徐干、阮瑀、应场、刘桢并称为"建安七子"。曹丕与王粲素相友善,酬唱往还,惺惺相惜。曹丕称赞王粲所做的赋作,即使是辞赋大家张衡、蔡邕也不过如此。

据说名医张仲景(生于 150—154 年之间,卒于 215—219 年之间)在路上遇到王粲,见其面色不好,遂断定他患有疾病,二十年后将会鼻子塌陷,眉毛脱落(后世很多学者据此推断王粲患有麻风病),服食"五石散"即可避免,不过,王粲不以为然,张仲景的话并不挂在心上。不料二十年后,王粲随曹操出征,途中病发,症状果如张仲景所言,没过多久就撒手人寰。

王粲下葬之后,曹丕极为感伤,带着众人拜谒王粲的坟墓,深深哀悼良久,回头对众人说:"王粲活着的时候非常喜欢听驴鸣叫的声音,斯人长逝,我们何不各学一声送他不还之游呢?"说完,曹丕带头"啊——哈——"一声学起来,随行的人也都面色凝重地各自学一声。驴鸣之声此起彼伏,散在风中,良久不息。

【评述】

高贵的曹丕竟能放下身份带头学驴鸣。足见其赤子之心并未泯灭,全然不同于日后逼迫同胞兄弟做七步诗的魏文帝。如孟子所说,大人物都是没有丧失赤子之心的人。因此,企业的管理者不能只从曹丕身上看到他继位后的凶险狡诈,应看到他未曾泯灭的赤子之心。

书法家的执着

徐辟向孟子询问孔子何以多次称赞水的德行,孟子答道,有源头的水流起来会不舍昼夜,把所有的沟沟坎坎填满之后才继续前进,而无源之水,很快就会枯竭,所以君子进德修业,当不图虚名,勤勉笃实,才能有所进步。历史上的几位书法家之所以取得卓越的成就,无不如有源之水,透过勤学苦练才练就一身才艺。

我们在欣赏古代书法艺术的时候,常会不由自主地赞叹书法家精妙绝伦的技艺,而很少有人知道他们当初付出多少难以想象的艰辛,下面的三个故事或许能使我们产生对古代书法家的敬畏之情。

由南朝陈、隋入唐的智永是会稽(今浙江绍兴)人,王羲之的七世孙。智永住在永欣寺,积年学书,苦练书艺,所写的《千字文》达八百多册,以致用废的秃笔头积攒到十瓮,每一瓮都有数石重,这些笔头埋起来后,智永称其为"退笔塚"。当时来向智永求字帖和题匾额的人,把永欣寺的门槛都给踩破。智永的书迹传于今天的有《千字文》,笔笔从空中来,从空中住,沉着收束,下笔欲透纸背。

欧阳询(557—641年)字信本,唐潭州临湘(今湖南长沙)人,与颜真卿、柳公权、赵孟頫并称楷书四大家。据说他曾在路途中看到晋代书法家索靖(239—303年)写的一块古碑,于是驻马观看很久才离开,走出数百步又觉余兴未尽,遂又折回碑前,下马伫立,仔细观赏。看到疲劳之时就展开布裘坐在地上继续观看,这样看过三天之后,他才恋恋不舍地离去。欧阳询的书法犹如龙蛇战斗之象,具含云雾轻宠之势,风旋雷激,操举若神,以《九成宫礼泉铭》《梦奠帖》《张翰帖》等为最著名。

怀素(737—799年),俗姓钱,字藏真,唐永州零陵(今湖南零陵)人。怀素的草书人称"狂草",和张旭齐名,书家有"张颠素狂""颠张醉素"之称。怀素少时家贫买不起纸,聪敏的怀素就把白漆涂到一块木板上,在白漆板上书写。可是白漆板表面光滑不易着墨,于是怀素转而在寺院周围栽种很多芭蕉树,及至可用之时,摘下肥大宽厚的芭蕉叶,临帖挥毫。但这依旧不能供应怀素写字的需求,他又不忍摘下刚刚从芭蕉茎中抽出的黄嫩小叶,遂手持笔墨站在芭蕉树前一手扯叶,一手挥毫,此叶写完,转写彼叶。怀素或头顶骄阳,或迎立北风,坚持不懈,从未有一日松弛,直到笔走龙蛇,满纸云烟都没有停止练笔。怀素援毫掣电,随手万变,用笔圆劲有力,飞动自然,如壮士拔剑,神采动人,而回旋进退,无不中节。怀素性极好酒,尝言

"饮酒以养性,草书以畅志",每当酒酣之时,不管墙壁、衣物、器皿,任意挥毫,遂有"醉僧"之令名。怀素的书迹传于世的有《自叙帖》《苦笋帖》《食鱼帖》《圣母帖》《论书帖》《大、小草千文》等,各尽其妙。

俗话说:"冰冻三尺,非一日之寒。"这三位书法家的成就无不建立在长年累月练笔的基础上,才使得妙笔生花,把汉字的形体美转化成笔笔有神的书法艺术。

【评述】

孟子曾说,七八月间的暴雨填满田间的水沟和路上的车辙,但是它们的干涸就在转眼之间,因为这是无源之水。智永、欧阳询和怀素的努力换来的是在书法史上垂名千古。朱子(1130—1200 年)有句很有名的诗,问渠哪得清如许,为有源头活水来,说的就是这样的道理。企业的活水之源也在于负责人艰苦卓绝的努力。

【现代事例】

"芭比之母"露丝·汉德勒

孟子说,仁者爱人,有礼者能敬人,爱人者人恒爱之,敬人者人恒敬之。闻名世界的"芭比之母"露丝·汉德勒以其从未泯灭的赤子之心,发明已成为美国文化符号的芭比娃娃;又以其仁爱之心,致力于呼吁女性关注乳腺健康的宣传中,得到世界各国人民的深切爱戴。

拥有一个漂亮的芭比娃娃(Barbie)是很多少女的美妙梦想。创造出这个漂亮玩具的露丝·汉德勒(Ruth Handler),被人誉为"芭比之母"。

一九一六年,露丝·汉德勒生于美国丹佛(Denver)的一个波兰籍家庭,尽管家境窘迫,她从不缺少父母的宠爱,这使得露丝·汉德勒有着一颗纯稚的童心。大学二年级时,她来到好莱坞派拉蒙影业公司(Paramount Pictures, Inc.)学习工业设计,并在此结识她的终身伴侣伊里亚德(Elliott)。

一九四五年,露丝·汉德勒夫妇与朋友曼特森(Matteson)联合创办一家专门生产儿童玩具的美泰公司(Mattel Inc.),这家公司与很多同类小公司一样默默无闻,并没有什么出色的地方。当时,露丝·汉德勒已育有一女,身为人母的她在与女儿的交流中十分注意从中寻找创造新玩具的灵感。一天,她偶然间看到女儿沉迷于一些剪纸娃娃,还乐此不疲地为它换衣服、皮包等装饰。露丝·汉德勒忽然想到,何不设计一款可以更换衣服的立体娃娃呢?

这个念头始终回绕在露丝·汉德勒心中,却始终找不到合适的突破口。在德国度假时,她无意间发现一个身高十一点五寸,三围三十九~十八~三十三的德国娃娃"莉莉",心里便立时打定主意。露丝·汉德勒回美国后,在"莉莉"基础上另加改造创造出一款新型的立体娃娃,并请服装设计师为她设计服装,使其看上去像玛丽莲·梦露(Marilyn Mornroe,1926—1962年)一样迷人,以女儿的昵称为其命名为"芭比"。

一九五九年,芭比娃娃在美国玩具博览会首次亮相时,不但没有被抢购一空,反而备受玩具经销商的冷眼。露丝·汉德勒并不气馁,下定决心继续坚持。果然,没有多久芭比娃娃便受到孩子们的热烈欢迎,越来越多的人开始接受这种全新的玩具。经销商的订单也像雪片一样飞到美泰公司。

但是,芭比娃娃也遭到美国妇女组织的批评,以为芭比娃娃太完美,不适合少女,而且会阻碍妇女解放运动。这也促使露丝·汉德勒设计出八十多种职业的芭比娃娃,如警官、医生、公务员等等;芭比娃娃的国籍也可以是美国、英国、法国、中国等等。露丝·汉德勒还为芭比设计出很多宠物(如名为"跳舞者"的马),为芭比找到男朋友肯,芭比可以有自己的个性和爱好。这些组合与搭配完全可以根据每位女孩子自己的喜好和兴趣来确定。

与事业的成功相比,露丝的生活则充满很多不幸。一九七〇年,露丝·汉德勒因患乳腺癌切除乳房。随着业务的多元化,美泰的玩具生产被边缘化,露丝·汉德勒和丈夫不得不离开他们一手创办的公司和事业。

一九七六年,露丝·汉德勒成立一家生产人造乳房的公司,向那些乳房被切除的女性提供辅助。她还到全国各地演讲,呼吁女性重视乳腺检查,关爱乳房。到她去世时,芭比娃娃不再是一种单纯的玩具,而成为美国文化中的一个极具代表性的符号,露丝·汉德勒也深受世界各国人民的爱戴。

【评述】

正如孟子所说,爱人者人恒爱之。露丝·汉德勒以其赤子之心和爱人之心,换来辉煌的事业和民众的爱戴。在企业中从事创新活动的人士若能保持一颗与生俱来的赤子之心,会有利于新发明的诞生;若能同样保持一颗爱人之心则能使我们心灵得到升华。

左右逢源的变形金刚销售策略

孟子认为君子之所以要把握大道，是要借助这些道理在社会生活中左右逢源。对于企业来说，成功的销售源于一套成功的策略，这项策略既要包含长远的目标，又要包含可行的路径，其中，最重要的是将道德因素包含进去，使其成为这项策略的灵魂。风靡全球的变形金刚的销售策略就是这样的。

出生在七八十年代的人肯定都会记得初次看到变形金刚时的迷恋和钟情，不管是变形金刚的玩具，还是精彩纷呈的动漫，不知陪同多少孩子走过少年时的美好时光，变形金刚也成为回想那个时代的情感纽带。直到如今，变形金刚的电影和玩具依旧吸引着无数有着共同回忆的年轻人和刚刚咿呀学语的孩子们。

一九八四年，美国孩之宝公司(Hasbro)与日本 TAKARA 公司联合开发出一种奇妙的儿童玩具——变形金刚(the Trans for mers)，并以此为题材，按照美国人的科幻理念推出一系列动漫和影片，让机器人首次成为拥有智慧的种族。在很多人并不看好的形势下，这两者的结合取得巨大的商业成功，变形金刚玩具的销量大增，一时间风靡全球，相关的动漫和电影亦开创影视领域的一片新天地，堪称当代"植入式行销"方式的成功典型。

所谓"植入式行销"，即是将产品的视觉符号巧妙地融入影视媒体之中，通过产品与场景的互动，使观众对产品留下直观生动的深刻印象，继而带动产品的销量。变形金刚的销售就成功地运用这些理论，为产品编写精彩情节的剧本，拍成相关影视片，使玩具生产和影视动漫都形成具有潜力的强大产业。不得不说的是，大多数小孩都是在影视剧中看到变形金刚后，才禁不住诱惑而缠着父母购买的。

另外，孩之宝并不把一时的利益看得太重，反而在很多时候为谋取更大的利益暂时牺牲眼前的利益，把消费者的潜在需求和欲望转化为明确的购买行动，从而巧妙地引导消费行为。孩之宝在打入一些国家之前，为使人们更直观地了解变形金刚的巧妙，曾把《变形金刚》的动漫拷贝无偿赠送给这些国家的大型影院和电台。影片播放后，很快就在孩子之间掀起"变形金刚"热潮，所有产品立即被抢购一空。这正印证美国钢铁大王卡内基的至理名言，若真诚地为客户谋利则不必担心自己的利润遭受损失。

如今，更为精彩的《变形金刚》电影在世界各地轮番上映，又掀起一阵阵变形金刚的热潮，这使得已经成年的变形金刚迷重温童年记忆的同时，又培养出新一代的变形金刚迷。

【评述】

左右逢源是孟子所追寻的一种社会交往境界,想要左右逢源,则需遵循一定的方法和道理。变形金刚的左右逢源,在于"植入式行销"这种巧妙的行销之道,先将《变形金刚》动漫的拷贝无偿地赠送给电台播放,暂时放弃动漫的收益,在时机成熟的时候,使影视和玩具互相推进,互相影响,到最后两者都获得丰厚的利润。因此,商界人士当将目光放长远,运大道于心,必会有更大的利益可图,"放长线钓大鱼"不是没有道理。

【名言录】

名言:人有不为也,而后可以有为。——《离娄(下)》

古译:人有所不为,而后能有所为。

今译:人要有所不为,才能够大有所为。

现代使用场合:大千世界,我们需要做的事情太多,身边有很多值得做的事情,它们是积极的,向上的,具有旺盛生命力的;身边也有很多不值得做的事情,它们是无聊的、无趣的、无味的。对于值得做的事情,我们要尽力而为之,这样才能无愧于心,对于不值得做的事情,我们姑且将它放下,"有所不为才能有所为",有选择性地做事,这样才有事半功倍的收效。

名言:君之视臣如手足,则臣视君如腹心;君之视臣如犬马,则臣视君如国人;君之视臣如土芥,则臣视君如寇雠。——《离娄(下)》

古译:君视臣同手足,则臣视君同腹心;君视臣如犬马,则臣视君如路人;君视臣如土芥,则臣视君如寇仇。

今译:国君如果视臣子为手足,则臣子将视国君为其腹心;国君如果视臣子为犬马,则臣子视国君为路人;国君视臣子为泥土野草,则臣子视国君为敌寇。

现代使用场合:负责人对于下属,不要摆出一副官架子,而应该放下身段,用心去关心他们,把他们当作自己的朋友,将心比心。这样,才能换取员工的信任,获得员工的支持,同样也能被员工视作真心的朋友。

名言:君子所以异于人者,以其存心也。君子以仁存心,以礼存心。仁者爱人,有礼者敬人。爱人者人恒爱之,敬人者人恒敬之。——《离娄(下)》

古译:君子异于人之故在于其存心。君子以仁存心,以礼存心。仁者爱人,有礼者敬人。爱人之人人亦爱之,敬人之人人亦敬之。

今译:君子不同于其他人的地方,在于思想。君子立足于人,立足于礼。有"仁"的人也会爱其他人,有"礼"的人也会尊敬其他人。爱别人的人,会受到别人的爱,尊敬别人的人,会受到别人尊敬。

现代使用场合:君子往往怀有一颗仁德之心,他们深入百姓生活,懂得百姓疾苦,因而也深得百姓之爱戴和尊敬。现代生活中,爱与被爱,敬与被敬亦是两组相反相成的事物,只有付出自己的爱和敬,才能得到他人的爱和敬。

名言:君子有终身之忧,无一朝之患也。——《离娄(下)》

古译:君子有终身之忧,无一朝之患也。

今译:君子有终身的忧患,没有突如其来的忧患。

现代使用场合:君子正因为将未来诸事都谋划得很周全,才不会因为突如其来的事件恐慌。现代企业中,公司负责人也应该时时刻刻具有这种忧患的思想,才能在面对突发事件时不至于手忙脚乱,"人无远虑,必有近忧"说的正是这个意思。

名言:君子之泽五世而斩。——《离娄(下)》

古译:君子之泽,五世而绝。

今译:君子的恩泽,五世斩绝。

现代使用场合:在一般的情况下,君子的恩泽很少会超过五世,就像我们常说的,富不过三代。所以,对商界人士来说,更应该广施恩泽,用一颗宽厚仁慈的心去面对世界,将家风延续不衰,相信世界亦会带给你美好的回报。

卷九　万章上

【题解】

本篇9章,除第四章之外,均为答弟子万章之问。其中第一、二、三、四章,论述舜孝养父母、亲爱兄弟的品德。在孟子看来,舜对孝悌之道的践履是纯美无瑕的,关键在于不仅出自真性情,而且贯彻始终,甚至为此受蒙蔽,或牺牲其他的道义准则,也可以理解。第五、六两章,论及禅让与世袭制度的依据,照孟子的意见,禅让与世袭,本身无所谓好坏,关键在是否有天意的依据,而天意的表现,却是民心的向背。这就把王位继承的依据落实于民间,体现出孟子的民本思想。第八章和第九

443

章,分别就孔子和百里奚的事迹,说明君子洁身自好的道理。本篇第四章,记录了孟子论《诗》的重要主张,即"不以文害辞,不以辞害志"和"以意逆志"的方法,对后世深有影响。

一

【原文】

万章问曰:"舜往于田①,号泣于旻天②,何为其号泣也?"

孟子曰:"怨慕③也。"

万章曰:"'父母爱之,喜而不忘;父母恶之,劳而不怨。'④然则舜怨乎?"

曰:"长息⑤问于公明高⑥曰:'舜往于田,则吾既得闻命矣。号泣于旻天,于父母,则吾不知也。'公明高曰:'是非尔所知也。'夫公明高以孝子之心,为不若是恝⑦,我竭力耕田,共⑧为子职而已矣,父母之不我爱,于我何哉?帝使其子九男二女⑨,百官⑨牛羊仓廪备,以事舜于畎亩⑪之中,天下之士多就之者,帝将胥⑫天下而迁⑬之焉。为不顺⑭于父母,如穷人⑮无所归。天下之士悦之,人之所欲也,而不足以解忧;好色,人之所欲,妻帝之二女,而不足以解忧;富,人之所欲,富有天下,而不足以解忧;贵,人之所欲,贵为天子,而不足以解忧。人悦之、好色、富贵,无足以解忧者,惟顺于父母可以解忧。人少,则慕父母;知好色,则慕少艾⑯;有妻子,则慕妻子;仕则慕君,不得于君则热中⑰。大孝终身慕父母。五十而慕者,予于大舜见之矣。"

【注释】

①舜往于田:舜到田里去干活,相传舜曾躬耕于历山。

②旻天:上天,苍天。

③慕:对父母的思慕、依恋,古人专称之为"慕"。

④"父母爱之"诸句:《礼记·祭义》《大戴礼记·曾子大孝篇》都有与此类似的记载。忘,懈怠,玩忽。劳,忧惧,愁苦。

⑤长息:人名,下文公明高弟子。

⑥公明高:人名,曾参弟子。

⑦恝:无忧无虑的样子。

⑧共:通"恭"。

⑨帝使其子九男二女：帝，指尧。九男，尧派他的九个儿子侍奉舜，不见于其他史料记载。二女，尧使二女做舜的妻子，事见《尚书·尧典》，《列女传·母仪篇》记载二女的名字是：娥皇、女英。

⑩百官：指各级官吏。

⑪畎亩：田地，田野。

⑫胥：皆，尽。

⑬迁：移，让。

⑭顺：悦，喜欢。

⑮穷人：其意不同于现在，特指鳏寡孤独等无依无靠的人。

⑯少艾：指年轻貌美之人。艾，美好。

⑰热中：指内心浮躁。

【译文】

万章问道："舜到田里去耕作，仰头朝天哭诉，他为什么要哭诉呢？"

孟子说："因为他对自己的父母既抱怨又眷念。"

万章说："'父母喜欢自己，高兴而不敢懈怠；父母讨厌自己，忧愁而不抱怨父母。'而舜居然会抱怨父母？"

孟子说："长息曾问公明高：'舜到田里去耕作，我听您讲解过了；对天哭诉，这样对自己的父母，我还不理解。'公明高说：'这不是你所能明白的了。'公明高认为，孝子的心是不可能无忧无虑的：我竭力耕田，恭敬地尽到做儿子的职责就行了，父母不喜欢我，我将怎样呢？帝尧让自己的九个儿子两个女儿，带着各级官员、牛羊、粮食，到田野中侍奉舜，天下的士人投奔他的也很多，尧还将把整个天下让给他。舜却因为不能使父母顺心，而像孤寡之人无所归宿似的。天下的士人喜欢他，这是人人想得到的，却不足消除他的忧愁；漂亮的女子，这是人人想得到的，舜娶了帝尧的两个女儿，却不足以消除他的忧愁；财富，是人人想得到的，舜富有天下，却不足以消除他的忧愁；地位尊贵，是人人想得到的，舜尊贵到当了天子，却不足以消除他的忧愁。士人的喜欢、漂亮的女子、财富和尊贵，没有一样足以消除忧愁，只有顺了父母心意才能消除忧愁。人小的时候，就依恋父母；懂得喜欢女子了，就倾慕年轻美貌的女子；有了妻子，就眷念妻子；做了官就思念君主，得不到君主信任，心里就浮躁难受。具有最大孝心的人，才能终身眷念父母。到了五十岁上还眷念父

【评析】

自孔子"祖述尧舜、宪章文武"起,尧、舜、文、武,是儒家也是中国思想文化界一致称道的历史人物,且引用频率很高;是儒家树立的圣君之最高典范,后世帝王效法的崇高榜样。这一章中心是赞扬舜的大孝。孟子认为,舜虽贵为天子,得到了人人都愿得到的东西,如天下士人归附、女色、财富、地位,但他并不高兴,他内心的忧愁是,还没有得到父母的欢心,年五十仍思慕父母。所以儒家把他树为大孝的典型。

儒家认为,从个人品质来说,孝为百善之首,是第一位的,从天子以至庶民都是如此。这是中国伦理道德的核心,只有有了这个"孝"的核心,扩而充之,才能构成其他的善行。当然,舜这个典型是在以氏族宗法社会为特征的时代里树立的,后世此种观念也不是没有变化,如当个体的"孝"与社会群体的"义"发生强烈冲突时,儒家还是提出要"大义灭亲"之说;而发展至近现代,舜这种行为似乎匪夷所思,且有违儒家"乐以天下,忧以天下"的政治理念,实为"愚孝"之举。儒家的观念,也并非一成不变的。

终身都爱慕父母的有两种情况:

一种是终身都只爱慕父母,其他如年轻漂亮的姑娘、妻子、国君等统统不爱。

另一种是既终身爱慕父母,又不妨害爱姑娘,爱妻子,爱国君等。若以弗洛伊德博士的观点来看,第二种是正常的情感心态,第一种则出于"恋父""恋母"情结了。

孟子这段话是通过对大舜作心理分析后引出的。大舜由于没有得到父母的喜爱,所以,即使获得了绝色美女和妻子,甚至自己已做了国君,达到了权力和财富的顶峰以后,也仍然郁郁寡欢,思慕父母之爱。

所以,如果我们要做到"大孝",那就应该既"终身慕父母",又爱少女和妻子,这才是健康正常的心态。

唯顺父母方可解忧

郑庄公弟兄二人，母亲武姜因生庄公时难产，因此对他心生厌恶，取名"寤生"，相反对其弟弟叔段却百般宠爱。按照古制，寤生是老大，顺理成章地继承了王位，成为郑国君主。母亲武姜更加心怀不满，千方百计培养叔段的势力，以便强大后取代庄公。于是她请庄公把叔段封到京襄城（今荥阳），庄公虽然不愿意，但还是同意了。叔段到京后，称京城太叔，招兵买马，修筑城墙，准备谋反。郑庄公二十二年（公元前 722 年），叔段认为时机成熟，就和母亲商量谋反日期，武姜做出决定后就回信给叔段，让他立即起兵，自己作为内应。此时，郑庄公早已发现他俩的阴谋，截获了密信。拿到证据后，郑庄公即派公孙吕率二百辆兵车包围了京襄城，叔段措手不及，仓皇逃至鄢陵，又被庄公追杀而被迫达到共城（今河南辉县）后自杀。

这样一来，武姜对庄公更加不满，扬言"我俩不到黄泉不再见面"。庄公就把武姜送到颍地（今登封颍阳）居住。过了一段时间，庄公有些后悔，在设宴招待管颍地的官员颍考叔时，颍考叔想调解他们母子的关系，于是在用餐时把一些好吃的东西藏在了袖子里。庄公感到非常奇怪，就问："这是何意？"颍考叔说："我母亲常年在乡下没吃过君主赐的饭食，我想给她带一些回去，以表示我的一片孝心。"郑庄公就讲了与自己母亲关系破裂的经过。颍考叔说："这好办。我们可以掘地道至黄泉，筑成甬道和庭室，在那里，你们不就可以见面了吗？"庄公深感此法妥当，就委托颍考叔办理此事。于是颍考叔迅速行动，在京襄城很快挖成了一个地道，请庄公和母亲在那里见面。母子二人见面后抱头痛哭，郑庄公还赋诗一首，称"大隧之中，其乐也融融。"从此母子言归于好。

二

【原文】

万章问曰："《诗》云：'娶妻如之何？必告父母。'[①]信斯言也，宜莫如舜。舜之不告而娶，何也？"

孟子曰:"告则不得娶。男女居室,人之大伦也。如告,则废人之大伦,以怼②父母,是以不告也。"

万章曰:"舜之不告而娶,则吾既得闻命矣。帝之妻舜而不告,何也?"

曰:"帝亦知告焉则不得妻也。"

万章曰:"父母使舜完廪,捐阶,瞽瞍焚廪。使浚井,出,从而掩之。象③曰:'谟盖都君咸我绩,牛羊父母,仓廪父母,干戈朕,琴朕,弤朕,二嫂使治朕栖。④'象往入舜宫,舜在床琴。象曰:'郁陶⑤思君尔。'忸怩。舜曰:'惟兹臣庶,汝其于予治。⑥'不识舜不知象之将杀己与?"

曰:"奚而不知也?象忧亦忧,象喜亦喜。"

曰:"然则舜伪喜者与?"

曰:"否。昔者有馈生鱼于郑子产,子产使校人⑦畜之池。校人烹之,反命曰:'始舍之,圉圉⑧焉;少则洋洋焉;攸然而逝。'子产曰:'得其所哉!得其所哉!'校人出,曰:'孰谓子产智?予既烹而食之,曰,得其所哉,得其所哉。'故君子可欺以其方,难罔以非其道。彼以爱兄之道来,故诚信而喜之,奚伪焉?"

【注释】

①娶妻如之何?必告父母:诗句引自《诗·齐风·南山》。

②怼:怨恨。

③象:舜同父异母的弟弟。

④谟盖都君咸我绩,……二嫂使治朕栖:谟盖,谋害。谟,通"谋"。盖,通"害"。都君,指舜。弤,舜弓之名。栖,床。

⑤郁陶:想念的样子。

⑥惟兹臣庶,汝其于予治:惟,想念。于,帮助。

⑦校人:管理沼池的小吏。

⑧圉圉:鱼在水中疲弱的样子。

【译文】

万章问道:"《诗》说:'娶妻该怎么办?必先禀告父母。'相信这方面的,应该没人比得上舜了。而舜不禀告父母就娶妻,是怎么回事儿?"

孟子说:"舜如果禀告了父母就不能娶了。男女成婚,是人与人之间的重要伦常关系。如果因禀告了而娶不成妻,就是把废弃这一重要的伦常关系归咎于父母,所以就不禀告了。"

万章说："舜不禀告父母就娶妻的道理我懂了。帝尧嫁女儿给舜却不告诉他父母,是什么道理呢?"

孟子说："帝尧也知道告诉了就不能把女儿嫁给他了。"

万章说："父母叫舜去整修谷仓,等舜上了屋顶却抽去了梯子,他的父亲瞽瞍放火焚烧谷仓。要他去淘井,不知道舜已出来了,便填土堵塞井口。象说:'设法除掉舜是我的功劳,牛羊给父母,粮仓给父母,盾和戈归我,琴归我,弓归我,两个嫂嫂让她们伺候我睡觉。'象到舜的屋子时,舜正坐在床上弹琴。象说:'我好想你啊!'神色羞愧。舜:'我想着那些臣民,你替我来管理。'我不明白,舜难道不知道象要杀害自己吗?"

孟子说："怎么会不知道呢?象忧愁他也忧愁,象高兴他也高兴。"

万章说："那么,舜是假装高兴吗?"

孟子说："不。过去有人送了条活鱼给郑国的子产,子产叫管理池塘的小吏把它养在水池里。小吏却把鱼煮了吃了,回来报告说:'刚放掉它时还奄奄的,过了一会,就甩着尾巴游起来,之后不知道游到哪儿去了。'子产说:'它得到合适的去处了!得到合适的去处了!'小吏退了出来,说:'谁说子产聪明?我已经把鱼烹煮着吃了,他却说,得到合适的去处了,得到合适的去处了。'因此,君子能用合乎情理的方法欺罔,却难以用违背常规的手段诳骗。象用假装喜爱兄长的做法作表示,所以舜真诚地相信而感到高兴,怎么是假装的呢?"

【评析】

孟子是在和学生咸丘蒙讨论有关大舜的事迹时顺便说到读诗的方法问题的。但他的这段话,尤其是关于"以意逆志"的命题,成了中国古代文学批评中的名言。直到今天,仍然受到现代文学批评专家、学者们的重视。所谓"诗言志",语言只是载体、媒介。因此,读诗贵在与诗人交流思想感情。刘勰说:"夫缀文者情动而辞发,观文者披文以入情,沿波讨源,虽幽必显。""情动而辞发"是"诗言志";"披文以入情"是"以意逆志"。刘勰发挥的,正是孟子的读诗法。

至于现代批评家所说的"一千个读者就有一千个哈姆雷特",强调鉴赏者的再创造,那就和孟子"以意运志"的读诗法相去较远了。

【典例阐幽】

得其所哉

三国时代诸葛亮的妻子黄硕人如其名,头发黄、皮肤黑、身体壮硕,是一位有名的丑媳妇。

黄硕是河南名士黄承彦的女儿。黄承彦懂得诸葛亮的心思,认为诸葛亮之所以对大家闺秀与美貌的佳人都不屑一顾,是因为他志在邦国,他需要的是一位才德俱备的贤内助。因此黄承彦不顾冒昧,当面替自己的女儿说媒。

一天,诸葛亮来到黄承彦的家里。突然,堂屋两廊间蹿出两条猛犬,直扑向诸葛亮。丫鬟忙喝止,并上前拍打猛犬的头部,再拧一下它们的耳朵,两条猛犬竟然乖乖地蹲了下来。

诸葛亮仔细一看,原来是木头做的机械狗,他盛赞这两只木犬制作精巧,黄承彦哈哈大笑,说:"木犬是小女没事时做着玩的,不想让你受惊了,真是抱歉得很啊!"诸葛亮举目四看,见壁上一幅《曹大家宫苑授读图》,黄承彦立即解释:"这画是小女信笔涂鸦,不值行家一笑的。"接着,他指着窗外如锦繁花说:"这些花花草草都是小女一手栽培、灌溉、剪枝、护理。"

诸葛亮

诸葛亮把黄硕娶回家后,他的邻居们不明就里地讥讽:"莫学孔明择妻,止得阿承丑女。"他们哪里知道诸葛亮正是得其所哉,庆幸自己娶到了一位德才兼备的妻子!

三

【原文】

万章问曰:"象日以杀舜为事。立为天子则放之,何也?"

孟子曰："封之也，或曰放焉。"

万章曰："舜流共工于幽州^①，放驩兜于崇山^②，杀三苗于三危^③，殛鲧于羽山^④，四罪而天下咸服，诛不仁也。象至不仁，封之有庳^⑤。有庳之人奚罪焉？仁人固如是乎——在他人则诛之，在弟则封之？"

曰："仁人之于弟也，不藏怒焉，不宿怨焉，亲爱之而已矣。亲之，欲其贵也；爱之，欲其富也。封之有庳，富贵之也。身为天子，弟为匹夫，可谓亲爱之乎？"

"敢问或曰放者，何谓也？"

曰："象不得有为于其国，天子使吏治其国而纳其贡税焉，故谓之放。岂得暴彼民哉？虽然，欲常常而见之，故源源而来，'不及贡，以政接于有庳'。此之谓也。"

【注释】

①共工：官名。幽州：地名，在北方偏远之地。

②驩兜：人名。崇山：地名，在南方偏远之地。

③杀：当为"窜"的假借字。三苗：国名。三危：山名，在西方偏远之地。

④殛：杀。鲧：人名，传说为禹之父。羽山：山名，在东方偏远之地。

⑤有庳：国名。

【译文】

万章问道："象每天把杀掉舜当作一件大事，舜做了天子后却只是流放他，为什么？"

孟子说："其实舜是封象为诸侯，有人却说是流放。"

万章说："舜见共工流放到幽州，把驩兜发配到崇山，把三苗之君驱逐到三危，在羽山杀掉了鲧，惩罚了这四个罪人而天下人都归服，这就是讨伐不仁了。象是极为不仁的，却封为有庳国的侯。有庳国的人难道有罪吗？仁人就是这样做事吗？——对别人，就讨伐他，对弟弟，就封赏他？"

孟子说："仁人对于弟弟呀，不把愤怒藏在心里，不记仇，只是亲近他、爱护他罢了。亲近他，就要他显贵；爱护他，就要他富有。封为有庳国的侯，就是使他富贵。自己做天子，弟弟却是普通百姓，可以叫作亲近他、爱护他吗？"

万章说："请问有人说是流放，又是什么意思？"

孟子说："象不能在他的国家有所作为，天子派官吏来治理他的国家，收缴贡税，所以有人说是流放。象难道能够残害他的百姓吗？尽管这样，舜还想常常能见到他,所以不断让他来,'没到缴纳贡税的时候,就以政治上的原因接待有庳'。说的就是这事。"

【评析】

本章以舜为例,讨论亲亲与公正的关系。舜成为天子后,一方面惩处了一批恶人,同时又封弟弟象为诸侯,这是不是有失公正呢?孟子认为,舜重视亲情,从亲情出发。每个人都希望自己的兄弟富有、尊贵。舜自己做天子,却让弟弟做普通百姓,显然不合情理。所以从亲亲的角度看,封象为诸侯是可以接受的。但象是一个恶人,封他为诸侯,对治下的百姓显然又不公正。为了避免这一点,舜就派官吏去治理象的国家,不让象有危害百姓的可能。这样,亲亲与公正就达到了平衡。孟子既关注到社会公正,又不愿抛弃血缘亲情,其态度是折中、调和的。以后荀子提出:"虽王公、士大夫之子孙也,不能属于礼义,则归之庶人;虽庶人之子孙也,积文学,正身行,能属于礼义,则归之卿相、士大夫。"(《荀子·王制》)较之孟子,是一个发展。

【典例阐幽】

不藏怒,不宿怨

晋代周伯仁和周仲智兄弟俩,哥哥周伯仁为人有雅量,待人不藏怒,不宿怨。由于他的名气比弟弟周仲智大,因此周仲智很不服气。

有一次,周仲智喝醉了,红着眼回到家,迎面骂周伯仁:"你的才能不如我,不过是浪得虚名而已。"

周伯仁笑了一下,不作回答。不料周仲智越说越急,竟然举起放在一边的蜡烛台,向周伯仁扔了过来。周伯仁吓了一跳,急忙向旁边闪开,笑着说:"你小子用火攻打我。真是下策。"

晋元帝时,镇东大将军王敦反叛,进军石头城(即建康,今南京),企图篡位称帝。王敦之弟王导及家族正在建康城内,处境相当险恶。王导在宫外候罪,正遇到周伯仁进宫,于是请求其为自己说情。周伯仁口头上没有答应,进宫后却积极向皇帝进言为王导开罪,并上书为其请命。但是王导并不知情。

后来王敦攻入南京,询问王导要不要杀周伯仁,王导没有言语,导致了周伯仁的被杀。后来王导从文库中看到了周伯仁以前的奏折,恍然大悟,痛哭流涕曰:"我不杀伯仁,伯仁却因我而死,幽冥之中,负此良友!"

四

【原文】

咸丘蒙①问曰:"语云:'盛德之士,君不得而臣,父不得而子。'舜南面而立②,尧帅诸侯北面而朝之,瞽瞍亦北面而朝之。舜见瞽瞍,其容有蹙。孔子曰:'于斯时也,天下殆哉,岌岌乎!'不识此语诚然乎哉?"

孟子曰:"否!此非君子之言,齐东野人之语也。尧老而舜摄也。《尧典》③曰:'二十有八载,放勋乃徂落,百姓如丧考妣。三年,四海遏密八音④。'孔子曰:'天无二日,民无二王。'⑤舜既为天子矣,又帅天下诸侯以为尧三年丧,是二天子矣。"

咸丘蒙曰:"舜之不臣尧,则吾既得闻命矣。《诗》云:'普天之下,莫非王土。率土之滨,莫非王臣。'⑥而舜既为天子矣,敢问瞽瞍之非臣,如何?"

曰:"是诗也,非是之谓也。劳于王事而不得养父母也。曰:'此莫非王事,我独贤劳也。'故说诗者不以文害辞⑦,不以辞害志。以意逆⑧志,是为得之,如以辞而已矣,《云汉》之诗曰:'周馀黎民,靡有孑遗。'⑨信斯言也,是周无遗民也。孝子之至,莫大乎尊亲。尊亲之至,莫大乎以天下养。为天子父,尊之至也。以天下养,养之至也。《诗》曰:'永言孝思,孝思维则。'⑩此之谓也。《书》曰:'祗载见瞽瞍,夔夔齐栗,瞽瞍亦允若。'⑪是为父不得而子也?"

【注释】

①咸丘蒙:孟子弟子。

②南面:古代以面向南方为尊位,这里指天子。

③《尧典》:存于今本《尚书·舜典》。今本《舜典》与《尧典》是一篇,题为《尧典》。

④二十有八载,……四海遏密八音:二十有八载,指舜摄政后的二十八年。有,通"又"。放勋,即尧。徂落,通"殂落",死亡。密,无声。八音,指金、石、丝、竹、匏、土、革、木八种乐器。

⑤见《礼记·曾子问》。

⑥普天之下，……莫非王臣：率，自。

⑦以文害辞：文，文字。辞，语气。

⑧逆：揣测。

⑨周徐黎民，靡有孑遗：靡有，没有。孑遗，遗留。引诗自《诗经·大雅·云汉》，形容灾难深重，多有死亡。

⑩永言孝思，孝思维则：孝思，孝心。维则，作为行动的准则。诗句引自《诗·大雅·下武》。

⑪祇载见瞽瞍，夔夔齐栗，瞽瞍亦允若：祇，敬。载，事。夔夔斋栗，因谨慎而恐惧的样子。允，确实。若，顺。

【译文】

咸丘蒙问道："常言道：'道德崇高的人，君主不能把他作为臣属，父亲不能把他作为儿子。'舜面朝南而立，尧带领诸侯面北觐见他，他的父亲瞽瞍也面北觐见他。舜见到瞽瞍，面带不安。孔子说：'在那个时候，天下岌岌可危啊！'不知道这话确实如此吗？"

孟子说："不是。这不是君子的话，是齐国东郊外农人的话。尧年老了由舜代为处理天下事务。《尧典》说：'过了二十八年，尧死了，百姓们如同失去了父母一样，服丧三年，四海之内停止一切音乐。'孔子说：'上天没有两个太阳，百姓没有两位天子。'舜既然已经做了天子，又带领天下的诸侯为尧服丧三年，就是有两位天子了。"

咸丘蒙说："舜不以尧为臣，我知道您的教诲了。《诗经》上说：'普天之下，没有一处不是天子的土地；大地之上，没有一个不是有天子的臣民。'舜已经做了天子，瞽瞍却不是他的臣子，这是怎么回事？"

孟子说："这首诗不是这样的意思。诗里说的是作者为王的公事辛苦劳作，而不能奉养父母。他说：'这些没有一件不是公事，却只有我最劳碌。'所以，解说《诗》的人，不因为个别文字而误解词句，不因为个别词句而误解本意。要用自己的心去体会和推求诗意，这才可以。如果只看词句，《云汉》的诗篇说：'周室余下的百姓，没有一个存留在世。'确实如它所说的话，周室就没有存留下来的百姓了。孝子的极致，没有比尊敬父母更大的。尊敬父母的极致，没有比以整个天下为父母来奉养和慈爱更大的。身为天子的父亲，是尊贵的极致。舜用整个天下来奉养，可以说是奉养和慈爱的极致。《诗经》说:'永远保持孝心,孝心是天下的准则。'说的就是这个意思。《尚书》说:'舜恭敬地去见瞽瞍,态度谨慎而恐惧,瞽瞍也确实顺理而行了。'这难道是父亲不能以他为子吗?"

【评析】

本章仍论舜帝,孟子引经据典,仍曲为之说。

弟子问孟子,舜为天子后,帝尧和舜父都去朝见他,这是怎么回事? 孟子说,这是齐东乡下人乱说的。实际上,尧衰老后,让舜当摄政王,尧仍是天子。过了二十八年,尧死了,舜才当天子。

那么,舜当天子后,他父亲瞽瞍是不是王臣呢? 孟子说,舜当了天子,仍然是个孝子。在中国古代,君犹父,臣犹子。舜当了天子,是天下之君父,但在自己的父亲面前,仍然是儿子。舜见父亲时,局促不安,仍守儿子之道。

尧舜的故事,传说纷纭。孟子对其事迹的解释,未必是不可动摇的权威解释。

另外,孟子关于读诗"不以文害辞,不以辞害志"和"以意逆志"的命题,成为中国古代文学批评中的名言。读诗,不要拘泥字面而歪曲了词句,也不要凭个别词句而歪曲了本意。用自己的体会揣度作者的本意,才能得出合理的解释。

【典例阐幽】

岌岌可危

春秋时,晋灵公一味享乐,动用了大批劳力和钱财,来建设九层琼台。他怕臣子们反对,就下令不准任何人来规劝,说:"有谁敢来进谏,处死不赦!"

晋灵公为了个人的享乐,劳民伤财,荀息知道以后,跑去见灵公。灵公为了防止他的规劝和阻止,就叫人拉弓搭箭,只要他一开口规劝,就立刻把他射死。荀息明知道情势紧张,仍故作轻松地说:"大王! 我学到了一种好玩的小把戏,特地进宫来表演给大王看!"

晋灵公一听,就立刻撤了弓箭。荀息便认真地把九颗棋子堆起来,然后再把鸡蛋一个一个地加上去。旁边的人都害怕得屏住呼吸,而晋灵公自己也慌张地说:"危险啊! 危险!"

荀息慢慢地说:"这有什么危险? 还有比这个更危险的呢!"

晋灵公禁不住问:"快说给我听听。"

这时,荀息站立起来直着身子,沉痛地说:"主公您为了建造高台,弄得国库空虚,邻国将要侵略我们,我们的国家岌岌可危,不是比这些鸡蛋更加危险吗?"

晋灵公听了以后才恍然大悟,叹息道:"我的错误竟使国家落到如此严重的地步!"随即下令停止造台。

普天之下,莫非王土

唐僖宗自幼长于深宫,不谙世事,朝政大事完全交与宦官田令孜。田为了长久地控制皇帝,专门引导皇帝玩乐,使小皇帝远离大臣与朝政。唐僖宗对玩乐也确实乐此不疲,整日吃喝玩乐、斗鹅走马,凡骑术、箭法、击剑、舞槊、法算、音律、捕博、蹴鞠、斗鸡无不精通,其中蹴鞠是唐僖宗的拿手好戏,他曾对优人石野猪说:"朕若是去考击球进士,肯定能考上状元。"

唐僖宗认为"普天之下,莫非王土",于是利用自己的权力大肆挥霍,经常重赏自己喜欢的人,单是赏赐给伶人、妓女的钱物就动辄逾万。有一次,他到六王院与诸王赌鹅,一只鹅的赌注就是五十万钱。原本就空虚的国库哪里经得起这般折腾,两三年国库里的钱就被挥霍一空了。但是皇帝依然我行我素,钱从哪里来呢?唐僖宗下诏命令内园小儿登记京城两市商人的货物,不管是华人还是外商的,一律收缴,以充实宫库。两市是京城中两大贸易区,街市内货财二百二十行,四面立邸,四方珍奇皆所集聚。东市华商较多,西市多为中亚、波斯、大食商人所居。此诏一下,商人稍有不满就被捆起来,送到京兆府乱棍打死。

齐东野语

北齐开国君主高洋在称帝前任东魏的京畿大都督,掌管外朝大政。高洋早有当皇帝的野心,但是他假装愚钝憨直,无论什么事都睁一只眼闭一只眼,只要相安无事,连妻子被他哥哥齐王高澄调戏多次,他也假装不知道。不久,高澄因为专横跋扈被杀,高洋推行新法,把晋阳城管理得市井繁荣,井然有序。东魏孝静帝元善见他办事认真,不怕劳苦,便封他为大丞相,都督全国的军队,还让他承袭他哥哥的爵位,当上了齐王。

于是高洋准备代魏而另立新朝,他听说大臣宋景业通晓《周易》,研究过阴阳变化及行星占测气候的学问,于是就让他用蓍草占卜,结果占到干卦,干卦又变化为鼎卦。宋景业解释说:"干卦,意味着君主之象。鼎卦,是说在五月发生变化。您在仲夏受禅让最适宜了。"

消息传出去以后,有人进言说:"按民间的一种说法,五月不能接受新的职位,如果违犯这一条,就会死在接受的职位之上"

宋景业听了以后反驳说:"这不过是齐东野语,不足为信。大王您贵为天子,当然没有下台离位的时候,哪能不死在自己的皇位上呢!"高洋听了非常高兴,于是从晋阳出兵,于550年消灭了东魏,自称皇帝。

五

【原文】

万章曰:"尧以天下与①舜,有诸?"

孟子曰:"否。天子不能以天下与人。"

"然则舜有天下也,孰与之?"

曰:"天与之。"

"天与之者,谆谆然②命之乎?"

曰:"否。天不言,以行与事示之而已矣。"

曰:"以行与事示之者,如之何?"

曰:"天子能荐人于天,不能使天与之天下;诸侯能荐人于天子,不能使天子与之诸侯;大夫能荐人于诸侯,不能使诸侯与之大夫。昔者,尧荐舜于天,而天受之;暴③之于民,而民受之;故曰:天不言,以行与事示之而已矣。"

曰:"敢问荐之于天,而天受之;暴之于民,而民受之,如何?"

曰:"使之主祭,而百神享之,是天受之;使之主事,而事治,百姓安之,是民受之也。天与之,人与之,故曰,天子不能以天下与人。舜相④尧二十有八载,非人之所能为也,天也。尧崩,三年之丧毕,舜避尧之子于南河⑤之南,天下诸侯朝觐者,不之尧之子而之舜;讼狱⑥者,不之尧之子而之舜;讴歌者,不讴歌尧之子而讴歌舜,故曰,天也。夫然后之中国⑦,践天子位焉。而⑧居尧之宫,逼尧之子,是篡也,非天与也。《泰誓》⑨曰:'天视自我民视,天听自我民听。'此之谓也。"

【注释】

①与：给，给予。

②谆谆然：反复告诫、叮咛。

③暴：显，显露。

④相：动词，帮助，协助。

⑤南河：河名，或在河南濮阳附近。

⑥讼狱：打官司。

⑦中国：此处指帝王的都城。

⑧而：如。

⑨《泰誓》：《尚书》篇名。

【译文】

万章问孟子："尧把天下交给舜，有这事吗？"

孟子回答说："没有。天子不能把天下交给别人。"

"那么舜有天下，是谁给他的呢？"

孟子说："是上天给的。"

"上天把天下交给他的时候，也反复叮咛、劝诫吗？"

孟子说："不是。上天不会说话，人要用自己的行动、行事来向上天表达。"

"用自己的行动、行事来向上天表达，该怎样做呢？"

孟子说："天子能够向上天推荐人，不能让上天把天下交给他；诸侯能够向天子推荐人，不能让天子把诸侯的职位给他；大夫能够向诸侯推荐人，不能让诸侯把大夫的职位给他。从前，尧向上天推荐舜，上天接受了这一请求；还把舜公开给百姓，百姓也接受了。所以说，上天不说话，要用行动和行事向其表达。"

"请问向上天推荐他，上天接受了；公之于百姓，百姓也接受了，这是怎么回事呢？"

孟子说："让他来主持祭祀，而所有的神明都来享受，这就说明上天接受了；让他来主持事务，能把事情做得很好，百姓都很安心，这就说明百姓接受他了。这是上天把天下交给他的，是百姓把天下交给他的，因此说，天子不能把天下交给别人。舜协助尧治理天下二十八年，这不是人力所能为的，这是天意。尧死之后，三年之丧结束，舜到南河的南岸去躲避尧的儿子，但是那些朝觐天子的诸侯不去朝觐尧的儿子而去朝觐舜；打官司的人，不去尧的儿子那里而去舜那里；歌颂的人不歌颂尧的儿子而歌颂舜，所以说，这是天命。在这之后，舜才来到国都，登上天子之位。如果他开始就住在尧的宫室里，逼迫尧的儿子，这是篡逆，不是上天给他的。《泰誓》上说：'上天看到的来自百姓看到的，上天听到的来自百姓听到的。'说的就是这个意思。"

【评析】

本章亦论尧舜之事。

按照古代传说，尧舜均为原始社会末期华夏诸族联盟的领袖。那时有一个联盟会议，成员为各部落酋长之类。所谓"天子"的位子，由联盟会议决定，然后天子禅位，尧、舜先后继位，都是这么来的。

孟子虽是大学者，但因他对原始社会的情况不甚了解，又刻意从各种互相矛盾的传说中找出对尧舜有利的传说曲为辩护，所以他的见解未必站得住脚。

六

【原文】

万章问曰："人有言，'至于禹而德衰，不传于贤而传于子'，有诸？"

孟子曰："否，不然也。天与贤，则与贤；天与子，则与子。昔者，舜荐禹于天，十有七年，舜崩。三年之丧毕，禹避舜之子于阳城①，天下之民从之，若尧崩之后不从尧之子而从舜也。禹荐益于天，七年，禹崩。三年之丧毕，益避禹之子于箕山之阴②。朝觐讼狱者不之益而之启③，曰：'吾君之子也。'讴歌者不讴歌益而讴歌启，曰：'吾君之子也。'丹朱之不肖④，舜之子亦不肖。舜之相尧、禹之相舜也，历年多，施泽于民久。启贤，能敬承继禹之道。益之相禹也，历年少，施泽于民未久。舜、禹、益相去久远⑤，其子之贤不肖，皆天也，非人之所能为也。莫之为而为者，天也；莫之致而至者，命也。匹夫而有天下者，德必若舜、禹，而又有天子荐之者，故仲尼不有天下。继世以有天下，天之所废，必若桀、纣者也，故益、伊尹、周公不有天下。伊尹相汤以王于天下，汤崩，太丁未立⑥，外丙二年⑦，仲壬四年⑧。太甲颠覆汤之典刑⑨，伊尹放之于桐⑩，三年，太甲悔过，自怨自艾，于桐处仁迁义，三年，以听伊尹之训己也，复归于亳⑪。周公之不有天下，犹益之于夏、伊尹之于殷也。孔子曰：'唐虞禅,夏后殷周继,其义一也。'"

【注释】

①阳城:山名,在今河南登封北。

②箕山:在今河南登封东南。阴:山北。

③启:禹之子。

④丹朱:尧之子。

⑤舜、禹、益相去久远:指三者相距或久远或短暂。按,舜相尧二十八年,禹相舜十七年,这是久远者;益相禹只七年,是短暂者。

⑥太丁:汤之太子,未立而死。

⑦外丙:太丁之弟。

⑧仲壬:太丁之弟。

⑨太甲:太丁之子。典刑:常法。

⑩桐:在今河南偃师西南。

⑪亳:在今河南偃师西。

【译文】

万章问道:"有人说,'到了禹的时候道德就衰落了,他不传位给贤人而传给自己的儿子',有这事吗?"

孟子说:"不,不对的。天要授给贤人,就授给贤人;天要授给儿子,就授给儿子。从前,舜把禹推荐给天,十七年后,舜死了,三年服丧的期限结束后,禹避开舜的儿子到阳城去,可是天下的老百姓都跟从他,就像尧死后,老百姓不跟从尧的儿子而跟从舜一样。禹也把益推荐给天,七年后,禹死了。三年服丧的期限结束后,益为避开禹的儿子躲到箕山北面去。朝见和打官司的人不到益那里去,而到启那里去,说:'这是我们君主的儿子啊。'歌颂的人不歌颂益而歌颂启,说:'这是我们君主的儿子啊。'尧的儿子丹朱不好,舜的儿子也不好。舜辅佐尧、禹辅佐舜,都历时多年,对老百姓施与恩泽的时间长。启是贤明的,能恭敬地继承禹的作风。益辅佐禹,历时较短,对老百姓施与恩泽的时间不长。舜和禹、禹和益,相距的时间或长或短,他们的儿子或者贤明,或者不好,都是天意,不是人的意志所能主宰。没有人叫他们这样去做,而做成了,这是天意;没有人去争取,而得到了,这是命运。以一个平头百姓而享有天下,他的道德一定像舜和禹,而且又有天子推荐他,所以孔子没赶上天子推荐,便不能享有天下。因世袭而享有天下,而天又把他废弃的,一定是像桀、纣那样的人,所以益、伊尹、周公没赶上桀、纣那样的,也便不能享有天下。伊尹辅佐汤统一了天下,汤死后,太丁未立就死了,外丙在位两年,仲壬在位四年,太甲继位后,破坏汤的法度,伊尹就把他流放到桐邑,三年之后,太甲悔过,自己怨恨,自己改正,在桐邑就自处于仁,自迁于义,三年过后,因为听从伊尹对自己的教导而重新回到亳都做天子。周公不享有天下,就如益在夏、伊尹在殷的情况。孔子说:'唐尧、虞舜实行禅让制,夏、商、周三代实行世袭制,道理是一样的。'"

【评析】

孟子在上一章提出了君权是"天与之,民与之",实则为"民与之"的理论,这一章更以上自尧舜、下至孔子近两千年的历史,对这一理论加以印证。"天与之,民与之"实际是以民意为依归,即以人民的拥护程度来确定的。他以舜、禹、启三人之得天下为例说明,是由于人民之中大多数衷心拥护;而伯益、伊尹、周公三人,尽管有崇高的品格,而未能得天下,是因他们所侍奉之国君,大体皆能顺民意,而绝非暴虐之君;至于孔子之未能得天下,是因天子没有推荐于天。所谓推荐于天的意思,就是孔子没有得到担当辅佐国君治国大任的机会。以两千年的历史来印证君权"天与之,民与之"的理论,这是孟子对历史的精辟分析、高度概括,是对中国上古历史发展的理论和实践做出的重大贡献。这对近现代社会有着积极的意义。

【典例阐幽】

孝子贤孙

在成都南郊武侯祠中,有一座气势宏伟的刘备殿,正居中有刘备贴金塑像,在左侧陪祀的不是他的儿子刘禅,而是孙子刘谌。原因据说就是因为刘禅昏庸无能不能守基业,其像在宋、明两代几次被毁之后,就没有再塑。而对于刘谌,人们认为他英勇殉国,才是刘家的孝子贤孙,故而有资格在刘备身边享受祭祀。

263 年,邓艾兵临成都城,刘禅与大臣计议后决定投降,北地王刘谌主张抵抗,说道:"若理穷力屈,祸败必及,便当父子君臣背城一战,同死社稷,以见先帝可也。"刘禅不听。刘谌放声大哭,说:"先帝所创之基业,毁于一旦,吾宁死不屈。"刘禅将其推出宫门,自己投降了邓艾。刘谌闻知后怒气冲天,先杀其妻崔夫人,又杀了自己三个孩子，并割下了妻子的头颅，提到刘备的庙中伏地大哭："孙羞见刘家基业弃于他人，故先杀妻儿以绝挂念，后将一命报祖！爷爷若有灵，当知孙子之心也！"

大哭一场之后，刘谌眼中流血，自杀而亡。

自怨自艾

西汉时，蜀中富家女卓文君二十岁便成了寡妇，回娘家居住。一次，才子司马相如随当地朋友来拜访卓文君的父亲，偶然窥见了卓文君的容貌，便在弹琴时唱了一首自编的情歌，表达对卓文君的爱。卓文君不顾父亲的反对，竟连夜跟司马相如私奔了。他们结合后，卓文君不嫌弃司马相如的贫寒，以千金之躯当垆卖酒，维持生计。

可是不久，司马相如赴长安谋职。五年后官拜中郎将，想另娶名门千金。卓文君接到信以后，知道丈夫恩断情绝的遗弃之意，自怨自艾的她写下了一首词：一别之后，二地相思，只说三、四月，谁知五、六年，七弦琴无心弹，八行书不可传，九连环从中折断，十里长亭望眼欲穿，百思想，千系念，万般无奈把郎怨。万语千言说不完，百般无聊，十倚栏，重九登高看孤雁，八月中秋月圆人不圆，七月半焚香秉烛问苍天，六月伏天人人摇扇我心寒，五月榴花红似火，偏遇阵阵冷雨浇花端，四月枇杷色未黄，我欲对镜心意乱，忽匆匆，三月桃花随水转，飘零零，二月风筝线儿断，噫，郎呀郎，巴不得下一世你为女来我为男。

司马相如看到词以后，被卓文君的痴情感动了，就再也没提再娶的事！

七

【原文】

万章问曰："人有言'伊尹以割烹要汤①'，有诸？"

孟子曰："否，不然。伊尹耕于有莘②之野，而乐尧舜之道焉。非其义也，非其道也，禄③之以天下，弗顾也；系马千驷④，弗视也。非其义也，非其道也，一介⑤不以与人，一介不以取诸人。汤使人以币⑥聘之，嚣嚣然⑦曰：'我何以汤之聘币为哉？我岂若处畎亩之中，由是以乐尧舜之道哉？'汤三使往聘之，既而幡然⑧改曰：'与⑨

我处畎亩之中,由是以乐尧舜之道,吾岂若使是君为尧舜之君哉?吾岂若使是民为尧舜之民哉?吾岂若于吾身亲见之哉?天之生此民也,使先知觉⑩后知,使先觉觉后觉也。予,天民之先觉者也,予将以斯道觉斯民也。非予觉之,而谁也?'思天下之民匹夫匹妇有不被尧舜之泽者,若己推而内⑪之沟中。其自任以天下之重如此,故就汤而说之以伐夏救民。吾未闻枉己而正人者也,况辱己以正天下者乎?圣人之行不同也,或远,或近;或去,或不去;归洁其身而已矣。吾闻其以尧舜之道要汤,未闻以割烹也。《伊训》曰:'天诛造攻,自牧宫,朕载自亳。⑫'"

【注释】

①伊尹以割烹要汤:要,要求,要取。《史记·殷本纪》和《吕氏春秋》都有相关的记载,伊尹想要行王道,想去见商汤却没有理由,"乃为有莘氏媵(商汤后妃的陪嫁奴仆),负鼎俎,以滋味说汤,至于王道"。

②有莘:"有"是词头。莘,古国名,地在今河南陈留县附近。

③禄:动词,作为俸禄。

④系马千驷:系,系住,拴住。驷,四匹马。

⑤一介:一点,一点东西。

⑥币:原指布帛,古代用此作为赠送宾客或聘享的礼物,后通称车马玉帛等用作聘享的礼物为"币"。

⑦嚣嚣然:闲暇的样子。

⑧幡然:指突然醒悟的样子。

⑨与:与其。

⑩觉:动词,使觉悟。

⑪内:同"纳"。

⑫"天诛造攻"三句:语出《尚书·商书·伊训》。诛,惩罚,讨伐。造,与下文"载"同义,"始、开始"的意思。

【译文】

万章问道:"有人说'伊尹以美味来求得汤的任用,'有这回事吗?"

孟子说:"没有,不是这样的。伊尹原在莘国的田野耕作,向往尧舜之道。假使不符合义,不符合道,即使把天下当作俸禄给他,他也不理睬;即使有四千匹马拴在那里,他也不看一眼。如果不符合义,不符合道,一根草也不拿去送人,一根草也不拿别人的。汤派人带了礼物去聘请他,他无动于衷地说:'我要汤的聘礼干什么?哪如我生活在田野中,像这样把尧舜之道当作快乐呢?'汤又多次派人去聘请,不久他完全改变了态度,说:'与其隐居在田野中,把尧舜之道当作快乐,还不如使这个君主成为尧舜那样的君主呢,还不如使百姓成为尧舜时代那样的百姓呢,还不如亲眼见到尧舜那样的盛世呢。上天生育这些人民,就要使先知者帮助后知者觉悟,先觉者帮助后觉者觉悟。我,是上天所生人民中的先觉者,我将用这尧舜之道去使人民觉悟。如果我不使他们觉悟,又有谁呢?'他想到天下的百姓要是有一个男人或一个女人没有享受到尧舜之道的恩泽,就像是自己把他们推入了山沟似的。他就像这样把天下的重任担在自己肩上,所以到汤那里劝说他讨伐夏桀,拯救百姓。我未听说自己不正却能匡正别人的,更何况侮辱自己来匡正天下呢?圣人的行为是有所不同的,有的躲避君主,有的接近君主,有的离开朝廷,有的不离开朝廷,但都归结到使自身洁净罢了。我只听说伊尹是凭尧舜之道去求汤任用的,没听说是靠美味去求官做的。《伊训》上说:'上天诛灭夏桀,原因来自夏桀本人,我只是从亳都开始谋划罢了。'"

【评析】

本章论伊尹。

商汤、伊尹之时,虽然已有草创的文字,但多用于祭祀,历史仍然靠口耳相传。伊尹事迹,虽然后代学者多有记录,但口传历史仍然众说纷纭。如伊尹到底是为商汤当厨子而干求爵禄,还是如孟子所说遵尧舜之道而被商汤赏识,实为一历史悬案。而孟子一口咬定,像伊尹这样的圣人,不会要非义、非道的爵禄。还说汤去礼聘伊尹,伊尹开始还不干,后来因为要使商汤成为尧舜那样的圣君,自认为自己是先知先觉者,应帮助人民蒙受尧舜的恩泽,这才出仕,帮助商汤成为一代圣君,而伊尹也因此成为千古大圣人。

在孟子描述的大圣人伊尹身上,分明可以看到孟子自己的影子。

八

【原文】

万章问曰:"或谓孔子于卫主痈疽①,于齐主侍人瘠环②,有诸乎?"

孟子曰："否，不然也。好事者为之也。于卫主颜雠由③。弥子之妻与子路之妻④，兄弟也。弥子谓子路曰：'孔子主我，卫卿可得也。'子路以告。孔子曰：'有命。'孔子进以礼，退以义，得之不得曰'有命'。而主痈疽与侍人瘠环，是无义无命也。孔子不悦于鲁、卫，遭宋桓司马将要而杀之⑤，微服而过宋⑥。是时孔子当厄，主司城贞子⑦，为陈侯周臣⑧。吾闻观近臣⑨，以其所为主；观远臣⑩，以其所主。若孔子主痈疽与侍人瘠环，何以为孔子？"

【注释】

①主痈疽：以痈疽为主人，指住在痈疽家里。痈疽：人名，卫灵公所宠幸的宦官。

②侍人：即"寺人"，宦官。瘠环：人名。

③颜雠由：卫国贤大夫。

④弥子：卫灵公幸臣弥子瑕。

⑤宋桓司马：宋国司马桓魋。要：拦截。

⑥微服：指更换平常的服装。

⑦司城贞子：陈国人。

⑧陈侯周：陈怀公子，名周。

⑨近臣：在朝之臣。

⑩远臣：外来的臣。

【译文】

万章问道："有人说，孔子在卫国住在痈疽家里，在齐国住在宦官瘠环家里，有这回事吗？"

孟子说："不，不是这样。这是好事之徒编出来的。他在卫国住在颜雠由家里。弥子瑕的妻子和子路的妻子是姊妹。弥子瑕对子路说：'如果孔子住到我家里，卫国的卿相之位便可得到。'子路把这话告诉孔子。孔子说：'得不得卿相之位是由天命决定的。'孔子依礼而进，依义而退，得到或得不到都说'由天命决定'。如果住在痈疽和宦官瘠环的家里，都是无视道义、无视天命的。孔子在鲁国、卫国不得意，又碰到宋国的司马桓魋将拦截他要杀掉他，孔子换了服装，悄悄走过宋国。这时孔子正处在困难的境地，住在司城贞子家里，做陈侯周的臣。我听说观察在朝的臣子，看他所招待的客人；观察远来的臣子，看他所寄居的主人。如果孔子以痈疽和宦官瘠环为主人,怎么能成为孔子?"

【评析】

本章承前几章继续评述圣人,本章论孔子。

孔子在世时就誉满天下。他死后,鲁国国君为他写悼词。孔门弟子为他守孝三年,门徒后学认为他比尧舜还要伟大。但是,也有一些对孔子不利的议论和传闻,说孔子在卫国、齐国时,曾做客于宦官家中,就是这类传闻之一。

孟子断然否认,认为这是"好事者"的捏造和污蔑。他说,孔子在卫国时,住在贤大夫颜雠由家里,还有人造谣说孔子曾住在卫灵公宠臣弥子瑕家里,以干求爵禄。依孔子之为人,进退都讲礼义,怎么会住在为世人所不齿的宦官家里呢?孔子困陈蔡时,曾住在司城贞子家,做了陈侯周的臣子。

孟子最后说,观察在朝的臣子,就看他们招待什么客人;观察外来的臣子,就看他们住在什么人家里。像孔子这样的人如果寄居在宦官家里,还怎么能算"孔子"呢?

孟子为孔子辩诬,一用事实,二依孔子为人做出推定,这种方法值得借鉴。

【典例阐幽】

以其所交,知其人

有一次,李克从魏文侯那里出来,碰见翟璜。翟璜知道魏文侯召见李克是为了咨询相国人选事宜,所以一见面就毫不掩饰地问李克:"今天大王召见先生您咨询相国人选,到底定了谁?"李克的回答也十分痛快:"是魏成。"翟璜对自己竞聘相国的职位是抱有很大希望的,现在结果不是自己,心里一下子想不通啦,愤懑得脸色都变了,就对李克评摆起自己的功绩来:"大王寻求善战的将领,我就引进了西河守吴起;大王为治理邺担忧,我举荐了西门豹;大王想要讨伐中山国,我举荐了乐羊;中山攻下之后无人管理,我举荐了先生您;太子缺少一位老师,我举荐了屈侯鲋。您觉得我哪儿比不上魏成呢?"

翟璜举荐的吴起和乐羊都是一代名将,西门豹治邺被传为佳话,李克和屈侯鲋也都是品行端方、学识渊博的大臣。翟璜为魏国举荐了这些优秀的人才,确实有竞争相国的资本。

虽然翟璜对他有举荐之恩，但是李克并没有在这个时候逢迎翟璜，而是义正词严地说：“以您的身份不应当说这种话。怎么能为了当大官和别人比功劳呢？大王向我咨询相国的人选，我则本着慎重的态度提出建议。我之所以知道大王会选择魏成当相国，主要根据两个原因。一是魏成的俸禄十分之九都用来帮助别人，自己所用只占十分之一；二是他举荐的卜子夏、田子方、段干木三个人，大王把他们视为老师，而您举荐引进的五个人，却是大王的臣子。所以您怎么能和魏成相比呢！”

　　这便是“以人识人的”的道理了。通过一个人的言行趣味和所交往的朋友，就比较容易判断和了解他是怎样一种人了。譬如喜欢运动的人往往容易结交运动爱好者，商人往往容易结交生意场上的人，喜欢整日搓麻将的人，赌友一定少不了。如果你往来的都是专家学者，那么你本人的学识也一定差不了。所以我们要观察判断和了解一个人，不是听他自己怎样说，或者别人说他如何了不起，而是要看他所结交的是怎样的朋友。

九

【原文】

　　万章问曰：“或曰：‘百里奚^①自鬻^②于秦养牲者五羊之皮、食牛，以要秦穆公^③。’信乎？”

　　孟子曰：“否，不然。好事者为之也。百里奚，虞^④人也。晋人以垂棘之璧与屈产之乘，假道于虞以伐虢。宫之奇^⑤谏，百里奚不谏。知虞公之不可谏而去之秦，年已七十矣，曾^⑥不知以食牛干秦穆公之为污也，可谓智乎？不可谏而不谏，可谓不智乎？知虞公之将亡而先去之，不可谓不智也。时举于秦，知穆公之可与有行也而相之，可谓不智乎？相秦而显其君于天下，可传于后世，不贤而能之乎？自鬻以成其君，乡党自好者不为，而谓贤者为之乎？”

【注释】

①百里奚：虞国大夫，后在秦国任相，辅助秦穆公建立霸业。

②鬻：卖。

③秦穆公：又作秦缪公，秦国国君。

④虞：国名，在今山西平陆东北。

⑤宫之奇:虞国贤臣。

⑥曾:竟,乃。

【译文】

万章问道:"有人说,'百里奚用五张羊皮的代价和为人喂牛的条件,把自己卖给秦国养牲口的人,来寻找求得秦穆公任用的机会。'这是真的吗?"

孟子说:"不,不是这样。是好事者编造的。百里奚是虞国人。当时晋国人用垂棘所产的美玉和屈地所产的四匹良马为代价,向虞国借路去攻打虢国。宫之奇向虞公进谏阻拦,百里奚没有。他知道虞公不会听从劝告,就离开虞国到了秦国,当时他已经七十岁了,竟不知道靠替人喂牛求得秦穆公任用是污浊的,能说他明智吗?知道不会听从劝告就不去劝告,能说不明智吗?知道虞国就要亡国而先离开,不能说不明智啊。当时在秦国受提拔,就知道穆公是个可以同他干一番事业的君主而辅佐他,能说不明智吗?做了秦国的相而使他君主的威望显赫于天下,并且可以流传到后世,不是贤者能做到这一步吗?卖掉自己去成全君主,乡里自爱的人也不愿干的,贤者肯这么干吗?"

【评析】

百里奚本是虞国之臣,后来辅佐秦穆公成就霸业。他是怎么到秦穆公那里去的,史书上有不同说法。万章的说法是一种常见的说法。还有一种说法是,百里奚被晋国人抓走了,逃走后又被楚国人抓去,秦穆公用五张公羊皮把他换回来。不管是百里奚自卖五张公羊皮,还是秦君用五张羊皮买他,总之五张羊皮就是他的身价。秦穆公封他为"五羖大夫",恐怕也意在纪念他这一段经历。

百里奚

像对待别的先圣先贤的不利传闻一样,孟子也是断然否认。他认为,百里奚是何等"智"而"贤"的人物,他知道虞君不可谏就不谏,知道虞国将亡而先走,知道秦穆公可辅而辅佐之,他怎么会自卖自身,为秦人喂牛,以干求秦穆公呢?这种事情,乡下一个洁身自爱的人都不会做,反说贤者肯干吗?

孟子的办法，仍然是一种推理的方法。结论对与不对另当别论，方法还是可以借鉴的，唐代作家韩愈就曾借鉴这种方法为抗击安史叛军的英雄张巡、许远辩诬。

【典例阐幽】

介子推隐居不仕

晋献公死后，他的儿子们因争夺王位而酿成内乱，献公的第二个儿子公子重耳，就是后来的晋文公，被迫逃亡国外。在出逃时由于连日跋涉逃奔，饥寒交迫，他身边的臣子亡的亡、散的散，所剩无几，只有介子推、赵衰、狐偃等侍臣随从护卫着他，始终不离左右。一伙人很是狼狈，逃亡时有时靠要饭为生。有一次要不着饭，介子推就将自己的肉割下来给晋文公吃，文公很是感激，说以后要报答介子推。但晋文公在回国时把船上逃亡时用的破烂东西全扔到了河里。大臣狐偃害怕文公回国后也像破烂一样将自己扔掉，就假意劝说，最后和文公盟誓各不相忘。介子推认为他们两个人一个未曾居安而就忘危。一个只想自己功名富贵，于是耻于和他们一同为朝，就躲了起来。

后来晋文公才想起介子推来，想让他出来做官，但介子推就是不肯，和老母躲进了绵山。晋文公为了逼他出来，就放火烧绵山，烧死了介子推。

【本篇总结】

在这一篇，孟子主要和弟子讨论古代的圣贤舜、伊尹和孔子出处行事的大节，澄清人们对他们的一些误解。孟子认为，不管在什么时代，都要坚持对根本原则的信仰和追求，像古代圣人那样，不为外在的事物诱惑。商界人士的言行都要以礼义作为准则，即便在危难之中，都不能放弃准则而迁就他人。

【古代事例】

廉洁宰相卢怀慎

万章向孟子请教为什么要跑到田野中对着苍天默默哭泣，孟子答道，舜怨慕自己得不到父母之亲爱，兄弟之间又没有感情。舜富有四海，天下人都归附他，但这些都无法解除他心中的忧愁,由于没有得到父母的欢心,心中依旧无所归依,因为舜对孝道这一原则有着执着的追求。唐代贵为宰相的卢怀慎,同样不为利禄诱惑,对忠诚廉洁这一仕官原则也有着执着的追求。

卢怀慎,唐滑州灵昌(今河南滑县西南)人,以清正忠直闻名于世。在任职期间,卢怀慎从不凭借自己的权势谋取私利,更不经营私产。他自奉很薄,衣服俭朴,器物粗粝,以致妻儿号寒,全无一副太平宰相的架子。

唐中宗(656—710年)时,卢怀慎担任右御史台中丞时,上章陈述时政,请求皇帝整顿士风,改变官僚中的陋习。他还向皇帝指出,这些官员虽然触犯法律被流放到偏远之地,却依旧有很多人很快就得到升迁,重新在朝中任官。这样的轻微惩罚完全成为一种形式,并不能真正发挥作用。他们回朝之后,继续贪得无厌,敲诈百姓,毫无悔过之心。所以,贪污受贿的官员被判罪之后,不满十年不应该再加叙用。可惜的是,卢怀慎连上两次疏奏都没有得到回复。

唐玄宗开元元年(713年),卢怀慎出任宰相。他自以为才能比不上姚崇(650—721年),凡事避让不争,尽量给姚崇充分发挥才能的空间。他自己则专门负责荐贤举能。

尽管卢怀慎自奉很薄,但他待人真诚大方,每得到俸禄或朝廷的赏赐,总是毫不吝啬地与亲友分享。后来卢怀慎赴洛阳(今属河南)选举官吏,随身的行李只有一个布囊。卢怀慎到达洛阳之后就身患重病,公事办完都不能离开。宋璟、卢从愿在一个风雨之夜前往问疾,走到卢怀慎的住处时,屋内灯影幢幢,只见卢怀慎躺在一床薄席上,门上却连遮雨的苇帘都没有。卢怀慎看到宋璟、卢从愿后十分开心,遂令仆人设宴招待。摆在桌上的食物,不过两盆蒸豆,几根青菜而已。两人临别时,卢怀慎拉着他们的手说:"皇上想要实现天下大治的心情十分急切,不过从开国到现在,唐朝享国日久,皇上难免会有倦怠之心,恐怕此时将有人趁机钻营。愿二位励精图治,举贤荐能,万不可懈怠,别让投机取巧的人有钻营的机会。"

没过多久,卢怀慎去世。家里连治丧的积蓄都没有。

恰在这时,唐玄宗想要巡幸东都洛阳,四门博士张晏上言说:"卢怀慎忠清耿直,善始善终,若不加优赐,恐怕无以鼓励善行。"玄宗于是下制书厚赐卢怀慎的家属。玄宗从还京后,在一次打猎时,偶然问到卢怀慎家,只见四壁低矮,简陋陈旧,家人忙忙碌碌地似乎在做什么,于是派人前往探视。回来的人说,卢怀慎去世二十五个月,家中在举办大祥之祭。玄宗听后非常感伤,再次厚赐其家,想起卢怀慎的清廉,立即停止打猎活动。在回宫的路上,玄宗路过卢怀慎的坟墓,墓前还没有立碑表,玄宗停下车马,泫然流涕,下诏为其立碑,令中书侍郎苏颋(670—727 年)草拟碑文,玄宗则御笔亲书,以表彰卢怀慎的清廉之德。

卢怀慎的几个儿子也都能传其清廉的家风,颇矫当时贪腐的世风。

【评述】

孟子说,舜做天子以后,并没有因为地位的高贵而淡漠对父母的敬爱之心,因为这是一个是否要坚持原则的重要问题。卢怀慎身居相位,对于人生中很多物质层面的东西,应该可以很容易地得到满足,但是他始终坚持廉洁自奉的原则,对君国之事满怀忧虑,期待着国家大治,天下太平。作为企业的管理者,应该分得清自己应该坚持哪些原则,不应为原则之外的东西改变初衷。

王徽之雪夜访戴逵

舜做天子之后,把一直都在处心积虑想要谋害自己的弟弟封为有庳的诸侯,怕他本性不改,又派贤人辅佐他,因为仁者对于兄弟,不蓄怨,不积怨,而是亲近爱护。晋代的王徽之虽然行为怪诞,但在他那不合常情的怪诞中,同样也饱含着对兄弟的深情。

在南朝宋刘义庆(403—约 443 年)的笔下,汉末魏晋尽管天下云扰,战乱纷纷,却也是士族大夫任情放诞,腹怀激情与豪迈的时代,魏晋风度的流风余韵依旧能在他所著的《世说新语》中窥见一斑。这部书中有一位熠熠闪光人物,他在乱世中,卓荦不羁,却同样与其父兄一样,笔底龙蛇游走,流光溢彩,他就是晋人王羲之第五子王徽之。王徽之,字子猷,东晋琅琊临沂(今属山东)人,后居山阴(今浙江绍兴)。

王徽之在任大司马桓温(321—373 年)的参军期间,头发蓬乱,衣带松散,从不治理府中的事务。后来,王徽之在车骑将军桓冲(328—384 年)麾下做骑兵参军的时候,他依然对公事不闻不问。桓冲问他掌管什么事情,他说:"好像是管理马匹。"桓冲问他管理多少匹马,他说:"《论语》说'不问马',我怎知有多少?"桓冲讨个没趣,面色不悦,问他马匹的伤亡情况,他依旧答非所问:"未知生,焉知死!"桓冲听说以后,知道他在装疯卖傻,不跟他深深计较。

对于很多士族大夫而言,宁肯食无肉,不可居无竹,王徽之更是如此。王徽之曾借助别人的一处空宅,令人在房前屋后,遍栽青竹。别人感到非常奇怪,向他询问缘由,他顾自啸咏,用手指着竹子说:"怎能一日没有竹子呢!"

王徽之住在山阴的时候,夜间一觉醒来,见夜雪初霁,月色穿过窗户,清朗殊洁,地上树影斑驳,好像水藻在水中随波摇曳。王徽之欣然起身四望,天地之间一片皓然,于是独自饮酒,吟咏左思的《招隐诗》,念着念着,忽然想与住在剡县(今浙江嵊州市西南)的戴逵夜游。王徽之一时兴来,立即乘着小船划出很远去拜会戴逵,直到东方曦光初露才到达。谁知,王徽之才走到戴逵门下,却折身而返。随从的人被他弄得一头雾水,王徽之说:"我本乘兴而来,尽兴而返,何必一定要见到戴逵呢!"

后来,王徽之的弟弟献之病重去世,病重的王徽之很平静地问旁边的人说:"我怎么没有听到子敬生病的消息,他就一去不返。"神情并无悲戚之色。说完这话,他就乘着轿子到王献之家奔丧,径直坐在灵床上,取来王献之生前喜爱的琴,琴弦音色也非常艰涩。王徽之顿时大恸,把琴摔在地上,哀哀地说:"子敬啊,子敬啊!你和琴都一同亡故不返是为何呢?"

一个月后,悲痛过度王徽之也一去不返。

【评述】

王徽之处在乱世,行为放诞,但其心中并未泯灭人性之中最为善良的情意。孟子说,舜做天子之后,不因自己的弟弟而废弃原则,也不因为要坚持原则而废弃兄弟之间的情意。任何管理者。都应该在"情"与"理"之间求得一个完美的平衡,创造和谐的氛围。

【现代事例】

欧莱雅"瓶子里的科学"

有人馈送给子产一条活鱼,子产让主管池沼的小吏把它蓄养在水池中。小吏把鱼煮熟吃掉后回报子产说,鱼已经悠然自得地游到深处。子产很高兴地说,鱼在水中游恰得其所。小吏自以为得计,以为子产并没有传说中的那样有智慧。孟子认为,君子被以合乎情理的方法欺罔,却很难被违背常规的手段诳骗,因为君子恪守正道。时下的化妆品宣传往往会夸大产品的功效,以致人们对此常抱怀疑的态度,而欧莱雅一直信奉"瓶子里的科学",其品牌一直为人青睐。

小轩窗,正梳妆,化妆品则少不了欧莱雅。

一九〇七年,发明世界上第一种无害合成染发剂、烫发精的法国化学家欧仁·舒赖尔(Eugene Schueller)创办起一家专门生产化妆品的小型家庭工厂——欧莱雅。在过去的一个世纪里,欧莱雅让全世界的女性享受到高科技、高品质、安全可靠的化妆品。

欧莱雅信奉"瓶子里的科学",通过科学革新,力求完美,不断改进品质和功效。欧莱雅认为每位女性都有着独一无二的体貌特征,在年龄、肤质和发质类型上存在着很大的个体差别,而且不同的国家对美、对化妆品和个人护理品则有着不同的认识,且这些认识也都在随时代产生变化。因此,欧莱雅在设计理念上尊重个体差异,以多样化的产品和品牌来适应各类女性的对美的追求。

在头发染色、头发护理、皮肤护理、彩色化妆品和香水这五个核心业务中,欧莱雅严格监督生产流程的每一个步骤,由企业内部的审核和美国食品及药品管理局等机构开展的外部审核相结合,确保所有产品的质量,正因为有着这样严格的生产工艺和品质监督,欧莱雅有百分之九十四的产品获得 ISO900/12000 认证。欧莱雅拥有多种有效的销售网络和先进的行销理念,通过百货超市、免税店、发廊、药房及邮购等方式,把自己的高品质产品带到世界每一个爱美的角落。

欧莱雅在全球的商业扩展战略包括五个最基本的要素,增加研发力度,信奉美是"瓶子里的科学",不断推出时尚新品;推行多品牌战略,对所有品牌进行精确的市场定位,极少重合;透过全球化战略,开展全球购买和扩展,虽有风险,但可以树立产品的新形象,从而扩大市场;并购并维持一种独特的美容产品,并把该品牌与消费者建立强烈的情感联系;与竞争者往往注重组织和程式的重要性相比,欧莱雅更推崇人才,为每位员工提供发挥个人才智的舞台。

欧莱雅也积极参与社会公益活动,以改善社会弱势群体的生活。尽管化妆品行业不会消耗太多的自然资源,也不会造成严重的环境污染,不过,欧莱雅还是对环保事业高度重视,通过制定实施严格的环保政策和工艺流程降低对环境的负面影响。

【评述】

人们受化妆品宣传的欺罔,往往是因为化妆品具有保持人体美丽的功能。正如孟子所说，君子能被符合常理的道理欺罔，是因为君子尊信正理。欧莱雅的成功就在于它不会借助言过其实的宣传来提升产品的效应，而是通过实实在在的科研开发，树立不倒的形象，可谓能抓住最根本的因素。因此，作为企业的负责人，当坚持正道，不能存有任何侥幸心理。

荷兰阿霍德的会计丑闻

孟子认为，舜得天下不是尧给予的，而是上天给予的。但是，上天不言，能代表上天意志的是民意，舜能得到诸侯和百姓的拥戴，所以能得到天下。同样的道理，一家上市企业的生存和发展，则源自股民的热情和股票的稳定。若企业偷偷做手脚欺蒙客户，将难免丑闻缠身。荷兰的阿霍德就有这样不光彩的经历。

有人曾说，荷兰的阿霍德(Ahold)是全球最大的食品零售商，但几乎没人知道它的存在。这话不假，阿霍德集团在全球拥有九千余家零售店，旗下的子公司以各自的品牌经营食品零售业务和服务业。

阿霍德始于一八八七年零售商阿尔伯特·海基(Albert Hekki)创办的一家小杂货铺。阿尔伯特·海基精勤刻苦，一心想把事业做大。所以，阿霍德一直以顾客的需求作为自己的发展方向，通过最佳的解决方案满足顾客的需求，进而吸引新的顾客，使顾客从容进店，轻松购物，快乐出店。到一九四〇年阿尔伯特·海基去世时，阿霍德已在荷兰的食品零售商中雄踞领先地位。

一九九六年，阿霍德在美国这个破产如家常便饭的地方经过一连串的兼并收购，取得巨大的成功，阿霍德成为位居全世界第五的大超市。阿霍德采用一种本地化的战略，全球二十七个国家的九千多家零售店没有统一使用阿霍德的名字，希望借此得到超市所在地居民的认同，让客户把阿霍德视作本地商户而非外来者。这也是很多人并不熟悉阿霍德的重要原因。

但是，在阿霍德的辉煌业绩如日中天之时，阿霍德突然在二〇〇三年爆出的会计丑闻是继美国安然(Enron)事件之后，又一震惊欧美商界的最大丑闻之一。二月二十四日，阿霍德称此前公布的二〇〇一年度营业额和二〇〇二年度的预计营业额共虚报四点六亿欧元(相当于五亿美元)，而且在过去三年中美国和阿根廷的子公司财务业绩都曾被夸大。阿霍德高层及相关子公司的管理层不得不被迫辞职或调换职位。

丑闻曝光当天，阿霍德公司的平均股价狂跌百分之六十三，将荷兰股票指数整体拉下五点三八个百分点。比这更为可怕的是,人们刚刚平息安然公司带来的投资恐慌后,阿霍德的丑闻使美国投资者在欧洲投资再次失去信心,投资者的恐慌和不信任情绪将会蔓延到整个欧洲。这种打击对阿霍德来说是最致命的。

在阿霍德绞尽脑汁地为摆脱财务丑闻而谋取出路的时候,它的主要对手沃尔玛(Wal-Mart)、家乐福(Carrefour)等巨型超市则拼命地抢占和分享它所失去的市场占有率。在八个月后,阿霍德的财务丑闻才得以勉强收场,但它已经元气大伤,在很短的时间内很难恢复其以前的地位。

【评述】

孟子曰:益之所以没有能继禹为天子,是因为益的德行不如禹的儿子启,天下人都归启而不归益,禅让制也因此终结。阿霍德的成功,曾被认为是商业传奇,但阿霍德假账丑闻曝光后,股票大跌,投资者也对其失去信心,可谓危机重重。因此,作为企业的高层管理者,当始终保持审慎和警惕的心态,防微杜渐,固守原则,则可避免重蹈阿霍德的危局。

【名言录】

名言:说《诗》者,不以文害辞,不以辞害志。以意逆志,是为得之。——《万章(上)》

古译:说《诗》者,不以文害辞,不以辞害志。以意逆志,是为得之。

今译:解说《诗》的人,不要拘泥于文字而误解词句,也不要拘泥于词句而误解《诗》的原意。以自己的切身体会去推测作者本意,就能得到其中的道理。

现代使用场合:真正能将《诗》解说明白之人,是不会囿于它的表面文字,而是从一种更深层次的角度,从自己的实际体验来阐释它。现代生活中要想有所作为,也不应该局限于具体的条条框框,而是要根据实际情况,在把握全局的基础上去解决问题。

卷十 万章下

【题解】

本篇第三、第四、第八章论交际之道。交友当以对方的品德为友,不可有所倚仕,而交际时应以恭敬为心。由此出发,对待当今诸侯的态度,应考虑到他们虽然多行不义,却毕竟与拦路抢劫不同,所以要先教育他们,教而不改才有"杀"的问题。第六、第七、第九章,论君主养士尊贤之道和君臣关系,强调对士人应有充分的尊重;臣属对于君主也不应绝对服从,而是有匡君谏主的义务。其他各章或论伯夷、伊尹、柳下惠、孔子作为圣人的不同之处,或述周王朝的爵禄制度。第八章提出读书解诗,应"知人论世",是孟子在文学方面的重要主张,对后世文艺理论有很深的影响。

一

【原文】

孟子曰:"伯夷,目不视恶色,耳不听恶声。非其君不事,非其民不使。治则进,乱则退。横政①之所出,横民之所止,不忍居也。思与乡人处,如以朝衣朝冠坐于涂炭也。当纣之时,居北海之滨,以待天下之清也。故闻伯夷之风者,顽②夫廉,懦夫有立志。

"伊尹曰:'何事非君?何使非民?'治亦进,乱亦进,曰:'天之生斯民也,使先知觉后知,使先觉觉后觉。予,天民之先觉者也。予将以此道觉此民也。'思天下之民,匹夫匹妇有不与被尧、舜之泽者,若己推而内之沟中——其自任以天下之重也。

"柳下惠不羞污君,不辞小官。进不隐贤,必以其道。遗佚而不怨③,厄穷而不悯。与乡人处,由由然④不忍去也。'尔为尔,我为我,虽袒裼裸裎于我侧,尔焉能浼我哉?'故闻柳下惠之风者,鄙夫宽,薄夫敦。

"孔子之去齐,接淅⑤而行。去鲁,曰:'迟迟吾行也。'去父母国之道也。可以速而速,可以久而久,可以处而处,可以仕而仕,孔子也。"

孟子曰:"伯夷,圣之清者也;伊尹,圣之任者也;柳下惠,圣之和者也;孔子,圣之时者也。孔子之谓集大成。集大成也者,金声⑥而玉振⑦之也。金声也者,始条理也;玉振之也者,终条理也。始条理者,智之事也;终条理者,圣之事也。智,譬则巧也;圣,譬则力也。由射于百步之外也,其至,尔力也;其中,非尔力也。"

【注释】

①横:暴。

②顽:贪婪。

③遗佚:不被重用。

④由由然:怡然自得的样子。

⑤淅:淘米水。

⑥金声:指音乐开始演奏时,有钟等金属乐器最先发出的声音。

⑦玉振:指演奏即将结束时玉磬最后发出的余韵。

【译文】

　　孟子说:"伯夷,眼睛不看不好的颜色,耳朵不听邪恶的声音。不是他理想的君主,不侍奉;不是他理想的百姓,不使唤。天下太平就出来做官,天下混乱就隐退不出。施行暴政的国家,住有暴民的地方,他都不愿意居住。他认为和没有教养的乡下人相处,就像穿戴着上朝的礼服礼帽却坐在泥土或炭灰上一样。当殷纣王暴虐统治的时候,他隐居在渤海边,等待着天下太平。所以,听到过伯夷风节的人,贪婪者也会变得廉洁,懦弱者也会变得意志坚定。

　　"伊尹说:'侍奉哪个君主不是侍奉?使唤哪个百姓不是使唤?'所以,天下太平他也进取,天下混乱他也进取。他说:'上天生育这些百姓,就是要让先知的人来唤醒后知的人,先觉的人来开导后觉的人。我就是天下人中先知先觉的人,我将用真理来唤醒老百姓。'他认为天下的百姓、男男女女若有不能受到尧、舜恩泽的,就好像是自己把别人推进水沟之中去了一样——这就是他自己承担了天下的重任。

　　"柳下惠不以侍奉坏君主为耻辱,也不因官小而不做。做官不隐藏自己的才能,坚持按自己的原则办事。不被重用不怨恨,穷困也不忧愁。与没有教养的乡下人相处,也照样很自在地不忍离去。他说:'你是你,我是我,就算你赤身裸体在我旁边,又怎么会污染我呢?'所以,听到过柳下惠风范的人,卑鄙者会变得心胸宽阔起来,刻薄者会变得温柔敦厚起来。

　　"孔子离开齐国的时候,淘完米,不等饭做好就走;离开鲁国时,却说:'我们慢慢走吧。'这是离开祖国的态度,可以快走就快走,可以久留就久留,可以不做官就不做官,可以做官就做官,这就是孔子。"

　　孟子说:"伯夷,是圣人里面最清高的;伊尹,是圣人里面最负责任的;柳下惠,是圣人里面最随和的;孔子,是圣人里面最识时务的。孔子可以称为集大成者。集大成,就好比乐队演奏,以击打钟铸声开始起音,以玉磬声结束收尾一样。钟铸起音,是为了有条有理地开始;玉磬收尾,是为了有条有理地结束。有条理的开始,是运用智慧的事业;有条理的结束,是完成圣德的事业。智慧,好比是技巧;圣德,好比是力量。犹如在百步以外射箭,箭能射到靶子,是靠你的力量;射中了,却是靠技巧而不是靠力量。"

【评析】

用今天的话来说,智与圣的关系也就是才与德的关系。这两者谁重谁轻,关系怎样?孟子用两个例子作了深刻的说明:一是音乐。演奏一首乐曲,从"金声"开始,到"玉振"结束,每位演奏者始终都要发挥他个人的智和圣的作用,仅有一种是不行的,唯有智圣合一,才能取得圆满的演奏效果。二是射箭。智好比技巧,圣好比力量,力够无技巧,能将箭射到靶,但不能中的;有技巧无力,同样不能中靶。唯有技巧与力量的合一,即智与圣合一才能射中靶子。

孟子实际上在此提出了教育人的"智圣合一"的思想,亦即应该使被教育者德才兼备,品学兼优。从儒家传统看,十分注重道德,孟子也不例外。但他又自有特点,既重道德同时又重知识,而且是道德与知识的合一。这是很有道理的。再从实践看,正确处理道德与知识的关系,在教育中的确有重要意义。如果培养的学生有道德、无知识,或有知识、无道德,或知识与道德均无,这三种情况都证明教育的失败。诚然,知识水平低的人,不一定道德就不好,但总的看,道德与知识是相辅相成的。常言说"教书育人",二者缺一不可。教育工作者要为社会培养出"德才兼备"的年轻一代,对孟子提出的"智圣合一"的谋略,值得重视,引为借鉴。

这是孟子着力赞颂、推崇孔子的一章,尊孔子为"集大成"之圣者。后世孔庙中的"大成至圣先师孔子"的牌位,即依据孟子的这一评价而来。

孟子认为,伯夷、伊尹、柳下惠三人虽是圣人,但他们在如何匡正世道人心上只以一方面见长,且各执一偏之见而有其弊端;只有孔子是全面的,能兼众圣之所长而无其弊,故称集大成之圣者。为什么三子"偏",而孔子能"全"?照朱熹的解释是:"所以偏者,由其蔽于始,是以缺于终;所以全者,由其知之至,是以行之礼。三子犹春、夏、秋、冬之各一其时,孔子则太和元气之流行于四时也。"这就是说,伯夷等人由于开始时是用一个极端去匡救时弊,时间一久,矫枉过正,结果又走向相反的一个极端去。所以仅以一个方面善其始,就不能全其终。例如伊尹鉴于当时天下多退而寡进的时弊,而救之以"任",即乐于自为,而以天下之重自任,但其结果又产生多进而寡退之弊端。伯夷在伊尹之后,针对这一弊而救之以"清",即洁身自好,保持清贫的节操,但其结果又出现洁己而傲众的时弊。柳下惠在伯夷之后,鉴于这一弊端而救之以"和",即俯身而同众,显得随和不拘。而孔子分析了前面的长处及其产生的弊端,认识深刻而又全面,既能善始,也能善终,犹如乐章中之金声玉振,综合地加以解决,遂成为集大成者。

从一个片面去矫正另一个片面,结果又产生出新的片面;再用又一个片面去矫正新的片面,结果又产生与之对立的更新的片面……如此循环往复,终不得要领。匡正世道人心如此,而中国数千年中,下一个王朝匡正上一个王朝的弊端,结果又产生新的弊端而遭致灭亡,也莫不是这样的状况。专制体制注定了是不可能找到万世长治久安之策的。

孟子在这里罗列的,是四种圣人的典型:伯夷清高,伊尹具有强烈的责任感和使命感,柳下惠随遇而安,孔子识时务。比较而言,孟子认为前三者都还只具有某一方面的突出特点,而孔子则是集大成者,金声而玉振,具有"智"与"圣"相结合的包容性。

以我们今天的眼光来看,伯夷过于清高,清高得有点不食人间烟火,所以他最后要与叔齐一道"不食周粟",饿死于首阳山。但是,所谓"饿死事小,失节事大"的观念也就由此生成,对后世产生了深远的影响。或许也正是由此观念出发,伯夷才被推崇为"圣人"之一。伊尹"其自任以天下之重",具有强烈的社会责任感和使命感,是我们曾经说过,"把历史扛在肩头"的人。其实。他的这种精神,正是曾子所谓"士不可以不弘毅,任重而道远。仁以为己任,不亦重乎? 死而后已,不亦远乎?"

所以,伊尹是非常符合儒教精神的"圣人"之一,历来也的确成为儒家所津津乐道的古代圣贤人物。但他的这种精神,在进入所谓"现代主义"或"后现代主义"时期后,已被视为过于沉重,过于执着的"古典意识",与"轻轻松松过一生"的现代生活观念格格不入,或者说,已不那么合时宜了。柳下惠一方面是随遇而安,另一方面却是坚持原则,我行我素。随遇而安体现在他不耻于侍奉坏的国君,不羞于做低贱的小官,不被重用不抱怨,穷困不忧愁。这几句话说来容易,做起来可就太困难了。尤其是后面两句,的确人有圣贤级的水平。所以,传说柳下惠能够做到"坐怀不乱",具有超人的克制力,和圣人的风范。最后说到孔圣人。事实上,到后世,尤其是到我们今天仍然家喻户晓为圣人的,四人之中,也就是孔圣人了。孟子在这里并没有展开对孔子的全面论述,而只是抓住他应该怎样就怎样的这一特点,来说明他是"圣之时者",圣人中识时务的人。所谓"识时务者为俊杰"。孟子所强调的,是孔子通权达变,具有包容性的特点,所以才有"孔子之谓集大成"的说法。而且,由"集大成"的分析,又过渡到对于"智"与"圣"相结合的论述,而孔子正是这样一个"智""圣"合一的典型。说穿了,也就是"德才兼备"的最高典范。

【典例阐幽】

先知先觉

东汉建安十三年(208 年),曹操率八十三万人马南下屯驻赤壁,企图打败刘备,消灭东吴,统一天下。刘备的军师诸葛亮来到东吴,帮助周瑜进行作战准备。

周瑜主张利用火攻,认为只有这样才能攻破曹操拥有众多战船和坚强水寨的江上大军,诸葛亮表示同意。周瑜便秘密准备了大批引火物,又叫老将黄盖诈降曹操,作为内应。准备工作布置好以后,因为每天刮着西北风,没办法利用风势来进行火攻,周瑜因此急出病来。诸葛亮前去探视,周瑜也不肯直言,只说:"人有旦夕祸福,岂能自保?"

诸葛亮似乎先知先觉,他笑着说道:"天有不测风云,人又岂能料乎?"

周瑜听了心中暗自吃了一惊。诸葛亮又说:"我有一个药方。可以给您顺一顺气。"说着,悄悄写好交给周瑜,周瑜接来一看,上面有四句十六字:欲破曹公,宜用火攻;万事俱备,只欠东风。

看到诸葛亮已经猜测到了自己的心事,周瑜也就不再隐瞒,当下请教起诸葛亮。诸葛亮于是提出了借东风的主意。

实际上是,当时已近冬至,而冬至阳气生,自然会刮起东南风来。诸葛亮通晓天文知识,却故意叫人搭起法坛,祭天借风,果真刮起东南风来。周瑜于是发兵引火,把曹军战船水寨全部烧光,曹操狼狈地逃回了许昌。

二

【原文】

北宫锜①问曰:"周室班②爵禄也,如之何?"

孟子曰："其详不可得闻也,诸侯恶其害己也,而皆去其籍③;然而轲也尝闻其略也。天子一位,公一位,侯一位,伯一位,子、男同一位,凡五等也。君一位,卿一位,大夫一位,上士一位,中士一位,下士一位,凡六等。天子之制,地方千里;公侯皆方百里,伯七十里,子、男五十里,凡四等。不能④五十里,不达于天子,附于诸侯,曰附庸。天子之卿受地视⑤侯,大夫受地视伯,元士受地视子、男。大国地方百里,君十⑥卿禄,卿禄四大夫,大夫倍上士,上士倍中士,中士倍下士,下士与庶人在官者同禄,禄足以代其耕也。次国地方七十里,君十卿禄,卿禄三大夫,大夫倍上士,上士倍中士,中士倍下士,下士与庶人在官者同禄,禄足以代其耕也。小国地方五十里,君十卿禄,卿禄二大夫,大夫倍上士,上士倍中士,中士倍下士,下士与庶人在官者同禄,禄足以代其耕也。耕者之所获,一夫百亩,百亩之粪⑦,上农夫食九人,上次食八人,中食七人,中次食六人,下食五人。庶人在官者,其禄以是为差。"

【注释】

①北宫锜:人名,卫人。

②班:列,排列等级。

③籍:书籍,典籍。

④不能:后省略"有"字。也可理解为不足、不及。

⑤视:比。

⑥十:十倍于。

⑦粪:施肥,引申为耕田、耕种的意思。

【译文】

北宫锜问道:"周朝排列官爵、俸禄的等级,其具体情况是怎样的?"

孟子说:"具体情况已经不能知道了,诸侯讨厌它妨害自己,把那些典籍都毁掉了;不过,我曾经听说过它的大致情况。天子一级,公爵一级,侯爵一级,伯爵一级,子爵、男爵同一级,共五个等级。诸侯国里,国君一级,卿一级,大夫一级,上士一级,中士一级,下士一级,共六个等级。天子的土地规模,一千里见方;公爵、侯爵都是一百里见方,伯爵是七十里见方,子爵、男爵是五十里见方,共四等。不足五十里见方的国家,不同天子直接联系,而是附属于诸侯,叫作'附庸'。天子的卿,受封土地同侯爵相等,大夫受封的土地同伯爵相等,元士受封的土地同子爵、男爵相等。大国的土地有百里见方,国君的俸禄是卿的十倍,卿的俸禄是大夫的四倍,大夫是上士的一倍，上士是中士的一倍，中士是下士的一倍，下士的俸禄同在官府当差的百姓相同，数量足以代替他种田的收入。中等国家的土地有七十里见方，国君的俸禄是卿的十倍，卿的俸禄是大夫的三倍，大夫是上士的一倍，上士是中士的一倍，中士是下士的一倍，下士同在官府当差的百姓同等俸禄，俸禄足以代替他种田的收入。小国的土地有五十里见方，国君的俸禄是卿的十倍，卿的俸禄是大夫的两倍，大夫是上士的一倍，上士是中士的一倍，中士是下士的一倍，下士同在官府当差的百姓俸禄相等，俸禄足以代替他种田的收入。种田人的收入：一个农夫受田一百亩，一百亩地施肥耕种，上等的农夫可以养活九人，次于上等的可以养活八人，中等的农夫可以养活七人，比这差一点的可以养活六人，下等的农夫可以养活五人。在官府当差的百姓，他们的俸禄按这种区别来分等级。"

【评析】

本章论周朝的爵位、俸禄制度。孟子所论，与《周礼》《礼记·王制》等篇的记载多有不同，可能带有理想的成分。但对理解中国古代制度，仍具有极为重要的价值。

三

【原文】

万章问曰："敢问友。"

孟子曰："不挟长，不挟贵，不挟兄弟而友。友也者，友其德也，不可以有挟也。孟献子①，百乘之家也，有友五人焉：乐正裘，牧仲，其三人则予忘之矣。献子之与此五人者友也，无献子之家者也。此五人者，亦有献子之家，则不与之友矣。非惟百乘之家为然也，虽小国之君亦有之。费惠公曰②：'吾于子思则师之矣，吾于颜般则友之矣。王顺、长息，则事我者也。'非惟小国之君为然也，虽大国之君亦有之。晋平公之于亥唐也，入云则入，坐云则坐，食云则食③。虽蔬食菜羹④，未尝不饱，盖不敢不饱也。然终于此而已矣，弗与共天位也，弗与治天职也，弗与食天禄也。士之尊贤者也，非王公之尊贤也。舜尚见帝，帝馆甥于贰室⑤，亦飨舜，迭为宾主，是天子而友匹夫也。用下敬上，谓之贵贵；用上敬下，谓之尊贤。贵贵尊贤，其义一也。"

【注释】

①孟献子:鲁国大夫仲孙蔑。

②费:国名。

③入云、坐云、食云:云入、云坐、云食的倒文。

④蔬食:即"疏食",粗糙的伙食。

⑤甥:女婿。贰室:副官。

【译文】

万章问道:"请问怎样交朋友。"

孟子说:"不倚仗自己的年长,不倚仗自己的显贵,也不倚仗兄弟的势力来交朋友。所谓友,是以对方的品德为友,不可有所倚仗。孟献子,是拥有百辆车马的大夫,他有五个朋友:乐正裘、牧仲,其他三人我忘了。献子和这五人交朋友,心中没有献子是大夫的念头。这五人,也是这样,如果心存献子是大夫的念头,就不同他交朋友了。不仅拥有百辆车马的大夫是这样,即使是小国的君主也有这种人。费惠公说:'我对于子思,是把他当老师,我对于颜般,是把他当朋友。王顺、长息,是服侍我的。'不仅小国的君主是这样,即使大国的君主也有这种人。晋平公对于亥唐,亥唐叫他进去,他才进去,叫他坐,他才坐,叫他吃饭,他才吃饭。即使是粗糙的米饭、菜羹,也不曾不吃饱,因为不敢不吃饱。但也仅此而已,并不和他共有君主之位,不和他一起处理政务,也不和他分享俸禄。这只是士人的尊贤,而不是王公的尊贤。舜拜见帝尧,帝尧请他这位女婿住在另一处官邸,也请舜吃饭,两人轮着做东,这才是天子结交普通老百姓为友的态度。以地位卑微者尊敬地位显贵者,这叫尊重贵人;以地位显贵者尊敬地位卑微者,这叫尊重贤人。尊重贵人和尊重贤人,道理是一样的。"

【评析】

人生在世,离不开朋友。朋友之间的友谊是人际交往中结出的美丽花朵,它在人生旅途中有着十分重要的作用与地位。因此,孟子的弟子万章特地专门请教老师有何"交友之道",孟子先用否定性的语言,讲了三个"不"字,即"不挟长""不挟贵""不挟兄弟";又用肯定性语言明确结论:"友其德",即交朋友一定看重对方的品德。

孔子曾把朋友分为"益友"和"损友"两种相互对立的类型。他说:"益者三友,损者三友。友直、友谅、友多闻,益矣;友便辟、友善柔、友便佞,损矣。"这就是说,有益的朋友有三种,有害的朋友也有三种。同正直的人交朋友,同诚实的人交朋友,同见闻广博的人交朋友,便有益;同善于谄媚逢迎的人交朋友,同心术不正的人交朋友,同夸夸其谈、华而不实的人交朋友,便有害。可见孔子的择友标准是重人品、重知识。孟子则特别强调交友要重"德",反对重资格、重权势、重钱财。因为一个人的内在品德如果高尚、优良,那么其外在表现必定崇高、伟大。尽管其外在表现多种多样,但无一不是"德"的外化。所以,孟子抓住了交友最核心、最本质、最关键之点,明确将它表述出来,这就不仅继承了孔子的交友理论,而且发展和深化了这一思想。

【典例阐幽】

君子之交淡如水

唐贞观年间,薛仁贵未得志前,和妻子住在一个破窑洞中,衣食没有着落,全靠王茂生夫妇的接济。后来,薛仁贵参军,在跟随唐太宗李世民御驾东征时,因平辽功劳特别大,被封为"平辽王"。

前来王府送礼祝贺的文武大臣络绎不绝,可都被薛仁贵婉言谢绝了。唯一收下的是普通老百姓王茂生送来的"美酒两坛"。一开酒坛,负责启封的执事官吓得面如土色,因为坛中装的不是美酒而是清水!"启禀王爷,此人胆敢戏弄王爷,请王爷重重地惩罚他!"

岂料薛仁贵听了,不但没有生气,而且命令执事官取来大碗,当众饮下三大碗王茂生送来的清水。在场的文武百官不解其意,薛仁贵喝完三大碗清水之后说:"我过去落难时,全靠王兄弟夫妇经常资助,没有他们就没有我今天的荣华富贵。如今我美酒不沾,厚礼不收,却偏偏要收下王兄送来的清水,因为我知道王兄弟贫寒,送清水是王兄的一番心意,这就叫君子之交淡如水。"此后,薛仁贵与王茂生一家关系甚密,"君子之交淡如水"的佳话也就流传了下来。

四

【原文】

万章问曰："敢问交际何心也?"

孟子曰："恭也。"

曰："'却之却之为不恭',何哉?"

曰："尊者赐之。曰:'其所取之者义乎,不义乎?'而后受之,以是为不恭,故弗却也。"

曰："请无以辞却之。以心却之,曰:'其取诸民之不义也',而以他辞无受,不可乎?"

曰："其交也以道,其接也以礼。斯孔子受之矣。"

万章曰："今有御①人于国门之外者,其交也以道,其馈也以礼,斯可受御与?"

曰："不可。《康诰》②曰:'杀越③人于货④,闵⑤不畏死,凡民罔不譈⑥。'是不待教而诛者也。殷受夏,周受殷,所不辞也。于今为烈,如之何其受之?"

曰："今之诸侯取之于民也,犹御也。苟善其礼际矣,斯君子受之,敢问何说也?"

曰："子以为有王者作,将比今之诸侯而诛之乎? 其教之不改而后诛之乎? 夫谓非其有而取之者盗也,充类至义之尽也。孔子之仕于鲁也,鲁人⑦猎较⑧,孔子亦猎较。猎较犹可,而况受其赐乎?"

曰："然则孔子之仕也,非事道与?"

曰："事道也。"

"事道奚猎较也?"

曰："孔子先簿正祭器,不以四方之食供簿正。"

曰："奚不去也?"

曰："为之兆也。兆足以行矣,而不行,而后去,是以未尝有所终三年淹⑨也。孔子有见行可之仕,有际可之仕,有公养之仕。于季桓子,见行可⑩之仕也。于卫灵公,际⑪可之仕也。于卫孝公,公养⑫之仕也。"

【注释】

①御:阻止,这里指拦路抢劫。

②《康诰》：《尚书》中的一篇。

③越：虚词，无意义。

④于货：取其货。

⑤闵：通"暋"，强横。

⑥譈：通"憝"，怨恨。

⑦鲁人：鲁国的士大夫。

⑧猎较：古代风俗，打猎时争夺猎物，以所得用作祭祀。较：争夺。

⑨淹：停留。

⑩行可：可行其道。

⑪际：接。指对自己的礼节待遇等。

⑫公养：指对一般贤者的礼节待遇等。

【译文】

万章问道："请问同别人交际时应该持有怎样的心情呢？"

孟子说："恭敬的心情。"

万章问："'一再地拒绝别人的礼物是不恭敬的'，为什么呢？"

孟子说："尊贵的人有所赏赐，说：'对方得到这些东西是符合道义的呢，还是不符合呢？'考虑妥当了才接受。这样做是不恭敬的，所以说不该拒绝。"

万章说："如果不用言语拒绝，而在心里拒绝，心里说'对方从百姓那里取来这些东西是不义的'，然后用别的理由推辞，不可以吗？"

孟子说："对方按规矩结交我，按礼节规定送礼，这样，即便是孔子也会接受的。"

万章说："如果有个在城外拦路抢劫的人，他以正当理由送礼，按礼节赠送，这样也可以接受他抢来的东西吗？"

孟子说："不行。《康诰》上说：'杀人抢劫，强横不怕死的人，人们没有不痛恨的。'这种人是不必先教育就可以处死的。殷朝从夏朝继承来这种规矩，周朝从殷朝继承来这种规矩，没有改动过。到现在抢劫比原来还厉害，怎么还能接受呢？"

万章说："现在的诸侯从百姓那里掠取财物，就像拦路抢劫一样。如果他们按照礼节交往，这样君子就可以接受他们的礼物，请问这又怎么说呢？"

孟子说："你你认为如果有圣王出现，他将会把现在的诸侯统统杀掉呢，还是把经

486

过教育仍不悔改的诸侯杀掉呢？认为不是他该有的东西他拿了，这就是抢劫，这是把'抢劫'的含义范围扩大到最尽头了。孔子在鲁国做官时，鲁国人有打猎时争夺猎物的习俗，孔子也去争夺了。争夺猎物尚且可以，何况接受赏赐呢？"

万章说："那么孔子做官，不是为了行道吗？"

孟子说："是为了行道。"

"行道何必去争夺猎物呢？"

孟子说："孔子先用文书规定可用的祭器，规定不用别处打来的猎物充作祭品。"

万章说："孔子为什么不辞官离开鲁国呢？"

孟子说："孔子为了试行。试行的结果足以行得通，君主却不推行，这才离开那里。所以孔子不曾有过在一个国君那里呆满三年的。孔子或者看到有行道的可能而去做官，或者因为君主对他以礼相待而去做官，或者因为君主能养贤士而去做官。对于季桓子，是有行道的可能而去做官；对于卫灵公，是他能以礼相待而去做官；对于卫孝公，是他能养贤士而去做官。"

【评析】

本章论"交际"之用心，其核心是士人对于出仕的态度。战国时，士人选择出仕已是较为普遍的现象，但当时的诸侯多是不义之君，他们的财物也多是通过不义的手段获得的。那么，士人是否还应该出仕呢？孟子认为，与人交往重要的是恭敬之心。只要他人以礼相待，他们的礼聘就是可以接受的。由此引出两个问题，如果强盗、诸侯也以礼相待，他们的礼聘也是可以接受的吗？孟子认为，对于强盗、诸侯还是要做一区别，强盗的礼物当然不可接受，诸侯中虽多有不义之君，但如有圣王出现，也只能将其中罪大恶极者绳之以法。将诸侯与强盗完全等同起来，那等于是将"抢劫"的含义做了无限的放大。孔子一生积极出仕，"有见行可之仕""有际可之仕""有公养之仕"，所以士人既要在出仕时坚守"义"的原则，也要避免像陈仲子那样洁身自好而走向一偏。本章个别地方不好理解，有人认为"此必有断简或阙文者"。但整体内容是清楚的。

【典例阐幽】

充类至尽

五胡十六国时期,后赵第三位皇帝石虎最感兴趣的事是搜集美女。后赵朝廷官员为了迎合石虎的淫欲,完成规定指标,像强盗一样挨家挨户搜捕年轻美貌女子。美女的父亲或丈夫如果拒绝献出他的女儿或妻子,就会当场被乱刀砍死。当成千上万的美女被送到邺城时,石虎高兴得手舞足蹈,凡有超额完成的"地方首长",都加官晋爵。

为了安置搜捕来的美女,石虎分别在邺城、长安、洛阳三大都市大兴土木,建造豪华的宫殿,四十余万民工昼夜不停地劳作,半数以上的劳工病死或累死。铺天盖地的苛捐杂税,迫使缺衣少食的平民百姓卖儿卖女,等到子女卖尽或没有人再买得起时,人民便起而抗暴或全家自缢而死。道路两旁树上悬挂的尸体成了这个国家最惨不忍睹的景象。

但等到这项暴政引起人民大规模逃亡、朝野怨声载道时,石虎又指责那些新进封侯爵的"地方首长"不体恤百姓,把他们作为替罪羊斩首示众。

如果充类至尽地进行形容的话,我们只能说石虎是一个不折不扣的禽兽暴君,比起当时后唐庄宗李存勖称自己李天下的荒谬有过之而无不及。

五

【原文】

孟子曰:"仕非为贫也,而有时乎为贫;娶妻非为养也,而有时乎为养。为贫者,辞尊居卑,辞富居贫。辞尊居卑,辞富居贫,恶乎宜乎?抱关击柝①。孔子尝为委吏②矣,曰:'会计③当而已矣。'尝为乘田④矣,曰:'牛羊茁壮长而已矣。'位卑而言高,罪也;立乎人之本朝⑤,而道不行,耻也。"

【注释】

①抱关击柝:抱关,看守城门的小吏。柝,打更用的梆子。

②委吏:管理仓库的小吏。

③会计:每月零星盘算为"计",一年总盘算为"会",两者合在一起即成"会计"。

④乘田:管理园林牲畜的小吏。

⑤本朝:即朝廷的意思。

【译文】

孟子说:"出仕做官不是因为贫穷,但是有时候也因为贫穷而做官;娶妻不是为了要奉养父母,但是有时候也是为了奉养父母。因为贫穷而做官,便应该拒绝高位,安居低位;拒绝富贵,安居贫穷。要拒绝高位,安居低位;拒绝富贵,安居贫穷,怎样做才是恰当的呢?就像守门的小吏按时打更就行。孔子曾经做过管理仓库的小吏,说:'只要是出入的账目都对就可以了。'孔子也曾经做过管理牲畜的小吏,说:'只要牛羊能够苗壮成长就行了。'处在较低的位置,却议论朝廷大事,这是罪过;在君主的朝堂上为官,却不能使自己的道义实现,这是耻辱。"

【评析】

儒家主张出仕是为了行道,但也不排除有时是为了生计。若是为生计出仕,就不应谋取高官厚禄,同时要尽心尽责。

【典例阐幽】

位卑言高

三国时,袁绍率各路诸侯讨伐董卓。董卓拨给手下大将华雄五万人马,连夜赶赴汜水关迎战。双方一接战,华雄连斩鲍忠、祖茂、俞涉和潘凤几员大将。袁绍等人大惊失色。正在这千钧一发之际,阶下一人大声说:"我愿斩华雄的头,献于帐下!"

袁绍问是何人,公孙瓒说:"玄德之弟关羽也。"

袁绍又问:"他是何职?"

公孙瓒回答道:"关羽随从玄德充当马弓手。"袁术听了以后认为关羽位卑言高,厉声大喝说:"这是欺负众诸侯没大将呀,量他一个马弓手,怎么敢说大话乱吹,与我打出去!"

曹操急忙制止,说:"此人既出狂言,必有勇略,可以叫他出马试试,如其不胜,再谴责也不迟。"

这时关羽也说:"如不胜,请斩吾头。"曹操让人热一杯酒,给关公喝了再上马出战。关公说:"酒且斟下,我去去便来。"

关羽出帐提刀,飞身上马,冲入敌阵。众人只听到关外鼓声大振,喊声大举,如天摧地塌,岳撼山崩。正要去探听明白,关云长已骑马到了帐前,把华雄的头掷于地上,杯子里倒上的酒还是温的。

虽然"位卑言高"为狂妄之罪,但关羽这种有实力的侠义之士,却令众人刮目相看,袁绍连忙命人给关羽记上一大功劳。

董卓

六

【原文】

万章曰:"士之不托诸侯,何也?"

孟子曰:"不敢也。诸侯失国,而后托于诸侯,礼也。士之托于诸侯,非礼也。"

万章曰:"君馈之粟,则受之乎?"

曰:"受之。"

"受之何义也?"

曰:"君之于氓也①,固周之。"

曰:"周之则受,赐之则不受,何也?"

曰:"不敢也。"

曰:"敢问其不敢何也?"

曰:"抱关击柝者皆有常职以食于上。无常职而赐于上者,以为不恭也。"

曰:"君馈之则受之,不识可常继乎?"

曰:"缪公之于子思也,亟问②,亟馈鼎肉。子思不悦。于卒也,摽使者出诸大门之外③,北面稽首再拜而不受④,曰:'今而后知君之犬马畜伋⑤。'盖自是台无馈也⑥。悦贤不能举，又不能养也，可谓悦贤乎？"

曰："敢问国君欲养君子，如何斯可谓养矣？"

曰："以君命将之⑦，再拜稽首而受。其后廪人继粟⑧，庖人继肉⑨，不以君命将之。子思以为鼎肉使己仆仆尔亟拜也⑩，非养君子之道也。尧之于舜也，使其子九男事之，二女女焉，百官牛羊仓廪备，以养舜于畎亩之中，后举而加诸上位，故曰王公之尊贤者也。"

【注释】

①氓：迁移来的人。

②亟：屡次。

③摽：赶走。

④稽首：磕头。再拜：拜两次。"稽首再拜"，有拒绝之意。"再拜稽首"，有接受之意。

⑤伋：子思之名。

⑥台：通"始"，才。

⑦将：送。

⑧廪人：管仓库的小吏。

⑨庖人：掌管伙食的小吏。

⑩仆仆：烦扰的样子。

【译文】

万章说："士不依靠诸侯为生，这是为什么？"

孟子说："因为不敢。诸侯丧失了自己的国家，然后流亡国外，依靠别的诸侯为生，这是礼；士依靠诸侯为生，是不合于礼的。"

万章说："君主所赠的粮食，就接受吗？"

孟子说："接受。"

"接受有什么道理？"

孟子说："君主对于侨居本国的人，本来就该周济。"

万章说："周济他，就接受，赏赐他，就不接受，为什么？"

孟子说："因为不敢。"

万章说："请问为什么不敢？"

孟子说:"守门打更的人都有固定的职务,来接受上面的给养。没有固定的职务而接受上面的赏赐,人们以为这是不恭敬的。"

万章说:"君主馈赠,就接受,不知道可以经常这样吗?"

孟子说:"鲁缪公对于子思,屡次问候,屡次馈赠肉食。子思不高兴。最后一次,他把使者赶出大门外,向北先磕头,又拜了两次,拒绝说:'今天才知道君主是像养狗养马一样地对待我。'大概从此以后才不再馈赠了。喜爱贤人却不能任用他,又不能养他,可以叫作喜爱贤人吗?"

万章说:"请问国君要养君子的话,怎样才可以叫作养呢?"

孟子说:"先给他传达君主的旨意,他就先拜两次,又磕头,接受下来。以后管仓库的人常送来粮食,管伙食的人常送来肉食,就不再传达是君主的旨意了。子思认为为了一点肉食使自己不胜其烦地一拜再拜,不是养君子的方式。尧对于舜,打发自己的九个儿子服侍他,两个女儿嫁给她,百官、牛羊、仓库都具备,把舜养在田野之中,以后又提拔他到最高的职位,所以说,这才是王公尊敬贤者的方式。"

【评析】

本章论士人如何对待诸侯的馈赠,以及诸侯如何尊贤、养贤。孟子主张士人积极出仕,但反对寄居于诸侯门下,其基本原则是有职则取禄,无职不取禄。士人对于诸侯偶尔的救济,可以接受,但不能经常如此,否则对士人的人格是一种羞辱。诸侯尊贤,首先要根据才能给以提拔任用,其次要根据礼节予以恰当奉养。

【典例阐幽】

魏文侯礼贤下士

战国初期,魏国的国君,魏文侯"礼贤下士",深得民心。

当时,魏国有一个叫段干木的人,德才兼备,有很高的名望,隐居在一条僻静的小巷里,魏文侯想向他请教治理国家的办法。有一天,他坐着车子亲自到段干木家去拜访。段干木听到文侯来了,赶忙翻墙跑了。魏文侯吃了闭门羹,只得怏怏而回。以后接连几次去拜访,都未能相见。

但是,段干木越是这样,魏文侯越是仰慕,每次乘车路过他家门口。都要从座位上站起来,扶着马车,伫立仰望,表示敬意。左右的人对此都有意见,说:"段干木也太不识抬举了，你几次访问他，他都避而不见，你还理他做什么呢？"魏文侯摇摇头说："段干木可是个了不起的人啊，不趋炎附势，不贪图富贵，品德高尚，学识渊博。这样的人，我怎么能不尊敬呢？"后来，魏文侯干脆放下国君的架子，不乘车马，不带随从，徒步跑到段干木家里。这回好歹见了面。魏文侯恭恭敬敬地向段干木求教，段干木被他的诚意所感动，替他出了不少好主意。魏文侯请段干木做相国，段干木怎么也不肯。魏文侯就拜他为师，经常去拜望他，听取他对一些重大问题的意见。

这件事很快传了开去。人们都知道魏文侯"礼贤下士"，器重人才。于是一些博学多能的人如政治家翟璜、李悝，军事家吴起、乐羊等先后来投奔魏国。特别是李悝，在魏国实行变法，废除了奴隶制的体制，支持新兴的地主阶级参与国家政权，使魏国经济迅速地发展起来，成为当时的诸侯国中的强国之一。

七

【原文】

万章曰："敢问不见诸侯，何义也？"

孟子曰："在国曰市井之臣，在野曰草莽之臣，皆谓庶人。庶人不传质①为臣，不敢见于诸侯，礼也。"

万章曰："庶人，召之役，则往役；君欲见之，召之，则不往见之，何也？"

曰："往役，义也；往见，不义也。且君之欲见之也，何为也哉？"

曰："为其多闻也，为其贤也。"

曰："为其多闻也，则天子不召师，而况诸侯乎？为其贤也，则吾未闻欲见贤而召之也。缪公亟见于子思，曰：'古千乘之国以友士，何如？'子思不悦，曰：'古之人有言，曰事之云乎，岂曰友之云乎？'子思之不悦也，岂不曰：'以位，则子，君也，我，臣也，何敢与君友？以德，则子事我者也，奚可以与我友？'千乘之君求与之友而不可得也，而况可召与？齐景公田②，招虞人③以旌④，不至，将杀之。志士不忘在沟壑，勇士不忘丧其元⑤。孔子奚取焉？取非其招不往也。"

曰："敢问招虞人何以⑥？"

曰："以皮冠⑦。庶人以旃⑧，士以旂⑨，大夫以旌。以大夫之招招虞人，虞人死不敢往；以士之招招庶人，庶人岂敢往哉？况乎以不贤人之招招贤人乎？欲见贤人而不以其道,犹欲其人而闭之门也。夫义,路也;礼,门也。惟君子能由是路,出入是门也。《诗》云:'周道如底,其直如矢;君子所履,小人所视。⑩'"

万章曰:"孔子,君命召,不俟驾而行。然则孔子非与?"

曰:"孔子当仕,有官职,而以其官召之也。"

【注释】

①传质:馈赠礼物。质,通"贽",见面礼。

②田:田猎,打猎。

③虞人:掌管山泽、苑囿、田猎的官吏。

④旌:用羽毛装饰的旗子。

⑤元:首,头。

⑥以:用,拿。

⑦皮冠:古代打猎时戴的帽子。加于礼冠之上,用以御尘,亦以御雨雪。

⑧旃:红色曲柄的旗。

⑨旂:装饰有铃铛的旗子。

⑩《诗》云句:出自《诗经·小雅·大东》篇。周道,大道,大路。底,当作"厎",即"砥"字,磨刀石的意思。视,效法。

【译文】

万章问道:"请问不去主动谒见诸侯,这是什么意思呢?"

孟子说:"不出仕的人,如果居住在都市,叫作市井之臣;居住在郊野的,叫作草莽之臣,这些都叫作庶人百姓。庶人百姓若不拿见面礼做了臣子,是不敢谒见诸侯的,因为这是不合于礼的。"

万章说:"庶人百姓,召他去服役,就去服役;国君想见他,召唤他,却不去见,这是为什么呢?"

孟子说:"去服役,这理所应当的;去谒见,是不应该的。况且国君想与他见面,这是为什么呢?"

万章说:"因为他见识广博,因为他的贤德。"

孟子说:"因为他见识广博而想见他,可天子不能召唤自己的老师呀,更何况是诸侯呢?因为他的贤德,那我没见过想要与贤人见面却还要召唤他的。鲁缪公屡次去拜访子思,说:'古代千辆兵车的国君若想与士人交友,该怎样做呢?'子思很不高兴,说:'古人的话是说国君要侍奉士人,怎么说是与士人交朋友呢?'子思之所以不高兴,是因为:论地位的话,那么你是君,我是臣,这样的话我怎么敢与国君交友呢?论德行的话,那么你是要侍奉我的人,怎么能与我交朋友呢?千辆兵车的国君想要与之交友都不可得,更别说召唤他了。齐景公打猎的时候,用装饰有羽毛的旗子去召唤管理山林苑囿的小吏,小吏没有过去,齐景公想要杀了他。志士不怕弃尸山沟,勇士不怕丧失头颅。孔子赞扬他哪一点呢?赞扬他不是该接受的召唤之礼他就不去。"

万章问:"那么召唤管理山林的小吏应该用什么东西呢?"

孟子说:"要用皮帽子,召唤庶人百姓要用红绸做的曲柄旗,召唤士人用装饰有铃铛的旗子,召唤大夫用装饰有羽毛的旗子。用召唤大夫的礼节来召唤管理山泽的小吏,小吏即使死也不敢过去;用召唤士人的礼节召唤庶人百姓,庶人百姓怎么敢过去呢?更何况用召唤不贤之人的礼节来召唤贤人呢?想要与贤人见面却不依据一定的礼节,这就好像想让人家来却关闭大门一样。义好比是一条大路,礼好比是一道大门。只有君子能从这条路上走过,能从这道门进去。《诗经》上说:'大路像磨刀石一样平坦,像箭一样笔直。这是君子所行走的,是小人所效法的。'"

万章问:"孔子听到国君召唤的时候,不等车马准备好就先行前去,那么孔子这样做也错了吗?"

孟子回答:"那是因为孔子有职务在身,国君因为他的职务才这样召唤他。"

【评析】

本章论庶人谒见国君,及国君召见贤人、臣子之礼。孟子认为,庶人如"不传质为臣",就不应去谒见国君,这是礼的规定,目的是维护自己人格的尊严。国君可以召唤百姓服役,百姓应该积极应召,这是他应尽的义务;但国君不能召见百姓中的贤者。孟子主张君主与庶人应平等相待,主张"以位,则子君也,我臣也","以德,则子事我者也",这种"以德抗位"的思想在历史上产生过深远的影响。孟子认为,国君召唤臣子,臣子应召,这是政治的要求,是合理的。但国君召唤臣子,应用相应的礼仪;如果不以相应的礼仪,即使有杀头的危险,也不应应召。在分析了以上规定后,孟子提出,义是人与人交往的正路,礼是人们出入的大门。只有有德的君子,才能出入礼的大门,行走在义的大路。

【典例阐幽】

必由之路

约前十一世纪,周灭商后约两年,武王病逝,太子诵继位为成王。

由于成王年幼,武王的弟弟周公旦代他处理国事。周公旦摄政后,引起管叔、蔡叔等贵族的猜疑和不满,认为周公旦把十二岁的侄儿挤到一旁,而自己替代国君,最终会把侄儿杀掉。

商的遗民领袖武庚见有机可乘,便串通管叔、蔡叔和霍叔。管叔等人是武王特别分封的三个封国的国君,拥有强大军事力量,他们组成一条互相呼应的防线,防范并监视商王朝的遗裔武庚,被称为"三监"。可是他们现在却跟残余敌人结盟,把武器发给了武庚。又联合东方旧属国奄、薄姑及徐夷、淮夷,起兵讨伐周公旦。周朝的东方疆土全部陷落,人心惶惶,周朝似乎要走上二世而亡的必由之路。

周公旦只好亲征,采取集中兵力各个击破的战略,经过三年苦战,总算打垮了"三监"联军,攻占管、蔡治地,杀武庚,诛管叔,放逐蔡叔,降霍叔为庶人。继之进兵东南,攻灭熊、盈族等十七国,最后迫使奄、薄姑等国降服。

八

【原文】

孟子谓万章曰:"一乡之善士斯友一乡之善士,一国之善士斯友一国之善士,天下之善士斯友天下之善士。以友天下之善士为未足,又尚论古之人①。颂其诗②,读其书,不知其人,可乎?是以论其世也,是尚友也。"

【注释】

①尚:上。

②颂:通"诵",诵读。

【译文】

孟子对万章说:"一个乡村里的优秀人物就同这一乡村的优秀人物交朋友,一个国家里的优秀人物就同这个国家的优秀人物交朋友,天下的优秀人物就同天下的优秀人物交朋友。和天下的优秀人物交朋友还不满足,便又追论古人。吟诵他们的诗,研读他们的著作,不了解他们的为人,可以吗? 所以要研究他们所处的时代,这就是上溯历史,与古人交朋友。"

【评析】

孟子的本意是论述交朋友的范围问题。乡里人和乡里人交朋友,国中人和国中人交朋友,更广泛的范围,则和天下的人交朋友,也就是朋友遍天下了吧。如果朋友遍天下还嫌不足,那就只有上溯历史,与古人交朋友了。当然,也只有神交而已。这种神交,就是诵他们的诗,读他们的书。而为了要正确理解他们的诗和他们的书,就应当要了解写诗著书的人,要了解写诗著书的人,又离不开研究他们所处的社会时代。这就是所谓"知人论世"的问题了。

实际上,孟子这段话对后世真正发生影响的,正是"知人论世"的主张。它与"以意逆志"一样,成为传统文学批评的重要方法,也奠定了孟子在中国文学批评史上的重要地位。事实上,直到今天,无论现代主义以来的新兴文学批评方式方法已走得有多远、多新奇,但在我们的中小学课堂上、大学讲台上,以及占主导地位的文学批评实践中,依然在主要使用着的,还是"知人论世"和"以意逆志"的方式方法。所谓"时代背景分析""作者介绍""中心思想""主题"等,这些人们耳熟能详的概念,无一不是"知人论世"或"以意逆志"的产物。由此足以见出孟子对于中国文学批评的深远影响,而这种影响之一,正是由本章的文字所发生的。

九

【原文】

齐宣王问卿。孟子曰:"王何卿之问也?"

王曰:"卿不同乎?"

曰:"不同,有贵戚之卿①,有异姓之卿。"

王曰:"请问贵戚之卿。"

曰:"君有大过则谏,反复之而不听,则易位。"

王勃然变乎色。

曰:"王勿异也。王问臣,臣不敢不以正②对。"

王色定,然后请问异姓之卿。

曰:"君有过则谏,反复之而不听,则去。"

【注释】

①贵戚之卿:指与君王同宗族的卿大夫:

②正:诚。

【译文】

齐宣王问有关卿大夫的事。孟子说:"大王问的是哪一类的公卿呢?"

齐宣王说:"公卿还有所不同吗?"

孟子说:"不同。有王室宗族的公卿,有异姓的公卿。"

宣王说:"那我请问王室宗族的公卿。"

孟子说:"君王有重大过错,他们便进谏,反复进谏还不听从,他们便改立君王。"

宣王突然变了脸色。

孟子说:"大王不要怪我这样说。您问我,我不敢不用老实话来回答。"

宣王脸色正常了,然后又问非王族的异姓公卿。

孟子说:"君王有过错,他们便进谏,反复进谏了还不听从,他们便辞职而去。"

【评析】

在国君专制国家,为卿相之道,有亲疏之分,故有经权之别、亲疏之分,则有贵戚之卿及异姓之卿的不同。经权之别,有:如国君无道,反复劝谏而不听,则贵戚之卿,因血缘关系而不能离去,又不忍坐视其亡,故可易君之位;而异姓之卿无此挂碍,离开即可。但其中特别提出"反复之而不听",正是为了劝告帝王当"虚己受善"之意。孟子从不主张"愚忠",相反,对国君更多的是主张"易位""诛一夫纣矣",甚至对国家机器"社稷",也可"变置"。通观《孟子》一书对国君的要求与对大夫官员们的要求是一样的,并未赋予任何特殊的权力,此点几乎随处可见。而提出"愚忠"的理论,是法家李斯及后世犬儒为建立帝制、树立帝王的专制权威而提出来的。

弘扬大臣的职责和权力而限制国君权力无限地膨胀,这也是孟子仁政思想的内容之一,体现出一定程度的民主政治色彩。

王室宗族的卿大夫因为与国君有亲缘关系,国君的祖先也就是他的祖先,所以既不能离去,又不能坐视政权覆亡。当国君有重大错误又不听劝谏时,就可以另立新君。孟子在这里是弘扬宗族大臣的权力而限制国君个人的权力,从理论上说是正确的。但我们知道,这种另立新君,在实践上往往酿成的,就是宫廷内乱。所谓"祸起萧墙之内",弄得不好,还会引起旷日持久的战争。

对异姓卿大夫来说,问题就要简单得多了,他们既没有王室宗族卿大夫那么大的权力,也没有那么大的职责。所以,能劝谏就劝谏,不能劝谏就辞职而去,各走一方罢了。其实,这也是孔子"所谓大臣者,以道事君,不可则止"的意思。

总的来说,孔、孟都提倡臣有臣道,臣有臣的气节和人格,反对愚忠,反对一味顺从。

【典例阐幽】

勃然变色

唐朝皇帝姓李,由于道教始祖老子也姓李的缘故,便想把道教放在佛教之上。有一个叫法静的和尚去见皇帝,直言抗争说:"古到今来佛教唯大,而且佛法无边,我佛如来灵验。今陛下以一姓之私抬高道教,恐怕天下不服!"

皇帝勃然变色,将法静打入死狱,并说:"你开口佛法无边,闭口我佛如来灵验,我给你七天去念佛。临刑时看佛救不救你,灵验不灵验!"法静入狱。皇帝派人去看他是否在念佛经求如来保佑。回报的人说法静口中念念有词,就是没有听清楚。到了第七天法静要被拉出去问斩。皇帝问法静:"你的佛念得怎么样了?"

法静笑道:"七天来我没有念佛,天天在念着皇帝陛下。"

皇帝奇怪地问他为什么。法静道:"陛下就是我佛如来。我佛如来就是陛下!"皇帝听了顿时龙颜大悦:"如来就是朕,朕就是如来。赦你无罪!"

【本篇总结】

孟子和齐宣王讨论什么是"卿"时,指出有贵戚之卿,有异姓之卿。贵戚之卿在国君有大过的时候当反复谏言,若国君不听劝告,则另立新君;异姓之卿在国君有过错时也应反复规劝,若国君不听,就离开他的国家。因此,作为国君应当广开言路,尊重贤者,不管是谁的意见,只要正确就要听取。虚怀纳谏是上下交流的重要途径,也是使国家长盛不衰的重要保证。作为企业的负责人,当有广阔的胸怀,虚心听取批评和建议,不但有利于改善上下关系,也会在很大程度上推动企业的发展。

【古代事例】

韩愈谏迎佛骨

万章向孟子请教国君怎样尊养君子,孟子认为国君尊重贤者的最好办法莫过于施行贤者的主张,提供优厚的物质条件只是优礼贤者的表面工作。否则,若只给予优厚的物质条件,则无异于豢养狗马。因此,国君对于敢于直谏的臣子,应听取其可行的建议,尽量减少犯错误的可能。唐代的韩愈就是一位敢于直谏的能臣。

据说清代有一次科考,考官以"子曰"为题要考生们做一篇八股文章,有人以"匹夫而为百世师,一言而为天下法"来破题,前一句对"子",下一句对"曰",非常巧妙。其实,这句话出自苏轼(1037—1101年)《潮州韩文公庙碑》的开篇两句,这两句饱含对韩愈(768—824年)的颂赞之情。韩愈之所以被远谪到蛮荒之地的潮州(今属广东),源于他所上的《谏迎佛骨表》。

当时,凤翔(今属陕西)法门寺的佛塔中藏有一节佛指骨舍利,每隔三十年取出一次,供人瞻仰膜拜。轮到元和十四年(819年)正月开塔时,唐宪宗想要把佛骨迎入禁宫供养三天。韩愈听说后,立即写下《谏迎佛骨表》的奏表,上奏宪宗,陈述历代崇奉佛教的皇王"运祚不长"的例子,认为佛本是外国人,跟中国言语不通,两国的风俗存在很大的差异,佛不仅不谈论先王之道,还不尊奉君父伦理,假如佛祖至今尚在,奉天竺国命来长安朝奉天子,皇帝不过以国礼相待而已,然后护卫出境,必不会让他迷惑众人。况且,佛祖早已寂灭,他的枯朽之骨不过是凶秽之物,岂能进入宫禁呢?韩愈祈求唐宪宗将佛骨毁坏,永绝根本,以断天下之疑,以绝后世之惑。假若佛祖有灵而降祸于人,自己愿承受所有的苦难且毫不怨悔。唐宪宗看完奏表当即大怒,下令处死韩愈,在裴度、崔群的苦苦劝谏之下才收回成命。韩愈被贬为潮州刺史,这就是韩愈诗中"一封朝奏九重天,夕贬潮阳路八千"的史实。

唐代是一个崇奉佛教、道教的时代,佛、道两教不从事社会生产却占有大量社会财富。读书人不入于佛,则入于道,反而把儒家功业看作身外之物。韩愈深感儒家之道的衰微，遂排拒佛、道，以避免佛、道徒违碍儒家传统的伦理道德。这一点颇似孟子当年极力排斥杨朱、墨子之言，但韩愈并没有成功。

不过具有戏剧性的是，唐武宗会昌五年（公元845年）秋，即韩愈卒后二十一年，朝廷下诏勒令天下所有的僧、尼还俗，并毁坏佛寺。这即是佛教史上有名的"会昌之难"，与北魏太武帝、北周武帝和后周世宗的灭佛并称为"三武一宗"的佛门浩劫。

苏轼（1036—1101年）还在《潮州韩文公庙碑》中写道："自东汉以来，道丧文弊，异端并起，历唐贞观、开元之盛，辅以房、杜、姚、宋而不能救。独韩文公起布衣，谈笑而麾之，天下靡然从公，复归于正，盖三百年于此矣。文起八代之衰，而道济天下之溺；忠犯人主之怒，而勇夺三军之帅：此岂非参天地，关盛衰，浩然而独存者乎？"我们不能不惊叹的是，苏轼可谓韩愈的知己，真能得其心中之意。

【评述】

孟子说，国君听取臣子的建议是最好的养士之法。唐宪宗有韩愈这样的能臣却不知所用，不思修行国政，一味地沉迷在对佛祖的幻想之中，即使佛祖真的有灵，也不会保佑这样的昏聩之君。对于企业管理者来说，应虚心听取员工的意见，并有宽厚的容人之心，让人敢于并乐于说出自己的想法，这样的企业，必会成为强大的企业。

殿上虎刘安世

孟子认为，士人出仕不应以谋求优厚的薪俸作为追求目标，哪怕是为了糊口而担任守门、打更的小吏也应尽职尽责。若天下混乱，不思正道，也应算作是朝中大员的极大失职。宋代的"殿上虎"刘安世，就是一位言行尽职尽责的谏言官。

刘安世（1048—1125年），字器之，号读易老人，北宋魏（今河北大名西北）人，身材魁硕，仪表堂堂，音若洪钟，以敢言著称于世，人称"殿上虎"。

有一次，朝廷任命刘安世为谏官，他还没接受就急忙赶回家与母亲商量。因为谏官很容易得罪王公贵族，背后有着许多难以预料的凶险。他面带忧色地对母亲说："朝廷不因为我没有才能，让我出任谏言官。我接受朝廷任命以后就须以身任责。如果触犯龙颜，忤逆圣心，灾祸和谴责会马上临头。如今主上以孝治天下，我就以家中有老母需要奉养作为借口，把这个差事给推辞掉当会避免这些灾难，不知母亲意下如何?"母亲为刘安世的孝心感动,但更愿他能够接受这项任命:"事情不像你所想的那样,我听说谏言官是天下铁骨铮铮的重臣,你的父亲平生都有当谏言官的想法,但这个愿望一直都没有实现。今天你有幸任此要职,当想到舍身报国。假若你真会因谏言得罪,流放边荒之地,不管路途多远,我都愿意随你赴任。"于是,刘安世欣然接受朝廷的任命。

刘安世任谏言官多年,总是面色肃穆地立在朝堂之上,以至勇之心,扶持公道,常常触犯天颜。主上盛怒的时候,他手执圭板退步而立,待主上的面色稍解,他再次上前诤言,旁边的大臣都为他捏一把汗,并将其称为"殿上虎"。一时之间,朝中大臣无不敬慑于刘安世的耿直勇敢,连皇帝都会在事后为刘安世的中正感到钦佩,并多次表彰他的嘉言懿行。刘安世家居之时,未尝有惰怠之色,正坐很久都不会向后倾靠椅背。他写字也从不作草书,忠孝正直,都与司马光很像。

刘安世年愈老而名望益重。宋徽宗时,宦官梁师成当道,权势日盛,被时人称为"隐相"。不过,连这样飞扬跋扈的梁师成还是由衷地叹服刘安世的正直。有一次,梁师成派小吏吴默拿着他的书信拜谒刘安世,以高官厚禄作为诱饵让他归顺。吴默劝他多为子孙后代考虑,刘安世淡然一笑,说道:"如果我真为子孙做长远打算,就不至于总会触犯龙威。我只想做道德至善的人,好在九泉之下有脸面见司马光。"说完,把梁师成的书信连看都没看,就给退还回去。

宋人王铚曾评论刘安世的奏疏说,他谘访审订,言必有据,事必参详,严谨而不失宽恕,宽厚而不苛刻,平心静气,中具仁义之心,真是谏言官的楷模,辅弼大臣政策失误的镜鉴,卿士大夫言行进步的药石。

【评述】

孟子认为尽职尽责不分职位高低,都应以职责和大道为出仕的准则。刘安世出任谏言官不畏皇帝的威严,也不为厚禄所动。宋代的君主也明白良药苦口利于病,忠言逆耳利于行的道理,使刘安世能够尽其职责,可谓君臣能相得益彰。管理者要想听到真正有价值的意见,应首先创造一个为员工提供敢于直谏的民主氛围,同时还要具有判断员工的意见是否有价值的智慧,这样才能算得上是真正的"虚怀纳谏"。

纽约时报:一切消息都可以刊登

　　孟子说,诸侯想要见贤人却没有言论自由的作风,就像本想要别人进来却紧闭着大门。对于一份报纸来说,言路畅通,言论自由和正确的舆论导向才是其灵魂所在,也是能够扩大受众的正确路径和宽敞大门。美国的《纽约时报》就有一个令很多报人都向往的理念:一切消息都宜于刊登。

　　被戏称为"灰色女士"的《纽约时报》(The New York Times)一直享有很高的赞誉:世界上最高水平的报纸和最能搞到美国政府内幕的报纸。

　　一八五一年九月十六日,亨利·雷蒙德(Henry Raymond)在纽约创办出一份名为《纽约每日时报》的报纸,刊登严肃的新闻和评论,以区别于大街上那些花花绿绿的新闻报道。这份报纸就是《纽约时报》的前身。不过,尽管这份报纸有着严肃的新闻价值,但它的销量却一直上不去,以致连年亏损,无法正常经营。

　　一八九六年,《纽约时报》被犹太人阿道夫·奥克斯(Adolph Ochs)收购,他随即提出"一切消息都适宜刊印"的新闻理念,但刊印的新闻都要有可靠的新闻来源以确保真实,不偏不倚,并不分党派、地域或任何特殊利益,始终保持一种冷眼旁观的中立态度。这一理念在短短四五年内就产生巨大奇迹,《纽约时报》的销量就突破十万大关,获得国际性的认可。到一九三五年奥克斯去世时,报纸的发行量接近每天五十万份,星期天的发行量则超过七十万份。

　　《纽约时报》很少抢先报道某一新闻事件,而是以饱和报道、内幕报道为取胜法宝,从政府重要档案和人物言论中发掘新闻价值,也正因为这个原因,《纽约时报》被称为"档案记录报",这使得《纽约时报》首先报道的事件具有非常高的可靠性,因此也就成为世界其他新闻媒体的直接新闻来源。

　　近年来《纽约时报》也曾产生过一系列假新闻丑闻。二〇〇三、二〇〇四、二〇〇五年连续三年,《纽约时报》都被迫承认过新闻报道做假。尤其是在二〇〇四年美国对伊拉克战争前,《纽约时报》错误地引导公众相信伊拉克拥有大规模杀伤性武器;二〇〇五年,《纽约时报》的记者朱地斯·米勒(Judith Miller)因拒绝透露消息来源锒铛入狱。这些新闻做假事件极大地丧失公众对《纽约时报》的信任,不过瘦死的骆驼比马大,在世界品牌实验室编出二〇〇六年"世界品牌五百强排行榜"中,《纽约时报》依旧高居第十二位。

【评述】

在孟子看来,诸侯吸引贤人的一项重要策略就是要有一条畅通的言路,让他们充分展现自己的政治才能。《纽约时报》一切消息都宜于刊登的理念,有利于鼓励记者敢于用真话报道新闻事件,也有利于形成规模庞大的读者群。尽管这个理念也给它带来过很多负面影响,但是玉璧上的小小瑕疵并不会影响它的光洁玉润。因此,作为管理者,开放言路是正理,同时也应具体分析哪些建议是真正可行的,哪些可能会存在危险,这样才能达到开放言路的目的。

海因兹虚心纳谏

孟子之所以会把"卿"分为贵戚之卿和异姓之卿,是因为两者和王室之间的亲疏关系不同,所尽的职责也不同。但是,作为国君来说,不管是贵戚之卿的谏言,还是异姓之卿的谏言,只要是正确的意见都应该听取。企业的管理者更应如此,不管是与企业利益休戚相关的股东,还是普通的员工,都要听取其宝贵意见。美国亨氏公司的创始人亨利·约翰·海因兹就是这样一位宽厚长者。

美国人提起亨氏公司(Heinz),总会如数家珍般地说起它的畅销品:番茄沙司、罐装金枪鱼、醋泡菜、芥末粉,诸如此类。因为亨氏产品已渗透到美国每一间厨房、每一张餐桌,成为他们日常生活的重要组成部分。创建这个年销售额高达六十亿美元的超级食品王国的"国王",是从菜地走进食品零售业的亨利·约翰·海因兹(Henry J. Heinz,1844—1919年)。

在海因兹八岁时,他和弟弟、妹妹在父亲砖厂的空地上开垦出一块种植番茄、洋葱、土豆等蔬菜的小菜园,收获之后又把兜售蔬菜当成一种有趣的游戏。海因兹一直对此乐而不疲,常常推着满载鲜菜的独轮车沿街叫卖。到十六岁时,他已成为小老板,有好几位伙计帮忙打理。

从商校毕业后,海因兹回到家中在父亲的砖厂做会计。他常与工人一起参与劳动,与技术员讨论提高砖块质量、降低成本的方法。这种历练使他随手拈来一块砖就能说出优劣。大家都以为海因兹会在制砖的行业上大展宏图,他的选择出乎所有人的意外。

一八六九年。二十五岁的海因兹与人合伙创办一家生产袋装辣椒、泡菜和酱菜的小工厂。不过好景不长,四年后美国金融大恐慌,海因兹的公司因无法贷款宣告倒闭。这四年的经营使海因兹认识到食品行业有着巨大的市场潜力,他决心等待时机东山再起。直到一八七五年,海因兹又与弟弟创办 F&J 海因兹公司,重操旧业,海因兹在十多年后成为家喻户晓的"酱菜大王"。

海因兹迅速崛起的秘诀在于他善于揣度顾客心理,通过广告宣传打动顾客。他发现美国人的一日三餐都很平淡单调,日复一日,年复一年都一个样,人们渴望在饮食方面多些花样。因此,海因兹提出一个非常简短但却非常有吸引力的销售广告:五十七变,即每年的五十二周,加上圣诞节、感恩节、新年、独立日和复活节,亨氏都可以为顾客提供全新的佐餐食品。广告产生很大的轰动,自此亨氏的产品成为这些日子里不可缺少的美味。

海因兹善于融洽劳资关系,为员工与高层管理者之间的沟通开辟出一条顺畅之路。海因兹经常来到基层工人中间,与他们谈笑风生,一同分享生活中的乐趣。海因兹在交谈中向他们征询发展意见和建议。这种融融的气氛使得员工敢于并乐于说出自己的真实想法。

一九〇六年,美国政府颁布《食品与药品卫生条例》,对食品生产运输提出十分严格的卫生要求。许多食品商和药品商互相串联,呼吁暂缓这项条例的实施,海因兹也打算参与这一行列。海因兹之子霍华德(Howard)则认为这是提高亨氏信誉的大好时机。海因兹转而支持政府的条例,迅速对公司卫生不符合条例要求的环节进行改造。霍华德则赶赴华盛顿召开记者招待会,声明亨氏一向把顾客的健康利益放在首位。亨氏不仅坚决支持卫生条例,而且食品安全卫生已完全达标。

亨氏的这一举措更是给人们留下非常美好的印象,其销量也持续猛增。

【评述】

尽管孟子把"卿"分为贵戚之卿和异姓之卿,诸侯还是要对他们的意见给予同样的重视。海因兹在接管父亲的砖厂时就培养出虚心听取别人意见的好习惯,亨氏公司创办起来之后,这种风格被继续发扬光大,不管是员工的意见还是儿子的意见他都认真对待,使亨氏在民间树立起非常好的形象,亨氏也因此赢得更好的发展空间。海因兹的这种风度,值得时下的企业管理者好好学习。

【名言录】

名言:不挟长,不挟贵,不挟兄弟而友。友也者,友其德也,不可以有挟

也。——《万章（下）》

古译：交友，不以长为挟，不以贵为挟，不以兄弟为挟；以德交友，不可有挟。

今译：交朋友，不要以年长为要挟，不要以富贵为要挟，不要以借兄弟之强而要挟。交朋友，在于道德上的交流，不能有任何的要挟。

现代使用场合：交朋友，不应该以年龄、富贵、兄弟为要挟，而要以道德为重，交朋友贵在交心。生活中，我们有很多朋友，但大多都是因场合而定，能交心的没有几个，所以才有"人生得一知己足矣"的感叹。用真心对待朋友，亦会换来朋友的真诚相对。

卷十一　告子上

【题解】

　　本篇共 20 章。第一章至第四章都是孟子与告子的对话，主要记载的是孟子与告子之间围绕"人性"这一话题所展开的辩论。大致可分为"杞柳桮棬"之辩、"以水喻性"之辩、"生之谓性"之辩以及"仁义内外"之辩四部分。告子认为人性无所谓善与不善，人性中的善是后天修养得来的；孟子则认为人的善性是与生俱来的。第五、六章是前四章内容的进一步展开，分别辩论义的内在性以及性善问题，指出恻隐、羞恶、恭敬、是非之心，"人皆有之"，这几种心是性善的根据，是仁、义、礼、智这些美德的萌芽，是人与生俱来的天赋。人之所以会变恶，是由于环境影响而不能尽其才的缘故。第七章至第十五章围绕人的本性的养护问题展开，首先指出人的本性是相同的，是后天环境的变化导致人的本性的差异，因此，应该注重人性的后天养护。继而，用生动的比喻说明人应该如何养护自身的善性。第十六至第十九章围绕"仁义"问题展开，分别阐述了"人爵"与"天爵"的关系，指出"仁义"是士人的必备人格，"仁"能够战胜不仁，不能因为力量对比悬殊而怀疑"仁"的力量。同时，指出"仁"本身也有一个成熟与否的问题。第二十章主要阐述学习为人处事的大道应该高标准、严要求。

一

【原文】

告子曰："性犹杞柳^①也，义犹桮棬^②也；以人性为仁义，犹以杞柳为桮棬。"

孟子曰："子能顺杞柳之性而以为桮棬乎？将戕贼^③杞柳而后以为桮棬也？如将戕贼杞柳而以为桮棬，则亦将戕贼人以为仁义与？率天下之人而祸仁义者，必子之言夫！"

【注释】

①杞柳：树名，枝条柔韧，可以编制箱、筐等器物。

②桮棬：器名。先用枝条编成杯盘之形，再以漆加工制成杯盘。

③戕贼：戕害。

【译文】

告子说："人的本性好比杞柳，义好比杯盘；使人性变得仁义，就像把杞柳做成杯盘。"

孟子说："你是顺着杞柳的特性把它做成杯盘呢，还是要戕害了它的特性把它做成杯盘？如果是戕害了它的特性而把它做成杯盘，那么也要戕害了人的本性使人变得仁义吗？率领天下之人来戕害仁义的，必定都是像你说的这种话！"

【评析】

本章论仁义是否为人之天性。

墨家学者告子认为，人之天性好比杞柳树，无所谓"仁""不仁"。如果把它做成杯盘，这就有用处了，好比是"义"。把人性变成"仁义"，就像把杞柳树做成杯盘一样。告子的本义，是要否定儒家的"性善"学说，但因其用比喻法，表意难免晦涩。孟子按道理应该明白告子之意，但他故意装糊涂，抓住告子的比喻，攻其一点，不及其余。

孟子说，您怎么把杞柳树做成杯盘呢？是顺着它的本性做呢？还是损害它的本性做呢？如果损害其本性做，那么也将损害人的天性而为仁义吗？孟子的本义，是人有仁义的天性,但后天要加以培养,培养时要顺乎人性。

但孟子如果真要反驳告子,应该在人到底有无"仁"的天性这一问题上做文章,而不应该谈怎样培养"仁"的天性而使之发扬光大的问题。所以,他们两个实际上争论的不是同一个问题。

孟子好论辩,有时强词夺理,这就是一个例子。

【典例阐幽】

郭橐驼种树

古时候有一个叫郭橐驼的人。他以种树为职业,长安城的富豪人家为了种植花木以供玩赏,还有那些以种植果树出卖水果为生的人,都争着接他到家中供养。大家看到橐驼所种,或者移植的树,没有不成活的,而且长得高大茂盛,果实结得又早又多。别的种树人即使暗中观察模仿,也没有谁能比得上。

有人问他,他回答说:"我郭橐驼并没有能使树木活得久、生长快的诀窍,只是能顺应树木的天性,让它尽性生长罢了。大凡种植树木的特点是:树根要舒展,培土要均匀,根上带旧土,筑土要紧密。这样做了之后,就不要再去动它,也不必担心它,种好以后离开时可以头也不回。栽种时就像抚育子女一样细心,种完后就像丢弃它那样不管。那么它的天性就得到了保全,从而按它的本性生长。所以我只不过不妨害它的生长罢了,并没有能使它长得高大茂盛的诀窍,只不过不压制耗损它的果实罢了,也并没有能使果实结得又早又多的诀窍。别的种树人却不是这样,种树时树根卷曲,又换上新土;培土不是过分就是不够。如果有与这做法不同的,又爱得太深,忧得太多,早晨去看了,晚上又去摸摸,离开之后又回头去看看。更过分的做法是抓破树皮来验查它是死是活,摇动树干来观察栽土是松是紧,这样就日益背离它的天性了。这虽说是爱它,实际上是害它,虽说是担心它,实际上是与他为敌。所以他们都比不上我,其实,我又有什么特殊能耐呢?"

问的人说:"把你种树的方法,转用到做官治民上,可以吗?"橐驼说:"我只知道种树而已,做官治民不是我的职业。但是我住在乡里,看见那些当官的喜欢不断地发号施令,好像很怜爱百姓,结果却给百姓带来灾难。早早晚晚那些小吏跑来大喊:'长官命令:催促你们耕地,勉励你们种植,督促你们收割,早些缫你们的丝,早些织你们的布,养好你们的小孩,喂大你们的鸡、猪。'一会儿打鼓招聚大家,一会儿鼓梆召集大家,我们这些小百姓放下饭碗去招待那些小吏都忙不过来,又怎能使我们人丁兴旺,人心安定呢?所以我们既这样困苦,又这样疲劳。如果我说的这些切中事实,它与我的同行种树大概也有相似的地方吧?"

问的人说:"真好啊!这不是很好吗?我问种树。却得到了治民的方法。"

【原文】

告子曰:"性犹湍水①也,决诸东方则东流,决②诸西方则西流。人性之无分于善不善也,犹水之无分于东西也。"

孟子曰:"水信③无分于东西。无分于上下乎?人性之善也,犹水之就下也。人无有不善,水无有不下。今天水,搏而跃之,可使过颡④;激而行之,可使在山。是岂水之性哉?其势则然也。人之可使为不善,其性亦犹是也。"

【注释】

①湍水:急流的水。
②决:打开缺口排水。
③信:诚,真。
④颡:额头。

【译文】

告子说:"人性就好比急流的水,从东方打开缺口便向东方流,从西方打开缺口便向西方流。人性无所谓善与不善,就像水无所谓向东流向西流一样。"

孟子说:"水的确无所谓向东流向西流,但是,也无所谓向上流向下流吗?人性向善,就像水往低处流一样。人性没有不善良的,水没有不向低处流的。如果水受拍打而飞溅起来,可以高过人的额头;堵住水道让它倒行,能让它流上山冈。这难道是水的本性吗?形势迫使它如此的。人之所以可以使他变得不善,是因为他的本性也像这样被强迫改变了。"

【评析】

这一章值得引起特别注意的是孟子的雄辩风范。随口接过论敌的论据而加以

孟子诠解

《孟子》原典解读

图文珍藏版

发挥,以水为喻就以水为喻,就好比我们格斗时说,你用刀咱们就用刀,你用枪咱们就用枪。欲擒故纵,持之有故,言之成理。"水信无分于东西。无分于上下乎?"一语刺入穴道,只需要轻轻一转,其论证便坚不可移,使读者读来,不得不束手就擒。于是,我们便都是性善论者了。

　　只不过,当我们放下书本而面对现实生活中的种种邪恶时,的确又会发出疑问:人性真如孟老夫子所描述的那般善良,那般纯洁得一尘不染吗? 这种时候,我们即便不会成为荀子"性恶论"的信徒,多半也会同意告子的"人性之无分于善不善也,犹水之无分于东西也"的观点吧。

三

【原文】

　　告子曰:"生之谓性。"

　　孟子曰:"生之谓性也,犹白之谓白与?"

　　曰:"然。"

　　"白羽之白也,犹白雪之白;白雪之白,犹白玉之白与?"

　　曰:"然。"

　　"然则犬之性,犹牛之性;牛之性,犹人之性欤?"

【译文】

　　告子说:"天生的东西叫作天性。"

　　孟子说:"天生的东西叫作天性,就像所有物体的白色都叫作白吗?"

　　告子回答说:"是的。"

　　"这么说,白羽毛的白就像白雪的白,白雪的白如同白玉的白吗?"

　　告子回答说:"是的。"

　　"那么,狗的天性就像牛的天性,牛的天性就像人的天性吗?"

【评析】

　　在这一章里,孟子用反问的形式,反驳了告子"生之谓性"的说法。有人说,孟子与告子的"生之谓性"之辩,就是"何者为性"之辩,是孟子与告子整个争辩中的重点。

"生之谓性"是告子关于万物本性的认识,他认为,万物自诞生之时起,一切生理上的和心理上的东西都可以被称为性,也就是"生即是性,性即是生",生和性是相同的。这遭到了孟子的反对和批驳。

孟子认为,天地万物,虽然有种类相同之物,但却绝无本性相同之物,生和性也是不同的,而告子的"生之谓性"认识错把人生的一切知觉、爱好都视为性。那么,孟子认为什么才是本性呢?根据孟子的说法,人的仁、义、礼、智等道德特征是性,人的良知良能是本性。

四

【原文】

告子曰:"食、色,性也。仁,内也,非外也;义,外也,非内也。"

孟子曰:"何以谓仁内义外也?"

曰:"彼长而我长之,非有长于我也。犹彼白而我白之,从其白于外也,故谓之外也。"

曰:"(异于)自马之自也①,无以异于白人之白也。不识长马之长也,无以异于长人之长欤?且谓长者义乎?长之者义乎?"

曰:"吾弟则爱之,秦人之弟则不爱也,是以我为悦者也,故谓之内。长楚人之长,亦长吾之长,是以长为悦者也,故谓之外也。"

曰:"耆②秦人之炙③,无以异于耆吾炙,夫物则亦有然者也,然则耆炙亦有外欤?"

【注释】

①异于:此二字疑为衍文。

②耆:通"嗜"。

③炙:烤熟的肉。

【译文】

告子说:"食欲、性欲,是人的天性。仁是内在的,不是外在的;义是外在的,不是内在的。"

孟子说:"凭什么说仁是内在的而义是外在的呢?"

告子回答说:"他年纪比我长,所以我尊敬他,不是我内心原本就要尊敬他。正如白色的东西我认为他白,是由于他的白显露在外的缘故,所以说义是外因引起的。"

孟子说:"白马的白和白人的白,或许没有什么区别;但不知道怜惜老马和对长者的不尊敬也没有什么区别吗?且你所说的义,是存在于长者那里呢?还是存在于尊敬他的人那里呢?"

告子说:"是我弟弟,我就爱他;是秦国人的弟弟,就不爱他,这是由我的内心决定的,所以说仁是内在的。尊敬楚国人中的长者,也尊敬我自己的长者,这是由对方年长决定的,所以说义是外在引起的。"

孟子说:"爱吃秦国人烧的肉,同爱吃自己烧的肉是没有什么区别的,其他事物也有这种情况,那么爱吃肉也是由外在引起的吗?"

【评析】

本章孟子与告子论仁内义外。仁内义外是当时学术界普遍关注的问题,除《孟子·告子》外,《管子·戒篇》《墨子·经下》都谈到"仁内义外"。而近年出土的郭店竹简也多有仁内义外的论述,表明"仁内义外"曾经是孟子以前儒家学者普遍接受的观点。告子对仁内义外说的理解较为特殊,他一方面从亲亲来理解仁,认为自己对亲人的爱是发自内心的,是内的。同时他把义理解为对他人的义务,认为这种义是外在的。在他看来,因为一个人年长,我便尊敬他,这种尊敬不是发自内心,就像我们称一个东西为白色的,是因为它的外表是白色的一样,所以说是外在的。对于告子的这一看法,孟子进行了批驳,认为告子用外表的白色来说明"义外"是不恰当的,白马的白和白人的白可能没有什么不同,但对马和人的怜悯心则是不同的,如果告子主张"义外",那么,他所说的义是存在于老者那里,还是存在于尊敬老者的人那里呢?显然,孟子的意思是说,如果说义是外在的,那么,对马的怜悯之心难道不是来自人而是取决于马吗?对于孟子的质疑,告子则指出"吾弟则爱之,秦人之弟则不爱也",表明自己所说的"仁内义外"是针对人而言,不应轻易和禽兽联系在一起。同样是针对人,爱也是不同的,我的兄弟便爱他,这是我发自内心的,所以说是"内"的;而尊敬楚国的长者,也尊敬乡里的长者,这是因为他是长者的缘故,不一定是发自我内心的,所以说是"外"的。对于告子的这一看法,孟子以"嗜炙"之心进行了批驳。他认为喜欢吃秦人的烤肉和吃自己的烤肉没有什么差别,这说明喜欢吃肉之心是内在的。由此类推,仁、义也是内在的,而不可能是外在的。如果认为仁、义是外在的,岂不是认为喜欢吃肉之心也是由外在的烤肉引起的?

可以看到,孟子的这个比喻论证并不具有很强的说服力,因为喜欢吃肉也与外在的烤肉有关,而且喜欢吃秦人的烤肉,也喜欢吃自己的烤肉,前提条件必须是两种肉没有差别。否则,"嗜炙"之心便会不一样,而告子主张义外,正是针对不同的对象——"秦人之弟"与"吾弟"——而言的。所以,孟子的论证并没有完全驳倒告子。

五

【原文】

孟季子①问公都子②曰:"何以谓义内也?"

曰:"行吾敬,故谓之内也。"

"乡人长于伯兄一岁,则谁敬?"

曰:"敬兄。"

"酌③则谁先?"

曰:"先酌乡人。"

"所敬在此,所长在彼,果在外,非由内也。"

公都子不能答,以告孟子。

孟子曰:"敬叔父乎?敬弟乎?彼将曰:'敬叔父。'曰:'弟为尸④,则谁敬?'彼将曰:'敬弟。'子曰:'恶在其敬叔父也?'彼将曰:'在位故也。'子亦曰:'在位故也。庸⑤敬在兄,斯须⑥之敬在乡人。'"

季子闻之,曰:"敬叔父则敬,敬弟则敬,果在外,非由内也。"

公都子曰:"冬日则饮汤,夏日则饮水,然则饮食亦在外也?"

【注释】

①孟季子:朱熹云:"疑是孟仲子之弟也。"或说为任国国君之弟季任。

②公都子:人名。

③酌：斟酒。

④尸：代祭之人。

⑤庸：平时，平常。

⑥斯须：暂时。

【译文】

孟季子问公都子说："为什么说义是内在的呢？"

公都子说："外在的行为只是表达恭敬，因此说是内在的。"

孟季子说："如果乡人比自己的兄长大一岁，那么尊敬谁呢？"

公都子说："尊敬兄长。"

孟季子说："饮酒的时候先给谁斟酒呢？"

公都子说："先给乡人斟酒。"

孟季子说："尊敬的是这个人，年长的却是那个人，那么义果真是外在的，不是内在的。"

公都子没法应答，便来把这事告诉孟子。

孟子说："你问他：'应该尊敬叔父呢，还是尊敬弟弟？'他会说：'尊敬叔父。'你再问：'弟弟充当了代祭之人，那该尊敬谁？'他会说：'尊敬弟弟。'你就再问：'那你尊敬叔父又体现在哪里呢？'他会说：'因为弟弟处在代祭之人地位。'你就说：'因为同乡人处在该受尊敬的地位上。平时尊敬的是大哥，现在暂时该尊敬的是同乡人。'"

孟季子听说了这番话，说："该尊敬叔父时就尊敬叔父，该尊敬弟弟时就尊敬弟弟，可见义果然是外在的，不是内在的。"

公都子说："冬天要喝热水，夏天要喝凉水，那饮食也是外在原因吗？"

【评析】

本章内容可能与上一章辩论的时间相差不久。公都子受老师孟子的影响，主张"义内"说，故孟季子让他解释，什么是"义内"。公都子认为对人尊敬是从我内心发出的，所以说是"内"。而孟季子则以平时内心尊敬自己的兄弟。而在一块饮酒时却要先给同乡年长者斟酒为例，说明"义"并不都是从内心发出来的，有时也可以是由外在原因决定的，故说是"义外"。对于孟季子的质问，公都子无法回答，只好向孟子请教。孟子的回答是，先向年长的乡人敬酒，是因为乡人处在受恭敬的地位——"在位故也"。这就像本来内心对叔父的尊敬胜过兄弟,但当兄弟作为受祭的尸主时,则需尊敬兄弟一样。孟子这个论证同样缺乏说服力,因为,"在位故也"正好说明义是由外在原因决定的,是"义外"。孟子这样回答,可能是为了解释孟季子"所敬在此,所长在彼"的疑问,但这实际上已承认了义是外在的。对于孟季子来说,他当然不只是想要知道为什么会"所敬在此,所长在彼",而是想要知道如何能从"义内"说明"所敬在此,所长在彼"。孟子的这个回答显然难以让人满意,且有帮对方论证的嫌疑。所以在听了公都子的转述后,孟季子马上表示"果在外,非在内也",认为孟子实际是论证了自己的观点。对此,公都子只好重弹"饮食亦在外乎"的老调,但上一章已说过,这样的论证是缺乏说服力的,而且"冬日则饮汤,夏日则饮水"的例证,正好说明饮食也是由外在的原因引起的。

从本章及上一章的内容来看,孟子在与告子辩论时,尚无力对其"仁内义外"说做出有力反驳,这是因为告子的"仁内义外"说本身就是植根于早期儒学理论的内在矛盾之中。孔子创立儒学,既重视仁,也突出义。他以仁表达内在自觉,以义表示外在义务。所以在孔子那里,仁、义本来就有内、外的侧重。而且孔子言仁,是以血缘宗法的孝悌为基点,通过层层外推,上升为君臣间的"忠",朋友间的"信",最后达到普遍意义的"泛爱众",实现"亲亲"与"爱人"的统一。但是,"亲亲"与"爱人"之间又存在着矛盾、对立的一面,对"亲亲"的过分强调,就可能意味着对"爱人(他人)"的漠视。如果说,在孔子的时代,由于宗法血缘关系在社会中占据主导地位,内在自觉和外在义务还不至于发生对立和冲突,二者借助血缘亲情达到一种和谐与统一的话,那么,随着生产的发展,交往的扩大,血缘关系的瓦解,人们之间的关系变得复杂、多样。正是在这种背景下,出现了所谓的"仁内义外"说。从郭店竹简的资料来看,儒家所主张的"仁内义外",是强调"仁内"与"义外"的统一,认为道德实践需要从"仁内"与"义外"两个方面入手。告子的"仁内义外"说则与此不同,他强调的是"仁内"与"义外"的对立,认为对家族以内人的爱是自觉的,是发自内心的;而对家族以外人的爱是不自觉的,是由外部规定的。告子的这种看法同他把仁理解为亲亲有关,从亲亲出发,自然是"吾弟则爱之,秦人之弟则不爱也";亲亲是人人具有的内在自然情感,所以说它是"内"的。同时,他又把义理解为对长者(或他人)的义务,这种义务是由我与他人之间的身份关系决定的,从这一点看,它是"外"的。告子对仁、义的这种理解,不一定符合孔子以来儒家的思想,它却将其中隐含的内在矛盾揭示出来。使孟子意识到早期儒学理论中的内在矛盾,意识到必须突破宗法血亲的狭小藩篱,为儒学理论寻找新的理论基石。而正是在这一背景下,孟子提出他著名的"四心"说,把仁的基点由血亲孝悌转换到"恻隐""羞恶""辞让""是非"等更为普遍的道德情感中去,把儒学理论推向一个新的发展阶段。(参见梁涛:《郭店竹简与思孟学派》第六章第一节《孟子"四心"说的形成及其思想意义》)

【典例阐幽】

晏子敬越石父

春秋时期,齐相晏婴出使晋国,路过中牟地方,看见一个人头戴破帽,反穿皮袄,正在路边悠闲的休息。

晏子一眼就看出他是一位有修养的君子,于是就派人问他,"你叫什么名字?从哪里来的?"

那人回答道:"我是齐国人,名字叫越石父。"

晏子就把他叫到跟前说:"为什么来到这里?是不是家里遭到不幸?"

越石父说:"我在此卖身为奴,看到齐国的使者,想跟着你们一起回国。"

晏子问:"为什么要卖身为奴。"

越石父说:"由于饥寒交迫,就卖身为奴了。"

晏子问:"当奴仆几年了!"

越石父回答:"已经3年了。"

晏子说:"可以赎身吗?"

越石父回答:"可以。"

晏婴

晏子便把拉车左套的马解下来,用这匹马把越石父赎买下来,并与他一起坐车回国。

回到相府,晏子没跟越石父告辞就进了自己的房屋。越石父很生气,要与晏子绝交。

晏子派人传话说:"我不曾与你结交,谈何绝交? 你当了 3 年奴仆,我今天看见了才把你赎买回来,我对待你还算可以吧? 你怎么可以恩将仇报? 说什么绝交?"

越石父说:"士人不在知己朋友面前,可以受屈辱;在知己朋友面前,可以得到舒展。所以君子不因为对人家有恩而怠慢人家,也不因为人家对自己有恩而向人家屈服。我给人家当了 3 年奴仆,却没有人理解我。现在您把我赎买回来,我认为您理解我了。先前您坐车,不同我打招呼。我以为您是一时疏忽了。现在您又不向我告辞就直接进入屋门,这同把我看作奴仆是一样的。既然我还是奴仆的地位,就请再把我卖到社会上去吧!"

晏子听了越石父的回话,走出来,请求和越石父见礼。晏子说:"以前我只看到了客人的外表,现在理解了客人的内心。我听人说过,考察他人行为的人不助长人家的过失,体察他人实情的人不讥笑人家的言辞。我可以向您道歉,您能不抛弃我吗? 我诚心改正错误的行为。"晏子命令人把厅堂打扫干净,用酒席盛情款待越石父。

越石父说:"我听说过,最高的尊敬不讲究形式,用尊贵的礼节待人不会遭到拒绝。先生以礼待我,我实在不敢当。"

晏子于是就把越石父奉为上宾。

六

【原文】

公都子曰:"告子曰:'性无善无不善也。'或曰:'性可以为善,可以为不善。是故文、武①兴,则民好善;幽、厉②兴,则民好暴。'或曰:'有性善,有性不善。是故以尧为君而有象,以瞽瞍为父而有舜,以纣为兄之子且以为君,而有微子启、王子比干。'今曰'性善',然则彼皆非欤?"

孟子曰:"乃若其情,则可以为善矣,乃所谓善也。若夫为不善,非才之罪也。恻隐之心,人皆有之;羞恶之心,人皆有之;恭敬之心,人皆有之;是非之心,人皆有之。恻隐之心,仁也;羞恶之心,义也;恭敬之心,礼也;是非之心,智也。仁义礼智,非由外铄我也,我固有之也,弗思耳矣。故曰:'求则得之,舍则失之。'或相倍蓰而无算者,不能尽其才者也。《诗》曰:'天生蒸民,有物有则。民之秉彝,好是懿德。'

孔子曰：'为此诗者，其知道乎！故有物必有则，民之秉彝也，故好是懿德。'"

【注释】

①文、武：指周文王、周武王，周代的两个圣君。

②幽、厉：指周幽王、周厉王，周代的两个暴君。

【译文】

公都子说："告子说：'人性无所谓善良不善良。'又有人说：'人性可以使它善良，也可以使它不善良。所以周文王、周武王当朝，老百姓就趋于善良；周幽王、周厉王当朝，老百姓就趋于横暴。'也有人说：'有的人本性善良，有的人本性不善良。所以虽然有尧这样善良的人做天子却有像这样不善良的臣民；虽然有瞽瞍这样不善良的父亲却有舜这样善良的儿子；虽然有殷纣王这样不善良的侄儿，并且做了天子，却也有微子启、王子比干这样善良的长辈和贤臣。'如今老师说'人性本善'，那么他们说的不对吗？"

孟子说："从天赋资质来说，都可以使之善良，这就是我说人性本善的意思。至于说有些人不善良，那不能归罪于天生的资质。同情心，人人都有；羞耻心，人人都有；恭敬心，人人都有；是非心，人人都有。同情心属于仁，羞耻心属于义，恭敬心属于礼，是非心属于智。这仁义礼智都不是由外在的因素加给我的，而是我本身固有的，因而不觉得罢了。所以说：'探求就可以得到，放弃便会失去。'有人同别人比相差一倍、五倍甚至无数倍的，正是因为没有充分发挥他们天赋的缘故。《诗经》说：'上天养育了人类，万事万物都有法则。百姓掌握了这些法则，就会有崇尚美好的品德。'孔子说：'写这首诗的人真懂得道啊！有事物就一定有法则，百姓掌握了这些法则，所以崇尚美好的品德。'"

【评析】

本章孟子正面阐述自己的性善论。据公都子介绍，当时社会上流行三种不同的人性主张，但由于其只是对性的一种外在描述和概括，不足以突出人的道德主体性，无法确立人生的信念和目标，不能给人以精神的方向和指导。故孟子"道性善"，不采取以上的进路，而是提出了自己对于性善的理解。本章中重要的是"乃若其情，则可以为善矣，乃所谓善也"几句，其中"乃若其情"的"其"，当是指人性而言，但不是指一般的人性，而应是指下文的"恻隐""羞恶""恭敬""是非"之心或仁、义、礼、智。"乃若其情"的"情"应训为"实",指实情。"则可以为善矣,乃所谓善也"两句中,分别出现两个"善"字,但具体所指又有所不同。其中前一个"善"指具体的善行,如见孺子将入于井,必生"怵惕恻隐之心",而援之以手;见长者必生"恭敬之心",为其"折枝"等等;后一个"善"是就人性自身而言,是对"其"也就是"性"所做的判断和说明。这三句话是说,至于恻隐、羞恶、恭敬、是非之心的实情,可以表现为具体的善行,这就是所说的善。但是孟子只强调"可以",认为只要"可以为善",就算是善;假如因为种种原因而没有表现出善,仍不影响内在禀赋本身为善。所以孟子实际是即心言性,认为恻隐、羞恶、恭敬、是非之心可以表现为具体的善行,所以是善的,并进一步由心善肯定性善。这里,"其"既是指"性"也是指"心",而孟子都称其为"才"。关于"才",下一章也有出现,我们放在那里讨论。

【典例阐幽】

恻隐之心,人皆有之

东汉末年,华歆与王朗为友,他们两人都很有学识,德行也受到大家的称赞。

有一年,他们的家乡遭遇水灾,盗贼也趁机四处打劫。华歆和王朗只得同几个邻居一起坐了船去逃难。船上的人都到齐了,马上就要解缆离岸出发。这时候,远处忽然奔过来一个人,一边朝这边挥手一边请求搭船同行。华歆听了,皱起眉头想了想,对这个人说:"对不起,我们的船已经满了,你还是再去另想办法吧。"王朗责备华歆说:"华歆兄,恻隐之心,人皆有之,见死不救可不是君子的作为,带上他吧。"

华歆沉思片刻,答应了那人的请求。不料船走了没几天,就碰上了盗贼。盗贼们划船追过来,眼看越追越近了,王朗对华歆说:"现在我们遇上盗贼,情况紧急,不如我们叫后上船的那个人下去吧,能够减轻重量。"

华歆听了回答道:"开始我犹豫再三,就是怕人多了行船不便,所以才拒绝人家。可是现在既然已经答应了人家,怎么能够因为情况紧急就把人家甩掉不管呢?"

后来,在大家的共同努力下,他们最终摆脱了盗贼,安全地到达了目的地。世人都认为华歆要比王朗更高尚,更有恻隐之心。

七

【原文】

孟子曰："富岁,子弟多赖①;凶岁,子弟多暴。非天之降才尔殊也,其所以陷溺其心者然也。今夫麰麦②,播种而耰之③,其地同,树之时又同,浡然而生,至于日至之时④,皆熟矣。虽有不同,则地有肥硗⑤,雨露之养、人事之不齐也。

故凡同类者,举相似也,何独至于人而疑之? 圣人与我同类者。故龙子曰:'不知足而为屦⑥,我知其不为蒉也⑦。'屦之相似,天下之足同也。口之于味,有同耆也,易牙先得我口之所耆者也⑧。如使口之于味也,其性与人殊,若犬马之与我不同类也,则天下何耆皆从易牙之于味也? 至于味,天下期于易牙,是天下之口相似也。惟耳亦然。至于声,天下期于师旷,是天下之耳相似也。惟目亦然。至于子都⑨,天下莫不知其姣也。不知子都之姣者,无目者也。故曰:口之于味也,有同耆焉;耳之于声也,有同听焉;目之于色也,有同美焉。至于心,独无所同然乎? 心之所同然者何也? 谓理也,义也。圣人先得我心之所同然耳。故理义之悦我心,犹刍豢之悦我口⑩。"

【注释】

①赖:通"懒",懒惰。

②麰麦:大麦。

③耰:古农具,用于碎土平田。文中指播种后,覆土保护种子。

④日至:指夏至和冬至。文中指夏至。

⑤硗:坚硬多石的贫瘠土地。

⑥屦:草鞋。

⑦蒉:草编的筐。

⑧易牙:春秋时齐桓公的宠臣。长于调味,善于逢迎,传说曾烹其子为羹以献齐桓公。

⑨子都:人名,春秋时郑国的美男子。

⑩刍豢:草食动物叫刍,如牛、羊等;谷食动物叫豢,如狗、猪等。

【译文】

孟子说:"丰年,年轻人大多懒惰;灾年,年轻人大多强暴,不是天生资质如此不同。而是所处的环境使他们心情变得糟糕。就拿大麦来说吧,撒下种子用土盖好,如果土质相同,播种时间又相同,便会生机勃勃地长起来。到夏至的时候,都会成熟了。即使有所不同,那也是土地有肥有瘠,雨露滋养有多有少,人们劳作程度不同的缘故。因此说,凡是同类的事物,都是相似的,为何单单说到人,就心生疑问了呢?圣人也是和我们同类的人。因此,龙子说过:'不用看清脚样去编草鞋,我知道编出来的不会是筐。'草鞋之所以相似,是由于天下人的脚都大致相同。嘴巴对于味道,有着同样的嗜好;易牙是预先摸清了这一嗜好的人。假如嘴巴对于味道的感觉,因人而异,而且就像狗、马和我们人类有着本质的不同一样,那么天下人为何都追随易牙的口味呢?说到口味,天下人都希望成为易牙,这是由于天下人的味觉都相似。耳朵也是这样。说到声音,天下人都希望成为师旷,这是由于天下人的听觉都相似。眼睛也是这样。说到子都,天下没有谁不知道他英俊。不知道子都的英俊的,是没长眼睛的人。因此说,嘴巴对于味道,有着相同的嗜好;耳朵对于声音,有着相同的听觉;眼睛对于姿色,有着相同的美感。一说到心,难道就单单没有什么相同的了吗?人心所公认的东西是什么?是理,是义。圣人先于普通人得知了我们心中共同的东西。因此说,理义使我心愉悦,就像牛、羊、猪、狗的肉合我的口味一样。"

【评析】

本章继续讨论性善,重在说明人的表现为什么会有善与不善的差别。上一章孟子提出人有内在的善性"才",也就是恻隐、羞恶、辞让、是非之心,并引《诗经》"天生蒸(烝)民,有物有则",提示此"才"应是天赋予。本章则明确提出"非天之降才尔殊也",认为天平等地降给每个人"才"。那么,人为什么在实际生活中的表现又是不同的,为什么存在贤与不肖的差别?孟子用"才"给予说明。《孟子》书中的"才"有才能与材质的不同含义,本章的"才"不是才能之"才",而是材质之"才"。具体讲,就是指四端之心或善性。"才"之本意是初生之幼苗,《说文解字》云:"才,草木之初也。从丨上贯一。将生枝叶也。一,地也。凡才之属皆从才。"段玉裁注:"引申为凡始之称……一谓上画也,将生枝叶谓下画。才有茎出地而枝叶未出,故曰将。"孟子以"才"称善性,表示此善性非静态的本质,而是动态的活动,是一成长、发展的过程。所以尽管天赋予人"才",但仍需要后天的养护与培养,由于环境和个人努力的不同,人与人之间便有贤与不肖的差别,这就像播下相同的种子,收获的大麦却有多寡的差别一样。

本章孟子还提出,"凡同类者,举相似也",从口有"同耆"、耳有"同听"、目有"同美",推出心亦有"同然",认为心之"同然"就是理,就是义。孟子还提出,口之"同耆"应以最懂得美味的易牙为标准,耳之"同听"应以最懂得音乐的师旷为标准,那么,心之"同然"就应以圣人为标准。圣人就是充分实现了"才"、充分扩充了善性的人,他是人伦的楷模,是我们学习的榜样。

【典例阐幽】

橘生淮南则为橘,生于淮北则为枳

齐国宰相晏子出使到楚国,楚王为了夸耀自己国家强大,想出了一个戏弄晏子的办法,故意将一个犯人从殿堂下押过。

楚王问:"此人犯了什么罪?"

押的人回答道:"一个齐国人犯了偷窃罪。"

楚王就对晏子说:"你们齐国人是不是都很喜欢偷东西?"

晏子回答:"淮南有橘又大又甜,一移栽到淮北,就变成了枳,又酸又小,为什么呢?因为土壤不同。"

晏子的意思是好的环境才有好的臣民。回敬了骄傲的楚王,令楚王无话可答。

从中我们也可以看出环境对一个人的人性的影响。

八

【原文】

孟子曰:"牛山①之木尝美矣,以其郊②于大国③也,斧斤伐之,可以为美乎?是其日夜之所息,雨露之所润,非无萌蘖④之生焉,牛羊又从而牧之,是以若彼濯濯⑤也。人见其濯濯也,以为未尝有材焉,此岂山之性也哉?虽存乎人者,岂无仁义之心哉?其所以放其良心者,亦犹斧斤之于木也,旦旦⑥而伐之,可以为美乎?其日夜之所息,平旦之气⑦,其好恶与人相近也者几希⑧,则其旦昼⑨之所为,有梏⑩亡之矣。梏之反覆,则其夜气不足以存;夜气不足以存,则其违禽兽不远矣。人见其禽兽也,而以为未尝有才焉者,是岂人之情也哉? 故苟得其养,无物不长;苟失其养,无物不消。孔子曰:'操则存,舍则亡;出入无时,莫知其乡。'惟心之谓与?"

【注释】

①牛山:山名,在当时的齐国国都临淄南面。

②郊:此处做动词,居其郊。

③大国:指临淄。

④萌蘖:萌,生芽、发芽。蘖,树木砍去后又长出来的新芽。

⑤濯濯:指山上没有草木的样子。

⑥旦旦:每天。

⑦平旦之气:平旦是指天刚刚亮的时候。平旦之气就是指人在天刚刚亮的时候接触到的清明之气。

⑧几希:少,一点儿。

⑨旦昼:明天,第二天。

⑩梏:圈禁,束缚。

【译文】

孟子说:"牛山上的树木曾经是很茂盛的,但因为它地处大都市的郊外,总是用斧头去砍伐,可能再那么茂盛吗? 山上的树木日夜都在生长,更有雨露的润泽,并非没有新的枝芽长出来,但是随后又在山上放牧牛羊,因此就变成这样光秃秃的了。人们看到山上光秃秃的,以为那里从未生长过树木,这难道是山的本性吗? 这话放到人的身上,难道人就没有仁义吗? 有些人之所以丧失了他的善心,也就像刀斧砍伐树木一样,天天砍伐,还能保住善心的繁茂吗? 他在白天黑夜所散发出来的善心,在天刚刚亮的时候所接触到的清明之气,使他的好恶之心同一般人也有了少许的相近,但是他白天的所作所为,又使得这些都丧失了。反反复复地丧失,那么他在夜里积累的那点善心也就没法存在了。夜里存养的善心不再存在,那也就离禽兽不远了。人们见他像禽兽,就以为他不曾有过善良的天性,这难道是人的本性吗? 所以如果得到好好的存养,没有东西不能生长;如果失去存养,没有东西不会消亡。孔子说:'把握住就存在,放弃了就丧失;出去进来没有定时,没人知道它的去向。'这大概说的是人心吧?"

【评析】

本章继续讨论性善,重在说明人的善性为什么会丧失。前章孟子提出天平等地赋予每个人"才",也就是善性,但生活中为什么会有不善之人呢?孟子以牛山为例,山的本性本来可以生长树木,但因为牛山处在齐国都城的郊外,经常遭人用刀斧砍伐,还被人放牧牛羊,于是渐渐地变得光秃秃的了。但光秃秃并非山的本性,而是人为砍伐的结果。同样,人本来生而具有仁义之心,具有良心,但由于不注意保护、培养,一点点地丧失,便与禽兽差不多了。但这并非人的本性,而是后天戕害的结果,不能因此否认人生而具有的"才"。孟子所说的"仁义之心""良心"和"才",都是指同一个东西,都是指善性,指先天的道德禀赋,是同一个事物的不同名称。

本章孟子还提到"平旦之气""夜气",较为神秘,一直是《孟子》书中的难点,需要做些说明。孟子所说的"平旦之气""夜气"应是精神之气,而非物质之气,是指内在精神的状态和活动。不过,它强调的是早晨和夜晚的精神状态和活动。《孙子兵法·军争》中说:"三军可夺气,将军可夺心。是故朝气锐,昼气惰,暮气归。善用兵者,避其锐气,击其惰归,此治气者也。"这里的"朝气""昼气""暮气"就是指人一天早、中、晚的精神状态和活动。孟子为什么特别重视"平旦之气"和"夜气"呢?这是因为,此时"是人的善端最易显露的时候,也是当一个人的生理处于完全休息状态,欲望因尚未与物相接而未被引起的时候;此时的心,也是摆脱了欲望的裹挟而成为心的直接独立的活动,这才是心自己的活动;这在孟子便谓之'本心'"(徐复观:《中国人性论史·先秦篇》,173页,台北,商务印书馆,1969)。与之相对,人心的"陷溺",往往与"其旦昼之所为,又梏亡之矣"有密切的关系。"所谓'旦昼之所为',应是指人与外在世界的频繁接触与交际而言。换言之,在人与世界的频繁接触中,外在世界也以各式各样的声色之美,财货之富,耸动着我们的欲望,使我们在频频向外索讨的盲目追逐中,渐渐背叛了本心良知的召唤。"(袁保新:《孟子三辨之学的历史省察与现代诠释》,70页,台北,文津出版社,1992)至于"平旦之气""夜气"是指什么样的精神活动,由于论述简略,后人多有争论。从本章的内容看,应是指仁义之心、良心的精神活动,是德气,而非情气、血气。"平旦之气""夜气"不过是指仁义之心、良心在清晨和夜晚的呈现、活动而已。

九

【原文】

孟子曰:"无或^①乎王之不智也。虽有天下易生之物也,一日暴^②之,十日寒之,未有能生者也。吾见亦罕矣,吾退而寒之者至矣,吾如有萌焉何哉? 今夫奕^③之为数^④,小数也;不专心致志,则不得也。奕秋,通国之善奕者也。使奔秋诲二人奕,其一人专心致志,惟奔秋之为听。一人虽听之,一心以为有鸿鹄^⑤将至,思援弓缴^⑥而射之,虽与之俱学,弗若之矣。为是其智弗若与? 曰:非然也。"

【注释】

①或:通"惑",疑惑。

②暴:通"曝",晒。

③奕:围棋。

④数:技巧。

⑤鸿鹄:鸟名,即天鹅。

⑥缴:系在箭上的丝绳,代指箭。

【译文】

孟子说:"难怪王不聪明。即使有一种天下最容易生长的植物,晒它一天,又冻它十天,没有能够生长的。我和大王相见的时候也很少了,我退居家中,把他冷淡到极点,即使他再次有所触动能怎么样呢? 比如下棋作为一种技艺,只是一种小技艺;但如果不专心致志地学习,也是学不会的。奕秋是全国闻名的下棋能手。叫奕秋同时教两个人下棋,其中一个专心致志,只听弈秋的话;另一个虽然也在听,但心里面却老是觉得有天鹅要飞来,一心想着如何张弓搭箭去射击它。这个人虽然与专心致志的那个人一起学习,却比不上那个人。是因为他的智力不如那个人吗?回答很明确:当然不是。"

【评析】

本章承前八章继续论述人性。

孟子以为，人之善良天性需要不断滋养，不能一曝十寒，否则便会使仁义礼智丧失殆尽，而成为禽兽。

孟子打了两个比方，一是植物生长如果一曝十寒，就不能再生长。二是弈秋教弟子学下围棋，一个弟子专心致志地学习，自然会大有长进；另一个弟子学棋时老想着怎么打鸟，所以成绩不如别人。前一个比方讲客观原因，后一个讲主观原因，可见让"仁义之心"滋长，必须要环境好，主观上自己也要努力。

本章告诉我们，一曝十寒无助于任何事情的成功发展，相反的，只有专心致志才能办好想做的事情。

【典例阐幽】

一日暴之，十日寒之

215 年，皇甫谧出生于安定朝那（宁夏固原东南）一个贫苦的农舍中。他出生后即被过继给他叔父为子，将近二十岁时还没上学念书。

有一天叔母任氏流着眼泪对他说："你已经是二十岁的人了，至今目不识丁，《孝经》上说，即使每天用三牲来奉养父母，但如果不懂修身学习，仍然是一个不孝的人。"

皇甫谧深自愧疚，次日就拜乡里著名的学者席坦为师，从此他不再与人嬉闹，变得沉默寡言，每当下田劳动都带书去，利用休息时间阅读。数年以后成为一个远近闻名的学者。

四十岁时，皇甫谧不幸得了风症，半身麻木，右腿肌肉萎缩，服寒食散又药物中毒，寒冬时尚须袒露身体服食冰雪，夏天则更烦闷不堪，并伴有咳嗽、气喘、浮肿和四肢酸疼，时刻处于病重之中。但是他仍然手不释卷。有朋友劝他说："你这样下去会损害健康，还是停下来休息几天吧。"

但是皇甫谧却说："为学最怕一日曝十日寒，何况人的寿命或长或短，并不取决于是否勤学。"

后来，郡守曾请皇甫谧出仕，并举荐他为孝廉，相国也征召他去做官，都被他拒绝了。他甘心一生玩味经典册籍，为后世立言，写出了著名的《黄帝三部针灸甲乙经》。

【原文】

孟子曰:"鱼,我所欲也,熊掌,亦我所欲也;二者不可得兼,舍鱼而取熊掌者也。生,亦我所欲也,义,亦我所欲也;二者不可得兼,舍生而取义者也。生亦我所欲,所欲有甚于生者,故不为苟得也;死亦我所恶,所恶有甚于死者,故患有所不辟也。如使人之所欲莫甚于生,则凡可以得生者,何不用也?使人之所恶莫甚于死者,则凡可以辟患者,何不为也?由是则生而有不用也,由是则可以辟患而有不为也,是故所欲有甚于生者,所恶有甚于死者。非独贤者有是心也,人皆有之,贤者能勿丧耳。一箪食,一豆羹①,得之则生,弗得则死,呼尔而与之,行道之人弗受;蹴尔而与之②,乞人不屑也。万钟则不辩礼义而受之③。万钟于我何加焉?为宫室之美、妻妾之奉、所识穷乏者得我与?乡为身死而不受④,今为宫室之美为之;乡为身死而不受,今为妻妾之奉为之;乡为身死而不受,今为所识穷乏者得我而为之,是亦不可以已乎?此之谓失其本心。"

【注释】

①箪:盛饭的竹器。豆:古代一种盛食物的器皿,形似高脚盘。

②蹴:踢。

③钟:容量单位,六斛四斗为一钟。

④乡:通"向",以往。

【译文】

孟子说:"鱼是我喜爱的,熊掌也是我喜爱的;如果二者不能兼得,那么就舍弃鱼,而要熊掌。生命是我所喜爱的,大义也是我所喜爱的;如果二者不能兼得,那么就牺牲生命,而去取义。生命是我所喜爱的,如果所喜爱的有比生存更重要的,因此就不苟且偷生;死是我所厌恶的,所厌恶的东西如果胜过了死亡,因此就不躲避祸患。如果使人所厌恶的没有超过生命的,那么所有能够求生的方法,有什么不用的呢?如果使人所喜爱的没有超过死亡的,那么所有能够躲避祸患的方法,哪有不用的呢?从中可以生存的办法,却有人不用;从中能够躲避祸患的方法,却有人不用,因此可以看出,有比生命更让人想得到的,有比死亡更让人厌恶的。不只是贤德的人有这种心理,人人都有,只是贤德的人没有丧失它罢了。一筐饭,一碗汤,得到了就能活下来,得不到就会死,吆喝着给他,连过路的饿人都不愿接受;用脚踩后再给人,连乞丐都不屑接受。有人面对万钟的俸禄就不管是否合乎礼义,欣然接受。万钟的俸禄对我有什么益处呢?为了住房的豪华、妻妾的侍奉、所认识的穷人感激我吗?从前宁愿去死都不肯接受的,现在为了住房的豪华而接受了;从前宁愿去死都不愿接受的,现在为了妻妾的侍奉而接受了;从前宁愿去死都不肯接受的,现在为了自己认识的穷人感激我而接受了,这些不是可以不做的事吗?这就叫失掉了他的本性。"

【评析】

强烈的羞恶之心、是非之心,能使人在死生紧迫之际做出杀身成仁、舍生取义的正确人生选择。这是何等的悲壮、崇高而义薄云天!孔子说"杀身成仁",孟子说"舍生取义",这都是千古名言!这些含有肩负重大历史责任感、重大社会责任感、重大人生责任感、能共日月齐辉、江山永在的哲理,两千多年来,激励着一代又一代的中国儿女,为国家的独立完整、民族的生存发展,为实现正义和理想,为实现社会的公平、公正,前仆后继、英勇奋斗,起到了巨大的鼓舞作用!孔孟的这些闪光的名言警句,实实在在地在铸造着中国人民的心灵架构。从这一章也可看出,孟子的所谓"义",包含着人性的尊严、人格的尊严,不受侮辱,以及为理想、真理而献身的精神。

【典例阐幽】

鱼我所欲也,熊掌亦我所欲也

东汉时的大学问家郭泰,字林宗,太原郡介休人。他家世贫贱,早年丧父,与母亲相依为命,惨淡度日。长大成人后,母亲为他在官府中谋个差事,聊以改变往日的窘迫处境。但郭泰对于学问和仕途都一样地喜爱,希望能同时得到发展。思考再三,他对母亲说:"鱼我所欲也,熊掌亦我所欲也,大丈夫必须有取有舍,我怎么能一生都干这点小事呢?"

于是郭泰便辞官远走成皋,拜当时享有美誉的饱学之士屈伯彦为师。在屈伯彦教诲下，郭泰刻苦努力，三年之后博通"三坟五典"等古代典籍。

那一年，郭泰初涉京师洛阳，经陈留名士符融的介绍，前往拜访河南尹李膺。李膺是当时声望很高的士人领袖，接见郭泰后非常欣赏郭泰的人品才学，待以师友之礼，他感慨万分地说："读书人我见多了，可是没有看到过像郭林宗这样渊博的。"以李膺当时的影响和身份，竟然如此青睐郭泰，京中众儒对他当然更是刮目相看，郭泰顿时成了震惊京都的知名人物。

后来，郭泰离开洛阳返回太原时，赶来为他送行的车辆竟达千乘之多。

十一

【原文】

孟子曰："仁，人心也；义，人路也。舍其路而弗由，放其心而不知求，哀哉！人有鸡犬放，则知求之；有放心而不知求。学问之道无他，求其放心而已矣。"

【译文】

孟子说："仁，就是人心；义，就是人要走的路。舍弃了应该走的路不走，丧失了善心而不去寻找，真是可悲啊！人们的鸡和狗丢失了，还知道去找寻；善心丢失了却不知道去找寻。学问之道没有别的，就是要去把丧失的善心找寻回来而已。"

【评析】

本章孟子提出了"仁，人心"的命题，对孔子仁学做出重大发展。孔子重视仁，以仁为思想的核心。但对于仁，孔子的解释宽泛且多变，每次讲解都不尽一致。这并不奇怪，因为在孔子看来，仁是一种主体的实践及体验，不必从概念上明确界定，也无需理论论证。因为是实践和体验，所以它难以从知识论来界定。所以孔子言仁，是从实践上指出如何实现仁，而所言的对象是不同的，因此答案也自然不同，他只是根据不同场合、不同的人而做出不同的回答。孟子在本章中把"仁"规定为是"人心"，即人的"本心"或"良心"，这一解释对后来儒家心性之学的发展具有重要意义。（参见徐洪兴：《孟子直解》，271 页）

孟子关于仁，有两个命题，一是"恻隐之心，仁也"，这是狭义上的仁。另一个是"仁，人心也"，这是广义上的仁。狭义上的仁，只是恻隐之心；广义上的仁，则包括恻隐、羞恶、辞让、是非之心全体。狭义上的仁,只是"仁民爱物"之仁;广义上的仁,则包括由恻隐、羞恶、是非、恭敬之心到仁、义、礼、智的全部发展过程。孟子在"仁,人心也"之后,又提出"义,人路也",二者关系如何,也值得关注。孟子言义的一个重要特点是将义归于主体心,把义看作主体心的外在表现。因此,这里的仁、义不是并列关系而是从属关系。孟子的意思是,作为"人心"的仁具有高度的理性自觉,作为"人路"的义即来自仁,掌握了仁也就掌握了义。正因为如此,孟子只言"求放心",而不言寻失路。

本章最后提到"学问之道"在于"求放心",似乎过于强调内省、反求诸己,对后天的学习则有所忽略。但孟子的"学问之道"不仅在于找回丢失的本心,还有对其"扩而充之"的过程,从这一点讲,他并不完全排除后天的学习。

十二

【原文】

孟子曰:"今有无名之指,屈而不信①,非疾痛害事也。如有能信之者,则不远秦、楚之路,为指之不若人也。指不若人,则知恶之;心不若人,则不知恶。此之谓不知类②也。"

【注释】

①信:通"伸"。
②类:不知轻重,舍本逐末。

【译文】

孟子说:"现在有人的无名指弯曲而不能伸直,虽然并不疼痛,也不妨碍做事情。可是如果有人能使它重新伸直,就是到秦国、楚国去,他也不会嫌远,为的是手指不如别人。手指不如别人,就知道厌恶;心性不如别人,却不知道厌恶。这叫作不知轻重。"

【评析】

本章承前几章继续论人之仁义天性不可丧失,若不幸丧失,必须"医治"。若只知医治无名指屈不能伸之病,不知"医治"人心丧失天良之病,便是不知轻重。这类说法,已与宋明"心性之学"十分相似了。

十三

【原文】

孟子曰:"拱把之桐梓①,人苟欲生之,皆知所以养之者。至于身,而不知所以养之者,岂爱身不若桐梓哉? 弗思甚也。"

【注释】

①拱把:指树木尚小。拱,两手合围。把,一手所握。

【译文】

孟子说:"一两把粗的桐树、梓树,假如人想要它生长起来,都知道怎么才能把它养大。说到自身,却不知道如何去修养,难道对自己的爱还赶不上对桐树、梓树的爱吗? 实在是太不愿动脑了。"

【评析】

孟子认为,养心重要,养身同样也重要。这一章讲的就是养身的重要性。在这里,孟子把养身当作养心讲解,也就是我们通常所说的"修身养性"。那么,怎么才叫修身养性呢? 儒家学说认为,使用仁义及内省的功夫就能够修身养性,也就是说,通过内修来完善道德和提高素养。

【典例阐幽】

木犹如此,人何以堪

桓温,东晋大将,从小就抱有恢复中原,夺回丢失的北方疆土之志。一生北伐三次。据《世说新语·言语》中记载,桓温第三次北伐的时候路过金城,见到自己早年栽种的柳树已经有十围那么粗壮,不由得感慨:"木犹如此,人何以堪!"抒发了壮志未酬的感慨。

十四

【原文】

孟子曰:"人之于身也,兼所爱。兼所爱,则兼所养也。无尺寸之肤不爱焉,则无尺寸之肤不养也。所以考其善不善者,岂有他哉? 于己取之而已矣。体有贵贱,有小大①。无以小害大,无以贱害贵。养其小者为小人,养其大者为大人。今有场师②,舍其梧槚③,养其樲棘④,则为贱场师焉。养其一指而失其肩背,而不知也,则为狼疾⑤人也。饮食之人,则人贱之矣,为其养小以失大也。饮食之人无有失也,则口腹岂适为尺寸之肤哉?"

【注释】

①小大:对应上文的"贱""贵",朱熹认为,贱和小,是指人的口腹;贵和大,是指人的心志。

②场师:相当于今天的园艺师。

③梧槚:梧桐与山楸。两者皆良木,故以并称,比喻良材。

④樲棘:果木名,即酸枣。

⑤狼疾:即"狼藉"。

【译文】

孟子说:"人对于自己的身体,哪儿都爱护。哪儿都爱护,便哪儿都保养。没有一尺一寸的肌肤不爱护,那么就没有一尺一寸的肌肤不保养。想要考察他保养得好还是不好,难道还有别的方法吗? 只要看他所保养的是身体的哪一部分就行了。身体有重要的部分,也有次要的部分;有小的部分,也有大的部分。不因为小的部分而伤害到大的部分,不因为贱的部分而伤害到贵的部分。保养小的部分的是小人,保养大的部分的为君子。假如有一个园艺师,舍弃桐树、梓树不去培养,而去培养酸枣树,那么他就是一个卑贱的园艺师。保养他的一个手指头而伤害到了自己的肩背,自己却还不知道,这就是十分糊涂的人。只知道吃喝的人,那么别人就会轻视他,因为他保养自己小的部分而丧失了自己大的部分。如果讲究吃喝的人没有丧失自己的善心,那么他吃喝的目的难道是为了保养自己一尺一寸的肌肤吗?"

【评析】

本章论"体有贵贱,有大小,无以小害大,无以贱害贵"。与下一章意近。需要说明的是,孟子虽然做了大体、小体的区分,但并不将心、身分为两截,而是以心摄身,心身一如,故孟子又有"践形"之说。

十五

【原文】

公都子问曰:"钧①是人也,或为大人,或为小人,何也?"

孟子曰:"从其大体为大人,从其小体为小人。"

曰:"钧是人也,或从其大体,或从其小体,何也?"

曰:"耳目之官不思,而蔽于物。物交物,则引之而已矣。心之官则思,思则得之,不思则不得也。此天之所与我②者。先立乎其大者,则其小者不能夺也。此为大人而已矣。"

【注释】

①钧:通"均",同样。

②我:泛指人类。

【译文】

公都子问道:"同样是人,有的成为君子,有的成为小人,这是为什么呢?"

孟子说:"注重身体重要部分需要的就是君子,注重身体次要部分需要的就是小人。"

公都子说:"同样是人,有的人注重身体重要部分,有的人注重身体次要部分,这又是为什么呢?"

孟子说:"眼睛、耳朵这类器官不会思考,所以被外物所蒙蔽。一与外物接触就容易被引诱罢了。心的功能在于思考,一思考就会有所得,不思考就得不到。这是上天特意赋予我们人类的。所以,首先把心这个身体的重要部分树立起来,其他次要部分就不会夺走人心中的善性。这样便可以成为君子了。"

【评析】

这一章则从正面来说怎样树立"大"的问题。而且,所谓"大""小"也很清楚了;"心"是体之大者,也是体之贵者;其他器官如眼睛、耳朵等都只是体之小者,体之贱者。所以要树立心的统帅作用,只要心的统帅作用树立起来,其他感官也就不会被外物所蒙蔽而误入歧途了。

单就本章内容来看,其中最突出的仍然是对心的重视,所谓"心之官则思"成了后世的名言,"思则得之,不思则不得"更是强调了思考对人的重要性。联系到本篇所记载孟子对于人与动物区别的一系列论述来看,这里所说的"此天之所与我者"实际上正是用"心之官则思"这一人类所独有的特点来划分人与动物界限,弘扬心灵的思考对于人类的重要意义。

本章另一点值得重视的是心与耳目等感官的关系问题。耳目等感官由于不会思考,所以容易为外物所蒙蔽,心由于会思考,所以不容易为外物所蒙蔽。(当然,"思则得之",思考了就会这样;"不思则不得",如果你不思考,心也只是一种摆设,不起作用。)所以,只要"先立乎其大者",把心树立起来了,"则其小者不能夺也",其他次要的部分,比如耳目等感官就不会被外物所夺,所蒙蔽了。我们看到,这实际上已接触到所谓感觉与理解、感性认识与理性认识的问题,我们在前面曾经说过,孟子的整个学说,具有非常浓厚的心理学色彩。所以,他虽然不可能提出感觉与理解、感性认识与理性认识这些现代性的概念,但他对它们的实质有所把握则是完全有可能的。

至于孟子把"心"作为思考的器官,而没有发现"大脑",则是传统性的认识局限,不是他个人所能超越的了。事实上,作为传统性的习惯,我们今天在语言运用中也仍然把"心"作为思想器官的代名词,又何况两千多年前的孟子呢?

十六

【原文】

孟子曰:"有天爵者,有人爵者。仁义忠信,乐善不倦,此天爵也;公卿大夫,此人爵也。古之人修其天爵,而人爵从之。今之人修其天爵,以要人爵;既得人爵,而弃其天爵,则惑之甚者也,终亦必亡而已矣。"

【译文】

孟子说:"有天爵,有人爵。仁义忠信,好善不倦,这就是天爵;公卿大夫,这些是人爵。古代的人修养他的天爵,而人爵就随之而来了。现在的人修养天爵,是用它来获取人爵;一旦得到人爵,就丢弃了他的天爵,那实在是太糊涂了,最终他们的人爵也一定会丧失的。"

【评析】

本章承前各章,仍论修养"仁义忠信"之重要意义。

孟子认为,人本有"仁"的天性。以"仁"为核心,可以发展出许多优良的品性,所以他有时只说"仁",有时又说"仁义",有时说"仁义礼智",本章又说"仁义忠信"。他认为,如果注重把这些人人都有的美好的天性发扬光大,就可以做"君子"(大人),甚至可以当尧舜那样的圣人。如果不这样做,这些善良的天性就会淹灭,人就会成为"小人",甚至堕落为禽兽。

十七

【原文】

孟子曰:"欲贵者,人之同心也。人人有贵于己者,弗思耳。人之所贵者,非良贵也。赵孟之所贵①,赵孟能贱之。《诗》云:'既醉以酒,既饱以德。'②言饱乎仁义也,所以不愿人之膏粱之味也③。令闻广誉施于身,所以不愿人之文绣也④。"

【注释】

①赵孟:即春秋时晋国的执政大臣赵盾。此指代有权势的人。

②诗句见《诗经·大雅·既醉》。

③膏粱:指精美的食物。膏,指肥肉。粱,指谷类中的精细的小米。

④文绣:绣有彩色花纹的衣服。

【译文】

孟子说:"希求富贵,是人们的共同心理。每个人自身都有可宝贵的东西,只是不去想它罢了。别人给予的尊贵,不是真正的尊贵。赵孟所尊贵的,赵孟也能使他卑贱。《诗经》说:"酒已经喝醉,德已经享尽。'说的就是已经饱尝了仁义之德,因而不羡慕人家肥肉、精米的美味;广为人知的好名声集于一身,因而不羡慕别人的锦绣衣裳。"

【评析】

自尊者人尊之,自贵者人贵之。相反,自惭形秽、妄自菲薄者人贱之。因此,人以自尊自责为贵,千万不要"抛却自家无尽藏,沿门持钵效贫儿"。用我们通俗的话来说,叫作"端着金饭碗讨饭。"

要不端着金饭碗讨饭,关键是要自己知道所端的是金饭碗,认识它的价值。要自尊自贵,关键是要知道自己有值得尊贵的东西,这就是孟子所说"人人有贵于己者"。从后文来看,这种己所贵,实际上就是仁义道德、令闻广誉,与之相对的,则是膏粱文绣,也就是金钱富贵。所以,在孟子看来,世上有两种尊贵的东西:一是外在的,即膏粱文绣,这是要靠别人给予的;二是内在的,即仁义道德,这是不靠别人给予而要靠自己良心发现,自己培育滋养的。前者并不是真正尊贵的东西,因为别人可以给予你也可以剥夺你;后者才是真正尊贵的,别人不可剥夺的。正如孟子引曾子所言:"彼以其富,我以吾仁;彼以其爵,我以吾义。吾何慊乎哉?"这是自尊自贵的典范。

【典例阐幽】

庄子不慕曹商之贵

宋国有个叫曹商的,被宋王派往秦国作使臣。他启程的时候,宋王送了几辆车给他作交通工具。曹商来到秦国后,对秦王百般献媚、讨好,终于博得了秦王的欢心,于是又赏给了他一百辆车。

曹商带着秦王赏的一百辆车返回宋国后,见到了庄子。他掩饰不住自己的得意之色,到庄子面前炫耀说:"像你这样长年居住在偏僻狭窄的小巷深处,穷愁潦倒,整天就是靠辛勤的编织草鞋来维持生计,使人饿得面黄肌瘦。这种困窘的日子,我曹商一天也过不下去!你再看看我吧,我这次奉命出使秦国,仅凭这张三寸不烂之舌,很快就赢得了拥有万辆军车之富的秦王的赏识,一下子就赐给了我新车一百辆。这是我曹商的本事呀！"

庄子对曹商这种小人得志的狂态非常反感，他不屑一顾地回敬道："我听说秦王在生病的时候召来了许多医生，对他们当面许诺说：凡是能挑破粉刺排脓生肌的，赏车一辆；而愿意为其舐痔的，则赏车五辆。治病的部位越肮脏低下，所得的赏赐愈多。我想，你大概是用自己的舌头去舐过秦王的痔疮，而且是舐得十分尽心卖力的吧？不然，秦王怎么会给你赏这么多车呢？你这肮脏的东西，还是快点给我走远些吧！"

庄子

曹商这种用丧失尊严作代价去换取财富的人，是不会得到人们的尊重的。

十八

【原文】

孟子曰："仁之胜不仁也。犹水胜火。今之为仁者，犹以一杯水救一车薪之火也，不熄，则谓之水不胜火。此又与于不仁之甚者也，亦终必亡而已矣。"

【译文】

孟子说："仁者能够战胜不仁者，就像水可以灭火一样。但如今奉行仁道的人，就像用一杯水去灭一车柴草所燃烧的大火一样，灭不了，就说是水不能够灭火。这样的说法正好又大大助长了那些不仁之徒，最终连他们原本奉行的一点点仁道也会丧失。"

【评析】

兵法说："知己知彼，百战百胜。"

杯水车薪，自然是无济于事。不审时度势，反省自己是否尽了努力，而是自以为火不可灭，灰心丧气，放弃斗争。长他人志气，灭自己威风，这实际上是助纣为虐。

所以,当不能取胜的时候,应自知努力不够而加强力量,改杯水车薪为桶水车薪、池水车薪,最好是再加上水龙和其他现代灭火器。如此一来,莫说是车薪,就是你一屋子的薪所燃烧的熊熊烈火也照灭不误。

十九

【原文】

孟子曰:"五谷者,种之美者也;苟为不熟,不如荑稗①。夫仁,亦在乎熟之而已矣。"

【注释】

①荑稗:荑、稗为二草名,似禾,果实比谷小,亦可食。荑,通"稊"。

【译文】

孟子说:"五谷是庄稼中的好品种;但如果不成熟的话,还不如荑稗。仁,也在于使它成熟罢了。"

【评析】

从上章可知,当时有君子哀叹仁之不胜不仁。本章承上章,鼓励君子把仁发扬光大。

孟子以五谷喻仁。五谷长熟才有大用,同理,把仁发扬光大,仁才有力量。

二十

【原文】

孟子曰:"羿之教人射,必志于彀①。学者亦必志于彀。大匠诲人,必以规矩,学者亦必以规矩。"

【注释】

①彀:把弓拉满。

【译文】

孟子说:"羿教人射箭,一定要让人把弓拉满;学习的人也一定要努力把弓拉满。技艺高超的木工教导人,一定要遵循规矩,学习的人也一定要遵循规矩。"

【评析】

这正是《离娄·上》所说"离娄之明,公输子之巧,不以规矩,不能成方员;师旷之聪,不以六律,不能正五音"的意思。

没有规矩,不能成方圆;没有规矩,教师不能教,学生无法学。小至手工技巧,大至安邦定国、治理天下,凡事都有法可依,有规律可循。

因此。一定要顺其规律,不可悖逆而行。如果悖逆而行,就会出现"上无道楼也,下无法守也,朝不信道,工不信度,君子犯义,小人犯刑,国之所存者幸也"那样的情况,天下大乱。所以,规矩绝不是小问题。

【典例阐幽】

不过手熟

在宋朝的时候,有一个叫陈康肃的很善于射箭,他的水平很高,自信当代没有第二个人。因此时常感到骄傲自负。

一天,他在射箭的时候,有个卖油的老汉放下肩上的担子,站在一旁,歪着头,很有兴趣地观看着。他看陈康肃发射的箭,十枝中有八九枝射中了靶子,便微微地点着头。陈康肃问他说:"你也懂得射箭吗? 我射箭的技术是不是很精湛?"

老汉说:"也没有什么别的奥妙,只不过是手熟罢了!"

陈康肃一听很气愤,大声呵斥道:"你怎么敢贬低我的本领?"

老汉说:"我是从我倒油的技巧中知道这个道理的。"说罢,他拿出来一个葫芦放在地上,又摸出一枚有孔的铜钱放在葫芦嘴上,然后慢慢地用勺子舀出油来往葫芦里倒,只见油像一条细线一样从钱孔中流入葫芦里,而那枚铜钱却没有沾上一点儿油痕。

倒完,老汉直起身子说:"我这点技术,也没有什么了不起的,不过就是手熟罢了。"

【本篇总结】

孟子在这一篇中主要讨论人性本善的问题，认为人生来就具有仁、义、理、智的美好德性，求索就能得到，放弃便会失去，只是有的人未曾领悟这个道理而已。因此，人应该收敛散逸的心志，时刻省察自己的言行，养成专心致志的好习惯。专心致志是把事业做精、做细、做大的心理因素，商界人士应该逐渐培养这种品性，为事业的成功提供一个良好的心理素质。

【古代事例】

司马光与《资治通鉴》

孟子认为下围棋虽是小技，如果不专心致志也不能学好。弈秋是最擅长下围棋的人，假若使弈秋同时教两人下棋，一人专心致志，专心听弈秋的讲解；另一人虽貌似在听，心里却想着射下天上的鸟，他的学习效果肯定比不上专心致志的人。司马光就是在十九年的时间里靠着专心致志才完成《资治通鉴》这一部光辉史著的。

《资治通鉴》是司马光主持编撰的第一部编年体通史，也是继汉代司马迁以后史上最优秀的通史巨著。这部巨著上起周威烈王二十三年（公元前 403 年），下迄后周显德六年（959 年），卷帙浩繁，前后共一三六二年的历史，通过论述历代王朝兴衰治乱之理，向治国者提供借鉴。

司马光（1019—1086 年），字君实，号迂叟，陕州夏县涑水乡（今山西夏县司马营）人，北宋的政治家，史学家，文学家。司马光幼年聪敏嗜学，尤喜《左传》，听塾师讲过一遍就能记诵。此外，司马光少时的机智勇敢，仍然可以从一则非常有名的佳话中看出：司马光少时与伙伴们玩得起兴时，一个小孩跌进水缸里，他急中生智，搬起石头砸破水缸救出落水的伙伴。

宋仁宗宝元元年（1038 年），二十岁的司马光高中进士甲科，官拜谏议大夫。司马光发现尽管自古至今的史著很多，却没有一部既系统又完整的通史，于是决心自己编撰一部这样的书籍。两年以后，司马光完成从战国到秦汉之际的部分，取名《通志》。

治平二年（1065 年），宋英宗读完司马光的《通志》以后非常高兴，下令设置专门修史的书院，为他提供诸多便利，鼓励司马光继续撰写此书。于是，司马光延揽当时著名史家刘攽、刘恕、范祖禹等人共同参与这项盛世浩典。宋英宗死后，继任的宋神宗又给此书赐名为《资治通鉴》。熙宁三年（1070年），司马光因与王安石政见不合，被贬出朝廷到地方任职。次年，司马光转到西京（洛阳）御史台任职，在洛阳一住就是十五年，这里的闲居生活更有利于司马光撰修《资治通鉴》。

在编写《资治通鉴》的过程中，司马光广泛地查阅旧史，同时也参考各种笔记小说，每个史实都反复考证。单是初稿就堆满两间屋子，每页稿纸都字迹清晰，从无一页潦草。他殚精竭虑，穷竭所有，日力不足，继之以夜。他常常担心一觉睡过头，就削圆木为枕，身体一翻转，圆枕就会滚落把他惊醒。这个有趣的东西就是《龙文鞭影》中所说的"文公警枕"。范祖禹曾作《司马温公布衾铭》曰："公一室萧然，图书盈几，竟日静坐，泊如也。又以圆木为警枕，少睡则枕转而觉，乃起读书。"

司马光

神宗元丰七年（1084年），《资治通鉴》才得以成书，共历时十九年。在向神宗进《资治通鉴》的上表中，司马光说："臣今骸骨臞瘁，目视昏近，齿牙无几，神识衰耗，目前所为，旋踵遗忘。臣之精力，尽于此书。"

两年后，哲宗继位，宣仁太皇太后掌国，任司马光为尚书左仆射。司马光刚上任就把王安石的新法全部废除。数月后，司马光去世，被朝廷追封为太师、温国公，谥文正。司马光的谥号是历来文臣梦寐以求的荣耀，自宋以后的各朝皇帝从不轻易赐给臣下这个谥号，北宋唯有李昉、王旦、范仲淹等屈指可数的几人享有此项殊荣。

【评述】

司马光撰修《资治通鉴》时艰苦卓绝，始终如一，才能完成这一巨著。诚如孟子所说，学习是日积月累的过程，持之以恒才能取得成就，若一曝十寒，无论如何都难以取得实质性的进步。企业的管理者只有专心致志才能完成艰难的任务，坚毅的性情是成功的诸多因素中必不可少的一环。

国学经典文库

孟子诠解

《孟子》原典解读

图文珍藏版

541

海瑞的遗物

人虽有与生俱来的善性,有时却也会在面临一些两难的选择时迷失本心。很多仁人志士在面对道义和付出生命的选择时,往往会舍生取义,因为鱼和熊掌不可兼得。明代的海瑞就是这样一位敢于舍生取义而彪炳史册的人。

尽管史家对海瑞的生平行事多所争议,但是他近乎苛刻般的廉洁自律却获大众肯定。海瑞处在明代后期,世风日下,官吏鱼肉百姓。海瑞以至大至刚之勇,不畏权势,为民请命,可以算是百姓不幸中的万幸。

海瑞(1514—1587 年),字汝贤,自号刚峰,明海南琼山(今海口)人,幼年丧父,随寡母研读经史,刻苦精勤,从不懈怠。

嘉靖二十八年(1550 年),海瑞通过科举走上仕途。入京后,海瑞即上《平黎策》,向皇帝陈述平定海南的策略,深得有识之士的赞赏。当时嘉靖皇帝(1507—1566 年)享国日久,不理朝政,专意斋戒求福,督抚大吏争相献上符瑞,严嵩(1480—1567 年)父子权倾朝野。

时任户部尚书的海瑞上书指责皇帝的过失,嘉靖皇帝气得把奏疏扔在地上,命人赶快把他抓起来,生怕他跑掉。宦官黄锦说:"海瑞有傻名,自知上书会触怒龙颜,难免一死,遂买好棺材,与妻子诀别,待罪于朝,童仆早就四散而光,他是不会逃跑的。"嘉靖闻语,一日之间把奏疏重读三遍,感慨万端地说:"海瑞以比干自命,我恐怕不是商纣吧!"数月之后,才命人追究海瑞的罪名,将其下在大狱。隆庆皇帝即位后,海瑞才官复原职。

隆庆三年(1569 年)夏,海瑞以右佥都御史巡视应天府,贪婪的官吏自劾求免,权贵们漆红的大门也都改成黑色,在江南监织造的宦官也都减少舆从。海瑞兴利除害,整修水利,大惠于民。

万历初年,张居正(1528—1582 年)主持国政时,向来就不喜欢海瑞。有一次,张居正派巡按御史到南京寻找借口来弹劾海瑞。御史到达海瑞的府邸后,只见屋舍萧然,衣食都非常简朴,专门来挑刺的御史只好叹息而去。朝廷内外大臣都交相推荐海瑞,但张居正怕他成为自己仕途的绊脚石,最终也没有任用他。张居正死后,万历皇帝(1563—1620 年)看重海瑞的声名,本想委以重任,但又有小人作梗,万历皇帝只好让他到南京做右佥都御史。

海瑞到达南京后,没有多久便死在官衙。同乡苏民怀清点海瑞遗物时发现唯有俸银八两,旧衣数件。司寇王世贞(1526—1590年)评价海瑞说:"不怕死,不爱钱,不结党。"南京都察院佥都御史王用汲前去吊唁海瑞,王用汲见眼前的情境顿时落泪,凑钱为他入殓。在运送海瑞灵柩回乡的路上,百姓身着白衣白冠前来送丧者站满江岸,哭声百里不绝。

【评述】

海瑞从不苟且地活着,以道义的信仰撑起铮铮铁骨。因为孟子说,生存是人想要的,道义也是人想要的,若两者不可兼得,就会舍弃生命,选取道义,因为人想要的东西有胜过生命的,所厌恶的东西有胜过死亡的,所以会有人不避祸害,从容献身。这个道理和这个故事,对商界人士来说,应学会如何做出符合道义选择,因为世间事两全其美者甚少,不为得到某些东西苟且地钻营。

【现代事例】

埃森哲的成功决心

孟子说,期望显贵是人共同的心态。但是,很多人所追求的富贵是外在的,很少有人能考虑到每个人身上都有可贵的东西。同样的道理,任何企业无不希望获得良好的发展,成为实力壮大的行业龙头,不过,若不从自身发现优势,这一目标将会很难实现。让当今世界著名的咨询公司埃森哲为我们呈现它成功的决心吧!

美国埃森哲公司(Accenture)是全球最大的管理咨询公司,《财富》全球五百强企业中有三分之二以上的单位是埃森哲的客户。

埃森哲原是安达信(Arthur Andersen)会计事务所的咨询部门。一九五三年安达信利用美国第一台商用电脑,帮助通用电气公司(GE)提高薪酬资料的处理效率,开启咨询行业使用高科技技术解决企业问题的先河。这个项目的负责人约瑟夫·克里考夫(Joe Glickauf)也被称为是电脑和高科技咨询之父。

这个项目标志着安达信咨询业务的开始。随着咨询业迅速的发展,安达信咨询部门的利润最终超过审计部门,实力强大的咨询部门已经不甘心再寄人篱下。一九八九年,咨询部门从安达信分出来,成立主营咨询业的安盛咨询公司(Andersen Constulting),在不到十年的时间里就发展成为全球最大的商业和高科技咨询公司,在规模上也逐渐超过安达信。

安盛拒绝接收中小型企业的咨询项目。安达信则抵制不住咨询业丰厚利润的诱惑,重组咨询部门,暗地受理被安盛拒绝的客户,安盛与安达信之间的矛盾也因此而日益加深。于是,安盛完全脱离安达信的愿望更加强烈。

二〇〇〇年,安盛终于实现与安达信从经济上彻底分离的目标。不过,安盛不得不放弃公司名称中的 Andersen 名称,更名为埃森哲(Accenture)。这个名称招来好事者的冷嘲热讽,不过埃森哲毫不气馁,而是以强劲颇富感染力的宣传重新树立自己的形象,直到安然事件后人们才正式接受它。安达信受安然事件的牵连名声扫地,而从中分出来的埃森哲则未受影响。

在首席执行官乔·福汉(Joe W. Forehand)的领导下,埃森哲取得十分傲人的业绩。作为依靠知识和智能生存的咨询公司,埃森哲一直十分重视知识资本(Knowledge Capital)的效应,实施知识管理战略,使知识成为创造商业价值的支点。因而,乔·福汉在公司发起"创新人才最佳工作环境"计划,使员工充分发挥创新精神。埃森哲还不断改进组织机构,把注意力放在市场上高成长率的领域,从而为客户在咨询中提供实实在在的经济价值,而非是简简单单的建议。正是因为这些努力,埃森哲才能够在严峻的市场竞争环境中脱颖而出。如今作为《财富》全球五百强企业之一的埃森哲已经成为全球领先的企业绩效提升专家。

【评述】

埃森哲认为一家企业得以良好持续发展的关键是创新、冒险、合作、敬业、学习、执着和诚信,这些优秀品格恰是孟子强调的自身具有的可贵之处。因此,作为企业的负责人不但要有期望成功的雄心壮志,更要善于发掘和形成企业文化的精神,将自身的可贵之处发扬光大。

帕玛拉特一蹶不振

孟子说,仁、义、忠、信,是"天爵";公、卿、大夫,是"人爵"。古人通过修行"天爵"来获取"人爵",今人通过修行"天爵"获取"人爵"之后,就轻而易举地抛弃"仁、义、忠、信"的"天爵",实在是糊涂之极,他所获得的"人爵"也将会难保。几年前,意大利帕拉玛特的突然破产就是这样的例子。

面对轰然倒塌的大厦,人们在震惊之余,更多的是惋惜。

号称世界牛奶帝国的意大利帕玛拉特集团(Parmalat)在短短的两周时间里,

就迅速终结其四十余年的神话:二○○三年底帕玛拉特因财务丑闻宣告破产,帕玛拉特创始人、公司董事长卡利斯托·坦齐(Calisto Tanzi)银铛入狱。如果我们回头审视帕玛拉特的创业史,难免会为其惋惜。

一九六一年四月,年仅二十二岁的卡利斯托·坦齐接过祖父创建的冷冻食品公司后,投资具有绝大发展潜力和远景的牛奶行业,在克雷齐奥镇建立一座小型牛奶灭菌厂,向帕尔马(Parma)及周边地区供应鲜奶。当时意大利的国有牛奶企业在热那亚(Genoa)、佛罗伦萨(Florence)及罗马(Rome)地区占据垄断地位,帕玛拉特这家家族企业想在夹缝中求生存谈何容易。聪明的卡利斯托·坦齐想出一系列的办法来赢得市场空间。

在送货上门的基础上,帕玛拉特又在一九六三年采用一种印有品牌名称的瑞典新式纸盒包装,比瓶装牛奶更卫生,更易储存,而且保质期更长。一九六六年,帕玛拉特继续引进源自瑞典的牛奶加热处理技术,使牛奶不需冷冻就能完美地保存六个月。帕玛拉特采用这些新技术效果立竿见影,不仅很快垄断意大利市场,而且一跃成为世界最大的加热处理牛奶制造商。

八十年代,帕玛拉特开始进行产品、行业的多元化,值得一提的是,帕尔马 AC 俱乐部还在帕玛拉特的赞助下由一支默默无闻的球队挺进意甲。在人们眼中,帕玛拉特总能开发出适应不同阶层的新产品,在看似无利可图的行业中开辟市场。

二○○三年底,人们做梦都没想到,负责帕玛拉特审计事务的一家会计师事务所指出帕玛拉特将近五亿欧元的资产投入盖曼群岛(Cayman Islands)一家鲜为人知的共有基金中,因此这笔资产不能视为流动资产。十天后,与帕玛拉特有业务关系的美国美洲银行(Bank America Corporation)称帕玛拉特的一家下属子公司在该行的四十九亿美元的存款账户并不存在。帕玛拉特的股价当即大幅缩水,跌至票面价格的百分之四十五。次日,帕玛拉特不得不承认存在财务黑洞的事实。检查人员还发现帕玛拉特存在金融欺诈、提供假档、做假账等不法行为。

十二月二十四日,四面楚歌的帕玛拉特不得不申请破产保护,卡利斯托·坦齐因涉嫌诈欺在米兰被捕。

【评述】

孟子认为获得"人爵"之后,更要谨慎地涵养自身道德,才不会失去辛辛苦苦得来的功名利禄。从帕玛拉特的败亡中,我们不难发现,尽管帕玛拉特曾经拥有不断创新的进取精神,创造出巨大的商业奇迹,但如果违背艰苦创业的初衷,靠虚假的财务迷局谋得一己一时私利,最终将难免前功尽弃。企业负责人当以此为戒。

【名言录】

名言:虽有天下易生之物,一日暴之,十日寒之,未有能生者也。
——《告子(上)》

古译:虽有天下易于生成之物,若曝一日,寒十日,则未有能生者也。

今译:即使是天底下最容易生长的植物,如果曝晒一天,冷冻十天,没有能够再生长的。

现代使用场合:一曝十寒,即使是生命力最强的植物,也不能再生长。在现代社会也是这样,做事情要讲究自始至终,以一颗持之以恒之心去对待它,那么我们也可以得到成功的回报。如果只是三天打鱼,两天晒网,即使周围的条件再好,胜利的终点也会离我们越来越远。

名言:心之官则思,思则得之,不思则不得也。——《告子(上)》

古译:心之官能则为思,思则有所得,不思则无所获。

今译:心的官能是思考,思考就有所收获,不思考就没有收获。

现代使用场合:用心去思考,才能有所收获。生活中,我们每天都过得忙忙碌碌,没有时间停下来思考一下自己今天都做了什么。适当的思考是有必要的,总结成功的经验、失败的教训,或褒奖或自责,有内心的思考,进步才能时刻相伴。

名言:鱼,我所欲也;熊掌,亦我所欲也,二者不可得兼,舍鱼而取熊掌者也。生,亦我所欲也;义,亦我所欲也,二者不可得兼,舍生而取义者也。——《告子(上)》

古译:鱼,我所欲也;熊掌亦是我所欲也,若二者不可兼得,则舍鱼而取熊掌。生,是我所欲也;义,亦是我所欲也,若二者不可兼得,则舍生而取义者。

今译:鱼是我想要的,熊掌也是我所追求的,若二者不能兼得,则舍弃鱼而选择熊掌;生存,是我追求的,道义也是我所追求的,若两者不能兼得,则舍弃生命而追求道义。

现代使用场合:日常生活中,我们面临很多诱惑、很多抉择,我们往往对这些感到无所适从。其实,遇到这样的情况要学会放弃,选择最适合自己,或者自己最需要的,那些不合适的东西,该放弃就放弃吧。有时候,放弃,也是一种选择。

名言:富岁,子弟多赖;凶岁,子弟多暴,非天之降才而殊也,其所以陷溺其心者然也。——《告子(上)》

古译:富岁,子弟多赖;凶岁,子弟多暴,非天降才而殊,其心陷溺之故也。

今译:丰年时年轻人大多表现懒惰;灾年时年轻人大多表现强暴,这不是天生的资质有所不同,是他们的心性沉溺于周围环境的结果。

现代使用场合:"环境可以改变人"这句话是亘古不变的道理。我们出生时,上天赋予我们身上的东西都差不多,而之所以有后天的诸多不同,关键就在于环境对人的影响。好环境中造就好苗,坏环境中结出恶果。这就是人们为什么会羡慕莲花"出淤泥而不染"的原因所在吧。

卷十二 告子下

【题解】

本篇共十六章,内容不如上篇集中,涉及的面比较广。其中第一章论礼与食色的关系。第二章论"人皆可以为尧舜"。第三章论《诗》。第四章论义利之辨。第五、六章记载孟子在邹国、齐国时的言行。第七章论"五霸者,三王之罪人"。第八、九章批评为君主"辟土地,充府库"的所谓"良臣"。第十、十一章为孟子与白圭的对话,内容是涉及"以邻为壑"和"二十而取一"。第十三章记孟子闻乐正克为政而"喜不能寐"。第十五章则是著名的"天将降大任于是人"章。

一

【原文】

任人①有问屋庐子②曰:"礼与食孰重?"

曰:"礼重。"

"色与礼孰重?"

曰:"礼重。"

曰:"以礼食,则饥而死;不以礼食,则得食,必以礼乎? 亲迎,则不得妻;不亲迎,则得妻,必亲迎乎?"

屋庐子不能对,明日之邹以告孟子。

孟子曰:"於! 答是也,何有? 不揣③其本,而齐其末,方寸之木可使高于岑楼④。金重于羽者,岂谓一钩金⑤与一舆羽之谓哉? 取食之重者与礼之轻者而比之,奚翅⑥食重? 取色之重者与礼之轻者而比之,奚翅色重? 往应之曰:'紾⑦兄之臂而夺之食,则得食;不紾,则不得食,则将紾之乎? 逾东家墙而搂⑧其处子⑨,则得妻;不搂,则不得妻,则将搂之乎?'"

【注释】

①任人:任国之人。任,国名,风姓,太昊之后,其地大致在今山东。

②屋庐子:姓屋庐,名连,孟子弟子。

③揣:测量高度。

④岑楼:高而尖的楼。岑,高而锐。

⑤钩金:和腰带的带钩差不多重的金子。

⑥翅:即"啻",只,但。

⑦紾:扭,扭转。

⑧搂:持,抱持。

⑨处子:女子,处女。

【译文】

有个任国的人问屋庐子说:"礼仪和食物哪个更重要?"

屋庐子说:"礼仪更重要。"

"娶妻与礼仪哪个更重要?"

屋庐子说:"礼仪更重要。"

任国的人又说:"如果按照礼仪去寻找食物,就会饥饿而死;不按照礼仪寻找食物,就能够找到吃的,那么还一定要按照礼仪去寻找吗? 如果按照亲迎的礼仪就娶不到妻子;不按照亲迎之礼,就能够娶妻,那么还一定要遵循亲迎之礼吗?"

屋庐子没法回答,第二天就到邹国将这些话告诉孟子。

孟子说:"哎呀! 回答这样的话有什么难的呢? 如果不测量基础的高低,而只去比较事物的末端,那么方寸之木也可以比高而尖的楼阁还要高。金子比羽毛要重,这难道是说带钩大小的金子比一大车羽毛重吗? 拿食物的重要方面同礼节的细小方面相比,何止是吃饭重要? 拿娶妻的重要方面同礼节的细小方面相比,何止是娶妻重要? 你这样去回答他:'扭住哥哥的胳膊夺他的食物,就能得到饭吃;不扭夺就得不到饭吃,那么就该扭夺吗? 翻过东边人家的墙头,搂抱那家的闺女,就能娶到妻子;不去搂抱,就娶不到妻子,那么就该去搂抱吗?'"

【评析】

这一章的内容是孟子对礼的捍卫。在这一章里,孟子采用的论辩方法是以诡辩对诡辩,以极端对极端。

首先采取诡辩的方法的人不是孟子,而是那个任国人。他采取诡辩的方式,把食和色的问题推到极端的地步,再和礼的细节比较哪个重要,企图迫使屋庐子回答食和色比礼更重要。由于屋庐子没有那样回答,于是就落入了对方的圈套而不能跳出。受到别人刁难的学生只好求助于先生了。

孟子是善于使用诡辩方法的,所以他立即就识破了对方的诡辩手段,一针见血地指出:"不揣其本,而齐其末,方寸之木可使高于岑楼。"接着,孟子从比较金属与羽毛的重量问题,逐步转移到分析任国人诡辩的症结所在。在这里,孟子的意思很明确:如果要比较,就应该让比较的对象处在同一水平线上,不能把一个对象推到极端,再和另一个对象的细节比较。如果非要这样比较的话,结果当然是荒谬的。

最终,孟子"以诡辩对诡辩,以极端对极端",战胜了对方。

【典例阐幽】

方寸之木,高于岑楼

唐中宗曾有一次召宰相苏瑰和李峤两人的儿子进见。两人的儿子都还是儿童。皇上把他们拉到面前抚摸着,并赐给他们不少东西,并且告诉两个孩子:"你们现在回忆一下学过的书,认为可以对我讲的就把它说出来。"

苏颋回答说:"木从绳则正,君从谏则圣。"意思是说,人们剖锯木头时必须用绳墨作尺度,皇上在治理国家的时候,必须听从大臣们的忠谏才能圣明。

李峤的儿子,也进上两句话:"斫朝涉之胫,剖贤人之心。"

这两句话讲的是商纣王的故事。商纣王在冬天的早上看到有老人赤脚渡河,说这个老人的胫骨能耐寒,骨髓应该与普通人不同,于是命人斩断察看。大臣比干对纣王苦谏,纣王生气地说:"我听说圣人的心有七窍,我倒要看看你的心是不是也有七窍。"于是就命人剖开比干胸膛,察看他的心。

皇上听了以后评价说:"这两个小孩是寸木岑楼,不可同日而语。简直可以说是苏瑰有儿子,李峤没有儿子。"

二

【原文】

曹交①问曰:"人皆可以为尧、舜,有诸?"

孟子曰:"然。"

"交闻文王十尺,汤九尺。今交九尺四寸以长,食粟而已,如何则可?"

曰:"奚有于是? 亦为之而已矣。有人于此,力不能胜一匹雏②,则为无力人矣。今日举百钧,则为有力人矣。然则举乌获③之任,是亦为乌获而已矣。夫人岂以不胜为患哉? 弗为耳。徐行后长者谓之弟,疾行先长者谓之不弟。夫徐行者,岂人所不能哉? 所不为也。尧、舜之道,孝弟而已矣。子服尧之服,诵尧之言,行尧之行,是尧而已矣。子服桀之服,诵桀之言,行桀之行,是桀而已矣。"

曰:"交得见于邹君,可以假馆④,愿留而受业于门。"

曰:"夫道若大路然,岂难知哉? 人病不求耳。子归而求之,有馀师。"

【注释】

①曹交:人名。

②一匹雏:一只小鸡。

③乌获:秦武王时的大力士。这里指代大力士。

④假馆:借客舍,意为找一个住处。

【译文】

曹交问道:"人人都可以做尧、舜,有这说法吗?"

孟子说:"有。"

"我听说文王身高一丈,汤身高九尺,如今我身高九尺四寸多,却只会吃饭罢了,要怎样做才行呢?"

孟子说："这有什么关系呢？只要去做就行了。要是这里有个人，他连一只小鸡都提不起来，那他便是一个没有力气的人；如果他能够举起三千斤，那他就是一个很有力气的人。既然这样，那么举得起乌获所举的重量的，也就是乌获了。人难道该为不能胜任而发愁吗？只是不去做罢了。在长者之后，慢慢走，叫作悌；快步走到长者之前去，叫作不悌。慢一点走，难道是人做不到的吗？不那样做而已。尧舜之道，不过就是孝和悌罢了。你穿尧的衣服，说尧的话，做尧的事，你便是尧了。你穿桀的衣服，说桀的话，做桀的事，你便是桀了。"

曹交说："我准备去拜见邹君，向他借个住处，情愿留在您的门下做学生。"

孟子说："道就像大路一样，难道难于了解吗？只怕人不去寻求罢了。你回去找找，老师多得很呢。"

【评析】

人皆可以为尧舜是植根于"性善论"的观点，目的是鼓励人们，如果向善的话，谁都可以有所作为。

根据孟子的这个观点，我们可以看出，一个人能不能成为尧、舜，关键是"肯不肯为"和"能不能"，和《梁惠王上》里孟子所说的"挟泰山以超北海"是同一个性质的问题，只是由政治问题过渡到个人修养的问题罢了。

由此例子看，无论是国君治国，还是个人修养，都存在"肯不肯为"和"能不能"的问题。认识到这一点，就可以树立起向善的信心，从力所能及的事做起，不断完善自己，成为一个像尧、舜那样有所作为的人。

"人皆可以为尧舜"的积极意义在于反对人的自惭形秽和妄自菲薄，提倡人的自信、自尊和自贵。

【典例阐幽】

人皆可以为尧舜

春秋时晋国的国君晋灵公是个暴君。有一次，厨师送上来的熊掌炖得不够熟，他就下令把厨师杀了，当妇女们用车子拉着尸体从朝堂上走过，被赵盾、士季两位正直的大臣看到了。

他们了解情况后，非常气愤，决定进宫去劝谏晋灵公。士季先去朝见，晋灵公从他的神色中看出他是为自己杀厨师这件事而来的,便假装没有看见他。直到士季往前走了三次,来到屋檐下,晋灵公才瞟了他一眼,轻描淡写地说:"我已经知道自己所犯的错误了,今后一定改正。"士季听他这样说,也就用温和的态度说:"谁没有过错呢? 有了过错能改正,那就最好了。人皆可以为尧舜,如果您能接受大臣正确的劝谏,就是一个好的国君。"

但是,晋灵公并非真正认识到自己的过错,其行为依然残暴。相国赵盾屡次劝谏,晋灵公不仅不听,反而十分讨厌赵盾,竟派刺客去暗杀赵盾。不料刺客宁可自杀,也不愿去杀害正直忠贞的赵盾。

晋灵公见此计不成,便改变方法,假意请赵盾进宫赴宴,准备在席间杀他。结果赵盾被卫士救出,晋灵公的阴谋又未能得逞。最后,晋灵公反而在桃园被赵盾的同族兄弟赵穿杀了。

三

【原文】

公孙丑问曰:"高子曰①:《小弁》②,小人之诗也。"

孟子曰:"何以言之?"

曰:"怨。"

曰:"固哉,高叟之为诗也! 有人于此,越人关弓而射之③,则己谈笑而道之,无他,疏之也。其兄关弓而射之,则己垂涕泣而道之,无他,戚之也。《小弁》之怨,亲亲也。亲亲,仁也。固矣夫,高叟之为诗也!"

曰:"《凯风》何以不怨④?"

曰:"《凯风》,亲之过小者也;《小弁》,亲之过大者也。亲之过大而不怨,是愈疏也;亲之过小而怨,是不可矶也⑤。愈疏,不孝也;不可矶,亦不孝也。孔子曰:'舜其至孝矣,五十而慕⑥。'"

【注释】

①高子:人名,疑非孟子弟子高子。

②《小弁》:《诗经·小雅》中的诗篇。旧说是讽刺周幽王的诗,或说是周宣王名臣尹吉甫之子因遭后母谗言而作。

③关:通"弯",拉满弓,开弓。

④《凯风》:《诗经·邶风》中的诗篇。通篇是自责以安慰母亲的言辞。

⑤矶:激怒,触犯。

⑥慕:依恋。

【译文】

公孙丑问道:"高子说:《小弁》这首诗是小人写的。"

孟子说:"凭什么这么说呢?"

公孙丑回答说:"因为诗里含有怨恨之意。"

孟子说:"高老先生讲诗实在是太机械了。假如说有这么个人,越国人开弓去射他,那么他会笑着讲述此事;没有别的原因,因为越国人和他关系很远。如果是他的哥哥开弓去射他,他会流着眼泪讲述此事;没有别的原因,因为哥哥是他的亲人。《小弁》的怨恨,正是出于对亲人的爱。热爱亲人是仁的体现。高老先生讲诗实在是太机械了!"

公孙丑说:"《凯风》这首诗为什么没有怨恨之意呢?"

孟子答道:"《凯风》这首诗,母亲的过错不大;《小弁》这首诗,父亲的过错很大。父母的过错很大,却不怨恨,这是越发疏远他们了。父母的过错不大,却去怨恨他们,是受不得刺激。越发疏远是不孝;受不得刺激,也是不孝。孔子说:'舜大概是最孝顺的了,五十岁还依恋父母。'"

【评析】

孟子曹提出"以意逆志""知人论世"的解诗原则,本章即是其具体运用。《小弁》《凯风》两首诗主题相近,但一个"怨",一个"不怨",如何消除人们的误解呢?孟子首先继承了孔子诗"可以怨"(《论语·阳货》)的思想,肯定诗歌可以表达"怨"。但一首诗歌的"怨"与"不怨",又与作者的遭遇、亲人过失的大小等有关,不可执于一偏。孟子通过"知人论世",不仅对两首诗做出了合理的评价,而且"以意逆志",提出了处理亲人关系的原则。

【典例阐幽】

舜其至孝

黄帝的后裔舜,父亲又聋又瞎,性情十分暴躁,母亲则十分贤淑,使舜在母亲的照料下,幼年过得相当美满。

但后来他的母亲得了重病,不久离开人世,自母亲去世后,他父亲的性情变得更坏。后来父亲娶了继室,生下弟弟象。从此父亲对继母更加宠爱,而继母心胸狭窄,常在父亲面前说舜的坏话,使舜常被父亲责打。

但孝顺的舜没有因此而心生埋怨,仍然百般孝顺。但继母还是恐怕他会分去大半家业,因此常想把舜除掉。亦一次又一次设计陷害他。

虽然继母和弟弟的不断陷害,但舜从不介意,当他二十岁那年,他的孝行传遍千里,天子尧亦由地方官吏的推荐而知道舜,他非常赏识舜的为人,便把两个女儿都嫁给舜。而舜的孝行也使继母和弟弟感动了,一家人和和美美地生活在一起。后来尧禅位给舜。在舜的治理下,国家兴盛,人们也都过上了幸福的生活。

四

【原文】

宋轻①将之楚,孟子遇于石丘②,曰:"先生将何之?"

曰:"吾闻秦楚构兵③,我将见楚王说而罢之。楚王不悦,我将见秦王说而罢之。二王我将有所遇焉。"

曰:"轲也请无问其详,愿闻其指,说之将何如?"

曰:"我将言其不利也。"

曰:"先生之志则大矣,先生之号④则不可。先生以利说秦楚之王,秦楚之王悦于利,以罢三军之师,是三军之士乐罢而悦于利也。为人臣者怀利以事其君,为人子者怀利以事其父,为人弟者怀利以事其兄,是君臣、父子、兄弟终⑤去仁义,怀利以相接,然而不亡者,未之有也。先生以仁义说秦楚之王,秦楚之王悦于仁义,而罢三军之师,是三军之士乐罢而悦于仁义也。为人臣者怀仁义以事其君,为人子者怀

仁义以事其父,为人弟者怀仁义以事其兄,是君臣、父子、兄弟去利,怀仁义以相接
也,然而不王者,未之有也。何必曰利?"

【注释】

①宋轻:人名,宋国入,也叫宋钘、宋荣,战国时著名学者。

②石丘:地名,在当时宋国境内,今在河南。

③构兵:交兵,交战。

④号:说法,想法。

⑤终:尽,全。

【译文】

宋轻要到楚国去,孟子在石丘这个地方碰到了他,说:"先生这是到哪里去?"

宋轻说:"我听说秦楚两国交战,我将要去谒见楚王,说服他罢兵。如果楚王不
听的话,我将去谒见秦王,说服他罢兵。两位君王中,我总会遇到能说得通的吧。"

孟子说:"我不想问得太过详细,只想知道你的大意。你将要怎样去说服呢?"

宋轻说:"我将向他们陈言交战之不利。"

孟子说:"您的志向还是很好的,但是您的说法却不可取。您用利益来说服秦
王、楚王,秦王、楚王因为利益而感到高兴,于是停止交战,这样就使得三军将士因
为利益而乐于罢兵。作为臣子却用利益来服侍其君,作为儿子却用利益来服侍其
父,作为弟弟却用利益来说服其兄,这样君臣、父子、兄弟之间就会完全失掉仁义,
心怀利益之心来相互交往,这样国家还不灭亡的,从未有过。您用仁义来说服秦
王、楚王,秦王、楚王因为仁义而感动,于是停止交战,这样就使得三军将士因为仁
义而乐于罢兵。作为臣子心怀仁义去服侍其君,作为儿子心怀仁义去服侍其父,作
为弟弟心怀仁义去服侍其兄,这样君臣、父子、兄弟之间去掉利益,心怀仁义来相互
交往,这样还不能称王于天下的,从未有过。为什么一定要谈'利益'呢?"

【评析】

孟子在这一章里讲的道理几乎是他第一次见梁惠王时所说的那一套的翻版,
只不过当时主要是针对治国而言,这一次却是针对战争而言了。

在孟子看来,和平固然是很重要的,因此,他支持宋轻维护和平的行为。但是,
孟子和宋轻不同的是,他认为和平的前提不是利害关系,而是仁义。如果用利害关

系换得了一时的和平,那么早晚也会失去和平,甚至还可能失去国家和天下。

基于利害关系的和平在实际上隐伏着很多不和平的因素。为什么这样说呢?如果人与人之间都以利害关系相待,那么一旦因为利害关系而发生冲突,必然导致战争,这样一来,稳定与和平就失去了。相反,如果以仁义为前提,换来的和平就会保持长久的稳定与发展,而且还会让天下人归服。的确如此,基于仁义的和平使人与人之间都以仁义道德相待,没有根本的利害冲突,也就不会爆发战争。

孟子的境界还是很高的,立脚点也没有错,但客观地说,这其实是"知其不可为而为之"。两国交兵必有其重大利益冲突,根本没有什么道义可言。从理论上说,孟子的观点还是很有道理的,也是能够自圆其说的。但是,从历史和现实的实践来看,无论是战争还是和平,既然有军事行动发生,就不可能没有利害关系在内,不可能有纯粹为抽象的仁义道德而战的战争,也不可能有纯粹为抽象的仁义道德而罢兵停战的和平。在战国时代,尤其如此。

因此,在孟子生活的时代,以仁义为前提的和平只能是一种理想。

五

【原文】

孟子居邹。季任①为任处守,以币交,受之而不报。处于平陆②,储子为相,以币交,受之而不报。他日,由邹之任,见季子;由平陆之齐,不见储子。屋庐子喜曰:"连③得间矣!"问曰:"夫子之任,见季子,之齐,不见储子,为其为相与?"

曰:"非也。《书》曰:'享多④仪,仪不及物曰不享,惟不役志于享。'为其不成享也。"⑤

屋庐子悦。或问之,屋庐子曰:"季子不得之邹,储子得之平陆。"

【注释】

①季任:任国国君的弟弟。

②平陆:齐国地名。

③连:屋庐子的名。

④多:称赞。

⑤《书》曰:此处引自《尚书·洛诰》。

孟子居住在邹国时,季任正留守任国,送礼物给孟子,孟子收了礼物却不回谢。孟子居住在平陆时,储子担任齐国的相,送礼物来结交孟子,孟子收了礼也不回谢。后来,孟子从邹国到了任国,拜访了季子;从平陆到了齐都去,却不拜访储子。屋庐子高兴地说:"这回我发现老师的差错了。"问道:"老师到了任国,拜访了季子;到了齐国,不拜访储子,是因储子只担任相吗?"

孟子说:"不是的。《尚书》上说:'进献礼品看重礼仪,礼仪配不上礼品,礼品再多也不算是进献,因为心意不在进献上。'因为它不是进献。"

屋庐子听了很高兴。有人问他这件事,屋庐子说:"季子不能亲自到邹国去拜访先生,而储子却可以亲自到平陆去拜访。"

【评析】

在这一章里,孟子对储子在赠送礼物时表现出的不尊敬的态度很不满意,因此也不去表示酬谢,以同样的礼仪回敬储子。

礼是人类的人际交往中一种很重要的外在形式。中国古代"礼"的理念不仅是礼节、礼仪,而且含有人人都要遵守的礼法制度,即现实生活中包括政治制度在内的各种规章制度的内容,孔子曾说:"殷因于夏礼,其损益可知也;周因于殷礼,其损益可知也;其或继周者,虽百世可知也。"由孔子的这句话可以看出,"礼"的理念已经包含了政治、宗教、伦理体制的全部内容了。

既然礼是人际交往中的一种重要形式,因此人们都很重视礼仪。如果一个人彬彬有礼,那么人人都敬重他;如果一个人蛮不讲礼,那么谁都讨厌他,因为通过礼仪这个外在形式,人们可以表达出对他人的尊敬与否。

无论是有很深的文化教养的人,还是一般的普通人,都很重视礼仪,这就是中国为什么素有"礼义之邦"的称谓的原因。

六

【原文】

淳于髡曰①:"先名实者,为人也;后名实者,自为也。夫子在三卿之中②,名实未加于上下而去之,仁者固如此乎?"

孟子曰:"居下位,不以贤事不肖者,伯夷也。五就汤,五就桀者,伊尹也。不恶污君,不辞小官者,柳下惠也。三子者不同道,其趋一也。一者何也?曰:仁也。君子亦仁而已矣,何必同?"

曰:"鲁缪公之时,公仪子为政③,子柳、子思为臣④,鲁之削也滋甚。若是乎,贤者之无益于国也!"

曰:"虞不用百里奚而亡,秦缪公用之而霸。不用贤则亡,削何可得与⑤?"

曰:"昔者王豹处于淇⑥,而河西善讴⑦。绵驹处于高唐⑧,而齐右善歌;华周杞梁之妻善哭其夫而变国俗⑨。有诸内,必形诸外。为其事而无其功者,髡未尝睹之也。是故无贤者也,有则髡必识之。"

曰:"孔子为鲁司寇,不用,从而祭,燔肉不至⑩,不税冕而行⑪。不知者以为为肉也,其知者以为为无礼也。乃孔子则欲以微罪行,不欲为苟去。君子之所为,众人固不识也。"

【注释】

①淳于髡:人名。姓淳于,名髡,齐国人。

②三卿:在孟子所处时代,一般指上卿、亚卿和下卿。

③公仪子:即公仪休。

④子柳:即泄柳。春秋时鲁国人。

⑤与:语助词,表疑问。

⑥王豹:齐人,擅长歌唱。

⑦讴:歌唱。

⑧绵驹:齐人,擅长歌唱。高唐:地名,故址在今山东禹城西南。

⑨华周:也叫华旋,齐国人。杞梁:春秋时期齐国大夫。

⑩燔肉:祭肉。燔,通"膰"。

⑪税冕:脱掉祭祀时戴的礼帽。税,通"脱",冕是祭祀时戴的礼帽。

【译文】

淳于髡说:"把名声功业看得很重的人,是为了济世救民;不很看重名声功业的人,是为了独善其身。您是齐国三卿之一,有关上助君王、下救百姓的名声、功业都没有,就要离开齐国,仁者难道原本就是这样的吗?"

孟子说:"身处卑贱的地位,不以自己贤能之身侍奉无德之君,这是伯夷;五次前往商汤那里,又五次前往夏桀那里的,这是伊尹;不厌恶污浊之君,不拒绝做个小官的人是柳下惠。这三个人的处世之道并不相同,但大方向是一致的。这一致的东西是什么呢?应该说就是仁。君子做到仁就可以了,为什么一定要处处相同呢?"

淳于髡说:"鲁穆公的时候,公仪子执政,子柳、子思当大臣,鲁国的国土削减得更厉害了;贤人对国家是这样的没有好处呀!"

孟子说:"虞国不任用百里奚,因而亡国;秦穆公重用百里奚,因而称霸。不任用贤人就会导致灭亡,想要勉强支撑都是做不到的。"

淳于髡说:"从前王豹住在淇水边的时候,住在河西的人都善于唱歌;绵驹住在高唐,齐国西部的人都善唱歌;华周、杞梁的妻子擅长哭夫,因而改变了国家的民俗。里面存在的东西,一定会体现在外面。做某种事,却不见功效的,我从未见过。因此说,是没有贤人;有的话,我一定会知道他。"

孟子说:"孔子做鲁国司寇的时候,不被重用,跟随君主祭祀,祭肉没有送到他这里,于是没顾上摘掉祭祀戴的礼帽,就离开了。不了解孔子的人以为他是为了祭肉的缘故,了解孔子的人认为他是为了鲁君的失礼而离开的。至于孔子,他就是想要担点小罪名离开,不想随便走掉。君子所做的事,普通人本来就不能了解。"

【评析】

孟子在齐国位列三卿,可谓官高爵重,但他没有干出什么功业,就准备离开齐国。与孟子同在齐宣王朝为官的淳于髡对孟子说,贤人难道是这样的吗?他对孟子颇有意见。

孟子为自己辩解说,君子贤人只要仁就行了,具体的做法何必相同呢?当然,这样空泛的议论不可能说服淳于髡。淳于髡说,像您这样的贤人,像公仪子、子柳、子思这样的贤人,恐怕本来无益于国家吧?当着孟子说这话,火药味已经很浓了。孟人辩解说,如果鲁国不用贤人,那就不只是削地求和的问题,恐怕要像虞国那样灭亡呢。淳于髡反驳说,会唱歌的王豹让卫国人都会唱歌,会唱歌的绵驹让齐国西部的人都会唱歌,华周、杞梁的妻子哭她们的亡夫而使一国的风俗都变得淳厚,我淳于髡在齐国做官这长时间,没看到这类事功出现,看来齐国没什么贤人,如有我一定知道他。淳于髡的意思,是否认孟子为贤人,让孟子不要以贤者自居。孟子听了,举孔子故意让自己得一个小罪名然后离开鲁国的例子,意在说明:"君子之所为,众人固不识也。"

孟子离开齐国,是因为孟子认为,他应该当齐宣王之师,而齐宣王只把他当臣。这就是孟子没有明说的原因。

【典例阐幽】

君子之所为,众人固不识也

宋玉是战国时楚国著名的文学家,楚襄王时期的宠臣。

有一次,楚襄王问他;"先生最近有行为失检的地方吗？为什么有人对你有许多不好的议论呢?"

宋玉若无其事地回答说:"噢,是的,有这回事。请大王宽恕我,听我讲个故事:最近,有位远处来的客人来到我们郢都唱歌。他开始唱的,是非常通俗的《下里》和《巴人》,城里跟着他唱的有好几千人。接着,他唱起了还算通俗的《阳阿》和《薤露》,城里跟他唱的要比开始的少多了,但还有好几百人。后来他唱格调比较高难的《阳春》和《白雪》,城里能跟他唱的只有几十个人了。最后,他唱出格调高雅的商音、羽音,又杂以流利的徵音,城里跟着他唱的人只有几个了。"说到这里,宋玉对楚王说:"由此可见,唱的曲子格调越是高雅,能跟着唱的也就越少。圣人有奇伟的思想和表现,所以超出常人。一般人又怎能理解我的所作所为呢?"

楚王听了,说:"哦！我明白了!"

宋玉

七

【原文】

孟子曰:"五霸者,三王之罪人也。今之诸侯,五霸之罪人也。今之大夫,今之诸侯之罪人也。天子適诸侯曰巡狩,诸侯朝于天子曰述职。春省①耕而补不足,秋省敛而助不给②。入其疆,土地辟,田野治,养老尊贤,俊杰在位,则有庆③,庆以地。入其疆,土地荒芜,遗老失贤,掊克④在位,则有让。一不朝。则贬其爵,再不朝,则削其地,三不朝,则六师移之。是故天子讨而不伐,诸侯伐而不讨。五霸者,搂诸侯以伐诸侯者也。故曰,五霸者,三王之罪人也。五霸,桓公为盛。葵丘⑤之会诸侯,束牲,载书⑥而不歃血⑦。初命曰:'诛不孝,无易树子,无以妾为妻。'再命曰:'尊贤育才,以彰有德。'三命曰:'敬老慈幼,无忘宾旅。'四命曰:'士无世官,官事无摄⑧,取士必得,无专⑨杀大夫。'五命曰:'无曲⑩防,无遏籴⑪,无有封而不告。'曰:'凡我同盟之人,既盟之後,言归于好。'今之诸侯皆犯此五禁,故曰,今之诸侯,五霸之罪人也。长君之恶其罪小,逢君之恶其罪大。今之大夫皆逢君之恶。故曰,今之大夫,今之诸侯之罪人也。"

【注释】

①省:观察。

②敛:聚合。给:丰足。

③庆:封赏。

④掊克:依《经典释文》为"聚敛"之意。

⑤葵丘:地名,在今河南考城县东。

⑥载书:把盟书放在牺牲上。

⑦歃血:结盟时的一种仪式。

⑧摄:代理。

⑨专:专擅,独断专行。

⑩曲:无不。

⑪籴:买进粮食

【译文】

孟子说:"五霸,是三王的罪人。如今的诸侯,是五霸的罪人。如今的大夫,是诸侯的罪人。天子到诸侯那里去叫作巡狩,诸侯朝见天子叫做述职。天子巡狩,春天视察耕种情况,补助财力不足的农户;秋天视察收获情况,救济缺粮的农户。进入诸侯国,如果土地得到开垦,田野整治得好,老人得到赡养,贤人受到尊敬,有才能的人在位做官,那就有封赏。如果进入诸侯国,土地荒芜,遗弃老人,排斥贤人,贪官污吏在位,那就给予责罚。一次不朝拜,就降他的爵位;两次不朝拜,就削减他的封地;三次不朝见,就派军队去。所以,天子出兵,是讨不是伐,诸侯出兵不是伐而是讨。五霸,却是聚合一部分诸侯去讨伐别的诸侯,所以说五霸是三王的罪人。五霸中,齐桓公影响最大。在葵丘盟会上,捆绑好牺牲,把盟书放在它身上,并不歃血。盟书第一条说,责罚不孝的人,不得擅自改立太子,不得立妾为妻。第二条说,尊重贤人,培育人才,用来表彰有德行的人。第三条说,要敬老爱幼,不要忘了来宾和旅客。第四条说,士人不能世代做官,公职不能兼任,选用士人一定要得当,不得擅自杀戮大夫。第五条说,不得到处修筑堤坝,不得阻止邻国来买粮食,不能私自封赏而不报告盟主。盟书最后说,凡是我们同盟的人,盟会之后都恢复友好关系。现在的诸侯都违背了这五条誓约,所以说,现在的诸侯是五霸的罪人。助长了君王的恶行,是小罪;逢迎君王的恶行,这就是大罪。如今的大夫都故意逢迎君王的恶行,因此说,现在的大夫是现在诸侯的罪人。"

【评析】

针对由氏族部落社会建立起来的以诸侯联邦制为主体的国家体制,在历经近两千年之后,实际上已全面崩溃的局面,早于孟子约一百年的孔子就说:"禄之去公室五世矣,政逮于大夫四世矣,故夫三桓之子孙微矣。"虽然孔子说的是鲁国政治不由国君做主已经五代了,政权掌握在大夫手里已经四代了,所以鲁国国君的子孙已衰落了。但实际上,不单单是鲁国,当时的各诸侯国都存在这样的情况。

面对这种情况,生活于战国的孟子从维护国家大一统的观点出发,尖锐地指出:"五霸者,三王之罪人也;今之诸侯,五霸之罪人也;今之大夫,今之诸侯之罪人也。"

那么,究竟该如何看待"五霸"呢?孔子又从另一个角度提出:"管仲相桓公,霸诸侯,一匡天下,民到于今受其赐。微管仲,吾其披发左衽矣。"这就是说,管仲辅助齐桓公统一和匡救了天下，百姓至今还得到他的好处。孔子认为，如果没有管仲，他恐怕要披头散发从左边开衣襟了。"披发左衽"是少数民族的服饰，这里是指国家被少数民族灭亡。这是从五霸"尊王攘夷"，既维护了国家统一，又捍卫了国家的独立，免受异族的侵略而言。

以孟子之博学，他当然知道孔子对五霸的称赞和对管仲的称赞，但是时移世异，情况发生了变化。当时大概已无异族入侵之虞，而诸侯兼并，战争频繁，民不聊生，霸权政治已不合儒家以王道仁政统一天下的要求，因此孟子力黜霸功。

孔子和孟子两人都从具体的历史事实出发，具体问题具体分析，然后得出不同的结论。仅就对五霸的评价而言，宋代朱熹的评价比起孔子和孟子的评价，要全面和公正的多。朱熹说："春秋之间，有功者未有大于五霸；有过者，亦未有大于五霸。故五霸者，功之首，罪之魁也。"

八

【原文】

鲁欲使慎子①为将军。孟子曰："不教民而用之，谓之殃民。殃民者，不容于尧舜之世。一战胜齐，遂有南阳②，然且不可——③"

慎子勃然不悦，曰："此则滑釐所不识也。"

曰："吾明告子。天子之地方千里，不千里，不足以待诸侯。诸侯之地方百里，不百里，不足以守宗庙之典籍。周公之封于鲁，为方百里也；地非不足，而俭④于百里。太公之封于齐也，亦为方百里也；地非不足也，而俭于百里。今鲁方百里者五，子以为有王者作，则鲁在所损乎，在所益乎？徒取诸彼以与此，然且仁者不为，况于杀人以求之乎？君子之事君也，务引其君以当道，志于仁而已。"

【注释】

①慎子：名滑釐，善于用兵。

②南阳：地名，在泰山西南面，本属于鲁，后被齐侵夺。

③然且不可——：此句未完，因为慎子听到孟子的话后勃然不悦，故不待孟子说完。而且"然且"后皆跟主从复合句，而此处下文无主句，故在译文中补足。

④俭：约，少。

【译文】

鲁国想让慎子做将军。孟子说:"不先教导百姓就用他们打仗,这叫陷害百姓。陷害百姓的人,在尧、舜时代是不被容许的。即使只一仗就打赢了齐国,收回了南阳,这样也还是不行。"

慎子顿时不高兴地说:"这真是我所不明白的了。"

孟子说:"我来明白地告诉你。天子的土地千里见方;不到千里见方,就不够条件接待诸侯。诸侯的土地百里见方;不足百里见方,就不够条件奉守宗庙里的典籍。周公分封在鲁地,是百里见方的一块;土地不是不够,但实际上少于百里。太公分封在齐地,也是百里见方的一块;土地并非不够,但实际也少于百里。现在鲁国的土地有方圆五百里那么大,你认为,如果有圣王出现,那么鲁国的土地是该减少还是该增加呢?不费力就把别处的土地取来并入这里,这样的事仁人尚且不干,何况用杀人来求取土地呢?君子服侍君主,只该专心一意地引导君主走正道,立志于仁上罢了。"

【评析】

鲁君想让慎子当将军,孟子对慎子说:"君子之事君也,务引其君以当道,志于仁而已。"让慎子引导鲁君去走仁这条正道,不要去打仗,甚至说,即使你一战而胜强齐,于是拥有了南阳之地,尚且不可以。

推行仁政,当然有理;穷兵黩武,当然不对。但鲁有强齐为邻,多次削地求和,孟子对一个将军不断地讲仁,似有迂阔之嫌。

又,孟子反复讲天子之地纵横千里,诸侯百里,本章又说鲁国、齐国当初封地都大体在百里,这种说法大可怀疑。周公分封诸侯时,当大体划个地盘而已,何至于如此精确?且分封在中原的诸侯,因土地肥沃,分封的诸侯又多,估计当稍稍把地划清楚一点。至于分封在其他地方的诸侯,因当时地广人稀,土地又多未开垦,当只是大体划个地盘而已。孟子的"千里""百里"说,殊不可信。

九

【原文】

孟子曰:"今之事君者皆曰:'我能为君辟土地,充府库。'今之所谓良臣,古之所谓民贼也。君不乡道^①,不志于仁,而求富之,是富桀也。'我能为君约与国^②,战必克。'今之所谓良臣,古之所谓民贼也。君不乡道,不志于仁,而求为之强战,是辅桀也。由今之道,无变今之俗,虽与之天下,不能一朝居也。"

【注释】

①乡:同"向"。

②与国:友好的国家。

【译文】

孟子说:"如今侍奉君主的人都说:'我能为您开辟土地,充实府库。'如今所谓的好大臣,就是古代所说的祸害百姓的人。君主不向往道德,不用心于仁,却想让他富足,这是使夏桀富足。'我能替您邀集盟国,作战一定会取胜。'如今所谓的好大臣,就是古代所说的残害百姓的人。君主不向往道德,不用心于仁,却要替他尽力作战,这等于在辅佐夏桀。沿着今天的道路走下去,不改变今天的习俗,即使把天下交给他,他也是一天都坐不稳的。"

【评析】

本章明显紧承上章,继续申发"引其君""志于仁"之意,当仍是孟子与慎子的谈话。

✝

【原文】

白圭^①曰:"吾欲二十而取一,何如?"

孟子曰:"子之道,貉^②道也。万室之国,一人陶,则可乎?"

曰:"不可,器不足用也。"

曰:"夫貉,五谷不生,惟黍生之;无城郭、宫室、宗庙、祭祀之礼,无诸侯币帛饔飧^③,无百官有司。故二十取一而足也。今居中国,去人伦^④,无君子,如之何其可也? 陶以寡,且不可以为国,况无君子乎? 欲轻之于尧舜之道者,大貉小貉也;欲重之于尧舜之道者,大桀小桀也。"

【注释】

①白圭：人名，战国时人。

②貉：通"貊"，古代北方的一个小国。

③饔飧：熟食。饔，早餐。飧，晚餐。这里指请客吃饭的礼节。

④去人伦：指无君臣、祭祀、交际的礼节。

【译文】

白圭说："我想定税率为二十抽一，怎么样？"

孟子说："你的办法是貉国施行的办法。倘若一个有一万户人的国家。只有一个人做陶器，那能行吗？"

白圭说："不可以，陶器会不够用。"

孟子说："貉国，五谷不能生长，只能长黄米；没有城墙、宫廷、祖庙和祭祖的礼节，没有诸侯之间的往来送礼和宴饮，也没有各种衙署和官吏。所以二十抽一便够了。如今在中原国家，摒弃人伦，不要官吏，那怎么能行呢？做陶器的人太少，尚且不能够使一个国家搞好，何况没有官吏呢？想要比尧、舜税率更轻的，是大貉、小貉；想要比尧、舜的税率更重的，是大桀、小桀。"

【评析】

什一税法，从史籍记载看，尧舜以迄于清末，已有四千多年历史。据《公羊传》载："古者什一藉，古者易为什一而藉。什一者，天下之中正也。多乎什一，大桀、小桀；寡乎什一，大貉、小貉。什一者天下之中正也。什一行，而天下之颂声作矣。"什一这个"度"，看来确乎是个"中正之法"，增之、减之，都有性质上的绝大改变，故基本上沿用至清末。故孟子认为税率太低，如二十分之一的税率，会影响国家的行政开支，税率太高，如超过十分之一的税率，就会影响人民生活。此真仁者之心。

轻徭薄赋是自古迄今关心民生疾苦的人的共同呼声，而赋税当薄至何种程度才于民于皆为有利呢？这不能一概而论。税法究其实，是对社会财富、资源在国家与人民、人民与人民之间的一次重新调整。从具体情况出发，把国家利益与人民利益、人民与人民之间的财富、资源分配统筹好，这倒是财政税收上一个掌握平衡的大学问。

那就只能十分抽一，完全合于尧舜之道了。

白圭知道孟子主张薄赋税,所以故意来问他,定税率为二十抽一怎么样。殊不知,孟子从实际情况出发,奉行的是无过无不及的中庸之道,所以,在这里展开了一次中庸的现实运用。既回答了白圭的问题,又表明了自己无过无不及的主张。

　　财政税收是维持一个国家运转必不可少的手段。可是,财政税收多少合适?这就是一个问题了。如果横征暴敛,苛捐杂税太多太重,百姓就会受不了,怨声载道;如果偷税漏税太多,税率太低,国家财政紧张,入不敷出,又会影响国家机构的正常运转。孟子是深深知道这一点的,所以,他从实际出发,指出如果按照白圭所提出的税率,二十抽一,赋税倒是薄了,百姓的负担倒是减轻了,可国家怎么运转呢?除非像那边远落后的貉国那样,根本就没有国家机构,没有靠财政负担的单位和国家工作人员。但文明进化的中原国家既然已不可能回到像貉国那样的原始状态,怎能实现像貉国那样的税收制度呢?当然,这样说并不意味着收得越多越好,像暴虐的夏桀那样,横征暴敛,把人民逼入水深火热之中。所以,孟子提出了自己的看法。

【典例阐幽】

三十取一

　　文景之治千百年来被人们所称道。

　　文景之治最重要的国策就是休养生息。汉文帝即位以后十分重视农业生产,他多次下诏劝课农桑,按户口比例设置三老、孝悌、力田若干员,经常给予他们赏赐,以鼓励农民发展生产。

　　同时文帝还注意减轻人民负担,文帝二年(前178年)和十二年,曾两次"除田租税之半",即租率减为三十税一,十三年还全部免去田租。自后,三十税一遂成为汉代定制。

十一

【原文】

　　白圭曰:"丹之治水也愈于禹。"

孟子曰："子过矣。禹之治水,水之道也,是故禹以四海为壑。今吾子以邻国为壑①。水逆行谓之洚水。洚水者,洪水也——仁人之所恶也。吾子过矣。"

【注释】

①壑:本指沟壑。文中指承受水患的地方。

【译文】

白圭说:"我治理水患比大禹强。"

孟子说:"你错了。夏禹治理水患,是顺应水的本性而行,因此夏禹是使水流入四海。如今你治理水患是使水流到邻国那去。水逆流行进叫作洚水。洚水,就是洪水——这是仁人最厌恶的。你错了。"

【评析】

本章批评白圭治水"以邻为壑",不符合仁道。

【典例阐幽】

以邻为壑

嘉靖、隆庆年间(1522—1572),荆江流域发生洪水,宰相张居正是湖北江陵人。张居正为了保护在湖北安陆的"显陵"以及他自己家乡江陵的安全,采取以邻为壑的政策,在荆江北岸筑起黄檀长堤,北岸的堤又高又厚,南岸的堤又低又薄,于是南岸就被洪水先后冲开四个口子,松滋、太平、藕池、调弦四个口子冲开了,洪水淹到了湖南和洞庭湖。长江水沙多由荆南排入洞庭湖区,在湖底淤高而来水有增无减的情况下,洪水期湖面水域不断扩展,西洞庭湖与南洞庭湖也逐渐形成。

而荆江北岸堵了以后,已有几千年历史的云梦泽基本消失,很多湖泊就变成土地了。可是北岸的人没有高兴太久,大洪水来了以后,南岸虽然当年受到损失,但是土地却淤肥了,第二年高产丰收,当地人比起江北岸的人也开始盈实起来。

后来,江岸北人一带的人就开始埋怨张居正,堵了北岸之后,这好处反而给了湖南岸的人了。

十二

【原文】

孟子曰:"君子不亮^①,恶乎执^②?"

【注释】

①亮:同"谅",信,诚信。
②执:执守,坚持操守。

【译文】

孟子说:"君子不守诚信,怎么能坚持操守呢?"

【评析】

关于"信"的问题,孔子、孟子都有表面上看来自相矛盾的说法:

孔子一方面说:"人而无信,不知其可也。"另一方面却又说:"言必信,行必果,硁硁然小人哉!"

孟子一方面说:"君子不亮,恶乎执?"另一方面却又说:"大人者,言不必信,行不必果,唯义所在。"

这种自相矛盾,正如我们已多次说过的那样,其实正是原则与变通二者的对立统一。在孔子、孟子看来,一方面,"信"是君子立身处世的基本原则之一;但另一方面,又不能拘泥于小节小信。所以,应该以"义"来进行调节变通,这就是孟子所说的"唯义所在"。其实,二者的辩证统一,孔子在《论语·卫灵公》里也已经说到过,这就是"君子贞而不谅"。贞是大信,谅是小信。一句话,要大信,不要小信;要在原则问题上讲信用,不要拘泥固守于小节上的一成不变。

这就是孔子、孟子关于"信"的辩证观,值得我们特别注意,以免引起思想认识上的迷惑不解乃至于混乱。

十三

【原文】

鲁欲使乐正子为政。孟子曰:"吾闻之,喜而不寐。"

公孙丑曰:"乐正子强乎?"

曰:"否。"

"有知虑乎?"

曰:"否。"

"多闻识乎?"

曰:"否。"

"然则奚为喜而不寐?"

曰:"其为人也好善①。"

"好善足乎?"

曰:"好善优于天下②。而况鲁国平?夫苟好善,则四海之内皆将轻③千里而来告之以善。夫苟不好善,则人将曰:訑訑④,予既已知之矣。'訑訑之声音颜色距⑤人于千里之外。士止于千里之外,则谗谄面谀之人至矣。与谗谄面谀之人居,国欲治,可得乎?"

【注释】

①好善:喜欢听取善言。

②优于天下:治天下而能应付自如。优,充足。

③轻:易,容易,不以为难。

④訑訑:自满的样子。

⑤距:通"拒"。

【译文】

鲁国打算让乐正子执政。孟子说:"我听到这消息,高兴得睡不着觉。"

公孙丑问:"乐正子刚强吗?"

孟子说:"不。"

公孙丑问:"那他有智慧和谋略吗?"

孟子说:"不。"

公孙丑问:"他见多识广吗?"

孟子说:"不。"

公孙丑问:"那您为什么高兴得睡不着觉呢?"

孟子回答说:"他为人喜欢听取善言。"

公孙丑问:"喜欢听取善言就够了吗?"

孟子说:"喜欢听取善言足以治理天下,何况治理鲁国呢? 假如喜欢听取善言,四面八方的人从千里之外都会赶来把善言告诉他;假如不喜欢听取善言,那别人就会模仿他说:'呵呵,我都已经知道了!'呵呵的声音和脸色就会把别人拒绝于千里之外。士人在千里之外停止不来,那些进谗言的阿谀奉承之人就会来到。与那些进谗言的阿谀奉承之人住在一起,要想治理好国家,办得到吗?"

【评析】

为人好善就能主持国政,这虽是针对当时战国时期人欲横流、道德沦丧而言,但始终是理想主义的推论,亦乏实证。其他的如魄力、智谋、知识、经验等,似乎都可不在考虑之中。看来这种盼望出现好人政治、好人政府,而不是精英政治、精英政府,这种观念从两千多年前起就已根深蒂固、源远流长。

有道德的人,受到社会的尊重,这是应该并加以倡导的。但单有好的道德品质也不一定能治好国家的。孟子自己也说过:"徒善不足以为政,徒法不能以自行。"(《离娄上》)道德只能倡导,不能功利化。道德一旦功利化,流弊不少,伪君子就会多起来。如汉代提倡以孝治国,一个人只要做到"孝",就可以推荐为"孝廉",做官。孝,这个对人基本道德的要求一旦有了功利倾向,人们就会不择手段去谋取其功利的一面,结果出现了"举孝廉,父别居"的闹剧。政治和道德纠缠不清,是中国几千年问题的症结所在。这当然是个问题。但若将道德从政治中完全分离出来,这也是错误的。理想的做法是,法治应加上德治。这二者并非冰炭之不相容。即以美国总统克林顿的性丑遭闻弹劾为例看,是道德,也是政治,即使是法治国家,二者似乎也不能截然分开。政治与道德有联系,也有区别,处理好这二者的联系和区别,则是当今政治学、法学、伦理学的一大研究课题。

在孟子看来,治理好一个国家并不单靠执政者个人的能力、智慧和学识,而应当广泛听取和采纳别人的意见,集思广益。这样,就会吸引天下的有识之士,治理国家,乃至于治理天下就会游刃有余了。相反,如果自以为是,听不进别人的意见,那真正的有识之士就会被拒之于千里之外,而奸邪的诌媚之徒就会乘虚而入。这样一来,想治理好国家就是不可能的了。

这里所说的"好善"主要指喜欢听取善言。而问题则在于对这"善言"的理解上,什么叫善言? 善言不是一般意义上的"好话",而是指对于治理国家有益的忠言。所谓"良药苦口利于病,忠言逆耳利于行"。忠言当然不都是"逆耳"的,正如良药不一定都是苦口的一样。但的确有那么些忠言是"逆耳"的,甚至是非常不中听的。在这种情况下,就看那听取善言的人是真好善还是假好善了。真好善的人雍容大度,宰相肚里能撑船,对于不那么中听的话也照样能够听取,采纳其合理的对于治国平天下有益的良方。假好善的人心里就不那么痛快,甚至会恼羞成怒,即便不当面发作,也会在下来以后找个碴儿把那进言的人给开除掉。

由此看来,如果乐正子真是"好善"的人,那就的确非常不简单。孟子一听说他将执政于鲁国就高兴得睡不着觉,也就没有什么不可理解的了。

【典例阐幽】

拒人于千里之外

戊戌变法的主要人物梁启超是举人出身。有一年春节,梁启超到广州投刺,拜见两广总督张之洞。当时,张之洞正兴办新式书院,开展洋务运动。梁启超锐意改良,想力挽清王朝颓势,对张之洞寄予极大的期望。张之洞见投刺落款为"愚弟梁启超顿首",很不高兴,于是出联斥难。联文是:披一品衣,抱九仙骨,狂生无礼称愚弟。

这上联狂傲无礼,且拒人于千里之外。梁启超气度不凡,坦然对了下联,请来人回送给张之洞。联文是:行千里路,读万卷书,侠士有志傲王侯。

对答不卑不亢,有理有据,文字高雅。张之洞一看马上出衙迎接。后来,张之洞调任湖广总督,名气更大,傲气也更盛。梁启超到江夏拜访他。张之洞又出一联:四水江第一,四时夏第二,先生居江夏,谁是第一,谁是第二?

才思敏捷的梁启超,略加思索,巧妙地答出下联:三教儒在先,三才人在后,小子本儒人,何敢在先,何敢在后。

张之洞吟诵再三,不禁叹息道:"此书生真乃天下奇才也!"

十四

【原文】

陈子①曰:"古之君子何如则仕?"

孟子曰："所就三,所去三。迎之致敬以有礼;言,将行其言也,则就之。礼貌未衰,言弗行之,则去之。其次,虽未行其言也,迎之致敬以有礼,则就之。礼貌衰,则去之。其下,朝不食,夕不食,饥饿不能出门户,君闻之,曰:'吾大者不能行其道,又不能从其言也,使饥饿于我土地,吾耻之。'周②之,亦可受也,免死而已矣。"

【注释】

①陈子:即陈臻,孟子弟子。

②周:周济。

【译文】

陈子问道:"古代的君子怎样才肯出仕?"

孟子说:"出仕有三种情况,辞官也有三种情况。恭敬礼貌地迎接他,又按他所说的言论去实行,那就去做官。礼貌没有衰减,却不再按他说的去做了,那就辞去官职。其次,虽然没有按他说的去做,但也恭敬礼貌地去迎接,那就去做官。如果礼貌也衰减了,那就辞去官职。最差的是,早上没饭吃,晚上也没饭吃,饿得出不了门;君主知道后说:'我不能实行他的主张,又不能听从他的言论,致使他在我的国土上饱受饥饿,我感到耻辱。'于是周济他。这也是可以接受的,只是为了免于饿死罢了。"

【评析】

本章孟子提出君子出仕的三条原则,其中,"听言为上,礼貌次之,困而免死,斯为下矣"(赵岐注)。孟子曾论孔子有"见行可之仕""际可之仕""公养之仕"。

十五

【原文】

孟子曰："舜发于畎亩之中①,傅说举于版筑之间②,胶鬲举于鱼盐之中③,管夷吾举于士④,孙叔敖举于海⑤,百里奚举于市⑥。故天将降大任于是人也,必先苦其心志,劳其筋骨,饿其体肤,空乏其身,行拂乱其所为⑦,所以动心忍性,曾益其所不能⑧。人恒过,然后能改。困于心,衡于虑,而后作。征于色⑨,发于声,而后喻。入

【注释】

①畎亩:田地,田间。

②傅说:殷相。曾帮助武丁获得殷商中兴。版筑:古代的筑墙方法。用两板相夹,以泥土置其中,用杵夯实。

③胶鬲:殷周时人,原为纣王臣子,后为周文王所重用。

④管夷吾:即管仲,春秋时期齐国人。曾帮助齐桓公成就帝业。士:掌管刑狱的官。

⑤孙叔敖:人名,春秋时期楚国令尹。

⑥百里奚:春秋时秦穆公的贤相。原为虞国大夫,后得到秦穆公重用,最终帮助秦穆公成就了霸业。

⑦拂:逆,违背。

⑧曾:通"增"。

⑨征:表露,显露。

⑩拂士:能够直谏矫正君主过失的人。拂,通"弼"。

【译文】

孟子说:"舜兴起于田野之中,傅说从筑墙的工作中得到选用,胶鬲从鱼盐的工作中得到选用,管夷吾从狱官手里获释而得到选用,孙叔敖从海边被选用,百里奚从市场当中被选用。因此说,天打算把重要任务落实到某个人身上时,一定会先使他的心意苦恼,使他的筋骨劳累,使他的所作所为都受到干扰而不能如意,用这种方式去触动他的心灵,坚韧他的性格,增加他的才能。人经常犯错误,然后才能改正;心中困苦,思虑阻塞,然后才能有所奋发;体现在神情上,生发在言语中,然后才能被人明白。在国内没有遵守法度的大臣和足以辅弼的士人,国外没有与之抗衡的国家和外在的忧患,国家经常会灭亡。这样以后才知道忧虑祸患可以使人生存,安逸享乐会致人死亡。"

【评析】

一个国家要是国内没有知法度的大臣和能作为国君左右手的士子,国外没有相与抗衡的邻国和外患的忧虑,这样的国家常常是要被灭亡的。从这里我们可以领悟到,人为什么在忧愁患难中能够得到生存,而在安逸快乐中却反会遭到毁灭的道理了。

孟子概括的"生于忧患,死于安乐"的忧患意识,是一个较为普遍的规律。几千年来,它已深入人心,成为指导国君治国和贤人立身的重要至理名言。

人,都希望有一个安乐的环境。可是安乐的环境倘若不能正确对待,陶醉其中,又常常使人精神萎靡,意志消沉,骄奢淫逸,无所作为,不免导致灭亡;而在忧患的环境中,只要充分发挥主观能动性,人的精神反而振奋,意志高昂,大有作为,终于得到生存。"生于忧患,死于安乐"谋略思想的合理性在于:一方面,它激励人们不要为困难与挫折所吓倒,应该自强不息,励精图治,事业总会成功的;另一方面,它提醒人们不要为顺利与胜利而陶醉,倘若骄傲自满,麻痹大意,又会招致失败与屈辱。这两方面对人的思想品质的修养都同样重要,有时就同时体现在同一件事或同一个人身上。所以,安乐、忧患和生、死,存在一个相辅相成的关系。从忧患中得到生,当然要经过人的主观努力,克服患难才行,否则,便只会为患难压倒。孟子的这一思想可与老子"祸兮福之所倚,福兮祸之所伏"相媲美,体现了我国古代思维中丰富的辩证法思想。

这是《孟子》一书中最能激动人心的一章!就算从文章角度看,无论从内容之丰富,说理之深刻,行文之优美,语言之凝练,亦堪称古代散文中上乘之作!多少人读这篇文章时,理与情相通,古与今共鸣;或慷慨激昂,热血沸腾;或慢声低吟,悲从中来,能极大地震撼人的心灵。既能获得美的感受,更能获得深邃的人生思索。

孟子在这里谈了三种境界:首举舜等六个著名历史人物,从困穷的厄境中,坚定其意志,为以后担当"天下大任"打下了坚实的基础;次举有为之人,困阻于心,横塞于虑,而后能奋起振作;最后举一般人因贪于逸乐而丧身亡国,并得出结论:生于忧患,死于安乐。故昔人语云:"风霜孤露之境,易生奇杰;醉生梦死之地,绝少英豪。"

古往今来,多少人将此文奉为圭臬,书之条幅,置于书室,激励自己前进。

【典例阐幽】

生于忧患,死于安乐

前210年,刘邦领兵向西直驱关中,进入咸阳。众将领都争先恐后地奔往秦朝贮藏金帛财物的府库,瓜分财宝,唯独萧何入宫取秦朝丞相府的地理图册、文书、户籍簿等档案收藏起来,刘邦借此全面了解了天下的山川要塞、户口的多少及财力物力强弱的分布。

刘邦看到秦王朝的宫室、帷帐,名种狗马、贵重宝器和宫女数以千计,便想留下来在皇宫中居住。樊哙劝谏说:"您是想拥有天下,还是只想做一个富翁啊?这些奢侈华丽之物,都是招致秦朝覆灭的东西,您要它们有什么用呀!望您尽快返回灞上,不要滞留在宫里。"

但是乐不思蜀的刘邦一点也听不进去。樊哙于是就告诉了张良,张良对刘邦说:"秦朝因为不施行仁政,所以您才能够来到这里,而为天下人铲除残民之贼。您应如同丧服在身,把抚慰人民作为根本。现在您刚刚进入秦的都城,就要安享其乐,恐怕就要像前人所说的生于忧患,死于安乐了。况且忠言逆耳利于行,良药苦口利于病,望您能听取樊哙的劝告!"

刘邦听了以后,这才恋恋不舍地率军返回灞上。

天降大任于是人

战国时,伍子胥父子被楚王猜疑,父亲和哥哥一起遇害,伍子胥只得逃向国外。他先奔宋国,后走郑国,几经辗转,也没有找到栖身之所。最后,伍子胥只好投奔吴国。他逃出郑国后,白天躲藏,晚上赶路,终于进入了吴国境内。但是正所谓天将降大任于是人也,必先使他经历一番磨难。伍子胥虽然进入吴国,却没有人识得这位潦倒的英雄,伍子胥只得双膝跪地,鼓起肚子吹篪,乞讨些残菜剩饭糊口。

伍子胥似乎注定要成为把楚国逼到亡国边缘的人。不久,吴国将军公子光得知伍子胥来到了吴国,认为伍子胥是堪为吴用的"楚才"。但他故意推迟与伍子胥的会晤,以观察这只勇猛高傲的鹰在压力面前的表现,他把伍子胥引见给吴王僚,伍子胥迫不及待地煽动吴王伐楚,不料遭到当头棒喝。

于是伍子胥转而投靠公子光,他觉察到公子光胸怀篡位的野心,就处心积虑收

伍子胥

买一名叫专诸的刺客献给公子光。然后隐居山野开荒种田,等待时机。公子光终于登上了王位,伍子胥也终于出山。在此后的九年中,伍子胥同孙武一起策划了四次对楚国的战争,最后一次还攻占了郢都,几乎灭了楚这个超级大国。

十六

【原文】

孟子曰:"教亦多术矣。予不屑之教诲也者,是亦教诲之而已矣。"

【译文】

孟子说:"教育也有多种方式方法。我认为不值得去教诲他而不去教诲,本身就是对他的一种教诲。"

【评析】

孟子在这一章提出一种独特的方法:"不屑之教,是亦教之。"

其实,早在孟子提出这一观点之前,孔子就已经是采取这种"不屑之教"方法的老手了。根据《论语》的记载,孔子教育宰予说:"朽木不可雕也,粪土之墙不可圬也。于予与何诛?"意思是说,宰予这样的人还有什么好责备的呢?说没有什么好责备的,其实正是最严厉的责备。所以,也是一种"不屑之教"。

"不屑之教"的奥妙在于,我之所以不屑于教诲他,是让他羞愧而奋发向上。因此,不屑于教诲只是不从正面讲道理,而是从反面激发他的自尊心。由此看来,孔子和孟子教学很注意应用心理学的原理。

【本篇总结】

孟子认为人生来就具备仁、义、理、智的天性,若经过后天的教育和培养,把仁、义、理、智不断扩充,则人人都可以成为尧、舜。孟子论述"生于忧患,死于安乐"的那段文字是这一篇最为精彩的一章,人生当中充满错误和困顿,但只要在苦难中磨炼自己的意志和本领,必将大有所成。毫无忧患意识的诸侯,将难免覆亡的危险。商界人士在面对困难的时候有坚毅不屈的性情,才能开辟一片天地;在事业有成的时候又要有忧患意识的警觉,兢兢业业、保持事业长盛不衰。

【古代事例】

烽火戏诸侯

舜从田地之中发迹,传说从版筑之间被举用,胶鬲曾贩卖过鱼、盐,管仲曾担任过小吏,孙叔敖曾在海滨隐居,百里奚曾身为奴隶。大凡担任重任的人,都曾在苦难中磨炼过自己的意志。一个国家在内没有辅佐的贤臣,在外不思敌国外患,国家则没有不亡的道理。"烽火戏诸侯"中的周幽王就是这样的昏聩之君。

周幽王和褒姒的故事自古以来就在民间流传很广。当年,屈原遭放逐时,在楚国南部的先王公卿祠庙里,看到里面的四壁上都画着天地山川、神灵圣贤的故事,其中一幅画就是烽火戏诸侯的故事。

烽火戏诸侯

据司马迁的《史记·周本纪》记载,褒姒的身世十分诡秘。夏朝衰微的时候,两条龙栖止在夏王的屋庭上,对夏王说:"我们是褒国的先君。"夏王听说后,不知该怎样对待这两条龙,把它们杀掉、赶走、留下都不吉利。后来,夏王听说把它们的口水储藏起来才能得到吉利,就设祭祷告,两龙留下涎水后就立即隐去。龙的涎水被装在一个密闭的木匣里保存起来。这个木匣就由夏朝、商朝传到周朝,谁也不敢打开来看。到西周后期,周厉王姬胡(公元前878—前841年在位)好奇心重,把木匣打开,龙的涎水从木匣里流到中庭,怎么也清除不掉。不一会,龙涎就变成一只黑色的蜥蜴,爬进厉王的后宫。后宫一位刚换牙的小宫女,慌忙之中撞到这只黑色蜥蜴,立时吓得昏死过去。没过几年,这位宫女长大后竟无夫而生子,她非常惧怕,不敢抚养,就把小孩丢弃到路旁。

周宣王时,有童谣唱道:"山桑做弓,箕木箭袋,亡周之害。"宣王听说后,四处搜求,恰巧一夫妇在卖山桑做的弓和箕木做的箭袋。夫妇见势不妙,撇下东西就赶忙逃跑。在逃跑的途中,他们看到在路旁隐隐哀哭的妖女,顿生怜悯之心,把她带到褒国养大。后来褒国人获罪,把妖女献给周幽王赎罪。这位妖女就是有名的褒姒。

幽王三年(公元前779年),周幽王在后宫见到褒姒,顿生爱慕之心,对她宠爱有加。没过多久,褒姒就为周幽王生下一子,取名为伯服。褒姒不爱笑,周幽王想尽办法都无济于事。

周幽王曾在京城周围设置烽火台和大鼓,当有敌人侵犯时就点燃狼烟,鸣击大鼓,四方的诸侯就会前来救援。周幽王忽然想借此戏弄一下诸侯,以此博得褒姒一笑。在周幽王的安排下,一时间狼烟四起,鼓声喧天。天下诸侯云集京城,发觉上当后才愤愤离去。褒姒看到诸侯们的狼狈相,顿时开怀大笑。这样反反复复地好几次之后,诸侯们再也不相信这种游戏(典故"烽火戏诸侯")。

褒姒想立伯服为太子,周幽王言听计从,废黜申后和太子宜臼(约公元前781—前720年),同时任命奸人虢石虎为卿,国中怨怒沸腾。无路可走的宜臼只好出奔申国,向申侯陈述国内发生的一切。申侯大怒,联合缯围、犬戎的兵力进攻周幽王。周幽王命人点起狼烟,敲击大鼓,向诸侯求救,诸侯们以为周幽王又在逗褒姒笑,都未赶来救援。在几乎没有什么阻挡的情况下,申侯兵在骊山下将周幽王处死,掠走褒姒,把周朝的财货哄抢一空。

在申侯的说明下,诸侯立宜臼为王(即史上的周平王)。平王东迁至洛邑(在今河南洛阳王城公园一带),失去对诸侯的控制权力,从此一蹶不振。

【评述】

孟子说,生于忧患,死于安乐。周幽王为博得褒姒一笑,将军国大事视为儿戏,玩起烽火戏诸侯的游戏,最后落得国破身死,留下千古笑谈。因此,对成功的商界人士来说,应当始终保持冷静的头脑和忧患的意识,孟子的这句名言可谓颠扑不灭的真理。

陈后主享乐误国

孟子认为，如果当政者为人好善，四海之内的人都会不远千里地赶来亲近他。如果当政者不好善，光是他的声音和脸色就能拒人于千里之外。当政者得不到有识之士的亲近，就会有专门钻营私利的阿谀之人上前谄媚。国君每天和这样的阿谀之人相处，国家怎能得到治理呢？南朝的陈后主就是这样一位亲小人，远贤臣的亡国之君。

唐诗人杜牧有首非常著名的诗《泊秦淮》，诗中说道："烟笼寒水月笼沙，夜泊秦淮近酒家。商女不知亡国恨，隔江犹唱后庭花。"这首诗借用南朝陈后主享乐亡国的故事来讽喻唐朝统治者骄奢淫逸，不知居安思危。

陈后主(553—604 年)，名陈叔宝，字元秀，南朝陈末代皇帝。南朝陈自陈武帝开国传至后主的近三十年间，恃长江之险，天下无事，堪称富庶。后主做太子的时候，专宠张丽华。后主即位后，为模仿汉武帝金屋藏娇故事，一改先帝俭朴躬勤之风，大建楼台馆舍，每日与后妃在其中享乐。后主在处理国家大事时，还常常把张丽华抱在膝上，从不认真地考虑事情的轻重缓急。

后主雅好诗文，与周围一群文人互相酬答，飞觞醉月，所做诗歌多为艳体。后主还亲自做《玉树后庭花》，令人奏唱，诗曰："丽宇芳林对高阁，新装艳质本倾城；映户凝娇乍不进，出帷含态笑相迎。妖姬脸似花含露，玉树流光照后庭；花开花落不长久，落红满地归寂中！"诗中"花开花落不长久"一句，可以说是陈国的靡靡亡国之音。

当时，隋文帝(541—604 年)刚刚统一北方不久，有削平四海的远大志向。隋文帝以严厉的语气历数陈后主的二十大罪状，遍谕江南江北。后主看到隋文帝的诏书后，不但不引以为戒，痛改前非，反而无动于衷，屡屡疏远贤臣，亲近小人，继续安逸奢靡的生活。隋文帝见后主毫无悔改之意，内不修朝政，外不治军事，吞并陈国的心就更加坚定。

几年后，隋朝军队兵分几路，从巴蜀到东海布置起横亘数千里长的战线。百万隋兵，势如破竹，沿江之城不攻自破。后主召来大将萧摩诃(532—604 年)、任忠等重臣商议对策。谁知，萧摩诃默然不语，心中怨恨后主跟他的妻子私通，毫无捍卫家国的斗志和决心。

后主祯明三年(589 年)，隋兵几乎没有遇到任何阻力就攻破宫门。后主见群臣四散,心都凉下一截,也想找个安全的地方藏起来。站在一旁的袁宪(525—594年)劝说后主不若整理衣冠,端坐正殿,不畏不惧地等待隋兵的到来,否则也无处可逃。后主惧怕不听,就与张丽华、孔贵嫔一同藏到后宫的深井里。隋兵四处寻找都没有找到,最后在宫中侍卫的指引下,才在井中找到三人。隋兵用粗绳把他们援引上来,后主被俘,陈国灭亡。

据说张丽华从井中出来的时候,脸上的胭脂蹭在井口,把砖石染红,这口井也就成为供后人评说六朝烟云的"胭脂井"。

【评述】

陈后主面对强大的隋朝,不但没有任何忧患意识,反而终日沉迷于酒色玩乐之中,最终难免国破家亡,沦为亡国奴。正如孟子所说,国君不修身蓄德,终日与诏媚面谀的人相处,要想使国家得到治理是不可能的。商界人士当思居安思危,时刻意识到商业竞争之激烈,一个小疏忽都可能会造成难以挽回的损失。

【现代事例】

静电影印机的诞生

孟子认为,上天将会把大任降临到这样的人身上:他们在苦难中磨砺心志,劳累筋骨,受冻挨饿,身上一无所有,所作所为都悖逆不符合自己的心愿。这些苦难触动他们的内心,使他们的性格坚忍不拔,增加他们原来不具备的各种能力。人在艰苦之中磨砺性情,在困顿之中想出的方法必会成就一番大事业。静电影印机就是在困顿之中诞生的。

美国施乐公司(Xerox Corporation)是二十世纪的一项伟大发明——静电复印技术(electro-photography)崛起的。施乐的成功是一个流传七十多年的神话。

在纽约一家专利事务所工作的加斯特·卡尔森(Chester Carlson)每天都在誊抄同样的专利文献,为摆脱这种枯燥、重复的工作,他一直在考虑怎样方便快捷地解决相同文献的复制问题。

此后几年里,加斯特·卡尔森一直都在通过实验来寻求解决的方案。他的灵感来自当时还鲜为人知的光敏半导体技术(即半导体在光线的照射下,导电性会增强),在整整三年时间,他把全部业余时间投入于这个伟大的构想当中。实验中产生的阵阵爆炸声使得邻居们对他抱怨连天,而且光导材料刺鼻的气味让所有经过他门口的人唯恐避之不及。不过皇天不负有心人,一九三八年十月二十二日,加斯特·卡尔森的实验终获成功,他在锌板上得到一幅接近完美的复制图像。后来,加斯特·卡尔森总是十分自豪地讲到,创意不是魔术变出来的,而是通过大量阅读和长久累积,苦苦地想出来的。

一项新技术发明从实验室走到市场运作这一步并非易事,这在施乐静电影印机的诞生中尤为突出。当加斯特·卡尔森带着这项新发明寻找投资人时,等待他的是四处碰壁,包括IBM、通用电气等大公司在内的二十多家公司负责人对这项发明毫无兴趣,将他拒之门外。似乎陷入绝境的加斯特·卡尔森决定独自坚持下去,继续等待机会。

九年后,哈洛伊德公司(Haloid,施乐的前身)的负责人约瑟夫·威尔逊(Joseph Wilson)认为成功取决于利润,利润则源于发展,而发展则必须依靠新思维和新技术,因此静电复印技术肯定存在着巨大市场潜力。所以,约瑟夫·威尔逊欣然接受加斯特·卡尔森的这项新发明。约瑟夫·威尔逊出巨资成立研发部门与卡尔森一道,共同改进原有技术的缺陷,即便是最困难的时期,研发经费依然保持在总营业额的百分之五至百分之六以上。

直到一九六〇年,世界上第一台使用普通纸的九一四型影印机(因所使用的纸张是九乘十四英寸而得名)诞生后,被隆重推向市场。影印机也渐渐成为一项不可缺少的办公设备。

【评述】

在传统的工业领域,施乐的成功被视为美国白手起家最典型的例子。在由技术转化为商品漫长的过程中,施乐的先驱者们以坚强的毅力和冷静的头脑、创业精神成为施乐企业文化的重要组成沉淀下来。商界人士若在事业上出现挫折,何不默背孟子"天将降大任于斯人也"一段,增强抵御困难的信心和能力,想出合理的出路和可行的解决办法渡过难关。

美标的勃兴

孟子说,人常常在犯错之后才会思索怎样改正;内心困顿,思虑阻塞之后才会想办法从困境中突围。美国的美标公司有着辉煌的历史,但由于在一段时期不合理的兼并使其一度陷入被别人兼并的险境,美标不得不忍痛割爱,对企业的组织结构重做调整之后才得以再次勃兴。

　　熟悉美标公司(American Standard)的人都知道,美标公司的历史是一段漫长的兼并与重组的历史。

　　一八七二年,约翰·皮尔斯(John B. Pierce)在美国马萨诸塞州 Ware 地区开设一家经营铁制品的小商店。几年后,约翰·皮尔斯积累到熟练的商业经验和铁器制作技能后,将小商店扩大为皮尔斯蒸汽采暖器公司(PierceSteam Heating Comparly)。

　　一八九二年,皮尔斯又和另外两家公司合并,组成名为"美国辐射式采暖器公司"(AmericanRadiator Company)的新型现代化企业。三十七年后,该公司又与标准卫生器具制造公司(The Standard Sanitary Mantifacturing Corrtpany)合并,这就是后来被人称为"美标"的建材公司。合并给美标带来巨大的社会影响和经济效益,当时有一半左右的美国和欧洲住宅使用其产品。

　　此后,具有悠久历史的微伯科(WABCO,生产机动车辆的制动系统。据说,《纽约时报》曾报道微伯科制造的铁路气闸所挽救的生命,比人类历史上所有战争中丧生的总人数还要多)和著名的特灵公司(Trane,美国的冷气机生产企业)相继加入美标后,美标的业务开始走向多元化。

　　这段辉煌的历史使美标坚信兼并和重组是其制胜法宝。但是,智者千虑,必有一失。随着美国建材市场的迅速发展与壮大,美标的处境开始险象环生。频繁的收购和合并也同样使美标不堪重负,给美标带来巨大的危机。

　　一九八八年,美标公司在面临被对手收购的巨大威胁时,迫不得已以融资买入的方式使公司脱离股票市场。

　　一九九〇年,美标公司不得不忍痛割爱,将微伯科下属的机车制动机分公司含泪售出。

　　这段近乎耻辱的经历使美标的负责人痛定思痛,忍辱负重,励精图治,任用人才,在困境中调整经营方式和管理模式以适应变化的时代环境,挖掘潜力,开辟市场,谋得生存。美标公司很快就在磨砺中扭转危局,在一九九五年重新上市,恢复美标公司早在一九二九年就已上市经营的运作方式。

　　如今的美标公司在十个国家设有生产基地,在冷气机、厨具卫浴和车辆制动三个领域非常广泛地触及和影响世界各地人们的生活方式。美标也在履行一个响亮的承诺,即提高标准,为人们制造他们真正想要的产品。

【评述】

在孟子看来,一时的困难也许会为将来的长远发展创造良好的转变机遇。美标公司在困顿的时候重新调整发展战略,其再次勃兴为"生于忧患"增加一个明证。在艰难之中获得的发展战略和生存智慧往往能使企业成为行业最优者,因此商界人士当以两种心态面对各种困境,善于将不利条件转化为有利条件。

【名言录】

名言:故天将降大任于斯人也,必先苦其心志,劳其筋骨,饿其体肤,空乏其身,行拂乱其所为,所以动心忍性,增益其所不能。人恒过,然后能改;困于心,衡于虑,而后作;征于色,发于声,而后喻。入则无法家拂士,出则无敌国外患者,国恒亡。然后知生于忧患而死于安乐也。——《告子(下)》

古译:天将降大任于斯人,必先苦其心智,劳其筋骨,饿其体肤,空乏其身,行拂乱其所为,而后使其动心忍性,增益其所不能。人常有过,而后能改;困于心时,衡于思虑,而后有所作为;征于色,发于声,而后能明。国内无辅佐之士,国外无敌国外患,国常会亡。然后则知"生于忧患,死于安乐"之理。

今译:上天要将大任委托给某个人时,首先要使他的心志经历磨炼,使他的筋骨疲劳,使他的身体饥饿,使他的身体困乏,使他的行为颠倒错乱,这样才能控制他的心性,增加他所不具备的能力。人是经常有过错的,但是有过错以后能够反思改正;当心有所困惑时,用思虑来权衡,则会有所振作表征于色,发闻于声,后来别人才会明白。国内没有法度、没有世臣辅弼,国外没有可以构成威胁的敌国,那么国家就会灭亡。这之后才能明白"忧虑祸患使人生存,安逸快乐使人死亡"的道理啊。

现代使用场合:人的成长经历是需要经过一番磨炼的,只有磨炼才能使人意志坚强,才能更有勇气地去面对迎面而来的苦难。做大事情的人所遭受的挫折往往比平常人要多得多,这也是他们在风浪来袭时处乱不惊的缘由,所以适当的磨炼是有必要的,温室中成长的花朵永远经不起外界的风吹雨打。

名言:人皆可以为尧舜。——《告子(下)》

古译:人人皆可以为尧舜。

今译:人人都可以成为尧舜那样的人。

现代使用场合:人如果能具有尧舜那样的仁德,就可以成为像他们那样的伟人。成为尧舜并不难,人人皆可以成为尧舜,而且成为尧舜的条件并不难,只要不断扩充仁德之心就能实现。对于商界人士来说,则人人都可以拥有比尔·盖茨那样的财富,但要付出巨大的努力。

名言:穷则独善其身,达则兼济天下。——《告子(下)》

古译:穷则独善其身,达则兼善天下。

今译:困窘时独善其身,得志时则兼善天下。

现代使用场合:人在困窘时,不应该手足无措,而应该抓住机会修身养性,充分完善自己;那么一旦有施展才能之机会,则可将自己平日积累广布天下,用自己的优良品行去影响世人,这样才会出现世风日上之局面。

卷十三　尽心上

【题解】

本篇共46章。内容涉及自身修养、仁政的实行、民本思想、君子之道等多个方面。其中,前三章主要论及自身修养与“立命”的关系,提出“尽心”“知性”“知天”的思想,充分肯定自身修养的重要性。指出仁、义、礼、智是人自身所固有的,“求则得之”。第四至第七章进一步论述加强自身修养的重要性,以及羞耻感在道德修养中所起的作用。第八至第十一章主要论及士人的品格,指出士人应以行道为己任,应超出常人,不为富贵、地位所诱惑。第十二至十四章主要论及统治者应如何实行仁政。其间,力主王道,肯定圣人的教化作用,以及“善教”在社会生活中的作用。第十五至第二十一章主要论及实行仁义的现实可能性及方法,指出“仁”“义”是与生俱来的良知、良能,人们只要不断提高修养,就能拥有它。第二十二至二十五章主要论及圣人之道,叙述它所涵盖的内容、指出圣人与常人的不同以及追求圣人之道的方式。第二十六至第三十六章进一步论及修身问题,指出本性不应被外物所影响,修养身心应善始善终。第四十至四十六章论及君子之道,包括教育之道,如提倡因材施教、告诫学者要诚心诚意等;包括处事之道,如坚守原则、与道共进退,亲疏有别,分清轻重缓急等。

【原文】

孟子曰："尽其心者,知其性也。知其性,则知天矣。存其心,养其性,所以事天也。夭寿①不贰②,修身以俟③之,所以立命也。"

【注释】

①夭寿:短命或者长寿。夭,夭折,早死。

②贰:动摇,疑惑。

③俟:待,等待。

【译文】

孟子说："能够充分发挥自己的本心的,就可以明白人的本性了。明白人的本性,就可以懂得天命了。保存自己的本心,修养自己的本性,这就是尊奉天命的方法。不管短命或者长寿都不动摇,修养身心以等待天命的降临,这就是安身立命的方法。"

【评析】

本章是《孟子》一书中的重要篇章,因为涉及"性与天道"的问题,历来受到后世学者的重视。本章共提出三个概念:"知天""事天"和"立命"。孟子认为,我们每个人都生而具有恻隐、羞恶、辞让、是非之心,它们是天赋予。只要我们"尽其心",充分扩充、实现我们的四端之心,便可以了解我们的性,这是即心言性,以心来理解性。而了解了我们的性也就认识、了解了天,这是以心、性来理解天。而一旦认识、了解到我"固有之"的恻隐、羞恶、辞让、是非之心实际是来自于天,是天赋予,就应该保存我们的心,养护我们的性,这就是在侍奉天,是奉行天之使命。所以"知天"与"事天"是联系在一起的,"知天"侧重于伦理,而"事天"侧重于宗教。"存其心""养其性"是个人的道德修养,是我们可以决定的,而穷达祸福、寿命长短属于命,是我们不能控制的,正确的态度应该是积极的培养我们的德,"尽人事以待天命",这就是"立命",也就是确立对于命运的态度。

【典例阐幽】

尽人事,安天命

朱元璋的军师刘伯温这样自勉:"岂能尽如人意,但求无愧我心"。就是尽人事,安天命的意思。

刘伯温,名刘基,字伯温,自幼聪明。在家庭的熏陶下,从小就好学深思,喜欢读书,对儒家经典、诸子百家之书,都非常熟悉。刘伯温14岁时入处州郡学读《春秋》,17岁师从处州名士郑复初学习宋明理学,同时积极准备科举考试。天生的禀赋和后天的努力,使年轻的刘伯温很快在当地脱颖而出,成为江浙一带的大才子、大名士,开始受到世人的瞩目。他的老师郑复初就曾对刘伯温祖父说:"他日这个孩子必定会光大你家门楣,振兴刘氏家族!"西蜀名士赵天泽在品评江左人物时,将刘伯温列为第一,将他与诸葛孔明相比,说刘伯温他日一定会成为济时大器。

刘伯温果然是人中之杰。他于元统元年(1339年)考取进士,后进入仕途。元末天下大乱,追随明太祖朱元璋帮助其统一了天下。

二

【原文】

孟子曰:"莫非命也,顺受其正。是故知命者不立乎岩墙①之下。尽道而死者,正命也;桎梏②死者,非正命也。"

【注释】

①岩墙:高危的墙。

②桎梏:古代用来束缚犯人的刑具,这里指因犯法而被处死。

【译文】

孟子说:"一切都是命运,顺应它就承受正常的命运。所以知道命运的人不站在危险的墙下。尽力行道而死的人,所承受的是正常的命运;犯罪受刑而死的人,所承受的是非正常的命运。"

【评析】

　　本章紧承上一章,继续谈知命、立命的问题。孟子认为,人的穷达祸福寿夭等无不受制于命,但命有正当和不正当之分,人应该接受正当的命,而避免不正当的命。那么,什么是正当的命,什么又是不正当的命呢? 孟子认为,穷达祸福寿夭等虽然从根本上讲属于命,是我们无法控制的,但在人力的范围内,还是应该争取好的结果,如避开危险的环境,不做违法的事情,这样获得的命就是正命。相反,如果因为有命的存在,便对一切采取无所谓的态度,故意立于危墙之下,甚至铤而走险,以身试法,这些都不能算是"知命",所获得的也都不是"正命"。孟子还认为,当道义与个人利益发生冲突的时候,一个人为了道义"杀身成仁""舍生取义",这才是真正的"知命",获得的依然是"正命"。所以孟子的"知命"与"立命"一样,都是要确立对待命运的正确态度,它不仅要求对于寿夭祸福这些根本上属于命的内容,在人力可及的范围内争取最佳的结果,不可听天由命,无所作为;更为重要的是,它要求超出穷达祸福之外,不以现实际遇,而是以是否"尽道"、尽人的职分看待人的命运。一个人为了道义、理想牺牲了现实的富贵显达乃至生命,仍可以说他获得了"正命"。因此,命运虽然是人不能控制的,但如何面对命运却是可以选择的,孟子的"知命""立命"表达的正是对命运的选择、评价、判断,在人与命运的对立中确立起人之为人的价值与尊严。

三

【原文】

　　孟子曰:"求则得之,舍则失之;是求有益于得也,求在我者也。求之有道,得之有命,是求无益于得也,求在外者也。"

【译文】

　　孟子说:"寻求就能得到,舍弃就会失掉;这样的寻求是有益于收获的,因为所求的东西在自己身上。用适当的办法去寻求,但是得到与否却要看天命如何,这种寻求是无益于收获的,因为自己寻求的东西存在于自己本身之外。"

【评析】

　　本章实际上仍论天命。

　　人生在世,当然人人都会有追求,孟子把这些追求的东西,一分为二:有些东西,你追求它便会得到它,舍弃它就会失去它,这就是不断追求有助于获得它,追求的对象在我们自己身上,如仁义礼智;有些东西,虽然你"求之有道",但得到得不到却由天命来决定,这就是追求而无益于获得的情况,因为追求的对象在我们身外,如功名利禄。

四

【原文】

　　孟子曰:"万物皆备于我矣。反身而诚,乐莫大焉。强恕而行,求仁莫近焉。"

【译文】

　　孟子说:"一切我都具备了。反省自身发现自己是诚实的,这是最大的快乐。勉励自己依从推己及人的恕道行事,这是最近的求仁之路了。"

【评析】

　　"万物皆备于我矣"作为一句名言,被认为是典型的主观唯心主义哲学观,这里面的是与非不在我们关心的范围,我们关心的是孟子说这话的意思。所谓"万物皆备于我矣"并不是像有些人所理解的那样,说是"万物都为我而存在"。(由此来归结孟子为典型的主观唯心主义者)我们理解孟子的意思,是说天地万物我都能够思考、认识,所以天地万物我都具备了。这样才会有下面的一句话,"反身而诚,乐莫大焉。"反躬自问,我所认识的一切都是诚实无欺的,所以非常快乐。这是一种认识的快乐,探求真理的快乐。但是,仅有认识,仅有自身的发现还不够,所以要"强恕而行",尽力按恕道办事,这样来施行仁道。所谓恕道,我们在本书中已经多次提到,这就是孔子反复强调的"己所不欲,勿施于人"。它的积极方面是"己欲立而立人,己欲达而达人"。总起来说,是一种将心比己,推己及人的思想,用这种思想来处理人与人之间的关系。如果说,"反身而诚,乐莫大焉"是一种认识的快乐,局限于自身;那么,"强恕而行,求仁莫近焉"就是一种实践的快乐,涉及他人与社会了。

由此可见,"万物皆备于我矣"所引出的,是认识和实践两大领域的儒学追求:一是"诚",二是"恕",都是儒学的核心内容。单从"万物皆备于我矣"这句话给我们的感觉,则是一种充满主体意识,乐观向上的心态,的确有法国哲学家笛卡尔那著名的命题"我思故我在"的精神风貌,给人以认识世界、探索真理的勇气和信心。

<h2 style="text-align:center">五</h2>

【原文】

孟子曰:"行之而不著①焉,习矣而不察焉,终身由之而不知其道者,众也。"

【注释】

①著:彻底明白。

【译文】

孟子说:"做一件事不明白为什么要做,习以为常的事情却不知其所以然,一辈子随波逐流不知去向何方,这样的人是平庸的人。"

【评析】

正如孟子所言,浑浑噩噩、糊里糊涂地过完一生的人,正是不知不觉地平庸大众。从孟子到今天,几千年过去了,批评和感叹平庸大众的人是层出不穷,但却很少有人敢说他们这样有什么不好。古人云"难得糊涂",也许,就像个动物一样,即使无所求,即使无所得,只要安静、舒适地活着,才是人生最自然的面貌。

<h2 style="text-align:center">六</h2>

【原文】

孟子曰:"人不可以无耻,无耻之耻,无耻矣。"

【译文】

孟子说:"人不可以没有羞耻之心,对无耻感到羞耻,就没有耻辱了。"

人有羞耻之心,知道哪些事该干,哪些事不该干,这就是智。人无廉耻,百事可为,他就不仅没有智,也不会有礼,有义,有仁,那么他就不是人,而与禽兽无异了。

所以孟子讲,人不可以没有羞耻之心,懂得耻辱,有自尊心,是一个人进步的起点,就可以免于耻辱了。

七

【原文】

孟子曰:"耻之于人大矣。为机变①之巧者,无所用耻焉。不耻不若人,何若人有?"

【注释】

①机变:巧诈,爱耍心机。

【译文】

孟子说:"羞耻对人的作用太大了。爱行巧诈的人,是没有地方能用得着羞耻的。不以不如别人为羞耻,怎么能赶得上别人呢?"

【评析】

羞耻心往往反映了一个人的品质,玩弄权术的人是没有羞耻心的。有了羞耻心,才能认识到自己的不足,从而提高自己。

八

【原文】

孟子曰:"古之贤王好善而忘势。古之贤士何独不然?乐其道而忘人之势,故王公不致敬尽礼,则不得亟见之①。见且由不得亟②,而况得而臣之乎?"

国学经典文库

孟子诠解

《孟子》原典解读

图文珍藏版

【注释】

①亟:屡次。

②由:通"犹",尚且。

【译文】

孟子说:"古代的贤明君主喜欢良善而忘了自身的权势;古代的贤明士人何尝不是如此？喜欢行道而忘了别人的权势,因此王公贵族不对他恭敬尽礼,就不能够多次见到他。会面的次数尚且不很多,何况要把他当臣下呢?"

【评析】

乐其道而忘人之势。

人格独立于权势。

孟子认为,"天下有达尊三:爵一,齿一,德一。朝廷莫如爵,乡党莫如齿,辅世长民莫如德。"(《公孙丑下》)就是说:天下公认尊贵的东西有三样:爵位算一个,年龄算一个,道德算一个。在朝廷上看重的莫过于爵位,在乡里看重的莫过于年龄,对社会有帮助、对百姓有促进,看重的莫过于道德。

德性修养和社会等级是不同的序列。孟子有时把"德"也纳入广义"爵"的范畴,把前者称为"天爵"、把后者称为"人爵",二者之间不存在直接的对应关系。当两者遭遇,会怎么样呢？这里提道:一个德性修养和社会等级两方面都很高的"贤王",会"好善而忘势",把重心放在德性方面。同样,一个德性修养很高、真正达到自我完善的人,也绝不会在权势面前妄自菲薄,这就是这里所说的"乐其道而忘人之势"。《万章下》也说:"以位,则子,君也;我,臣也;何敢与君友也？以德,则子事(师)我者也,奚可以与我友?"这种"位"与"德"的关系,如同这里"道"与"势"的关系一样。

一个注重德性修养的人,是自我尊重的人,是无所依傍的人,是不为外在权势和地位所屈服的人。从孟子以后,自我尊重与人格独立的观念,成为儒家价值观的重要内容。威武不屈、士可杀不可辱等等,从一个侧面反映了这一传统。孟子这些思想对于中国人,特别是中国知识分子影响巨大,意义深远。

九

【原文】

孟子谓宋勾践^①曰:"子好游^②乎?吾语子游。人知之,亦嚣嚣^③;人不知,亦嚣嚣。"

曰:"何如斯可以嚣嚣矣?"

曰:"尊德乐义,则可以嚣嚣矣。故士穷不失义,达不离道。穷不失义,故士得己^④焉;达不离道,故民不失望焉。古之人,得志,泽加于民;不得志,修身见于世。穷则独善其身,达则兼济天下。"

【注释】

①宋勾践:人名,姓宋,名勾践,生平不详。

②游:指游说。

③嚣嚣:安详自得的样子。

④得己:即自得。

【译文】

孟子对宋勾践说:"你喜欢游说各国的君主吗?我跟你说说游说的事情。别人理解你,你要自得其乐;别人不理解你,你也要自得其乐。"

宋勾践问:"怎样才能自得其乐呢?"

孟子说:"尊崇道德,喜爱仁义,就可以自得其乐了。所以士人身处困窘时不失去义;显达时不背离道。穷困时不失去义,所以自得其乐;显达时不背离道,所以老百姓不失望。古代的人,得志时恩惠施于百姓;不得志时修养自身以显现于世。穷困时独善其身,显达时兼善天下。"

【评析】

穷则独善其身,达则兼善天下。

履行普遍的社会责任这一宗旨,不因自己所处环境而改变,但方式有所不同。

这里所谓"独善其身",主要是道德自我实现;所谓"兼善天下",是履行普遍的社会责任。应当注意的是，"穷则独善其身"也可表述为"穷不失义"，"不得志修身见于世"。"义"所体现的就是普遍的社会责任。"见于世"表明不是道家式的遁迹山林、归隐田园。因此，无论是"独善其身"还是"兼善天下"，都是要履行普遍的社会责任，只不过是，前者是以个体的方式为主，后者是以群体方式为主。前者从属于后者，"独善其身"从属于"兼善天下"。

"穷则独善其身，达则兼济天下"，成了无数中国知识分子的座右铭，尽管他们中穷的多、达的少，穷时多、达时少，但这面修身济世的大旗，始终飘扬在他们心头，成为人生的一种精神支柱。

【典例阐幽】

穷则独善其身，达则兼济天下

汉朝时，黄霸为河南太守。当时的官吏都很严酷，唯独黄霸为政崇尚宽和。黄霸刻苦好学，精通诗书文法和音乐，后来官至丞相长史。他由于为人正直，和当时研究《尚书》的著名学者夏侯胜一起被人陷害而打入死牢。

在狱中，黄霸拜夏侯胜为师，学习《尚书》。夏侯胜说："我们随时会被杀头，讲《尚书》还有什么用？"黄霸郑重地说："圣贤教导我们，穷则独善其身，达则兼济天下，如果今天没有被杀头，我就要抓紧这宝贵的时间提高自己的修养，而且还要多学一点东西。"

夏侯胜被黄霸这种争取时间修身养德的精神深深感动了，于是他们在狱中开始了长达三年的学习。三年以后，关东四十九个郡同时发生地震，山崩地裂，城墙房屋倒塌，死了六千多人。宣帝在赈灾的同时宣布大赦，夏侯胜与黄霸获释，还分别被任命为谏大夫给事中（皇帝亲近谏官、内廷秘书）和扬州刺史（扬州地区的监察官）。

经过这一场牢狱之灾，黄霸不仅个人的修养得到提高，而且也成了精通《尚书》的著名学者。

十

【原文】

孟子曰:"待文王而后兴者,凡民也。若夫豪杰之士,虽无文王犹兴。"

【译文】

孟子说:"等到文王兴起之后才能兴起的人,都是普通人。如果是真的豪杰之士,即使没有文王也照样可以兴起。"

【评析】

等到有了周文王这样的圣王而后感动奋发的,是一般的老百姓。至于杰出人物,即使没有文王,也能感动奋发。

战国之时,有无周文王呢? 在孟子看来,没有。孟子自己是否为杰出人物呢? 孟子认为,是的。

孟子常讲,"穷则独善其身,达则兼济天下";但他又常讲,无论是"穷",还是"达",都要"兼善天下"。人有终身之志,也有一日一时一事之志。两种说法,原不矛盾。

十一

【原文】

孟子曰:"附之以韩、魏之家①,如其自视欿然②,则过人远矣。"

【注释】

①附:增加。韩、魏之家:春秋时晋国的韩氏、魏氏两大家臣。
②欿然:不自满的样子。

【译文】

孟子说:"拿春秋时晋国韩、魏两大家臣的财富来增强他,如果他不因此而自满,那么这种人就大大超出常人。"

【评析】

富贵是人人所追求的,不为富贵所动,一定是因为他有比富贵更高的追求,那他就不同于常人了。

十二

【原文】

孟子曰:"以佚^①道使民,虽劳不怨。以生道杀民,虽死不怨杀者。"

【注释】

①佚:安逸。

【译文】

孟子说:"本着让百姓安逸的原则去役使百姓,百姓虽然劳苦,但不会怨恨;本着让老百姓生存的原则去杀人,被杀的人虽死,但也不会怨恨杀他的人。"

【评析】

人之天性,一在"生",即活下去;二在"佚",即安逸,活得好。为政之道,即在满足老百姓这两大要求。若不得已而役使百姓,则应以让百姓生活更安逸为目的,如大禹治水,即属此类;若不得已而要打仗,则应以让百姓活下去为目的,如武王伐纣,即属此类。劳役也罢,战争也罢,对尧、舜、禹、汤、文、武来说,都是不得已的选择,都是为了百姓,所以百姓并不怨恨他们。

本章实际上从另一个角度论述了仁。

十三

【原文】

孟子曰:"霸者之民驩虞^①如也,王者之民皞皞如^②也。杀之而不怨,利之而不庸③,民日迁善而不知为之者。夫君子所过者化,所存者神④,上下与天地同流,岂曰小补之哉?"

【注释】

①驩虞:即"欢娱"。
②皞皞如:广大自得的样子。
③庸:功,功劳,此处的意思是酬谢、报答。
④所存者神:心中所存养的都是上神的旨意。

【译文】

孟子说:"霸主的百姓愉快欢乐,圣王的百姓心旷神怡。圣王的百姓被杀了而不怨恨谁,得了好处而不想着酬谢,一天天趋向于善,却不知道是谁使他们这样。圣人经过哪里,哪里就受感化;圣人心中所存养的都是上神的旨意,其功上与天齐,下与地同,难道说只是小小的补益吗?"

【评析】

本章盛赞"君子"的功业。他们经过之处,人们就受到感化;他们停留居住之处,其作用更加神奇;他们能与天地同时运转,其对天下的功业,难道只是小小的补益吗?

十四

【原文】

孟子曰:"仁言不如仁声之入人深也,善政不如善教之得民也。善政,民畏之;善教,民爱之。善政得民财,善教得民心。"

【译文】

孟子说:"仁德的言语不如仁德的声望那样深入人心,好的政令不如好的教育那样赢得民众。好的政令,百姓畏服;好的教育,百姓喜爱。好的政令得到百姓的财富,好的教育得到百姓的心。"

【评析】

本章论身教胜于言教，统治者只有以身作则才能赢得民众的信赖。善教，也应从这点去理解。

十五

【原文】

孟子曰："人之所不学而能者，其良能也；所不虑而知者，其良知也。孩提之童无不知爱其亲者，及其长也，无不知敬其兄也。亲亲，仁也；敬长，义也；无他，达之天下也。"

【译文】

孟子说："人不用学习就能做到的，那是良能；不用思考就能知道的，那是良知。两三岁的小孩没有不知道爱他父母的，等到他长大以后，没有不知道尊敬兄长的。亲爱父母就是仁；尊敬兄长就是义；这没有别的原因，这是由于仁义可以通行天下。"

【评析】

本章论性善。

孟子认为，人有不学而能的"良能"，不虑而知的"良知"，也有与生俱来的"仁义"，他讲的"良能""良知"，应指人的本能，他用这样的办法来论证"仁义"与本能一样，都是人类的天良。

应该说，儒者主张人性向善，主张仁爱礼让也是很有吸引力的。至于孟子所说的良能良知是否存在，那就只有各人扪心自问，体察自身，从而做出各自的回答了。

十六

【原文】

孟子曰："舜之居深山之中，与木石居，与鹿豕游。其所以异于深山之野人者几希。及其闻一善言,见一善行,若决江河,沛然莫之能御也。"

【译文】

孟子说:"舜居住在深山里的时候,与树木、石头为伴,与鹿、猪相处,他区别于深山里百姓的地方是很少的。等他听了一句善言,见了一种善行,便受到触动,像决堤的江河一般,澎湃之势没有谁能阻挡得住了。"

【评析】

本章仍论性善,认为人禽之别在于人性善。

孟子举舜帝的例子,说他住在深山老林之中,与树石为邻,与鹿猪同游时,他与野人的区别就很少了。但当他听到一句善言,见到一件善行,便要去实行。在这种时候,"仁"的力量,"善"的力量,就像江河决口一样,哗啦啦地没有什么能阻碍了。

舜帝是原始时代末期的人,其生存状况虽无法与后世相比,但也不至于像野人一样生活。孟子的描述,只不过是为说明"仁"是人的天赋,以及"仁"的伟力罢了。

十七

【原文】

孟子曰:"无为其所不为,无欲其所不欲,如此而已矣。"

【译文】

孟子说:"不要做自己不想做的事,不要希望得到自己不想得到的东西,这样就可以了。"

【评析】

在儒家那里,"为"与"不为""欲"与"不欲"的标准在于"义"。故本章也是说,一切行为都要从"义"出发。

十八

【原文】

孟子曰:"人之有德慧术知①者,恒存乎疢疾②。独孤臣孽子③,其操心也危④,其虑患也深,故达。"

【注释】

①德慧术知:德行、智慧、道术、知识。
②疢疾:灾患。
③孽子:庶子,非正室所生之子,地位较低。
④危:高。

【译文】

孟子说:"人的德行、智慧、道术、知识,永远都存在于灾患之中。只有那些孤独之臣、庶孽之子,他们心存高远,深谋远虑,所以才能通达。"

【评析】

本章与上卷第五章意思相近,论人之德识才学往往来自忧患,亦为生于忧患,死于安乐之意。

十九

【原文】

孟子曰:"有事君人者,事是君则为容悦者也。有安社稷臣者,以安社稷为悦者也。有天民者,达可行于天下而后行之者也。有大人者,正己而物正者也。"

【译文】

孟子说:"有侍奉君主的人,把侍奉某个君主当作快乐;有安定国家的臣子,把安定国家当作快乐;有天民,就是那些先使大道通行于天下,然后再去实行的人;有大人,就是那些使自身端正,外物便随之端正的人。"

【评析】

万物皆有为者,依己所能为而为之。

二十

【原文】

孟子曰:"君子有三乐,而王^①天下不与存^②焉。父母俱存,兄弟无故,一乐也;仰不愧于天,俯不怍^③于人,二乐也;得天下英才而教育之,三乐也。君子有三乐,而王天下不与存焉。"

【注释】

①王:统治,称王。

②与存:参与其间。赵岐注:"天下之乐,不得与此三乐之中。"

③怍:羞愧。

【译文】

孟子说:"君子有三种快乐,而统治天下不包括其中。父母健在,兄弟平安,这是第一种快乐;上不愧于天,下不愧于人,这是第二种快乐;得到天下的优秀人才而教育他们,这是第三种快乐。君子有三种快乐,而统治天下不包括其中!"

【评析】

本章论人生"三乐"。其中,第一种属于天伦之乐。第二种是修养之乐,因为它关涉人生的终极关怀,最为根本。第三种是传道、育人之乐。三种乐都是发自内心,都是容易得到的,而统治天下涉及外在事功,它属于君子的"欲",而不属于君子的"乐"。

二十一

【原文】

孟子曰:"广土众民,君子欲之,所乐不存焉;中天下而立,定四海之民,君子乐之,所性不存焉。君子所性,虽大行①不加焉,虽穷居不损②焉,分定③故也。君子所性,仁义礼智根于心,其生色也睟然④,见于面,盎⑤于背,施于四体,四体不言而喻。"

【注释】

①大行:政令大行于天下。

②损:减损。

③分定:职分已定,即天命所在已经如此。

④睟然:清和润泽的样子。

⑤盎:显,显现,突显。

【译文】

孟子说:"广阔的土地,众多的百姓,君子是想得到的,但他的快乐不在这方面;站立在天下的中央,安定天下的百姓,君子对此感到快乐,但他的本性不在这方面。君子的本性,即使他的政令大行于天下了,也不会因此而有所增加,即使困顿隐退,也不会因此而有所减损,这是由于职分已经确定的缘故。君子的本性,仁义礼智植根于心中,他的脸色是清和润泽的,显现在脸上,充盈于腹背,延伸到手足四肢。这是不需要过多的言语就可以明白的。"

【评析】

君子三乐,乐在平淡。父母健在,兄弟无故,得尽孝悌,故乐;天无私覆,地无私载,天地至公,而君子以仁义礼智安身立命,以兼善天下为终身目标,无愧于天地之公,故乐;得天下英才而教之,使仁德教化得以广播,故亦乐。

但君子的最高境界,是推行仁道,德服天下,这才是至乐。"三乐"虽乐,不如至乐也。

本章论君子的本性在于仁义礼智。

孟子认为，拥有"广土众民"，虽然也是君子所希望的，但其乐趣并不在这里；居天下之中，而把先进文化推广到四海，实现仁德理想，君子虽然以此为乐，但其本性并不在这里。

那么，君子的本性是什么呢？是仁义礼智。这种本性，本是每一个人都有的，孟子称之为"四端"，即四种好的开端。君子一生，都致力于把它们发扬光大，而常人没这么做，所以它们成了君子的本性。这种本性，君子得意时它们不会增加，失意时也不会减少。由于它们早已植根于君子的心中，他们一举一动，即使不说什么，人家也都知道，他们就是仁慈的君子。这样的体验，也许只有到晚年才会有。

所以，对于真正的君子来说，穷达都是身外事，只有仁义礼智根于心，清和润泽显于外才是本性所在。

【典例阐幽】

不言而喻

宋代王随字章惠，上京赶考时，由于家境十分贫寒，只能到处游学。

当他游学到翼城时，却为欠了饭店的饭钱，被抓进了县衙里。当时恰巧遇到一位姓石的县吏，看他可怜，帮他还了饭钱，又把他带到家中住下，县吏夫人对他也是十分照顾。

有一日，石县吏的儿子石务均喝醉了酒，跑到王随的住处，命令他跳舞，舞步稍微不合节拍，就用鞭子抽他。王随忍无可忍，愤而离开了石府。第二年，王随金榜题名中了进士，过了些年，又担任了河北转运使。石务均听说王随来河北做官，害怕得到处躲避。后来，石务均由于小事被人诬告，被关进了狱中。

他父亲气急后病亡，他的母亲只得去向王随诉说冤情，请求援救。

这时王随已做了御史中丞，他了解了一下情况后，并没有派人重新审理案子，而是派人送了几锭银子到翼城县中，请县令帮助安葬石务均之父。其中的意思已经不言而喻，石务均很快就安然无恙地出狱了。

二十二

【原文】

孟子曰:"伯夷辟纣,居北海之滨,闻文王作,兴曰:'盍归乎来?吾闻西伯善养老者。'太公辟纣,居东海之滨,闻文王作,兴曰:'盍归乎来?吾闻西伯善养老者。'天下有善养老,则仁人以为己归矣。五亩之宅,树墙下以桑,匹妇蚕之,则老者足以衣帛矣。五母鸡,二母彘,无失其时,老者足以无失肉矣。百亩之田,匹夫耕之,八口之家足以无饥矣。所谓西伯善养老者,制其田里,教之树畜,导其妻子使养其老。五十非帛不暖,七十非肉不饱。不暖不饱,谓之冻馁。文王之民无冻馁之老者,此之谓也。"

【译文】

孟子说:"伯夷躲避纣王,隐居在北海之滨,听说文王兴盛起来了,就说:'何不归服到他那里去呢,我听说西伯善于奉养老人。'姜太公躲避纣王,隐居在东海之滨,听说文王兴盛起来了,就说:'何不归服到他那里去呢,我听说西伯善于奉养老人。'天下有善于奉养老人的人,仁人便把他当作自己的归宿。五亩的住宅地,墙下栽上桑树,妇女用它养蚕,老人就完全能穿上丝棉衣了。养五只母鸡、两只母猪,不错过它们的繁殖期,老人就完全不会缺肉吃了。一百亩的耕地,由男子耕种,八口之家就能吃饱了。所谓西伯善于奉养老人,就是指规定了百姓的田亩宅地,教育他们栽桑养畜,引导他的妻子儿女奉养老人。五十岁的人,不穿丝棉就不暖;七十岁的人,没有肉吃就不饱。不暖不饱,就叫挨冻受饿。文王的百姓中没有挨冻受饿的人,说的就是这个意思。"

姜太公

【评析】

赡养老人是一种美德,也不怪孟子一直在强调了。

二十三

【原文】

孟子曰:"易其田畴①,薄其税敛,民可使富也。食之以时,用之以礼,财不可胜用也。民非水火不生活,昏暮叩人之门户求水火,无弗与者,至足矣。圣人治天下,使有菽粟如水火。菽粟如水火,而民焉有不仁者乎?"

【注释】

①易:治理。田畴:田地。

【译文】

孟子说:"治理好田地,减轻税收,就可以使百姓富裕。按照时令安排饮食,按照礼的规定去消费,财物就会用之不竭。百姓没有水和火便无法生存,黄昏夜晚敲开别人家的门要水、火,没有不给的,因为水、火极其充足。圣人治理天下,应使粮食如同水、火那样多。粮食如果像水、火那样充足,百姓哪里会不讲仁爱呢?"

【评析】

本章可视作孟子的仁政理想图:让人民生活富足,天下归仁。

二十四

【原文】

孟子曰:"孔子登东山①而小鲁,登泰山而小天下,故观于海者难为水,游于圣人之门者难为言。观水有术,必观其澜。日月有明,容光②必照焉。流水之为物也,不盈科不行;君子之志于道也,不成章③不达。"

【注释】

①东山:即蒙山,在今山东蒙阴县南。

②容光:指能够容纳光线的小缝隙。

③成章:指事物达到一定阶段或有一定规模。

【译文】

孟子说:"孔子登上东山,就觉得鲁国变小了;登上泰山,就觉得整个天下都变小了。因此见过大海的人,便难以被其他水所吸引了;在圣人门下学习过的人,便难以被其他言论所吸引了。观看水有一定的方法,一定要观看它壮阔的波澜。太阳月亮都有光辉,不放过每条小缝隙。流水有规律,不把坑坑洼洼填满不向前流;君子立志于道,不到一定的程度不能通达。"

【评析】

见过、感受过,积累了更多的经验便能从中学习,得到很多有用的东西。登高方能望远,厚积方能薄发。

【典例阐幽】

远交近攻成霸业

战国后期,秦国日益强盛。秦昭王时期开始图谋消灭六国,统一中国。当然秦朝凭借一国之力,毕竟不敌六国之众,要消灭六国,确立正确的战略思想显得尤为关键。

公元前270年,有人建议秦昭王派兵攻打齐国。这时从魏国逃亡到秦国的范雎向秦昭王献计说:"秦国土地广大,兵马众多,统一天下,应该是不用费多大气力的。但是您的主帅和大王您,都有失策的地方。"秦王感到范雎说得有理,就请范雎指出他的过错。范雎说:"您越过韩国、魏国去攻打齐国,这就是失策。齐昭王舍近求远攻打楚国,结果一寸土地也没有得到。不是不想得到土地,而是形势不允许他得到。诸侯国见齐国因为攻打楚国,战线拉得很长,部队累得疲惫不堪,就联兵攻齐,使齐国几乎灭亡。齐国攻打楚国,实质是养肥了韩国和魏国。所以大王您应该采取远交近攻的战略,得一寸土地就是一寸,得一尺土地就是一尺。大王一定要抓住韩国和魏国,因为此二国是天下的枢纽,是物产最丰富的地方。再用您的威信去影响楚国和赵国。楚国和赵国归附后,齐国就一定害怕。韩国和魏国就会成为秦国的俘虏。"秦王听后,连连点头。

公元前286年,秦国用范雎远交近攻的办法攻打魏国,取得初步胜利。此计谋为秦始皇统一中国奠定了良好的基础。

后来秦始皇继续奉行远交近攻方法,即远交齐、楚,近攻韩、魏、赵。秦国刚开始以韩、魏为主攻方向,先断六国合纵之脊梁,使得各国孤立无援,然后以中原为腹地,展开攻势,攻破赵、燕,统一北方;后征服南方楚国;最后一举灭齐。经过十多年的努力,终于统一了中国。

二十五

【原文】

孟子曰:"鸡鸣而起,孳孳①为善者,舜之徒也;鸡鸣而起,孳孳为利者,蹠②之徒也。欲知舜与蹠之分,无他,利与善之间也。"

【注释】

①孳孳:同"孜孜",勤勉,勤奋。

②蹠:同"跖",即盗跖,古之大盗,据《庄子》记载,盗跖是柳下惠的弟弟,他"徒卒九千人,横行天下,侵暴诸侯,穴室枢户,驱人牛马,取人妇女"。

【译文】

孟子说:"雄鸡刚打鸣的时候就起来,孜孜不倦地求善为善,这是舜一类的人;雄鸡刚打鸣就起来,孜孜不倦地唯利是图,这说的是盗跖之类的人。想要明白舜与盗跖的区别,没有别的,区别就在于求利与求善的不同。"

【评析】

孔子说:"君子喻于义,小人喻于利。"所谓"义",应兼指仁义礼智,也就是孟子这里讲的"善"。孟子更进一步,将"利"与"盗跖"联系在一起,比孔子更过分。

正确的义利观,应是义利兼得,先义后利,而不是把义利对立起来。

【典例阐幽】

故观于海者难为水

"故观于海者难为水"一句后来成为成语"曾经沧海难为水"。

汉昭帝才二十一岁就得病死去,没有孩子。霍光把汉武帝的一个孙子刘贺立为皇帝。可是刘贺即位才二十七天,就把皇宫闹得乌烟瘴气。霍光和大臣们一商量,联手把刘贺废了,另立汉武帝的曾孙刘询,就是汉宣帝。

这位刘询是霍光从民间找到的,本名病已,字次卿。汉武帝晚年,太子刘据与其子史皇孙,都因巫蛊之祸而死,当时刘询出世仅数月就被关押于郡邸狱中。后遇大赦,虽然得以恢复皇族身份,但却流落民间。后来,他娶了许平君做结发妻子。过了一年,生下了长子刘奭。

汉昭帝

宣帝即位以后,众公卿都认为霍光之女是最佳的皇后人选,只差没有集体上书。这时候,皇帝却下了一道莫名其妙的诏书,要找寻贫微之时的一把旧剑。群臣也是揣摩旨意的好手,明白皇帝是"曾经沧海难为水",于是一个个请立许氏为皇后。

可是霍光的老婆一心想让自己的女儿做皇后,就诱迫当时皇宫中的女医生淳于衍趁许后分娩后服药时进行谋害。淳于衍暗中将捣好的中药带进宫中,偷偷掺和在许后要吃的药丸内,毒死了许后。刘询和许平君的爱情最终仍因为权力阴谋而以悲剧结束。

二十六

【原文】

孟子曰:"杨子取为我①,拔一毛而利天下,不为也。墨子兼爱,摩顶放踵②利天下,为之。子莫③执中,执中为近之。执中无权,犹执一也。所恶执一者,为其贼道也,举一而废百也。"

【注释】

①杨子取为我:杨子,即杨朱,其学说主张为己。

②摩顶放踵:磨秃头顶,以至于脚后跟。放,致。踵,脚后跟。

③子莫:鲁国人,主张执中而不知权变。

【译文】

孟子说:"杨朱主张为己,要他拔一根毛以利天下,他也不会去做。墨子主张爱一切人,从头顶到脚后跟都磨秃了,还要孜孜不倦地为天下人谋利。子莫主张执中,执中已经接近真理了。但是他只知执中,而不懂得权变,这就和固执于不变的东西没什么两样了。之所以厌恶固执于不变的东西,就是因为这是对道义有害的,只看到了其中的一点却没有看到其他的东西。"

【评析】

本章论"执中"而"行权",批评杨朱、墨子各执一偏。关于杨朱和墨子的思想,孟子前面已有评论。本章孟子提出,杨朱是极端地利己,墨翟是极端地利他,他们都各执一偏,是"执一"。重要的是"执中",子莫做到了这一点,故接近正确。但"执中"而不懂"权变"的话,又变成了"执一",所以要既懂"执中"而又会"行权"。

二十七

【原文】

孟子曰:"饥者甘食,渴者甘饮,是未得饮食之正也,饥渴害之也。岂惟口腹有饥渴之害?人心亦皆有害。人能无以饥渴之害为心害,则不及人不为忧矣。"

【译文】

孟子说:"饥饿的人觉得任何食物都好吃,干渴的人觉得任何饮料都甘美,他不知道饮料、食物的正常味道,是因为受了饥渴的损害。难道只有嘴巴肚皮受到饥渴的损害吗？人心也都有这类伤害。假如一个人能够不把饥渴类的损害变成对心的损害，那自然不会把赶不上别人当作忧虑了。"

【评析】

本章以饥不择食、渴不择饮因而常常受到损害为比喻，说明人心也会因饥渴而被不正确的学说所损害。估计本章也是针对杨子、墨子之类来说的。

孟子认为，一个人要对于各种思想意识有所认识，有所鉴别，有选择地吸收其中的养分。这样，即使发现自己有不及他人的地方，那也是很容易迎头赶上的，又有什么值得忧虑的呢。

二十八

【原文】

孟子曰："柳下惠不以三公①易其介②。"

【注释】

①三公：周代指太师、太傅、太保，此指有高官厚禄者。
②介：耿介，有操守。

【译文】

孟子说："柳下惠不因为做高官而改变他的操守。"

【评析】

真正的君子是不会因为旁物而改变他的操守的。

二十九

【原文】

孟子曰："有为者辟若掘井，掘井九轫①而不及泉，犹为弃井也。"

【注释】

①轫:同"仞",古代长度单位,以八尺或七尺为一仞。

【译文】

孟子说:"做事情就好像是挖井一样,一直挖了九仞深还是没有看见泉水,那么这口井还是一口废井。"

【评析】

孟子本意,在说明办事治学需有恒心。

三十

【原文】

孟子曰:"尧舜,性之也;汤武,身之也;五霸,假之也。久假而不归,恶知其非有也①。"

【注释】

①恶:如何。

【译文】

孟子说:"尧、舜施行仁义,是本性使然;汤、武施行仁义,是身体力行;五霸施行仁义,是假借名义。然而,长时间假借不还,怎么能知道他不是真的拥有了仁义呢?"

【评析】

本章论述了实行仁义的三种方式:"性之""身之"和"假之"。"性之"的境界最高,但一般人不容易达到,所以最好还是从"身之"入手。"假之"是觉得仁义对自己有利,而不是真的喜好仁义。但如果能由此回归仁义,也是可取的;如果不能回归,那就只是假借利用仁义了。

三十一

【原文】

公孙丑曰:"伊尹曰①:'予不狎于不顺②,放太甲于桐③,民大悦。太甲贤,又反之,民大悦。'贤者之为人臣也,其君不贤,则固可放与?"

孟子曰:"有伊尹之志则可,无伊尹之志则篡也。"

【注释】

①伊尹:人名,商汤之臣,曾助商汤讨伐夏桀。

②狎:亲近。

③放太甲于桐:事见本书《万章上》篇第六章。

【译文】

公孙丑说:"伊尹说:'我不亲近违背礼义道德的人,因而把太甲放逐到桐邑,百姓十分高兴。太甲变贤明了,又让他返回来做君主,百姓十分高兴。'贤人做臣子,如果他的君主不贤德,本来就可以放逐的吗?"

孟子说:"如果有伊尹那样的心志便可;没有伊尹那样的心志,就是篡位了。"

三十二

【原文】

公孙丑曰:"《诗》曰:'不素餐兮①。'君子之不耕而食,何也?"

孟子曰:"君子居是国也,其君用之,则安富尊荣;其子弟从之,则孝悌忠信。'不素餐兮',孰大于是?"

【注释】

①不素餐兮:语出《诗经·魏风·伐檀》。意思是无功而受禄,即为尸位素餐。

【译文】

公孙丑说:"《诗经》上有句话说:'不尸位素餐。'君子从不耕作,却可以吃到粮食,这是为什么呢?"

孟子说:"君子居住在这个国家,如果国君肯任用他,那么就可以安享富贵尊荣;他的弟子们追随着他,也应践行孝悌忠信之道,'不尸位素餐',还有比这更重要的吗?"

【评析】

《伐檀》本讽刺"君子"不耕而食,但孟子却认为,君子为官,使国家能够"安富尊荣",使子弟能够"孝悌忠信",大有益于国,的确"不素餐"。

孟子多次肯定社会分工和商品交换,本章亦当如此。

三十三

【原文】

王子垫问曰①:"士何事?"

孟子曰:"尚志。"

曰:"何谓尚志?"

曰:"仁义而已矣。杀一无罪非仁也,非其有而取之非义也。居恶在?仁是也;路恶在?义是也。居仁由义,大人之事备矣。"

【注释】

①王子垫:齐王之子,名垫。

【译文】

王子垫问道:"士应该做什么呢?"

孟子说:"士要使自己的志向高尚。"

王子垫问:"使志向高尚是什么意思?"

孟子说:"行仁义就了。杀死一个没罪的人就是不仁;不是自己的东西却强行拿来就是不义。居所在哪里?仁就是;道路在哪里?义就是。居住于仁,行走由义,大人所做的事就齐备了。"

【评析】

本章论儒士之事,在于使自己志行高尚,实行仁义。

儒门之士,不事稼穑,徒鼓唇舌,王子垫问孟子"士何事",当本含反感之意。而孟子认真答曰"尚志",认为儒士之职责,在于使自己的志行高尚,在于推行仁义,并不以王子垫的反感为意。

"士尚志"言简意赅地概括了对士人的要求,"尚志"一词也成为儒学的一个重要概念。

三十四

【原文】

孟子曰:"仲子①,不义与之齐国而弗受,人皆信之,是舍箪食豆羹之义也②。人莫大焉亡亲戚君臣上下③。以其小者信其大者,奚可哉?"

【注释】

①仲子:即陈仲子。详见《滕文公下》第十章。

②箪:盛饭的竹器。

③亡:无。

【译文】

孟子说:"陈仲子,假如不合道义地把齐国交给他,他是不会接受的,别人都相信他这点。但这只是舍弃一筐饭、一碗汤的义。人的罪过没有比不讲父兄君臣尊卑关系更大的了。因为他在小事上的节义,而去相信他在大事上的节义,怎么行呢?"

【评析】

本章批评陈仲子重小节而失大义,强调评价一个人,需看其大节,而不能为小节所惑。

三十五

【原文】

桃应问曰^①:"舜为天子,皋陶为士,瞽瞍杀人,则如之何?"

孟子曰:"执之而已矣。"

"然则舜不禁与?"

曰:"夫舜恶得而禁之?夫有所受之也。"

"然则舜如之何?"

曰:"舜视弃天下犹弃敝蹝也。窃负而逃,遵海滨而处,终身䜣然^②,乐而忘天下。"

【注释】

①桃应:孟子弟子。

②䜣然:高兴的样子。

【译文】

桃应问道:"舜是天子,皋陶是法官,瞽瞍杀了人,那该怎么办?"

孟子说:"把他捉起来罢了。"

"那么,舜不阻止吗?"

孟子说:"舜哪能去阻止呢?皋陶抓人是有依据的。"

"那么舜该怎么办?"

孟子说:"舜把抛弃天子的位置看得如同丢弃破草鞋一样。他会偷偷地背着父亲逃跑,沿海边住下来,一辈子高高兴兴的,快乐得忘了天下。"

【评析】

本章提出了一个情与法的两难问题:舜做天子,父亲瞽瞍杀了人该怎么办?值得注意的是,舜在这里前后做出两种不同的选择。这种差别,关键就在于舜身份、角色的变化。郭店竹简《六德》中说:"仁,内也;义,外也……门内之治恩掩义,门外之治义斩恩。"在儒者看来,处理家族内部事物与家族之外事物的原则是不一样的。处理家族内部事物时,要"恩掩义",亲情重于道义;处理家族之外事物时,则要"义斩恩",为道义牺牲亲情。当舜作为天子时,其面对的是"门外之治",故自然应该"义斩恩",为道义牺牲亲情;可是当舜回到家庭,作为一个儿子时,其面对的又是"门内之治",则应该"恩掩义",视亲情重于道义。舜在两难处境中的折中选择,正反映了儒者对于隋与法问题的基本态度。

【典例阐幽】

如弃敝屣

清顺治帝福临是清人入关后的第一位皇帝。他是皇太极的第九子,生于崇德三年(1638 年),崇德八年(1643 年)八月二日在沈阳即位,改元顺治,在位十八年。

顺治即位后,由叔父多尔衮辅政。顺治七年,多尔衮出塞打猎,死于塞外。十四岁的福临提前亲政。顺治帝天资聪颖,读书勤奋,他吸收先进的汉文化,审时度势,对成法祖制有所更张,且不顾满洲亲贵大臣的反对,倚重汉官。为了使新兴的统治基业长治久安,他以明之兴亡为借鉴,警惕宦官朋党为祸,重视整饬吏治,推行与民生息。但他少年气盛,刚愎自用,急躁易怒。

宫中有位董鄂妃是南中汉人,被掳北去,顺治帝见她身材窈窕,秀外慧中,对她格外宠幸,封她为贵妃,可惜红颜薄命,董鄂妃一病不起。可怜一朵鲜花,竟与流水同逝。顺治十分悲痛,辍朝五日,追封其为皇后,谥号"孝献庄和至德宣仁端敬皇后"。

传说顺治帝遭此打击,继而看破红尘,把抛弃天下看得如同丢弃破草鞋一样,遂于次年正月脱离尘世,遁入山西五台山,削发为僧。

三十六

【原文】

孟子自范之齐[①],望见齐王之子,喟然叹曰:"居移气,养移体,大哉居乎!夫非尽人之子与?"

孟子曰:"王子宫室、车马、衣服多与人同,而王子若彼者,其居使之然也。况居天下之广居者乎②？鲁君之宋,呼于垤泽之门③。守者曰:'此非吾君也,何其声之似我君也?'此无他,居相似也。"

【注释】

①范:地名,在今山东范县东南。
②广居:指"仁"。
③垤泽之门:宋国都城东南门。

【译文】

孟子从范邑到齐国都城,远远地看见齐王的儿子,长叹一声说:"居处环境改变气质,所得奉养改变体质,居处环境真是太重要了。他不同样都是人的儿子吗,为什么显得那么特别?"

孟子说:"王子的住所、车马和衣服大多和别人相同,而王子却那样与众不同,就是因为他所居住的环境使他这样的。何况居住在'仁'这个天下最宽广住所中的人呢? 鲁国的国君到宋国去,在宋国的东南城门下喊话。守城人说:'这个人不是我们的国君,为什么他的声音和我们国君这样相似呢?'这没有别的原因,是由于居处环境相似罢了。"

【评析】

齐威王新丧,宣王尚在守孝,年近七十的孟子听说宣王那里或可推行仁政,就长途跋涉来到齐国。他见王子气质不错,便感叹说,环境改变人的气质,修养改变人的体态,环境真重要啊! 他难道不也是人的儿子吗? 为什么他就如此温润清和呢? 孟子说,王子的住所、车马、衣服等大多与别人相同,而王子能那样,是因为他的环境使他那样,何况以"仁"为"居所"的人呢,他们岂不更有仁者之风吗?

由此孟子联想到鲁君到宋国去叫开城门,宋国守城者看到鲁国国君,说,这不是我国国君,为什么声音这么像我国国君呢? 孟子总结说,这没别的原因,是因为他们的生活环境相似。

孟子的本意,当然不是要讨论一般的教育问题,而是在思考如何营造一个"仁"的大环境,从而使天下归仁的重大问题。由此可知,孟子为什么说"得天下英才而教育之"为人生一大乐事了。

孟子诠解

《孟子》原典解读

图文珍藏版

三十七

【原文】

孟子曰:"食^①而弗爱,豕交^②之也;爱而不敬,兽畜之也。恭敬者,币之未将^③者也。恭敬而无实,君子不可虚拘^④。"

【注释】

①食:奉养。

②豕交之也:意思是以养猪的态度来奉养自己的父母。交,接。

③将:奉,献。

④虚拘:意思是被有名无实的虚礼所拘束。

【译文】

孟子说:"奉养自己的父母亲却不从心里爱他们,这就和养猪一样;爱却不敬,这也和畜养牲畜一样。恭敬是在礼物将要送出之前就已经存在于自己的心里的。外表恭敬,但内心却并非如此,君子不能被这样的虚礼所拘束。"

【评析】

本章批评当时诸侯虽然优待贤者,但没有真正的诚意,不执行他们的主张,如同是豢养牲口一样。

三十八

【原文】

孟子曰:"形,色,天性也。惟圣人然后可以践形。"

【译文】

孟子说:"形体容貌是天生的,只有成了圣人才能够通过修养而无愧于这一天赋。"

【评析】

　　每个人的容貌是天生的,我们无法改变,但可以通过修养来提高我们的内心气质。

三十九

【原文】

　　齐宣王欲短丧①。公孙丑曰:"为期之丧②,犹愈于已③乎?"

　　孟子曰:"是犹或紾其兄之臂,子谓之姑④徐徐云尔,亦教之孝悌而已矣。"

　　王子有其母死者,其傅为之请数月之丧。公孙丑曰:"若此者何如也?"

　　曰:"是欲终之而不可得也。虽加一日愈于已,谓夫莫之禁而弗为者也。"

【注释】

　　①短丧:缩短服丧的时间。

　　②为期之丧:服一年的丧。期,一整年。

　　③已:止,指不服丧。

　　④姑:姑且,暂且。

【译文】

　　齐宣王想要缩短自己为其父服丧的丧期。公孙丑说:"服一年的丧期,不也比不服丧好吗?"

　　孟子说:"这就好像是一个人扭他兄长的胳膊,他却对那人说,你暂且慢慢地扭吧,这样说只是为了能教会他孝顺父母、尊敬兄长而已。"

　　有王子死去了母亲,他的师傅请求自己替王子服几个月的丧。公孙丑说:"像这样该怎么办呢?"

　　孟子说:"这是王子想把全部的丧期服完,但终究还是做不到的缘故。即使多服一天丧也比不去服丧强,这说的就是那些没有谁去禁止他们服丧,但是自己却不能做到的人。"

【评析】

齐威王死了,按习惯法,王子应守孝三年。但王子认为,三年时间太长,想短一点。估计王子已经守了一年丧了,所以孟子弟子公孙丑认为,也可以,为父王守一年丧总比完全不守丧强吧?

孟子不同意弟子的意见,他说:这好比不杀兄长而只是把兄长的胳膊扭起来,你却对那个人说,你慢慢扭吧,这比杀兄长好。要儿子守孝三年,只是教导他们孝悌罢了,你怎么能这么讲呢?

过了一些时,王子的一位庶母死了,他的师傅为他请求只守丧几个月算了。公孙丑问老师,像这事怎么办?

孟子说,这是因为王子想守完丧又办不到,所以才请求只守几个月。当然,即使只多守丧一日也比不守丧好。上次我讲的扭胳膊那些话,是对那些没人不让他守丧他却不守丧的人说的。

看来,孟子也觉得三年之丧的确太长了。

四十

【原文】

孟子曰:"君子之所以教者五:有如时雨化之者,有成德者,有达财者①,有答问者,有私淑艾者。此五者,君子之所以教也。"

【注释】

①财:通"才"。

【译文】

孟子说:"君子实施教化的方式有五种:有像及时雨滋润万物的,有帮助养成品德的,有帮助发展才能的,有解答疑问的,有以学识风范感化他人使之得到私下教育的。这五种就是君子施行教育的方法。"

【评析】

君子之所以教者五。

教育的方式多种多样："如时雨化之"是润物无声、身教重于言教；"成德"是品德教育、成就其德；"达财"是随材成就、因材施教；"答问"是解疑释惑、传道授业；"私淑艾"是影响所及，以自学为主。

【典例阐幽】

春风化雨

南北朝时，清河太守苏琼为官，两袖清风，而且很善于教化乡民。一次，郡中有一位告老还乡的尚书赵颖给他送来几个西瓜。并说这是自己园中产的。苏琼却之再三，也不能拒绝赵颖，苏琼只好勉强收下西瓜。苏琼把赵颖送出门外，回到房中马上叫家人将西瓜装入竹篮，悬于屋梁之上。

乡民们听说太守收下了赵颖的西瓜，便纷纷携带时鲜瓜果前来。苏琼遂叫家人从梁上摘下竹篮，拿给他们看。只见篮里西瓜原封未动，有的甚至已经腐烂。送礼者面面相觑，羞愧难当，悄悄离去。

当地有一个叫普明的人为了争财产，与自己的弟弟长年累月地打官司，而且还各自请来证人为自己证明。最后，他们的官司打到了苏琼那里。苏太守就把普明兄弟俩召请过来，并且劝他们说："天下最难得到的就是兄弟啊！而容易得到的则是田地。假使得到了田地而失去了兄弟，你们的心会觉得怎样呢？"

苏太守说着，眼中流下了泪水。这像春风化雨般的一席话，使在场的所有人都深为感动，有些人甚至被太守的真诚感动得流下了眼泪。普明兄弟俩则互相叩头认错，彼此退让，再也不为争财产打官司了。

四十一

【原文】

公孙丑曰："道则高矣，美矣，宜若登天然^①，似不可及也。何不使彼为可几及而日孳孳也？"

孟子曰："大匠不为拙工改废绳墨，羿不为拙射变其彀率^②。君子引而不发，跃如也。中道而立，能者从之。"

【注释】

①宜：大概。

②羿：古代传说中的人物，善射。彀率：弓弩张开的程度。

【译文】

公孙丑说："道的确是很高、很美，就像登天一样，似乎是不可企及的；为何不让道变成能够有希望达到的东西，从而让人们每天都努力追求呢？"

孟子说："高明的木匠不会为手艺拙劣的木工改变或废弃规矩，羿不会为技艺拙劣的射手而改变他拉弓的标准。君子教导别人正如射手拉满弓，但却不把箭射出去，做出跃跃欲试的样子。他站在正确的道路上，有才能的人就会追随他。"

【评析】

弟子公孙丑对老师说，您所论述的道，的确很高，很美了，只是它太高太难追求了，像登天一样难，似乎可望而不可即。您老人家为什么不使它变成可以企及的东西，因而让别人天天孜孜以求呢？

老师不同意弟子的意见，他说，高明的木匠不会为了拙劣的工人跟不上而改变或废除规矩，神奇的射手后羿也不会因为拙劣的学徒而改变其开弓的标准。君子教育门徒，就像开弓射箭一样，他拉开弓，却不发箭，做出跃跃欲试的样子，有能力学习射箭的就会跟着来。同样的道理，君子站在正确的道路上，做出要往前走的样子，有能力的便会着来。

孔子曾讲："有教无类。"若以此章观之，诸子的教育，应是一种英才教育。

四十二

【原文】

孟子曰："天下有道，以道殉身①；天下无道，以身殉道②。未闻以道殉乎人③者也。"

【注释】

①以道殉身：使道为己所用。殉，同"徇"，从。

②以身殉道:道不可行则身退,与道共亡。

③以道殉乎人:根据别人的要求而改变自己的道。

【译文】

　　孟子说:"天下如果有道,就使道为己所用,大行天下;如果天下无道,就要与道共亡,绝不改变。没有听说过改变自己的道义去迎合别人的。"

【评析】

　　无论何种情况,君子都应与道相随,而不能牺牲道以屈从他人。

四十三

【原文】

　　公都子曰:"滕更之在门也^①,若在所礼,而不答,何也?"

　　孟子曰:"挟贵而问,挟贤而问,挟长而问,挟有勋劳而问,挟故而问,皆所不答也。滕更有二焉。"

【注释】

　　①滕更:滕国国君的弟弟。

【译文】

　　公都子说:"滕更在您门下学习时,似乎是属于要以礼相待的人,然而您却不解答他的问题,为什么呢?"

　　孟子说:"倚仗自己地位来发问,倚仗贤能来发问,倚仗年长来发问,倚仗有功劳来发问,倚仗老交情来发问,都是我不愿回答的。滕更占了其中的两条。"

【评析】

　　孟子教学生,诲人不倦,却并非有问必答。有五种情况,孟子不答弟子问:一是仗着地位高而问,二是仗着自己贤能而问,三是仗着自己年长而问,四是仗着自己有功劳而问,五是仗着自己是孟子的老朋友老交情而问。

　　滕更在孟子门下时,似乎也在孟子以礼相待之列,但他发问请教时,孟子却不回答。至于滕更到底是倚仗的哪两种？孟子点到为止，并没有明说。朱熹《集注》引赵氏说："二，谓挟贵，挟贤也。"而上述五种情况，有一点是相同的：不是虚心地向老师请教，对老师不够尊敬。

孟子认为，求教于老师门下，目的是为了学习知识，切磋学问，教学相长，因此，也不能掺杂贵、贤、长、勋劳、故旧等外在的因素，一旦掺杂了这些因素，就会如朱熹《集注》引尹氏所说："有所挟，则受道之心不专，所以不答也。"所谓不专，也就是指心不诚，求学心不诚，怎么能有所收获呢？所以孟子不予回答。而这种不予回答，又是不是"予不屑之教诲也者，是亦教诲之而已矣"呢？（《告子下》）

说起来，孟子的意思也很简单，就是要求我们虚心求教，而不要自以为是。

四十四

【原文】

孟子曰："于不可已①而已者，无所不已。于所厚者薄，无所不薄也。其进锐②者，其退速。"

【注释】

①已：停止。
②锐：疾速。

【译文】

孟子说："对于不该停止的事情却停止了，那么就没有不可停止的了。对于该厚待的人却给予薄待，那就没有什么人不可薄待的了。进得太快的人，退得也快。"

【评析】

这段话似乎没头没脑，不着边际，实际上当是孟子在评论某种人。

孟子在这里一共说了三种情况，不过，前两种情况的性质是一样的，用孔子的术语来说，都是"不及"的问题。后一种则是说的"太过"的问题，前进太猛做得过了头，其结果是退起来也会快得很，结果还是达不到目的。这就应了孔子的话："欲速则不达。"（《论语·子路》）或者叫作"过犹不及。"（《论语·先进》）可见，孟子在这里依然是师承孔子的意思。分别说到"不及"与"过"的弊病。

【典例阐幽】

进锐者，其退速

春秋时，赵襄子派遣大将新稚穆子攻打翟国。新稚穆子一天之内就连战连捷，占领了老人和中人两座城池，于是就派人来向赵襄子汇报战果。当时，赵襄子正在吃饭，听到报告后却面有忧色。左右的人问："一天占领两座城，这是人人都应该为之高兴的大喜事，您却为何发愁呢？"

赵襄子说："所谓'进锐者，其退速'。暴风骤雨，过不了一会儿就得停；日到正午很快就会偏西。现在，我们并没有为翟国老百姓做什么有益之事，却一天占领他们两座城池，这难道不是快要灭亡的征兆吗？"

孔子听到这话以后，十分感慨地说："赵国看来要昌盛了！对国家的事，总是从坏处着想，这是昌盛的开始；而每天优哉游哉，认为万事大吉了，这才是衰败的征兆。

一时的胜利，并不困难，难的是永远立于不败之地，有头脑的领导者总是能够事先考虑事情将会出现什么不利因素，所以他们所取得的成就能够延续到后世。齐、荆、吴、越四国都曾经打过胜仗，但很快都灭亡了，不都是不能认识到'进锐退速'这一点吗？"

孔子

四十五

【原文】

孟子曰："君子之于物也，爱之而弗仁；于民也，仁之而弗亲。亲亲而仁民，仁民而爱物。"

【译文】

孟子说:"君子对于万物,爱护它,但不必以仁德之心对它;对于百姓,施仁给他而不必亲爱他。君子热爱亲人,进而施仁德于百姓;施仁德于百姓,进而爱惜万物。"

【评析】

这段话很短,却十分清晰地反映了儒家的仁政思想:

首先要"亲亲",即亲近自己的亲人;然后是"仁民",即仁爱百姓。"亲亲"加"仁民",就是孟子讲的"老吾老,以及人之老;幼吾幼,以及人之幼。"最后是"爱物",即爱惜万物,爱护一切生灵。

这就是孟子讲的"仁"。

四十六

【原文】

孟子曰:"知者无不知也,当务之为急;仁者无不爱也,急亲贤之为务。尧、舜之知而不遍物,急先务也;尧、舜之仁不遍爱人,急亲贤也。不能三年之丧,而缌、小功①之察②;放饭流歠③,而问无齿决④,是之谓不知务。"

【注释】

①缌、小功:古代丧服名。古代丧服分为斩衰、齐衰、大功、小功、缌麻五个等级。

②察:做仔细,讲求好。

③放饭流歠:放,大。歠,饮。大口吃饭、大口喝汤。按礼的规定,在尊长面前这样吃喝,是大不敬的行为。

④齿决:此指用牙咬断干肉。按礼的规定,在尊长面前这样做,是不礼貌的。

【译文】

孟子说:"智者没有什么不知道,但是以现在该做的事情为当务之急;仁者没有他不爱的,但是把亲爱贤者作为当务之急。尧舜的智慧不能知道一切事物,但是却知道当务之急该做什么;尧舜的仁爱不能爱一切人,但是却把亲爱贤者作为当务之急。不能为父母服丧三年,却能将服缌麻、小功这样的丧事做到最好;大吃大喝,却还要讲求不用牙齿咬断干肉,这就是不明白当务之急。"

【评析】

本章论为政者当知要务。

孟子用类比论证法。他说,智者没有什么不知晓,但是当前的要务才是急于解决的;仁者没有人不该爱,但天下人那么多,所以要以先爱亲人和贤人为要务。

同理,为政者应知当务之急。俗话说:"丢了西瓜拣芝麻。"抓住了小的却失去了大的,抓住了次要的却失去了主要的,因小失大,舍本逐末,这就叫作"不知务"。凡事总有轻重缓急,因此,要抓住当前急切应办的事先做。

【典例阐幽】

当务之急

宋朝仁宗时的宰相吕夷简,是一位很会掌握分寸的人。

有一次,仁宗病了很长时间,没有上朝理政。这一天,他的病情稍有好转,想召见主持政务的大臣们。于是来到便殿,命人去召中枢省和枢密院文武两大臣进宫。

吕夷简得到旨意宣召以后,过了一会儿才起身入宫,枢密大臣催他快点走,而吕夷简却像平时一样,在宫门外下了轿,不紧不慢地踱着方步进来。宋仁宗见他们磨蹭了半天才到,非常不满意地说:"我病了这么长时间,今天刚刚有所起色,非常想见见你们,你们为什么姗姗来迟?"

吕夷简从容禀奏皇上:"陛下患病,不能亲理朝政,朝廷上下都很担忧。当务之急并不是见到皇上,而是安定人心。今天忽然召见大臣,我们再慌慌张张跑进宫,人们会误认为出了什么大事,引起不必要的恐慌。"宋仁宗听后频频点头,认为他考虑周全,办事得体。

【本篇总结】

孟子在这一篇集中论述怎样提升道德修养。孟子认为,尽管有道德的人不一定都能实现自己的人生理想,但士人无论在困顿时还是在显达时,都应该以道养身,涵养性情,穷则独善其身,达则兼济天下,时刻不忘自己所承担的道德责任和历史使命。天下万物,世间万事,人伦万情,不如意的事情常常十有八九,商界人士当形成一种达观的人生态度,涵养对人对事都能宽厚开豁的胸怀。

【古代事例】

介之推不言禄

在孟子看来,人生中有些东西只要追求就可获得,如果舍弃努力就会失去,因为这样的东西是人本身就具有的;人生之中还有一些东西即使苦苦追求都不一定能得到,因为这样的东西是人自身之外的。所以,面对这些身外的得失时应该具有达观的胸怀。春秋时期的介之推就是这样一位豁达的人。

唐代诗人韩翃有首诗曰:"春城无处不飞花,寒食东风御柳斜。日暮汉宫传蜡烛,轻烟散入五侯家。"诗中所描述的是古代寒食节时的风物景象。唐代从开元(713—741 年)间起就把寒食节纳入国家正式的休假制度,时间三到五天不等。据考证,寒食节在冬至后的一百零五天,恰在清明节的前一天,这一天家家都不生火做饭而是吃冷食。这个风俗至今仍在很多地方流行。

寒食节之所以会在这一天以及要吃冷食的习俗,与春秋时介之推的故事有关,这个故事凄美动人,今天读来依旧扣人心弦。

晋献公时,公子重耳(公元前 697—前 628 年)为避骊姬之难,出奔卫国,却被卫君拒之门外,只好转道齐国。在路途中,粮草匮乏,所有的人只好以野菜充饥。重耳生于深宫之中,长于妇人之手,自小锦衣玉食,面对粗粝之食,不知如何下口。站在一旁的介之推见状,走到隐蔽处,忍痛割下大腿的一块肉,煮成汤进献给重耳。重耳被介之推的义举深深感动。

后来重耳凭借秦国的帮助,返回晋国平定内乱,即位后励精图治,很快便称霸诸侯,成为史上有名的晋文公。跟随晋文公一同流亡的人都得到封赏,只有介之推没有得到任何封赠。不过,介之推对晋文公并无怨怒之言,从未向人炫耀过自己的功绩,更没有主动求得俸禄的念头。

介之推的母亲想要他去试一试,介之推曰:"晋献公有九个儿子,只有公子重耳还活在世上。献公的继承者惠公、怀公都没有亲信,国内外的人都不亲附他们。好在上天眷顾晋国,不让晋国灭亡,让明睿的君主治理晋国。能够君临晋国的人,除重耳之外还能有谁呢? 其实,重耳在晋国即位是天命,群臣却以为是自己匡扶的功劳,这岂不荒谬? 偷别人的财物尚且被称为盗贼,更何况把上天的力量当成自己的功劳呢? 让人不解的是,国君和群臣都认为这是理所当然的事,上下之间互相蒙蔽欺诳,恐怕很难长久地相处。”

介之推的母亲又说:“为何不去向国君求俸禄呢?”介之推回答说:“痛恨这种罪行却又亲自效仿,这不是罪加一等吗? 况且我刚才对群臣的行为有所不齿,更不会贪图晋国的俸禄。”母亲无奈地说:“那让他知道也好啊。”介之推安慰母亲说:“言语是身体的文饰,身体都要归隐山林,再用这些虚华的文饰有什么用呢? 这样做依然是求闻达显赫。”最终介之推说服母亲,一同到山林归隐。

有一天,晋文公想起介之推的好处,四处访求不得。后来,晋文公听说他与老母隐于林泉,便派人到他隐居的绵山(在今山西介休)寻找。介之推依旧不肯出来见他,晋文公无奈之下只好下令放火烧山,想就此逼迫介之推出山。谁知,介之推还是坚持不肯出来,直到大火把山林烧成一片灰烬。晋文公悔之不及,将绵山上的肥土作为介之推的祭田,以表旌介之推的言行。晋文公还把这天作为介之推的祭日,不生火做饭,以示纪念。

【评述】

介之推不言禄的嘉言懿行历来被人津津乐道,尤其是在春城飞花,绿柳东斜的时节。其实,孟子所说的求之即得,舍之则不得的东西是人自身的道德修养,追求却不一定能得到的是功名富贵。商界人士面对人生的功名利禄,若能持一颗平常心,生活中多些自然的情趣,就会增添很多的快乐。

黄庭坚居宜州

孟子非常推崇这样的人生境界:尊崇道德,悦乐仁义,安然自得,在困顿时不失义,在显达时不离道。得志就把恩泽施于百姓,不得志就修身养性;困顿就独善自身,显达就兼善天下。其实,这种人生境界历来被士人推崇。北宋的黄庭坚被贬到偏远之地的时候,就有这样一种独特的处世风格。

熟知书法史的人常说宋代的书法四大家是“苏、黄、米、蔡”,这里所说的“黄”就是黄庭坚,他的《松风阁诗帖》《华严疏》都是非常有名的艺术珍品。

黄庭坚（1046—1105 年），字鲁直，自号山谷道人，洪州分宁（今江西省修水县）人，工辞章书法，与张耒、晁补之、秦观并称为"苏门四学士"，与陈师道、陈与义合为"江西诗派"三宗。

宋神宗时（1068—1085 年），黄庭坚出守太和县（今江西太和），政治作风平易善治，得到百姓的深切爱戴。当时朝廷正重用王安石改弦更张，诏令天下颁行繁琐的盐政，很多县吏争先恐后在境内推行以取悦上层。唯独黄庭坚坚决抵制，让百姓安宁地耕作休息。

宋神宗死后，年仅九岁的哲宗继位（1085 年），宣仁太皇太后把王安石新政全部废除。反对新政的黄庭坚被召回京师，以校书郎的身份担任《神宗实录》的检讨官，撰修神宗一朝的历史。

元祐八年（1093 年），哲宗亲政，任用章惇（1035—1105 年）为宰相，再次起用变法人士，全面恢复神宗时的新政。哲宗绍圣（1094—1097 年）时，黄庭坚被挤出朝堂，先后出任宣州（今属安徽）、鄂州（今属湖北）的地方官。

新党人物并没有从此放弃对黄庭坚的挤压。章惇、蔡卞（1058—1117 年）及其党羽指斥黄庭坚修的《神宗实录》不符合事实，还从中摘出千余条来一一责问修史的依据。黄庭坚理直气壮地回答所有的问题，在场的正直之士无不壮怀激烈。最后，黄庭坚坦然答道："这千余条文字都是依据耳闻目见得来的事实，不敢有所虚妄。"

崇宁三年（1104 年），黄庭坚被贬谪到宜州（今广西宜山）。满眼生疏的黄庭坚只好寄居在城西百姓的家中。谁知，宜州太守为讨好与黄庭坚政见不合的吏部尚书赵挺之（1040—1107 年），不让他住在城内。黄庭坚只好移居城外低洼潮湿的地方。屋舍萧然不堪人居，黄庭坚却能处之泰然。他常对人说："我常常觉得一个家庭应当把农耕作为根本，假若我没有进入仕途而只做一位耕田的老农，所居住的庐舍也不过如此，住在这样的地方又有什么可忧恼的呢？"此时的黄庭坚身在江湖之上，心却存乎魏阙之中，忧国忧民之情，常常溢于言表。

崇宁四年（1105 年）重阳，他在宜州郡城楼登高怀远，慷慨悲歌道：

"诸将说封侯，短笛长歌独倚楼。万事尽随风雨去，休休，戏马台南金络头。催酒莫迟留，酒味今秋似去秋。花向老人头上笑，羞羞，白发簪花不解愁。"（《南乡子·重阳日宜州城楼宴即席作》）

自此，黄庭坚一病不起，二十多天后就带着难酬的壮志与世长辞。

【评述】

　　黄庭坚被贬到宜州的时候,已没有能力再去匡扶岌岌可危的大宋江山,他能做的也只能是在困顿之中坚守大道,保持信仰。很多成功的商界人士都曾经历过人生中的大波大浪,言行出处无不与"穷则独善其身,达则兼济天下"的境界相同,这句名言也不知成为多少人的座右铭。

【现代事例】

国际红十字的品牌价值

　　孟子说,仁义的话语不如仁爱的声望深入人心,良好的政举不如良好的教育赢得民心。良好的政举会为百姓赢得财富,良好的教育能为诸侯赢得人脉。人类从事商业活动的最高境界是为了积聚财富,改善生存条件,使人类得到良好的教育和发展机会,促进人类社会的发展和进步。国际慈善机构国际红十字会就有着这样高尚的目标。

　　国际红十字会(ICRC)是一家遍布全球,富于人道主义的志愿救援机构。

　　国际红十字会的发起源于一位名叫亨利·杜南(Herny Dunant,一八二八~一九一〇年)的瑞士人的偶然经历。一八五九年六月二十四日法国与奥地利酣战期间,亨利·杜南从意大利的伦巴第(Lombardia)经过时,惊骇于休战后的战场上有成千上万受伤的士兵在痛苦地挣扎着,得不到照料的受伤士兵大部分都慢慢地死去。

　　一八六二年,亨利·杜南自费出版《索尔弗利诺回忆录》(A memory of Sol ferino)一书,将他在路途中耳闻目睹的悲惨场景详细地记录下来。在书中,他号召民众成立一个民间的、中立的伤兵救援组织。

　　亨利·杜南的呼吁引起欧洲一些国家的高度关注和热情参与。一八六三年,国际红十字会成立,总部设在日内瓦。翌年,红十字运动就扩展到欧洲十二个国家,并在日内瓦联合签署第一个日内瓦公约,即《关于改善战地陆军伤者境遇之日内瓦公约》。国际法规定,任何武装部队均不得攻击标有红十字标志的车辆、人员和设施,否则会被视为战犯。但是,每年依然有很多穿梭于硝烟中的救援人员在战争中丧生。

一九六五年,第二十届红十字国际会根据"尊重人类的生命,为所有受难者提供救援"这一最基本准则,确定出国际红十字的七项原则:人道、公正、中立、独立、志愿服务、统一、普遍。这七项原则撇开人类在政治、种族、宗教或意识形态本质之间的差别,促进人类相互了解,加深友谊,开展合作,预防和减轻人类的苦痛,维持世界持久的和平。

当代,越来越复杂的武装冲突为世界的和平与发展带来极大的威胁,更令人担忧的是,武装冲突还成为全球化非常显著的一部分,使无数无辜百姓背井离乡,妻离子散,人类的生命不可避免地遭受战争的虐待和摧残。在这样的背景下,国际红十字在国际社会发挥的作用越来越明朗地凸显出来。国际红十字基于国际人道法,利用一切适当手段,采取广泛行动,争取在任何时间、任何地点与受害者取得接触,向他们提供保护和援助。

尽管国际红十字会是一家非盈利性质的慈善机构,但这并不影响它的品牌价值。在世界品牌实验室编制的"世界品牌五百强排行榜"中,国际红十字就高居第六十八名,并给出解释说:"哪里有战争,哪里有饥荒,哪里就有红十字会!"

【评述】

国际红十字虽是慈善机构,却有着极好的品牌价值。因为它有着孟子所说的仁爱之声望和悲悯的济世之心,通过多种形式的救助减少人类在战争中的很多痛苦,更让世界懂得珍惜和平和稳定。如果企业的管理者能在经营活动中融入对社会真挚的情感因素和高尚的道德因素,相信企业很快会被社会接受。

西夫韦取消客户忠诚卡

杨朱主张"为我",连拔掉一根毛发就能便利天下的事情都不肯去做;墨翟主张"兼爱",只要对天下有利的事情就会去做;子莫的言行取杨、墨之中,有所为,有所不为。孟子认为取子莫的言行比较恰当,但如果子莫不懂得变通,就和杨、墨没有本质上的差别。孟子在这里强调的是要处理好常理和权变的关系。商业活动当遵循常理,但更要根据实际情况进行变通,以获取最大的经济效益。美国西夫韦的权变思想,就体现在取消客户忠诚卡的举措中。

一九一五年,雄心勃勃的斯卡格斯(M. B. Skaggs)在爱达荷(Idaho)镇顶下一家蔬菜商店,采用薄利多销的经营战略,仅十来年时间,就在美国的十个州开设四百多家分店。一九二六年,斯卡格斯的蔬菜商店与西夫韦合并,组建成一家大型的超市,营业规模也随之扩大两倍。

如今,西夫韦(Safeway)是北美最大的食品和药品零售商之一,具有广泛的食品生产、加工和销售网络,主要经营各类新鲜蔬菜水果、酒水、食品、杂志及日用品,在产品价格、时尚潮流、客户服务等方面都做得非常出色。凭借这些雄厚的实力,西夫韦在美国、加拿大西部、墨西哥共设有一千八百家多种形式的分店。西夫韦清净整洁的购物环境总是给人舒心的感觉,二十四小时营业制又能让顾客在任何时间都能买到所需物品。西夫韦的营销分析主管安德鲁·韦斯特(Andrew West)认为零售业易于经营,基础打好以后,剩下的困难都可以迎刃而解,最重要的是要善于在日常经营中总结规律,发现并合理利用其中的黄金法则。

为建立一个多方位的数据分析系统,西夫韦投入巨资为客户办理"ABC 忠诚卡",以便于收集大量的客户消费资信和个人资信,向潜在的消费者邮寄促销广告。但令西夫韦高层管理者十分困惑的是,这一举措不但没有使客户更为坚定的忠诚于西夫韦,反而由于投资不当,导致超市的货品种类单调,价格不合理,让很多老客户失去信心。

在这样的情况下,西夫韦不得不取消"ABC 忠诚卡",采用具有高度可执行性的 SAS 专业分析系统(SAS,即 Statistical Analysis System,国际上统计分析的标准软件,是由美国北卡罗来纳州立大学于一九六六年开发的一个专业统计分析软件,在各领域得到广泛应用)来支撑所有分店的经营活动,把主要精力放在商品的种类和价格上做文章。商品零售业具有很强的传递性,及时分析超市的资料和经验对超市的发展至关重要,SAS 专业分析系统刚好可以满足。

取消 ABC 忠诚卡以后,西夫韦仅靠八人就能通过 SAS 专业分析系统统计当天的所有资料,既可以及时地为决策层提供准确资料,又可以大幅节省开支,保证商品和服务的品质。

由于施行有效的资料分析系统,西夫韦没过多久就挽回采用"ABC 忠诚卡"期间所造成的损失,销售额也大幅攀升。

【评述】

孟子很注重在日常生活中讲究伦理道德,但是孟子更注重权变。这样才能算得上真正地理解道德观念。比如说"男女授受不亲"是常理,但是如果自己的嫂嫂落水,不赶忙伸手去救的人就无异于禽兽。西夫韦没有固执地认为客户忠诚卡必会带来丰厚的利润,而是意识到这一举措存在着很大的缺陷时,及时改变策略,运用更新的方法来维持用户资信采集。因此,商界人士应及时分析现状,及时变通,适当调整不合理举措的能力。

【名言录】

名言:其进锐者,其退速。——《尽心(上)》

古译:前进迅速,则退亦迅速。

今译:前进得太快,那么后退得也快。

现代使用场合:凡事都要循序渐进,一步一步按顺序来,如果只为达到目标而不择手段,则会在前进的过程中留下很多隐患,也会导致后退失败的过程加快。现代生活中从政和经商者应尤其注意,在实现理想目标的同时,应该反思一下:在这个过程中有没有留下不安定因素?哪些会导致运作的不良运行?将这些一一考虑到了,才能避免失败的情况发生。

名言:不耻不若人,何若人有? ——《尽心(上)》

古译:不以不若人为耻,何以若人?

今译:不以比不上他人为耻,怎么能赶上他人呢?

现代使用场合:人活在世界上是要有一定的羞愧之心,有羞愧之心才能以不如他人为耻,才会有前进的动力。现代企业竞争十分激烈,要想从中得以生存,就应该常和其他企业进行比较,寻找出其中的不足,创造更大的发展空间。而不应该碌碌无为,惶惶不可终日。

名言:君子有三乐,而王天下不与存焉。父母俱在,兄弟无故,一乐也;仰不愧于天,俯不怍于人,二乐也;得天下英才而教育之,三乐也。——《尽心(上)》

古译:君子有三乐,而王天下不与存。父母俱在,兄弟无故,是为一乐;上不愧于天,下不愧于人,是为二乐也;得天下英才教育之,是为三乐也。

今译:君子有三种乐趣,但是称王天下不在其中。父母都健在,兄弟没有灾患,这是第一种乐趣;抬头不愧于上天,低头不愧于他人,这是第二种乐趣;得到优秀的人才并对他们进行教育,这是第三种乐趣。

现代使用场合:人生有三乐:一、自己亲人均健在无忧,这是快乐的根本;二、自己做人要无愧于天地,这是快乐的原则;三、得英才而教之,使自己的才学得以继承,这是快乐的拓展。在日常生活中,我们也要时常挂念父母亲人的健康,时常加强自己的修养,做到问心无愧,如果能找到事业上好的接班人,则这一生将会是快乐的。

名言:有为者辟若掘井,掘井九轫而不及泉,尤为弃井也。——《尽心(上)》

古译:有为者辟若掘井,掘井九轫而不及泉,尤为弃井也。

今译:做事就好比挖井,挖井如果挖到六七丈深不见泉水就放弃,是很可惜的。

现代使用场合:做事情要自始至终,如果半途而废,就好比挖再深的井,没见到泉水就放弃,那么则无异于没有挖井。所以我们在现实中对待每一件值得做的事情都要从一而终,既然决定做这件事,就应该把它做完,半途而废只能是功亏一篑。

卷十四 尽心下

【题解】

本篇共 38 章。前四章主要阐述"仁者无敌"的思想,谴责春秋时期的不义之战,批判穷兵黩武的不仁行为。第七、八章主要是议论时弊,抨击当时流行的复仇之风,抨击诸侯设关卡扰民等不良的社会现象。第十二至十六章以及第二十七、二十八章主要论及为政之道,呼吁统治者实行仁政,并明确提出"民贵君轻"的民本思想,指出民众是立国之本。第二十五章主要论及个人道德人格的完善层次,以道德程度的高低将人分为六类。第二十九至三十五章主要论及君子修身之道,指出君子应以大道为立身之本,严于律己,减少欲望,确保修养目的的纯正性。其他章节内容的安排较为零散,但大抵不离大道立论。主要涉及追求大道的态度,指出对大道应不断讲求、不可间断;鼓励人们勇于追求大道,不管天意如何,都当孜孜以求;告诫人们不可使大道失坠。此外,对教育方法也有所涉及。

一

【原文】

孟子曰:"不仁哉梁惠王也! 仁者以其所爱及其所不爱,不仁者以其所不爱及公孙丑问曰："何谓也?"

"梁惠王以土地之故,糜烂其民而战之,大败。将复之,恐不能胜,故驱其所爱子弟以殉之,是之谓以其所不爱及其所爱也。"

【译文】

孟子说:"梁惠王真不仁啊!仁人把给予他所爱的人的恩德推及至他所不爱的人,不仁者把带给他所不爱的人的祸害推及至他所爱的人。"

公孙丑问道:"为什么这么说呢?"

"梁惠王因为土地的缘故,不惜牺牲百姓的生命去打仗,大败后准备再战,担心不能取胜,所以又驱使他所爱的子弟去为他送死,这就叫把带给他所不爱的人的祸害推及至他所爱的人。"

【评析】

在这一章里,孟子提到的梁惠王"驱其所爱子弟以殉之"的故事,就是《梁惠王·上》第五章里,梁惠王对孟子说的"东败于齐,长子死

成吉思汗

焉"的事情。据《史记》记载,梁惠王三十五年(公元前335年),魏国大举进攻赵国,赵国大败,慌忙向齐国求救。齐宣王采纳孙膑的建议,在马陵与魏军大战,结果,齐国获胜,斩杀魏将庞涓,俘虏魏国太子申。

孟子认为,梁惠王是个"好战分子","好战"会给百姓带来战乱和苦难,最后甚至会祸及自己的儿子,所以说,梁惠王是个"以其所不爱及其所爱"的不仁的人。事实上,任何一个好战分子都是"不仁"的,别说名气并没有多大的梁惠王,就连成吉思汗、拿破仑、希特勒这些人,被孟子遇到的话,也会被斥责为"不仁"吧。

【典例阐幽】

己所不欲，勿施于人

"己所不欲，勿施于人"是孔子提出来的。仲弓问孔子，怎么样才算是仁呢？孔子答道："出门无论同什么人交往，都要好似接见贵宾一样的恭敬；处理百姓的事情，要好像对待国家大祭一样认真。己所不欲，勿施于人。做大官做小官都要做好分内工作，使人没有怨恨"。

子贡问孔子，"什么是可以奉行一辈子的话呢？"孔子说："这就是宽恕啊。己所不欲，勿施于人。"

后来这句话成为儒家的信条。当然这对每个人来说也是适用的。

二

【原文】

孟子曰："春秋无义战。彼善于此，则有之矣。征者，上伐下也，敌国不相征也。"

【译文】

孟子说："春秋时期没有符合仁义的战争。某一国的君主比另一国的君主好一点，这是有的。但是征伐，是指在上者讨伐在下者，相互敌对的国家是不能互相征伐的。"

【评析】

本章批评春秋时代没有正义战争。孟子认为，国君之间，有的好一点，那是有的。但并不能因为你比人家好一点，你就可以征讨人家。因为按照周孔，所谓征讨，那是上级讨伐下级，如周天子讨伐诸侯。同等级的国家之间，是不可以互相征讨的。

今人评价战争是否"义"，关键是看它是侵略战争还是反侵略战争。这样的标准当然比孟子的标准先进。

三

【原文】

孟子曰:"尽信《书》,则不如无《书》。吾于《武成》①,取二三策而已矣②。仁人无敌于天下,以至仁伐至不仁,而何其血之流杵也?"

【注释】

①《武成》:《尚书》篇名,叙述了周武王伐纣的故事。

②策:编成的竹简。

【译文】

孟子说:"完全相信《尚书》,不如没有《尚书》。我对于《武成》篇,就只取其中二三页罢了。仁人无敌于天下,凭武王那样最仁之人去讨伐商纣那样最不仁之人,怎么会让血流得把杵都漂起来呢?"

【评析】

尽管后来的《孟子》研究学者将孟子在这一章里提到的《书》理解为一般书籍的泛指,但实际上孟子所说的《书》特指的是《尚书》,也就是说,孟子的原意是"与其完全相信《尚书》的记载,那还不如没有《尚书》的好"。

《尚书》又称《书经》,简称《书》,相传由孔子编撰而成,但有些篇是后来儒家补充进去的。《尚书》是我国最古的官方史书,也是我国第一部上古历史文件和事迹著作的汇编,保存了商周时期的一些重要史料。孟子之所以不相信《尚书》,或者说不完全相信尚书的记载,是因为孟子认为《尚书》的记载不实。他举的例子是《尚书》中的《武成》,认为施行仁政的周武王讨伐实行暴政的商纣,战争场面不可能有"血水都能漂起木棒"这样的情景。说到底,孟子质疑《尚书》,立足点不是实际情况,还是他心中施行仁政的理想,以及这个理想所呈现给他的美好蓝图。

不管怎么说,《尚书》是儒家经典之一,据说又是孔子编撰的,在那个时代自然具有很高的地位。因此,孟子敢于质疑《尚书》,不仅需要很大的勇气,而且这种对权威保持独立思考、勇于怀疑的精神是值得肯定的。

的确如此,任何一位大师在治学过程中,大都提倡存疑创新的态度,认为这是培养创造性思维的一种重要方法。孔子就很重视治学中的"疑问"对思维发展的作用,孟子更是明确提出"尽信书不如无书"的观点,对人们坚持严谨科学的治学态度产生了积极而深远的影响。

前文已经说过,"尽信书不如无书"的格言是后人总结孟子的精神之后形成的,基本精神是:既要相信书,又不能"尽信书",不要迷信书,不做书的奴隶。这种精神有一定的正确性。因为没一本书都是某一特定时代、条件和思想认识的结晶,能给人们带来知识和经验,但也有一定的局限性。因此,既要认识书的价值与作用,又要反对教条主义和唯书是从。如果完全相信书,轻则会让自己变成书呆子,重则形成"唯书是从"的作风,贻害无穷。

【典例阐幽】

尽信书不如无书

明代著名医药学家李时珍,字东壁,号濒湖山人。出生于蕲州(今湖北蕲春)一个世代行医的家庭,父亲李言闻是当地一位名医。李时珍从小就跟随父亲到病人家看病、上山采集药草,对医学产生了浓厚的兴趣。

二十二岁时,在一次乡试失败后,他便决意放弃功名仕途,继承祖辈的事业。李时珍在行医过程中发现历代的药物学著作存在不少缺点,不但分类杂乱、内容错误,而且还漏载了许多药物,需要重新整理和补充。他决心在宋代唐慎微编的《证类本草》的基础上,编著一部新的完善的药物学著作。为此,李时珍参阅了大量古代医书,家藏的书读完了,就利用行医的机会向本乡豪门大户借。后来,李时珍进了武昌楚王府和北京太医院,更是遍读医书,简直成了"书迷"。

李时珍

但李时珍深知尽信书不如无书的道理,除了读书以外,他还走访了河南、江西、江苏、安徽等地。每到一处都虚心地向药农和劳动人民请教,采集药物标本,收集民间验方。很多人都热情地帮助他,有的人甚至把家传秘方也交给了他。就这样,他得到了很多书本上所没有的知识,还收集了很多药物标本和民间验方。

经过近三十年的辛勤耕耘,李时珍终于完成了一部在世界科学史上规模空前的医药学与博物学巨著——《本草纲目》。

四

【原文】

孟子曰:"有人曰:'我善为陈①,我善为战。'大罪也。国君好仁,天下无敌焉。南面而征,北狄怨;东面而征,西夷怨。曰:'奚为后我?'武王之伐殷也,革车三百两②,虎贲三千人。王曰:'无畏!宁尔也,非敌百姓也。'若崩厥角稽首③。征之为言正也,各欲正己也,焉用战?"

【注释】

①陈:同"阵"。

②革车:兵车。

③厥角:兽首。这里是以额触地。

【译文】

孟子说:"有人说:'我善于布阵,我善于作战。'这是大罪过。国君喜好仁,就会天下无敌。商汤向南方征讨,北方的民族就会埋怨;向东方去征讨,西方的民族就会埋怨,说:'为什么不先来我们这里?'周武王讨伐殷商的时候,战车三百辆,勇士三千人。武王对殷商的百姓说:'不要害怕!我是来让你们得到安宁的,不是和你们为敌的。'殷商的百姓都把额角触地叩头,发出的声响如同山陵崩塌。'征'的意思是'正',如果各个国家都端正自身,哪里用得着作战呢?"

【评析】

在这一章里,孟子提出了"国君好仁,天下无敌焉"的观点,这句话的意思就是"如果国君喜欢施行仁政,就能天下无敌"。这个观点最初出现在《孟子》的第一卷里,是孟子在跟梁惠王的一次谈话中提到的。因此,我们不妨接着那次的话题继续讨论。

当时,孟子告诉梁惠王,即使是一个只有面积百里的小国家,如果能施行仁政的话,也可以成为有实力称王天下的国家。在战国时代,称王天下是不容易的,但只要注意孟子的前提,要施行仁政,不要有霸道思想,就会发现称王天下其实很容易。

那么,应该怎么施行仁政呢? 孟子给梁惠王提出四条粗略的措施:第一条是"省刑罚"。刑和罚是两种相辅相成的法治方法,在实行时不要太严格,不要变成严刑峻法。第二条是"薄税敛"。这就是说,要注意减少向百姓征收的各种苛捐杂税,切实减轻百姓的负担,否则就等同于杀鸡取卵,如果民穷财尽,天下就要大乱了。第三条是"深耕易耨"。要重视农业,鼓励生产,以便增加粮食生产,达到富民的目的。第四条是"重教化"。要在全国上下推广孝顺父母、尊敬兄长、忠于国君和诚实守信的道理,可成为讲究孝、悌、忠、信的国家。

这里尤其需要强调的是第一条。法治与仁政并不完全矛盾,法治也是仁政的智谋之一,不过,仁政要以仁义为本,因此,在仁政精神下的法治不能太苛刻。只有做到"省刑罚",百姓才会安居乐业,不至于人人自危。

在阐述了施行仁政的四条粗略的措施后,孟子又分析了当时邻国的国情。他对梁惠王说:"这些国家都不管百姓的死活,乱用民力,不管农忙与否,只要想打仗,就随时征调百姓上阵,百姓不能正常劳作,过不上安定的生活,结果都弄得妻离子散,家破人亡。如果大王派军队讨伐这样的国家,又有谁能抵挡呢?"

的确如此,国君施行仁政的话,自然会得到百姓的拥护,这在人心向背方面就占据了绝对优势。但要把这个人心上的优势转化为军事上的优势,就必须得借助战争这一手段。如果没有强大的实力的话,空谈"仁者无敌"就是没有后盾的痴人说梦了。

因此,从长远角度来看,"国君好仁,天下无敌焉"是有一定的道理的,但如果据此得出"焉用战"的结论,也不亚于痴人说梦;如果据此断定"善为陈、善为战"之人是战争的罪人,也是不妥当的。

五

【原文】

孟子曰:"梓匠轮舆能与人规矩,不能使人巧。"

【译文】

孟子说:"木匠和车匠能教给人圆规、曲尺的使用方法,却不一定使人技术高超。"

【评析】

师傅只能教给人们规矩法则,而不能教会对规矩法则的运用。德国哲学家康德关于诗歌艺术的分析,可以借来发挥孟子的这一思想。康德说:"尽管对于诗艺有许多详尽的诗法著作和优秀的典范","但人不能巧妙地学会做好诗"。以大诗人荷马为例,他可以教给人作诗的方法、韵律等,但绝不可能教会第二个人也写出他的那些伟大诗篇。因为他自己也并不能"指示出他们的幻想丰富而同时思想富饶的观念是怎样从他们的头脑里生出来并且集合到一起的"(康德:《判断力批判》,154~155页,北京,商务印书馆,1993)。所以想真正做到"巧",还要靠个人的实践、探索,所谓"心有灵犀一点通",所谓"熟能生巧",都离不开各人的体悟。这正是"师傅领进门,修行在各人"。

六

【原文】

孟子曰:"舜之饭糗茹草也①,若将终身焉;及其为天子也。被袗衣②,鼓琴,二女果③,若固有之。"

【注释】

①糗:干粮。茹:吃。

②袗衣:绣有文采的华贵衣服,指天子所穿的盛服。

③二女:尧的两个女儿娥皇、女英。果:同"婐",女侍。

【译文】

孟子说:"当舜啃干粮吃野菜的时候,好像一生就将这样度过;等他做了天子后,穿着有纹饰的华贵衣服,弹着琴,尧的两个女儿服侍着,又好像原本就拥有了这一切。"

【评析】

本章说像舜这样的至仁之人,贫贱至极也是仁者,富贵至极也是仁者,亦"大丈夫""贫贱不能移,富贵不能淫"之意。

<h1 style="text-align:center">七</h1>

【原文】

孟子曰:"吾今而后知杀人亲之重也。杀人之父,人亦杀其父;杀人之兄,人亦杀其兄。然则非自杀之也,一间耳①。"

【注释】

①一间:指相距很近。间,隔。

【译文】

孟子说:"我从今以后才知道杀死别人亲人的严重性:杀死别人的父亲,别人也会杀死他的父亲;杀死别人的哥哥,别人也会杀死他的哥哥。那么,虽然父亲和哥哥不是自己杀死的,但也相差无几了。"

【评析】

按中国古代习俗,无故杀人父兄,人家可以报仇杀你之父兄。因此,自己的父兄好像不是自己杀的,其实也跟自己杀的差不多了。

八

【原文】

孟子曰:"古之为关①也,将以御暴;今之为关也,将以为暴。"

【注释】

①关:关卡。

【译文】

孟子说:"古时设置关卡,是为了抵御强暴;现在设置关卡,却是为了施暴。"

【评析】

本章抨击当时诸侯设关立卡,施暴祸民。

九

【原文】

孟子曰:"身不行道,不行于妻子;使人不以道,不能行于妻子。"

【译文】

孟子说:"自己不按道行动,道在他妻子儿女身上也实行不了;使唤人不遵循道,那就连妻子儿女也使唤不了。"

【评析】

以身作则才会让人心悦诚服地顺从。

十

【原文】

孟子曰:"周于利者凶年不能杀①,周于德者邪世不能乱。"

【注释】

①周:充足。杀:窘困。

【译文】

孟子说:"财富充足的人,荒年不能让他窘困;德行深厚的人,乱世也不能让他迷惑。"

【评析】

本章实论"义利"。

财富充足的人,即使遭遇荒年,也不会被饿死;仁德充足的人,即使遭遇乱世,也不会迷失本性。到了乱世,天下大乱,仁德不充足的人,不仁不义的人,就有可能趁火打劫,发国难财,做出许多伤天害理的事来。

十一

【原文】

孟子曰:"好名之人能让千乘之国,苟非其人,箪食豆羹见于色。"

【译文】

孟子说:"喜好名声的人能够让出拥有千辆兵车国家的君位;如果不是这种人,让出一筐饭、一碗汤,他都会流露出不悦的神情。"

【评析】

千乘之国,大国也,将其君位让给别人,其受让者应该是值得受让的人。如果

国学经典文库

孟子诠解

《孟子》原典解读

图文珍藏版

受让者不是这样的人,哪怕只是给他一筐饭、一碗汤,出让者的不情不愿也会表现在脸上。

把君位让给别人,并非完全是假设。孟子多次讲到孤竹国的伯夷、叔齐,二人就都不愿做国君;吴王太伯为让君王到了江南的吴国;就是孟子那时,燕王姬哙也把君位让给了国相。

十二

【原文】

孟子曰:"不信仁贤,则国空虚;无礼义,则上下乱;无政事,则财用不足。"

【译文】

孟子说:"不信任仁者、贤者,那么国家就会空虚;如果没有礼义,那么上下尊卑的关系就混乱了;不施行行政管理,那么国家的财物资源就会匮乏。"

【评析】

本章论治国当以"仁贤""礼义""政事"三事为务。

十三

【原文】

孟子曰:"不仁而得国者有之矣,不仁而得天下者未之有也。"

【译文】

孟子说:"不施仁德却得到一个国家,有这样的情况;不施仁德却得到天下,是从来没有过的。"

【评析】

一些研究《孟子》的学者指出,这一章是《孟子》一书中阐述得最精辟、最透彻的一章。孟子在这一章里提出的"民为贵,社稷次之,君为轻"的观点,是孟子所有的观点里最光辉闪亮的一个。

战国时代是一个生产力异常落后,科技水平异常低下的时代。在那样的那环境之下,上至国君,下至黎民百姓都很讲究迷信。因此,他们对"君权神授,君权至上"的观念深信不疑,这种观念甚至成了全社会的普遍认识。

然而,在"众人皆醉"之时,有一个人却是清醒的,这个人就是孟子。在全社会都把君权视为天地、父母、日月和神明的背景下,孟子态度鲜明地提出了"民贵君轻"的观点。他认为,不论是社稷还是国君,其实都是为百姓设置的,如果社稷和国君对百姓没有任何功德,那么不管是谁,百姓都可以换掉他,既可以另立国君,也可以重新建立新的国家。

孟子的这个观点尖锐、深刻而精辟,他把天子和国君从高不可攀的神坛上拉了下来,又把民权放在社稷和君权之上。众所周知,法国的思想家和革命家卢梭也有和孟子相近的民权思想,但孟子这种把民权放在君权之上的思想比卢梭的"民权论"早了整整一千多年,这不仅是孟子对儒家学说的重大发展,在中国思想政治史上也具有重大的意义。

不用别人多说,孟子自己也知道,他的这种把民权置于社稷和君权之上的观点,在专制社会里注定要受到统治阶级的打压。因此,尽管孟子的民权思想的问世时间比卢梭的民权论早了一千多年,但却一直停留在初始阶段,没有任何发展。这既是孟子的悲哀,也是长期遭受专制奴役的中国人民的悲哀。

在明朝初年,作为儒家"亚圣"的孟子本来和"圣人"孔子一起,被后人把牌位供在孔庙里祭祀,但当明太祖朱元璋听见有人读到孟子"民贵君轻"的论述以后,立即勃然大怒,下令将孟子的牌位驱逐出孔庙。

十四

【原文】

孟子曰:"民为贵,社稷次之①,君为轻。是故得乎丘民而为天子②,得乎天子为诸侯,得乎诸侯为大夫。诸侯危社稷,则变置,牺牲既成,粢盛既洁③,祭祀以时,然而旱干水溢,则变置社稷。"

【注释】

①社稷:此处指本义,土神、谷神。有时引申为国家。

②丘民:众民;丘,众。

③牺牲:供祭祀用的纯色牲畜。粢盛:盛在祭器中的黍稷等。

【译文】

孟子说:"老百姓最重要,土神、谷神次之,君主为轻。因此得到老百姓的拥护,就可以做天子,得到天子的赏识就可以做诸侯;得到诸侯的赏识就可以做大夫。如果诸侯危害国家,那么就改立诸侯。牺牲已经肥壮,祭品已经洁净,祭祀也按时进行,然而依旧发生旱灾水灾,那么就要改立土神、谷神。"

【评析】

本章论"民贵君轻"。

孟子认为,得到人民的拥护才能做天子,得到天子的欢心才能做诸侯,得到诸侯的欢心才能当大夫。这就是说,没有老百姓的拥护和认可,就谈不上什么天子,什么诸侯,什么大夫。这是从正面论证"民贵君轻"。

如果诸侯危害国家,那就另立诸侯。孟子多次讲,诸侯不行仁政,又不纳谏,那么异姓大夫就可以离开他,同姓大夫就可以把他废了,另立诸侯。他曾明白地对齐宣王说,诸侯要是不对国家尽心尽力,就可以把他废了。诸侯可以废,大夫当然可以废。天子怎么样?根据孟子盛赞周武王伐商纣王的思路来看,天子也是可以废的。至于社稷之神,其职责是保佑人民。如果老百姓恭敬地祭祀它,它却仍让老百姓遭受水灾旱灾,那就应废了它,另立社稷神。这是从反面论证"民贵君轻"。

两千多年前,孟子有如此进步的思想,是非常了不起的!

【典例阐幽】

民为贵,社稷次之,君为轻

战国时,赵惠文王去世以后,赵太后一面抚养年幼的赵孝成王,一面通过各种外交活动来联合其他诸侯抗击秦国的侵略,是一位了不起的人物。有一次,齐国使臣到邯郸拜会赵太后。赵太后问使者:"贵国的年成如何?百姓平安吧?齐王的玉体可好?"

齐使不高兴地回答:"下臣奉命出使贵国,专程拜会太后。太后未问齐王如何,却先问年成和百姓,这不是把贵贱的次序弄颠倒了吗?"

太后说:"不然,如果没有好年成,怎么能有百姓? 要是没有百姓,怎么会有君王?"

这一番话所反映出的"民为贵,社稷次之,君为轻"的思想,说明赵太后是一个很有政治远见的女性。不仅如此,赵太后还对齐国国内的情况了如指掌。赵太后问道:"贵国有个钟离子帮助无粮的人吃饱,帮助无衣的人穿暖。这是帮助国君抚养百姓,为什么到现在还不委任他的官职呢? 叶阳子爱护鳏寡孤独,扶贫济穷,为什么他还在家呢? 孝女婴儿子为了奉养双亲,矢志不嫁,也不戴玉环耳坠。这种孝道出于真情,为什么到现在还没有表彰她呢?"

一番话使齐国使臣大为惊叹,再次拜伏在地表示敬意。

十五

【原文】

孟子曰:"圣人,百世之师也,伯夷、柳下惠是也。故闻伯夷之风者,顽夫廉①,懦夫有立志。闻柳下惠之风者,薄夫敦,鄙夫宽②。奋乎百世之上,百世之下,闻者莫不兴起也。非圣人而能若是乎? 而况于亲炙之者乎③?"

【注释】

①顽:贪婪。

②鄙:质朴,鄙陋。

③亲炙:直接受到熏陶。

【译文】

孟子说:"圣人是百代后人的老师,伯夷、柳下惠就是这样的人。因此听到伯夷的节操的,贪婪的人也会变得清廉,懦弱的人也会有自立的志向;听到柳下惠的节操的,鄙陋浅薄的人也会变得敦厚,气量狭小的人也会变得大度。他们在百代以前奋发,百代以后,听到他们的事情的人,没有不为之振作的。不是圣人能像这样有感召力吗? 更何况曾经亲自接受过圣人熏陶的人呢?"

国学经典文库

孟子诠解

《孟子》
原典解读

图文珍藏版

650

【评析】

　　本章盛赞圣人为百代之师。

　　孟子说,伯夷、柳下惠虽然在百代之前奋发而为,但在百代之后,闻其风者莫不感动奋发,如听到伯夷的风操,贪婪的人也会廉洁,懦弱的人也会刚强;听到柳下惠的风操,即使刻薄的人也会敦厚,狭隘的人也会宽容。相隔百代,闻其风操尚且如此,何况亲自接受圣人熏陶的人呢?

　　孟子如此盛赞过的圣人,离他最近的是孔子,也比他早一百年了。揣摩孟子之意,有无以圣人自许,预见自己将为百代之师的意思呢?恐怕是有的。而且孟子的自许得到了当时人和后人的认可,他的预见也是对的。

十六

【原文】

　　孟子曰:"仁也者,人也。合而言之,道也。"

【译文】

　　孟子说:"'仁'的意思就是人。把'仁'和'人'合起来讲,这就是道。"

【评析】

　　仁是关于人之为人的概念,人追求、实现仁的过程就是道。

十七

【原文】

　　孟子曰:"孔子之去鲁,曰:'迟迟吾行也。'去父母国之道也。去齐,接淅①而行,去他国之道也。"

【注释】

　　①接淅:把正在淘洗的大米滤干,比喻行色匆忙。

【译文】

　　孟子说:"孔子离开鲁国时,说道:'我们慢慢地走吧。'这是离开祖国的态度。离开齐国时,将淘好了的米捞起来就走,这是离开别的国家时的态度。"

【评析】

　　孔子是鲁国人,鲁国是其父国之邦,当然有种依依不舍之情。所以当他离开鲁国时,他说,我们慢慢走吧,这是离开父母之邦时的态度。

　　孔子曾到齐国去谋求发展,对齐国没有什么依恋之情。所以离开齐国时,尽管已经在淘米做饭了,他滤干米,带上就走,这是离开别国的态度。

　　孔子离开鲁国的故事,卷十第一章也进过,可见孟子印象很深。

十八

【原文】

　　孟子曰:"君子之厄于陈①、蔡之间,无上下之交也。"

【注释】

　　①厄:穷困,为难。

【译文】

　　孟子说:"孔子被围困在陈国、蔡国之间,是因为和这两个国家的君臣都没有交往的缘故。"

【评析】

　　这一章里孟子提到的"孔子厄于陈"的故事,在《论语》里面有详细的记载。据说,当时孔子师徒近百人因为没有粮食吃,几乎都要饿得爬不起来了。这时,学生子路气愤地跟孔子抱怨说"先生怎么也有穷困的时候啊",孔子却不以为然地回答道:"君子就算穷困,也不会学小人一样胡来。"由此可见,孔子确实是很在意自己的人品的,宁可挨饿,也不做不该做的事。

十九

【原文】

貉稽曰①："稽大不理于口②。"

孟子曰："无伤也。士憎兹多口。《诗》云：'忧心悄悄,愠于群小③。'孔子也。'肆不殄厥愠,亦不殒厥问④。'文王也。"

【注释】

①貉稽：人名。姓貉,名稽。

②理：和顺。

③"忧心"两句：见《诗经·邶风·柏舟》。悄悄,忧愁的样子。愠,恼怒。

④"不殄"句：见《诗经·大雅·绵》。肆,故,既然。殄,灭尽。厥,代词,其。问,通"闻",声誉。

【译文】

貉稽说："我的口碑很差。"

孟子说："没有关系。士人厌恶这种多嘴多舌。《诗经》说过：'愁思重重压在心,小人视我眼中钉。'孔子是这样的人。'不能消灭别人的怨恨,也不要失去自己的声誉。'文王是这样的人。"

【评析】

只要问心无愧,就不必在意别人多嘴多舌!

二十

【原文】

孟子曰："贤者以其昭昭使人昭昭,今以其昏昏使人昭昭。"

【译文】

孟子说："贤者教育别人,必须先使自己明白了,然后才能使别人明白。现在的人教育别人,自己还很糊涂,却要用自己的糊涂去使别人变得明白。"

【评析】

众所周知,做到"以己昏昏,使人昭昭"的程度是很困难的。那么,怎样才能"以己昏昏,使人昭昭"呢? 教育过程不是自发的过程,而是一个帮助被教育者更好地完成认知的过程,教育者要让这个过程变得具有可操作性。

作为教育者,在给被教育者讲道理的时候,要懂得基本的认知规律,懂得人在什么情况下,通过什么样的方式,进行怎么样的过程,才能真正弄明白一个道理。只有这样,才有可能让自己在"昏昏"中使得被教育者"昭昭"。

在教育过程中,要有一个比较好的引导方法。尽管"一把钥匙开一把锁",但锁匠的经验往往有举一反三的价值,所以教育者要多尝试和开发不同的方法。

教育的过程是双向的,被教育者不必不如教育者,所谓教学相长,互相启发,互相学习,正是教育的最高层次。有时,面对有限的经历和无限的知识,谁也没有足够的能力继续保持教育者的姿态。知识的更新是永恒不断的,作为教育者,怎样才能够终生都施教于被教育者呢? 除了不断完善和提高自己的水平,应该还有其他的途径。

二十一

【原文】

孟子谓高子曰:"山径之蹊间,介然用之而成路①;为间不用②,则茅塞之矣。今茅塞子之心矣。"

【注释】

①径:同"陉",山坡。蹊:小路。介然:用心专一的样子。
②为间:隔段儿时间。

【译文】

孟子对高子说:"山坡上的小路很窄,专心致志地去走,然后便变成了路;如果隔了段时间不去走,就又会被茅草塞住。现在茅草堵塞你的心了。"

【评析】

孟子的弟子高子,曾经努力学习过,后来大概没有继续学习。孟子教导他要继续学习。但孟子没有直截了当地说他,而是用了个比喻。

孟子说,山坡上有条刚走出来的小路,如果接着用心去走,就会成为真正的路。但一旦停下不再走了,那小路就会重新长满茅草,被茅草堵塞。孟子最后对弟子说,如今那"茅草"又堵了你的心了!"茅塞顿开"作为一个成语,其语源正出于此。

先秦诸子讲抽象的道理,往往用类比的方法,很形象,很生动,也易于理解和接受。

【典例阐幽】

茅塞顿开

赵匡胤做了皇帝后,怕大臣们重权在握有可能生变,于是把石守信、王审琦、高怀德等几位手握兵权的大将请到宫中饮酒。酒酣之时,赵匡胤见时机已到,便让侍立四周的人都退下,对他们说:"我没有你们的鼎力相助,也当不了皇帝。可是做天子也太艰难了,还不如做节度使快乐。这一年来,我就没有一夜睡过安稳觉。"

石守信等人不知就里,忙问为什么。赵匡胤便接着说:"这还不明白?皇帝这个位子,谁不眼红呀?试问在座诸位,有谁不愿意做天子?"

赵匡胤

石守信等人听了,立即惶恐不安地向赵匡胤叩头说:"陛下为什么说出这样的话来?现在天命已定,谁还敢怀有野心,想做天子?"赵匡胤摇摇头说:"对你们几位我还信不过吗?但你们虽然没有野心,你们手下的人难道不想贪图富贵吗?你们难道忘记了我是怎样当了皇帝的吗?"石守信等人吓得连连磕头说:"请陛下指引一条出路。"

赵匡胤便说:"你们不如把兵权交出来,到地方上去做个闲官,多买些良田美宅,给子孙留点家业,再多置些歌儿舞女,日夜宴饮,快快活活度个晚年。我再与你们结成儿女亲家,这样一来,臣君相安,两无猜忌,该是多好的事啊!"

赵匡胤的这一番话使得石守信等人茅塞顿开,他们第二天便主动请辞,交出了自己的兵权。

二十二

【原文】

高子曰:"禹之声尚文王之声①。"

孟子曰:"何以言之?"

曰:"以追蠡②。"

曰:"是奚足哉? 城门之轨,两马之力与?"

【注释】

①尚:通"上",超过。

②追蠡:钟纽要断的样子。追,钟纽。蠡,欲断的样子。

【译文】

高子说:"大禹的音乐要胜过文王的音乐。"

孟子说:"为什么这样说呢?"

高子回答说:"因为大禹传下来的乐钟,钟纽都快断了。"

孟子说:"这怎能足以说明问题呢? 城门下面的车辙,难道只是几匹马的力量造成的吗? 是因为天长日久车马经过造成的。大禹的钟纽快断了,也是因为时间久远的关系。"

【评析】

本章记录了一个小故事。

孟子弟子高子看到大禹铸的铜钟和周文王铸的铜钟,他见大禹之钟的钟钮快断了,便以为那一定是大禹之钟声音更高,把钟钮振坏了。

孟子说,这怎么能足以证明呢? 城门下的车迹那样深,难道只是几匹马的力量吗? 意思是说,那是天长日久无数车马碾出来的。同理,大禹之钟,其钟钮快断了,那也是因为日子太久了,不断磨损的缘故。

二十三

【原文】

高子曰:"禹之声尚^①文王之声。"

孟子曰:"何以言之?"

曰:"以追蠡^②。"

曰:"是奚足哉?城门之轨,两马之力欤?"

【注释】

①尚:通"上",超过。

②追蠡:钟纽要断的样子。追,钟钮;蠡,要断的样子。

【译文】

高子说:"禹的音乐胜过文王的音乐。"

孟子问:"为什么这么说?"

高子说:"因为禹传下来的乐钟,钟钮都快断了。"

孟子说:"这哪足以说明问题呢?城门下的车迹很深,是一二匹马的力量造成的吗?"

【评析】

损坏,也许是因为腐化,也许是用的方法不同,当然也不能否认过度使用也是原因之一。但是过度使用就一定是爱吗?也许只是不得已而已。

二十四

【原文】

齐饥。陈臻曰:"国人皆以夫子将复为发棠^①,殆不可复?"

孟子曰:"是为冯妇也。晋人有冯妇^②者,善搏虎,卒为善士。则之野,有众逐虎,虎负嵎③,莫之敢撄④。望见冯妇,趋而迎之。冯妇攘⑤臂下车。众皆悦之,其为士者笑之。"

【注释】

①发棠:打开粮仓,赈济百姓。棠,在今山东即墨,即墨在当时为齐国之大都,有粮仓。

②冯妇:人名,姓冯名妇。

③负嵎:负隅顽抗之意。负,靠,背靠。嵎,山势曲折险峻的地方。

④撄:触犯,迫近。

⑤攘:捋起、挽起袖子。

【译文】

齐国大饥。陈臻说:"齐国的百姓都以为老师您会再次劝谏齐王打开棠地的粮仓赈济百姓,难道老师真的不会这么做了?"

孟子说:"这就是冯妇的所作所为。晋国有个人叫冯妇,善于同老虎搏斗,后来变成善人。有一次他到野外去,看到很多人在追逐着老虎,老虎背靠着险要处,没有人敢靠近。当他们看见冯妇来了的时候,都上前去迎接他。冯妇捋起袖子,走下车来。众人看到都非常高兴,但是士人们却都在耻笑他。"

【评析】

在这一章里,孟子讲了"打虎英雄"冯妇的故事。冯妇本来已经发誓不再打虎了,但在别人的邀请之下,他又重操旧业,干起了打虎的勾当,放弃了自己发誓要当善士的追求。成语"再作冯妇"是说,人不应因环境而轻易放弃自己的追求与原则,也就是不应"再作冯妇"。

从孟子说这段话的语气里,我们感到他并不是完全否定冯妇的作为,也许是因为"再作冯妇"得到了众人的拥护,只是士人们在讥笑冯妇罢了。

那么,难道孟子是因为害怕士人的讥笑而不去劝齐宣王开仓赈灾吗?

关于这个问题,朱熹解释说,主要是因为孟子说这话的时候,齐宣王已经不愿意再用他了,自然也就不愿意再听他的话了。孟子自己也是知道这个情况的,而且准备要离开齐国了,所以才不会再去劝齐宣王开仓赈灾的。

由此可见,孟子说这段话时,心态是处在一种矛盾中的,正如冯妇打算再次打虎一样,也是很矛盾的:不去打虎吧,众人需要自己帮忙;去打虎吧,又违背了自己的追求和主张。孟子也是这样,不去劝齐宣王开仓赈灾吧,百姓确实需要救济;去劝齐宣王开仓赈灾吧,他又不会听,而且已经准备离开齐国了,再去劝齐宣王,是不是又放弃了要离开齐国的打算呢?会不会受到齐宣王身边的人的讥笑呢?孟子想了很久,最后决定不去管赈灾的事了。其实,陈臻也是了解先生的处境的,所以他马上又说"殆不可复"。

不管怎么说,有一点是可以肯定的:孟子之所以讲述了"再作冯妇"的典故,是要表明他对自己行为的一种把握和一种审时度势。

由此可见,是不是"再作冯妇"并不是绝对的,关键在于审时度势和把握自己的处境。如果环境允许"再作冯妇",那么再做一次也未尝不可;如果环境不允许,就不要再想着做一回冯妇了。

二十五

【原文】

孟子曰:"口之于味也,目之于色也,耳之于声也,鼻之于臭也,四肢之于安佚也①,性也,有命焉,君子不谓性也。仁之于父子也,义之于君臣也,礼之于宾主也,知之于贤者也,圣人之于天道也,命也,有性焉,君子不谓命也。"

【注释】

①臭:各种气味。文中特指芳香的气味。安佚:安逸,舒适。

【译文】

孟子说:"口对于美味,眼对于美色,耳对于好听的声音,鼻对于芬芳的气味,手足四肢对于安逸,这些爱好都是天性,但能否得到,要由命来决定,君子不把它们看成是天性所致。仁对于父子,义对于君臣,礼对于宾主,智慧对于贤人,圣人对于天道,能否实现有命的作用,但也有天性的作用,君子不把它们看作是命运的范畴。"

【评析】

这一章从理论上阐述了"性"与"命"的关系。在孟子看来,口体之欲,虽是人的本性的需求,但有命定之数,非求必得之;既是命定,当修礼义以节制人的这种欲望,而不应妄求。而仁义礼智等是人的本性的反映,而不是命定的;既是本性之反映,故当修身养性以竭力追求,使达于圣贤之境,而不能委之于命。这种明晰的阐释,使儒家的尽性立命之学,不事口体之安逸,修身养性之道,从理论上得到了充分的论证。

在两千多年前的科学极其落后的年代,人们把有些难以捉摸的东西归之于"命",这也是可以理解的。因为有些带有若干偶然性的巧合及很大机遇性的吉凶祸福、富贵贫贱、健康疾病、不测风云等一类东西,确乎神秘难测,不可捉摸,全人类几乎一致地称之为"命"。而孔孟的值得称道之处在于,他们虽也谈"命",但从不把"命"委之于上帝或神的主宰,所以使儒家避免了踏上宗教、迷信之歧途。这是儒学的高明之处。

二十六

【原文】

浩生不害问曰①:"乐正子何人也②?"

孟子曰:"善人也,信人也。"

"何谓善? 何谓信?"

曰:"可欲之谓善,有诸己之谓信,充实之谓美,充实而有光辉之谓大,大而化之谓圣,圣而不可知之之谓神。乐正子,二之中、四之下也。"

【注释】

①浩生不害:人名。姓浩生,名不害。齐国人。

②乐正子:人名。

【译文】

浩生不害问道:"乐正子是什么样的人?"

孟子说:"好人,是个实在人。"

"什么算是好? 什么算是实在?"

孟子回答说:"值得人喜欢便是好;好处确实存在于他自身,便是实在;使那些好处充满他全身便是美;不但充满而且能够光彩夺目地表现出来,便是大;大而又能化育万物便是圣;圣达到不可测度的境界,便是神。乐正子是处在'好'与'实在'两者之间,但还没达到'美'、'大'、'圣'、'神'四者的要求。"

【评析】

　　本章孟子把对个体人格的精神境界划分为六个品级:善、信、美、大、圣、神。其中,"善"是"可欲",所谓"可欲"也就是"可求",根据孟子的规定,只有存在于我之内的仁义礼智才是可求的,而存在于我之外的富贵权势是不可求的。故在孟子看来,只有不受外在条件的限制,完全可以由我控制、掌握的内在仁义礼智才是善。"信"是"有诸己"的意思,也就是说个体将"我固有之"的仁义礼智等善性保持住,落实在自己的行为中,使其成为自己的指导原则,而不会流失、丢失掉。"美"是"充实"的意思,是指个体通过自觉的努力,把他所固有的仁义礼智"扩而充之",使之灌注满盈于人的形体之中。而"充实"之所以能成为美,又在于它能使人的形体"生色",使自然的形体具有高尚的道德精神的意义,从而成为可以直观到的存在。中华民族历来把人的精神风度的美,看得高于人的自然形体的美,这一优良的传统与孟子"充实之谓美"的思想显然是分不开的。"大"是"充实而有光辉"的意思,也就是比一般的美在程度和范围上更为鲜明、强烈、广大,是一种辉煌壮观的美,包含有一般所谓"壮美"的意味。"圣"是"大而化之"的意思,它不但是一种辉煌壮观的美,而且具有极大的感染、教化、化育的力量,成为百代的楷模。"神"是"圣而不可知之",达到了"圣"的境界,却不知是如何达到的。"圣"是要赖人力才能成功的,"神"却似乎非人力所能成。孟子对美、大、圣、神的区分,虽然有神秘意味,但并不是纯粹主观的臆测,而是建立在对人格品质、精神境界的观察和区分之上,实际是对人格修养、成人成物、救世济民不同精神层次的概括,而所谓"圣"与"神",实际已进入与自然、宇宙天人合一的境界,因而也就跨进目的论的领域了。

【典例阐幽】

大而化之

　　三国时期,东吴的张昭跟从孙策南征北讨。孙策把政治、军事都交付给他全权处理,他不负所托,政绩斐然,名闻南北。结果经常有北方地区的士大夫写信给他,表达仰慕之意。张昭接到这些信后，又喜又忧。喜的是政绩受到肯定，忧的是不知该不该把这些信的内容告诉孙策。

如果告诉了孙策，有功高震主的疑虑；不告诉又怕有人误以为信里头有什么不可告人的秘密。正在张昭进退不安、左右为难的时候，孙策知道了这件事。

孙策找到张昭，给他讲了管仲和齐桓公的故事："以前齐桓公用管仲，把事情都交给了管仲，称管仲为仲父。左右请示一件事，桓公说：去问仲父；左右再请示一件事，桓公又说：去问仲父。左右就发起牢骚来，说：一则仲父，二则仲父，当国君真是这么容易吗？桓公说：我未得仲父以前，为君确是很难，既得仲父以后，为君怎么会不易呢？现在，北方人都说张昭能干，张昭既然是我用的，这就等于说我能干，能用张昭了。"

随后，他哈哈一笑，大而化之地说："子布（张昭字子布）贤能，我信任他，统一天下的功业不就在我身上了吗？"

二十七

【原文】

孟子曰："逃墨必归于杨，逃杨必归于儒。归，斯受之而已矣。今之与杨、墨辩者，如追放豚，既入其苙①，又从而招②之。"

【注释】

①苙：猪圈。
②招：羁绊。

【译文】

孟子说："避开墨子这一派，必定会归入杨朱这一派；避开杨朱这一派，必定会归到儒家这一派。回归了，接纳他就是了。而现在同杨朱、墨子辩论的人，好像在追跑掉的猪，猪已经回到猪圈了，还要接着把它的脚拴住。"

【评析】

追回还要拴住——强行推介自己的理论，用所谓仁义束缚人心，这样即使是追回了难道心会在吗?

二十八

【原文】

孟子曰:"有布缕之征①,粟米之征,力役之征。君子用其一,缓其二。用其二而民有殍,用其三而父子离。"

【注释】

①布缕之征:布帛之税。

【译文】

孟子说:"有征收布帛之类的赋税的,有征收谷物的赋税的,有征发百姓的劳役的。君子为政用了这其中之一,便要减缓其他两种。用了其中的两种,百姓就会有饿死的,用了其中的三种就会使父子离散。"

【评析】

在孟子主张的仁政思想里,切实减轻百姓的负担是很重要的一个方面。这一章阐述的就是劝诫统治者减轻百姓负担的问题。

众所周知,越是在战乱频繁的年代,为了在混乱中壮大实力,统治者们更是加紧剥削百姓,对百姓的横征暴敛是越发严重,百姓的生活更是苦不可言。儒家在痛斥这种现象的同时,又不断利用一切机会劝诫统治者切实减轻百姓的负担,比方在这一章里,孟子就提到,百姓承担的苛捐杂税大体有三种,既然已经征收了其中的一种,至少也要缓征其他两种,否则轻者会有百姓被饿死,重者百姓会被逼的家破人亡。可是,国君们都不知道,有百姓就有国家,百姓如果家破人亡了,国家也就国破君亡了。

二十九

【原文】

孟子曰："诸侯之宝三：土地、人民、政事。宝珠玉者，殃必及身。"

【译文】

孟子说："诸侯的宝物有三种：土地、百姓和政治。把珍珠、美玉当作宝物的，灾祸一定会降临到他身上。"

【评析】

本章论国君当行仁政。

三十

【原文】

盆成括①仕于齐。孟子曰："死矣，盆成括！"

盆成括见杀，门人问曰："夫子何以知其将见杀？"

曰："其为人也小有才，未闻君子之大道也，则足以杀其躯而已矣。"

【注释】

①盆成括：姓盆成，名括。曾为孟子弟子，后去齐国做官。

【译文】

盆成括在齐国做官。孟子说："盆成括要死了。"

盆成括被杀，学生问道："老师怎么会知道他会被杀？"

孟子说："他有点小才智，但不懂君子的大道理，那就足以招来杀身之祸了。"

【评析】

在这一章里，孟子表达了这样的观点：有小聪明和小才气的人也许也是机智过

国学经典文库

孟子诠解

《孟子》原典解读

图文珍藏版

人的,但未必能通晓大道理。"

有小聪明的人对细微之处看得很清楚,往往能察人之隐,超人之先,但他们往往是眼界不宽,心胸狭窄,眼里揉不进一粒砂子,心中容不下一点不平,在小事上放不开,因此不能明白大道理。因为这些原因,有小聪明和小才气的人往往锋芒毕露,并常常招人嫉恨,结果往往是惹火烧身,但自己还不知道。

那么,这种人有什么危害呢?如果他们不当官的话,不大容易处理好人际关系;而一旦当官的话,掌握不清官场的水深水浅,自然会有更大的危险。再严重的话,免不了被杀头。盆成括就是那种有小聪明和小才气,但不能通晓大道理的人,因此孟子能够预先知道盆成括有杀身之祸。

那么,到底什么是所谓"君子之大道"的大道理呢? 所谓"君子之大道",主要是要做到"明足以察奸"和"智足以成事"。也就是说,有小聪明和小才气的人做得到的事,有大聪明的君子也应该要做得到。聪明本身是没有错的,关键在于处理的方式。所谓"仁义行之","谦顺处之",就是要有所涵养,有所藏敛,小事上放得开,有时候甚至要"睁一只眼闭一只眼"。

因此,君子应该力戒小聪明和小才气,应该注意修炼大家风度,这就是行"君子之大道",就是通晓了大道理。

三十一

【原文】

孟子之滕,馆①于上宫②。有业屦③于牖上,馆人求之弗得。或问之曰:"若是乎从者之廋④也?"

曰:"子以是为窃屦来与?"

曰:"殆非也。夫子之设科⑤也,往者不追,来者不拒。苟以是心至,斯受之而已矣。"

【注释】

①馆:舍,居住。

②上宫:上等馆舍。

③业屦:尚未制作成的草鞋。业,做,制作。

④廋:藏匿,此处是指偷窃。

⑤设科:开设课程,指开堂讲学。

【译文】

孟子到滕国去,在上等的馆舍居住。有一双尚未制作完成的草鞋放在窗边,但是馆舍的人却怎么也找不到了。有人问孟子说:"这难道是跟从您的那些弟子把它偷走了吗?"

孟子说:"你以为他们是为了偷鞋才跟着我来的吗?"

回答说:"大概不是这样吧。先生您开堂讲学,对离开的学生不加追究,对来的学生也不加拒绝。但凡是那些怀着求学目的而来的,您都是接受的。"

【评析】

本章记录了一个小故事。

孟子到滕国去,住在上宫。这时上宫里发生了一件事,有一双放在窗户上尚未编织好的麻鞋不见了。有人问孟子说,像这样,是跟随您的人把它藏起来了吧? 意思是说,是您的门徒偷了吧?

孟子不高兴,反问道,你以为他们是为偷麻鞋来的吗?

对方回答说,大概不是的。但您老人家开门授徒,学生走了您不追问,来了您不拒绝。如果有人带着想偷东西的想法来,您不知道,也就接受了。这就是说,人家还是怀疑是孟子的门徒偷了。

《孟子》里为什么保留这一章呢? 门徒们不是为了说明孟子的门徒中有小偷,而是为了说明孟子对学生的态度:"往者不追,来者不拒。"

【典例阐幽】

来者不拒

公元 189 年,董卓进了洛阳任相国,为了笼络人心,打算用高官厚禄收买官员。他听说在讨伐黄巾的战斗中初露锋芒的曹操很有谋略。就把曹操提升为骁骑校尉。但是年轻有为的曹操看出董卓倒行逆施,不得人心,迟早要垮台,所以不愿意在董卓手下当差,于是他冒险从洛阳逃出,到陈留(今河南陈留县)去找他父亲。

曹操一走,董卓立即四处捉拿曹操。在中牟县曹操被捉。经过努力,曹操终于又逃了出来,回到陈留。曹操的父亲在陈留有不少财产。曹操回到陈留,得到父亲的同意,立即招兵买马,准备讨伐董卓。族弟曹仁、夏侯惇、夏侯渊等人立即来投。堂弟曹洪带着一千人来投奔,不久又有李典和乐进二将前来报效。当地有个财主叫卫兹,也拿出很多钱和粮食来帮助曹操。

董卓

曹操对前来投效的人来者不拒,迅速聚集了五千多人马。他一面操练兵马,一面派人探听各处动静。不久,羽翼渐丰的曹操发出檄文,约齐十四路诸侯共同讨伐董卓。

三十二

【原文】

孟子曰:"人皆有所不忍,达之于其所忍,仁也;人皆有所不为,达之于其所为,义也。人能充无欲害人之心,而仁不可胜用也;人能充无穿窬之心,而义不可胜用也;人能充无受尔汝①之实,无所往而不为义也。士未可以言而言,是以言餂②之也;可以言而不言,是以不言餂之也。是皆穿窬之类也。"

【注释】

①尔汝:尔、汝,都是第二人称代词,古代是对对方的轻视称呼。
②餂:取。

【译文】

孟子说:"人人都有不忍心做的事,把它推及至他所忍心去做的事上,就是仁。人人都有不肯去干的事,把它推及至他所肯干的事上,就是义。一个人能把不想害人的心扩展开去,那么仁就用不尽了;一个人能把不挖洞翻墙的心扩展开去,义就用不尽了;一个人能把不愿受人轻蔑的心理扩展开去,那么无论到哪里,言行都合义。士人，不可以交谈而去交谈，这是用言语试探对方来取利；可以交谈却不去交谈，这是用沉默试探对方来取利，这些都是扒洞翻墙一类的行径。

【评析】

把所有忍心干的坏事儿都变成不忍的，肯去干的坏事儿变成不肯的——那世界上将没有坏事儿。

三十三

【原文】

孟子曰："言近而指远者^①，善言也；守约而施博者，善道也。君子之言也，不下带而道存焉^②。君子之守，修其身而天下平。人病舍其田而芸人之田——所求于人者重，而所以自任者轻。"

【注释】

①指：意旨，意向。
②不下带：古代注视人，目光不可低于对方的腰带。文中比喻注意眼前常见之事。带，腰带。

【译文】

孟子说："言语浅显但意义深远的，是'善言'；所操持的简约，但成效广大的，是'善道'。君子的言谈，讲的都是眼前的事，然而道却蕴含其中；君子的操守，从修养自身开始，进而使天下太平。人们的毛病在于舍弃自己的田地，而去耕耘别人的田地——要求他人的太多，而对自己的要求却很少。"

【评析】

在这一章里，孟子指出了另一个不少人都犯的通病，即"所求于人者重，而所以自任者轻"，也就是说，能严格要求别人的人多，能严格要求自己的人少。孟子把这一浅显的道理比喻为耕地，他说，人们往往是放弃自己的田地，而去耕种别人的田地。这会导致什么结果呢？自然是自己的田地里荒草丛生，一片狼藉。

据此,孟子隐约提出,要加强"责己"之心,严格要求自己。其实,严格要求自己,加强内省的修为,是一个人保持与时俱进的重要途径,也是儒家思想的重要内容。那么,加强内省,提高自我修养有什么用呢?孟子说了,只有这样了,才可以逐步平定天下。那么,哪些道理又可以提高自我修养呢?孟子又说了,对君子而言,平常的事里暗藏着深刻的道理,掌握了这些道理,就能提高自我修养。这就是这一章的大体意思。

再回到孟子所谓的耕田的比喻上来,其实,这里好像暗藏着一个矛盾,既然你总是放弃自己的田地去耕别人的田地,别人也是放弃自己的田地去耕你的田地,这样一来,似乎应该没有无人耕种的田地,那自己田地里的荒草何来呢?也许是孟子没有说透,还有些人,既不愿意自己严格要求自己,也不愿别人严格要求他,所以才荒芜了自己的心田。相比之下,这种人是最可怕的。

三十四

【原文】

孟子曰:"尧、舜,性者也。汤、武,反之也。动容周旋中礼者,盛德之至也。哭死而哀,非为生者也。经德不回①,非以干禄也②。言语必信,非以正行也。君子行法,以俟命而已矣。"

【注释】

①经德不回:遵循道德而行,不做违礼的事。

②干禄:求官。禄,官吏的俸禄。

【译文】

孟子说:"尧、舜的仁德是天性;商汤和周武王的仁德是经过修身而回复到天性。举止仪容无不合于礼,这是德行深厚到了极点。哭死者而悲哀,不是为了给活人看的;依据道德而行,不去违礼,不是为了谋求官职。言语一定要真实,不是为了让人知道行为端正。君子按法度做事,去等待命运的安排罢了。"

【评析】

本章与十三卷三十章一样,认为尧舜是天生的仁德之人,商汤和周武王是通过后天的修养而返归于仁德的圣人。四位圣人最伟大的东西是什么呢？是仁，不是礼，礼的核心是仁。

孟子说，圣人的动作、容貌、一举手一投足之所以都合乎礼，那是因为他们的仁德到了极致。好比为死去的人哭泣，仁德的人很悲哀，这是丧礼上最重要的礼，但他们的悲哀却不是为了做给活人看，为自己博得一个仁德的美名。真正仁德的人，做什么事都自然而然地合礼，就是这样的。他们依德而行，不违礼法，并不是为求得爵禄；他们说话一定信实，不是为让人家说他行为端正：仁德之人就是这样的。

四位圣人都是至仁之人，都很幸运地成了天子，因此把仁推广到四海。孟子也是至仁之人，现已垂垂老矣，恐怕命运不会关照他了，所以他自我宽慰说，唉，君子依法而行，至于结果如何，就只有等待命运了。

三十五

【原文】

孟子曰："说大人，则藐之，勿视其巍巍然。堂高数仞，榱题①数尺，我得志，弗为也。食前方丈②，侍妾数百人，我得志，弗为也。般乐③饮酒，驱骋田猎，后车千乘，我得志，弗为也。在彼者，皆我所不为也；在我者，皆古之制也，吾何畏彼哉？"

【注释】

①榱题：屋檐下的椽子头，这里借指屋檐。

②食前方丈：指食物极其丰盛。

③般乐：玩乐。

【译文】

孟子说："向在上位者进言，要藐视他，不要看他那副高高在上的样子。殿堂几丈高，屋檐几尺宽，我要得志了，就不这么干。面前摆满美味佳肴，侍妾有数百人，我要得志了，就不这么干。饮酒作乐，驰骋打猎，让成千辆车子跟随着，我要得志了，就不这么干。他们的所作所为，都是我所不愿干的；我的所作所为，都是符合古代制度的，我为什么要怕他们呢？"

【评析】

　　孟子的说理文章雄辩有力,气势磅礴,似乎到处都洋溢着至刚至强的浩然之气,有极强的说服力,这一章就是一个典型的例子。

　　孟子公开提出,跟那些位高权重的人说话时,要在人格上藐视他,要想到他们过的是入则高楼广厦、锦衣玉食、姬妾成群,出则前呼后拥、车水马龙的骄奢淫逸的生活,这种生活为正人君子所不齿。不仅如此,孟子还表示,如果是他的话,肯定不那样。孟子之所以有这样的表态,和他一贯主张的施行仁政和保民思想是分不开的,正是由于孟子看到了广大百姓的疾苦,孟子才愈加憎恨这些人的奢侈和浪费。的确如此,从后人的评论可以看出,在批评达官贵人不顾百姓死活,只顾自己享乐的奢侈腐败现象时,比起孔子来,孟子的态度更为鲜明,言词更为激烈。

　　同时,孟子从个人自我修养角度出发,强调对照别人得志后骄奢淫逸的种种恶行后,要引以为戒,反其道而行之,用正确的道德规范约束自己,做到"得志不为奢",这也就是孟子反复说起的"我得志,弗为也"。

　　孟子"得志不为奢"的观点对后世的影响很深,后世许多人做了官以后,能保持清廉恭谨之风,或多或少都受到了孟子的影响。

三十六

【原文】

　　孟子曰:"养心莫善于寡欲。其为人也寡欲,虽有不存焉者,寡矣;其为人也多欲,虽有存焉者,寡矣。"

【译文】

　　孟子说:"修养善心的方法,没有比减少求利的欲望更好的了。一个人求利的欲望少,那么即使善心有所缺失,也是失去了很少的;一个人求利的欲望多,那么即使善心有所保存,保留的也不会很多。"

【评析】

　　孟子认为,人虽然有本心良心,但又是会流失的,所以需要保养;保养心最好的方法就是"寡欲","寡欲"不是否定欲望,而是节制欲望,不使其影响了本心良心的成长。

三十七

【原文】

曾皙嗜羊枣①,而曾子不忍食羊枣。公孙丑问曰:"脍炙与羊枣孰美②?"

孟子曰:"脍炙哉!"

公孙丑曰:"然则曾子何为食脍炙而不食羊枣?"

曰:"脍炙所同也,羊枣所独也。讳名不讳姓③,姓所同也,名所独也。"

【注释】

①羊枣:果名。初生色黄,熟则黑,似羊屎。

②脍炙:即脍和炙。都是佳肴。肉细切为脍,烹炒后叫炙。

③讳:指对君主或尊长辈的名字避开而不直称。

【译文】

曾皙喜欢吃羊枣,曾子因此便不忍心吃羊枣。公孙丑问道:"炒肉和羊枣比,哪个更好吃?"

孟子说:"炒肉好吃呀!"

公孙丑说:"既然这样,那么曾子为什么吃炒肉而不吃羊枣?"

孟子回答说:"炒肉是人们的共同爱好,吃羊枣却是曾皙的独特喜好。就像避讳,只避名,不避姓,因为姓是大家所共有的,名却是一个人所独有的。"

【评析】

曾皙、曾参(曾子)父子,都是孔子的学生。父亲曾皙喜欢吃羊枣,儿子曾参也爱吃羊枣,但不忍吃。

孟子弟子公孙丑问孟子,炒肉末与羊枣相比,哪一种更好吃呀?

孟子说,当然是炒肉末呀!

弟子又问,那么,曾子为什么吃炒肉末而不吃羊枣呢?意思是说,他做儿子的,这不是不孝吗?

孟子说,炒肉末是大家都爱吃的,羊枣却是个别人爱吃的,所以曾子特意满足他父亲的嗜好。好比父母的名讳是要避的,而姓却不避讳,因为姓是大家相同的,而名却是独有的。意思是说,曾子不忍吃羊枣,说明他是孝顺父亲的。

绝大多数情况下,孟子说理都很浅近。重要原因是,他总是随手拿生活中的小事来做类比,使人很容易理解。

【典例阐幽】

脍炙人口

西晋作家左思,小时候读书、学琴都学不好,说话还有点结巴。他父亲左雍认为他不够聪明,有一次当着他的面对朋友说:"这孩子比起我小时候来,差得远了!"左思觉得很惭愧,因此发愤读书,果然写出了很多辞藻华丽的文章。

左思不好交游,喜欢静居,写文章不求快,但非常认真。后来因为妹妹左芬被选入宫,他被任为著作郎,迁居京城洛阳。左思开始计划写《三都赋》(三都,指魏、蜀、吴三国的都城)。他整天苦心构思,在书房外面的走廊庭院里,甚至厕所里都挂着纸笔。每得佳句立刻记录下来。这样努力写了十年,才把这篇《三都赋》写成。

另一作家陆机当时也在洛阳,他本来也有计划要写《三都赋》,听说左思已经在写了,心中暗自讥笑。他曾写信给他的弟弟陆云道:"这儿有个不知天高地厚的人,居然想写《三都赋》,看他写出后有谁要看,让它作废纸去盖盖酒瓮吧!"不料左思的这篇杰作非常脍炙人口,很快流传开来,京城里的文士书生以及官家富户的子弟们,纷纷抢先抄录。洛阳的纸价,顿时上涨。

陆机读了也不禁叹服,认为《三都赋》有这样一篇已经足够,于是取消了他原来的写作计划。

左思

三十八

【原文】

万章问曰:"孔子在陈曰:'盍归乎来!吾党之小子狂简^①,进取,不忘其初。'孔子在陈,何思鲁之狂士?"

孟子曰:"孔子'不得中道而与^②之,必也狂狷^③乎!狂者进取,狷者有所不为也'。孔子岂不欲中道哉? 不可必得,故思其次也。"

"敢问何如斯可谓狂矣?"

曰:"如琴张、曾皙、牧皮^④者,孔子之所谓狂矣。"

"何以谓之狂也?"

曰:"其志嘐嘐然^⑤,曰'古之人,古之人'。夷^⑥考其行,而不掩焉者也。狂者又不可得,欲得不屑不洁之士而与之,是獧^⑦也,是又其次也。孔子曰:'过我门而不入我室,我不憾焉者,其惟乡原乎^⑧! 乡原,德之贼也。'"

曰:"何如斯可谓之乡原矣?"

曰:"'何以是嘐嘐也? 言不顾行,行不顾言,则曰:'古之人,古之人。''行何为踽踽凉凉^⑨? 生斯世也,为斯世也,善斯可矣。'阉然^⑩媚于世也者,是乡原也。"

万子曰:"一乡皆称原人焉,无所往而不为原人,孔子以为德之贼,何哉?"

曰:"非之无举也,刺^⑪之无刺也,同乎流俗,合乎污世,居之似忠信,行之似廉洁,众皆悦之,自以为是,而不可与入尧舜之道,故曰'德之贼'也。孔子曰,恶似而非者:恶莠,恐其乱苗也;恶佞,恐其乱义也;恶利口,恐其乱信也;恶郑声,恐其乱乐也;恶紫,恐其乱朱也;恶乡原,恐其乱德也。君子反经^⑫而已矣。经正,则庶民兴;庶民兴,斯无邪慝^⑬矣。"

【注释】

①狂简:志大而狂放。简,不拘小节。

②与:交,结交。

③狷:狷介,耿直。

④琴张、曾皙、牧皮:人名,事迹不详。

⑤嘐嘐然:志大而言大的人。

⑥夷：平。一说为语助词。

⑦獧：同"狷"。

⑧乡原：即"乡愿"，愿，谨慎。"乡原"指外貌忠诚谨慎，实际上却沽名钓誉之人，也就是我们现代所说的"老好人""好好先生"。

⑨踽踽凉凉：踽踽，独行不前的样子。凉凉，淡薄，冷漠。

⑩阉然：像宦官那样逢迎拍马的样子。

⑪刺：讥讽，责备。

⑫经：常，常道。

⑬慝：奸邪。

【译文】

万章问道："孔子在陈国曾说：'何不回鲁国去啊！我乡里的那些年轻弟子都志大而狂放，想要进取而不忘其本。'孔子在陈国时，为什么还要惦念鲁国那些狂放之人呢？"

孟子说："孔子'找不到言行合乎中庸的人交往，就只能同狂者和狷者交往了。狂者一味进取，狷者有所不为之事'。孔子难道不想结交合乎中庸之道的人吗？只是不一定能结交到，所以想结交次一等的人。"

"请问怎样的人能称作狂放的人？"

孟子说："像琴张、曾皙、牧皮，就是孔子所说的狂放的人。"

"为什么说他们狂放呢？"

孟子说："他们志向远大、口气不凡，开口便说'古代的人（怎样怎样），古代的人（怎样怎样）'。但若平心静气地去考察他们的行动，却和他们的言论不相吻合。如果这样的狂者也结交不到，就想和不屑干肮脏事的人交往，这种人就是狷者，这是又次一等的了。孔子说：'路过我门口而不进我屋子，我不感到遗憾的，大概只有乡原吧！乡原是戕害道德的人。"

万章问："怎样的人能称之为乡原呢？"

孟子说："乡原指责狂者说：'为什么志向、口气那么大？行为与举止不一，却还要说什么"古代的人，古代的人"。'又批评狷者说：'做事为什么那样孤孤单单？生在这个社会，为这个社会做事，只要人家认为好就行了。'那些像宦官一样在世上献媚邀宠的人就是乡原。"

万章问："一乡的人都称他是老好人,所到之处也表现出是个老好人,孔子却认为这种人戕害道德,这是什么原因呢?"

孟子说："要批评这种人,却举不出具体事例来;要指责这种人,却又觉得没什么能指责的。他们与污浊的社会同流合污,平时似乎忠厚老实,行为似乎很廉洁,大家都喜欢他,他也自认为不错,但是却不能同他一起学习尧舜之道,所以说他们是'戕害道德的人'。孔子说过,要憎恶似是而非的东西:憎恶莠草,是怕它淆乱禾苗;憎恶不正之才,是怕它淆乱了义;憎恶能说会道,是怕它淆乱事实;憎恶郑国的音乐,是怕它淆乱雅乐;憎恶紫色,是怕它淆乱了大红色;憎恶乡原,是怕他淆乱了道德。君子就是要回复到常道罢了。正道的形象树端正了,百姓就会奋发向上;百姓奋发向上,那就不会有邪恶了。"

【评析】

这一章是全书的倒数第二章,虽然篇幅不长,但内容丰富,主要分析了中庸者、狂者、狷者和伪君子的特点和区别。

孟子认为,虽然中庸之人是不易得的,但幸好还有很有可取之处的狂者和狷者弥补这一缺憾,否则就只能选择无任何可取之处的伪君子了。

那么,狂者和狷者有何可取之处呢? 孟子认为,尽管他们有很多的毛病,但幸好这些毛病都很突出,没有迷惑性,一眼就可以看明白。而伪君子却正好相反,初看没有什么毛病,而且还很得人心,实际上却是欺世盗名之徒,具有极大的迷惑性。这种人也遭到了孔子的反感和鄙夷,说他们是偷盗道德的贼人。既然如此,孟子自然也就不会对他们有好感了。于是,孔子说过的"乡愿,德之贼也"的观点就逐渐成为儒家学说的一个重要论点。

何以如此? 原来,在儒家学说的系统中,"德"被看作是很重要的内容,甚至是中国庞大的精神文明框架体系中的核心支柱。在孔子和孟子看来,伪君子便很可能是毁伤德的贼人,主要原因是他们以假乱真,具有很强的迷惑性和隐藏性,会误导人,有仁义之名而无仁义之实。

由于伪君子有很强的隐藏性,外表又是看似无可挑剔,因此他们"同于流俗,合乎污世,居之似忠信,行之似廉洁",虽然所作所为没有仁义之实,却能取悦于世人。的确如孔子和孟子所言,这种似是而非的道德假象的迷惑性很大,足以扰乱真正的道德的建设。

其实,无论是狂者、狷者还是伪君子,这些都不是孟子提出来的。不过,通过这章内容,我们可以比较真切地看到孟子是如何"祖述仲尼之音"而加以发挥的。因此,这一章在内容方面把狂者、狷者和伪君子集中在一起来加以比较,可以帮助我们更深刻地认识和理解这几类人。

三十九

【原文】

孟子曰:"由尧、舜至于汤,五百有馀岁。若禹、皋陶,则见而知之;若汤,则闻而知之。由汤至于文王,五百有馀岁。若伊尹、莱朱①,则见而知之;若文王,则闻而知之。由文王至于孔子,五百有馀岁。若太公望、散宜生②,则见而知之;若孔子,则闻而知之。由孔子而来至于今,百有馀岁,去圣人之世,若此其未远也,近圣人之居,若此其甚也,然而无有乎尔,则亦无有乎尔。"

【注释】

①莱朱:商汤时的贤臣。
②散宜生:周文王时的贤臣,后曾帮助周武王灭商。

【译文】

孟子说:"从尧、舜到商汤,有五百多年,像禹、皋陶,是亲眼看见而知道尧、舜之道的;至于商汤,则是听到传闻而知道的。从商汤到周文王,有五百多年,像伊尹、莱朱,是亲眼看见而知道的;至于文王,则是听到传闻而知道的。从周文王到孔子,又有五百多年,像太公望、散宜生,便是亲眼看见而知道的;至于孔子,则是听到传闻而知道的。从孔子以来到现在,有百来年,距离圣人生活的时代不是很远,距离圣人的家乡如此接近,却没有继承圣人之道的,那也就不会有继承人了。"

【评析】

武王伐纣后,统治天下几百年的商民族成了亡国贱俘。商人说,从尧舜到我商人圣祖汤,过了五百年。从汤王到商族灭亡,又过了五百年。我们相信,再过五百年,我们商人中必定会出现圣王贤臣,我们商民必定会东山再起。这个预言,叫作

"五百年必有王者兴,其间必有命世者"。

又过了五百年,出了孔子。商民认为,孔子应了这个"五百之期"。孔子一生,虽偶然做了几回小官,却没有可能当王。加上商亡几百年了,商人复辟的意愿也不强烈了。但"五百之期"的预言对孔子一生的激励作用仍然是无比巨大的。孔子虽为匹夫,但一生都以尧舜禹汤文武等圣人自许,并做了许多在当时本该由天子做的事,如整理《诗经》《春秋》等。孔子被历代帝王尊崇,被尊为"素王",应该与"五百之期"的预言有些关系。当然,孔子并没有成为商民复辟的工具,他从包括周族圣王文王、武王和周公在内的历代圣贤那里学到了仁道,"祖述尧舜,宪章文武",并因此创立了新儒学。这个以仁为核心的新儒学,深深地影响了孟子,影响了中国乃至世界几千年。

孟子也很熟悉"五百之期"的预言,他想,既然伟大的孔子没有真正应"五百之期",当今之世,能当此伟大预言,推行仁政,拯救天下的,除了我孟轲还会有谁呢?但这样的话,他不便明说,所以只得反复感叹:我们离圣人孔子的时代如此之近,离孔子的家乡又是如此之近,但竟然没有继承者,竟然没有继承者! 他并不是感叹自己没有继承孔子的仁道,而是感叹自己垂垂老矣,一生已经要完了,竟然没有应这个"五百之期"呀!

西汉的司马谈、司马迁父子,也很熟悉"五百之期"的伟大预言。司马谈原以为自己当应"五百之期",但后来病死了。死之前,他把儿子叫到病榻前,说,我原以为我当应"五百之期",看来是应在你的身上了。司马迁能忍辱负重,完成伟大的《史记》,这种以天下为己任的伟大抱负的激励作用,从他的《史记·太史公自序》中,我们是不难想象的。

孟子师徒把本章作为全书的最后一章,与司马迁把《太史公自序》作为《史记》的最后一卷一样,这是"卒章显志",给《孟子》这本书,也给孟子这个人一生做总结,点题。

当我们读完《孟子》,掩卷沉思,一个终生为仁政奋斗的伟大思想家孟子,就会站在我们面前,无数的仁人志士也会在我们的眼前浮现。

【本篇总结】

孟子认为"仁"的核心是"以人为本",诸侯为了争夺土地相互征战,全然不顾百姓的死活。对此,孟子提出"民为贵,社稷次之,君为轻"的治国理念,重视民意,赢得民心才是治国的最高境界。在竞争的激烈中,很多企业急功近利,坑害顾客,却就此失去民心,更失去长远的利益,也便没有长足发展的机会。因此,对于商业活动来说,"以人为本"也是永远不会过时的理念。

【古代事例】

由窦尚书许及之

舜做普通百姓的时候,每天都啃干粮,吞野菜,似乎终身都是这样子;舜做天子之后,穿着绣花的衣服,弹着美妙的琴,还有尧的两位淑女在一旁侍候,好像他生来就拥有这些富贵似的。因此,圣人无论处在困境,还是处在优裕的环境,都不会奢求不属于自己的东西。但是并不是所有的人都这样,宋代就有这么一位"由窦尚书"。

许及之,字深甫,温州永嘉(今浙江温州)人。南宋孝宗隆兴元年(1163年),许及之得中进士,出知袁州分宜县(今属江西)。后因人引荐,许及之入朝担任主管皇族事务的宗正簿。孝宗干道元年(1165年),吏部员外郎林栗上书奏请仿效唐代的旧制,在朝中设置拾遗、补阙,增置谏官的员额。许及之又因人推荐由宗正簿升迁为拾遗,地位在监察御史之上。

当时,宰相王淮(1127—1190年)为人正直,向孝宗引荐过许多有识之士。许及之因与王淮不和,就联合薛叔似(1141—1221年)等谏官,以妨害贤路为由弹劾王淮。在给孝宗的奏疏中,许及之写道:"陛下即位至今已有二十七年,群臣却始终没能让陛下满意。原因就在于,朝臣以苟且为安荣,以姑息为仁恕,以不肯任事为简重,以不敢任怨为老成。敢于直言的人被指斥为轻佻,不知廉耻的人被称为朴实。陛下让王淮这样的人担任宰相,对天下事有何补救呢?"孝宗一直都在忧虑天下多难,内忧外患,毫无改观,正有换宰相之意,读完许及之的奏疏更是忧心忡忡,无奈之下竟真的罢去王淮的相职。

宋宁宗即位后(1195年),庆元党禁起,朝中善类一空。时任吏部尚书的许及之为在朝中立住脚,不遗余力地趋事奸相韩侂胄,与其狐媚苟合,毫不知廉耻。有一次,韩侂胄过生日,朝中群臣都赶来庆贺,许及之因为迟到,被看门的宦官挡在门外。许及之只好俯下身子,从旁边窄小的狗门里佝偻着爬进去。

许及之担任吏部尚书的两年时间里都没有升迁。为改变现状,许及之拉着韩侂胄的手，一把鼻涕一把泪地感谢他的知遇之恩，只是自己年事已高，恐怕等不到升迁的机会，说着说着就跪在韩侂胄面前。韩侂胄见状，觉得他十分可怜，安慰他说："许尚书向来富有才情和名望，圣上早有升迁之意，恐怕您不久就会拜相。"嘉泰二年（1202年），许及之果然升为同知枢密院事（官名，宋代枢密院与中书省并称为"二府"，统帅全国军队，最高长官称知枢密院事，副官称同知枢密院事）。

许及之谄事权相，不知廉耻的行径，被时人耻笑为"由窦尚书、屈膝执政"。此后，许及之还依附韩侂胄升任参知政事（官名，简称参政，唐宋时最高政务长官之一，与同平章事、枢密使、枢密副使合称宰执），知枢密院事兼参政等职。

俗话说，树倒猢狲散。许及之依附韩健胄获得富贵，又因韩侂胄的倒台被罢职。没过多久，从浮华梦中醒来的许及之，抱着深深地遗憾怀恨死在泉州（今属福建）。

【评述】

孟子说，舜的言行，不以贫贱而羡慕于外，不以富贵而有动于心，随遇而安，所作所为都是分内之事。但是"由窦尚书"许及之为追寻功名利禄鲜廉寡耻，不思匡扶社稷，一心曲从谄媚，最终留下千古笑名。商界人士当通过自己的勤奋努力赚取利益，得自己分内该得的利润，不能因奢望浮华而身败名裂。

孙思邈与《千金要方》

孟子说。"仁"就是"人"，"仁"与"人"的结合就是"道"。诸侯的珍宝应当是土地、人民和政事，如果把珍珠、宝玉视为珍宝，必会殃及其身。这种"以人为本"的理念，得到历代士庶的认同。药王孙思邈就是这样一位"以人为本"的仁者。

孙思邈（约581—682年），京兆华原（今陕西耀州区）人，是由北朝入隋、唐的著名医家。他以精湛的医术和高尚的医德，被人尊称为"药王"。

孙思邈在幼年的时候因常年患病而身体孱弱，饱受苦楚，父母为求医问药，一度倾尽家产，却无济于事。正是因为自己的这些痛苦经历，他在十八岁的时候就立志学医，悬壶济世，尽自己的力量减轻人们的痛苦。

"初唐四杰"中的卢照邻（约637—689年）因为患有难治的恶疾，曾经跟随孙思邈学习医术。有一次，他向孙思邈请教高医为什么能治愈疑难杂病，孙思邈说，天有四时（春、夏、秋、冬）五行（金、木、水、火、土），寒暑更替，刮风下雨都是天地的常数。圣人顺应这些变化,用至德治理天下,百姓就能安居乐业;人有四肢五脏,新陈代谢,生老病死都是人类社会的常数。人阴阳失调则会生病,高医透过药石针灸进行诊疗就会使人痊愈。所以,天灾可以赈济,疾病可以治愈。

孙思邈花费大量心血研究药物的药性、泡制和疗效,在参考前人医药文献的基础上结合数十年的习医心得,撰成两部对后世影响极大的医学巨著——《千金要方》和《千金翼方》。

《千金要方》记载药方五千多例,总结从张仲景到孙思邈时代数百年的医学成就,内容翔实,且多所创见;《千金翼方》则记载近三千例药方,作为《千金要方》的必要补充。在《千金要方》一书中,孙思邈着重强调医德的修养,此书的开篇首列《大医习业》与《大医精诚》二篇。《大医精诚》篇中说:

"凡大医治病,必当安神定志,无欲无求,先发大慈恻隐之心,誓愿普求含灵之苦。若有疾厄来求救者,不得问其贵贱贫富,长幼妍媸,怨亲善友,华夷愚智,普同一等,皆如至亲之想,亦不得瞻前顾后,自虑吉凶,护惜生命。见彼苦恼,若已有之,深心悽怆,勿避险希、昼夜、寒暑、饥渴、疲劳,一心赴救,无作功夫形迹之心。如此可为苍生大医,反此则是含灵巨贼。"

这段文字读起来都会令人生发一种高尚的情感,使医生成为一种受人尊重的职业。同时,这段话所蕴含的精神风貌,是永远都不会过时的。

【评述】

在孟子眼中,真正值得统治者珍视的财富是百姓的支持,珍视百姓才能得到"仁"的核心。孙思邈不仅有高超的医术,而且有着高尚的医德,其《大医精诚》中的数语可谓真得以人为本的理念。同样的道理,商业活动说到底还是人与人之间的活动,只有抓住以人为本这个核心,才能在惠及他人的时候,惠及自己。利他和利己的共存在商业领域尤为突出。

【现代事例】

强生的信条

孟子认为,不仁的人有可能获得国家,却永远无法获得天下,因为不仁的人得不到民众的拥护。商业活动中的仁义之举在为他人带来方便的同时,更有利于树立企业的形象,企业最大的成功莫过于人们提起它时一同提及它的仁德,比如美国的强生就有这样的无形资产。

美国内战期间(1861年4月—1865年4月),英国医生约瑟夫·李斯特(Joseph Liszt)发现手术室内的细菌会通过空气传播,导致伤口感染,甚至会使人丧命。很多人都对此嗤之以鼻,一点都不相信。只有曾经做过战地医生的罗伯特·伍德·强生(Robert Wood Johnson)将军独具慧眼,对约瑟夫·李斯特的观点深信不疑。

一八八六年,强生兄弟在新泽西的新布鲁斯威克(New Bruwick)共同创办一家仅有十四名员工的强生公司(Johnsonand Johnson),生产全新的医用材料——无菌外科敷料。

一百多年后的强生发展成为世界上规模最大、产品多元化的医疗卫生护理产品的公司,在全球五十七个国家建立起两百多家分公司,产品畅销于世界各地。举个小例子,居家常用的邦迪创可贴就是强生畅销多年的小创伤外敷贴。强生尽量保持小而独立的子公司,维持利润丰厚的市场。因为强生始终笃信:分权=创造力=生产力,即规模小而独立的子公司,自行负责生产、行销、配销和研发,这样既能产生不息的创造力,又能迅速提高生产力。

一百多年来,强生形成一些成熟的原则与理念,并用简而不烦的语言将其描述为不满一页纸的《我们的信条》,可以说是强生公司经营理念的精华,文中说:

"我们相信我们首先应对医生、护士和病人、对父母亲以及所有使用我们的产品和接受我们服务的人负责。为了满足他们的需要,我们所做的一切必须是高品质的。我们必须不断地致力于减低成本,以保持合理的价格。客户的订货必须迅速而准确地供应。我们的供应商及代理商应该有机会赚取合理的利润……"

这些信条被翻译成三十六种文字,遍布世界各地,深入人心。

强生非常关注社会公益事业,时刻提醒自己对社会做出自己的贡献,有着强烈的社会责任意识,并将其视为己任。据官方统计,强生开展全球性的慈善事业始于一九〇六年的旧金山(Jiu Jin Shan)大地震与火灾救援,强生为受害者无偿提供医疗用品,给强生赢得至高的荣誉。

【评述】

在孟子看来,无形的道德力量是给人或国家带来广泛影响的最强大力量。强生的眼光可谓极其高远,把企业的利益融入于社会公益事业当中,在公益活动中扩大自己的影响。因此,对于商界人士来说。不但要懂得利用善意赢得利益,更要懂得通过人们的口碑和对产品的美好印象来扩大影响。

美国默克的目标

孟子说,民为贵,社稷次之,国君为轻,赢得万民才能成为天子。默克向来以对品质的追求著称于世,同样,作为世界制药企业的领先者,美国默克也以其以人为本的理念备受世界关注。

美国默克(Merck&Co)把公益、慈善事业视为人道主义的正义事业,并不遗余力地支持这些活动,把改善人类的健康状况作为自己的第一目标。

美国默克公司一直依靠强大的科技力量致力于研发工作,每年的研发经费中仅有百分之五用于购买外部科研成果,而其竞争对手则用研发经费的百分之八十左右购买外部研究成果。默克研究所成立七十多年来,成功研制出一百多种药品和疫苗,从消炎药到抗生素,从降胆固醇的药物到抑制艾滋病毒的蛋白酶抑制剂Crixivan,美国默克总能将尖端科技转换成神奇药品,为患者带来光明。

住在非洲、拉美等地河流区域的人们常常会遭受黑蝇叮咬,感染寄生虫而逐渐导致失明,这就是被称之为"河盲症"的疾病。默沙东(MSD,MerckSharp&Dohme,美国默克在北美之外的业务须以默沙东的名义进行,以区别于德国默克)从一九七五年起就致力于实地研究和临床实验,经过十多年的努力开发出一款专门治疗"河盲症"的特效药物——即伊维菌素(Ivermectin),患者只需每年服用一次即可有效地治疗这种疾病。不过,此病的高发区恰是不具备支付药物购买能力的地区。于是,美国默克本着以人为本的原则,决定将伊维菌素无偿捐赠给所有患河盲症的病人,使他们免受失明的威胁和痛苦,直到此病在地球上消灭为止。每年有不少于一千八百万的人因此而受惠。除了为控制河盲症捐献药物外,美国默克还为防治艾滋病进行跨政府合作,为使儿童健康成长捐赠疫苗。

当然,美国默克不是不追求利益,只是它对利益的追求建立在与患者互惠的基础之上。具体地说,美国默克从事科学研究,保护人类健康,改善和提高人类生活品质,追求卓越,通过满足客户的需求和有益于人类社会的方式获得利润。

正因为这些努力,美国默克曾十六次获得美国《财富》杂志"美国十大最受推崇公司"荣誉,而且连续多年在美国的公司捐助排行榜中位居前列。

【评述】

　　美国默克"以人为本"的理念无疑为它带来世界性的好名声。因此,在最后需要强调的一点是,孟子一直都在反复地强调民心和仁道,强调以人为本的理念,这些道理虽然有时会看似违背商业追求利益最大化的初衷,但是孟子向我们展现的,不是怎样谋取一时利益和短期发展,而是通过仁义之道,获取客户之心,为企业赢得人气,创建一个个长盛不衰的商业和财富帝国。因此,商界人士当懂得灵活运用孟子之道,创造扩至天下万国的不朽事业。

【名言录】

　　名言:国君好仁,天下无敌焉。——《尽心(下)》

　　古译:国君好仁,则天下无敌。

　　今译:国君如果喜好仁德,那么就会天下无敌。

　　现代使用场合:古代的国君若能好仁,那么就会天下无敌,现代的从政从商者若能好仁,则也能天下无敌,从庸庸之辈中脱颖而出,在官场上、商场上立于不败之地。

　　名言:民为贵,社稷次之,君为轻。——《尽心(下)》

　　古译:民为贵,社稷次之,君为轻。

　　今译:百姓是最重要的,国家稍微次要一点,国君地位最轻。

　　现代使用场合:在古代,真正圣明的君主是将百姓的地位看得比国家、比自己还要重要,这充分体现出以民为本的思想。这也应该引起现代企业负责人的反思:是否将员工的利益看得高于一切? 凡事是否首先考虑到员工? 将这些问题梳理清楚之后,才能更好地解决公司实际运作中产生的矛盾。

　　名言:诸侯之宝三:土地、人民、政事。宝珠玉者,殃必及身。——《尽心(下)》

　　古译:诸侯之宝有三:土地、人民、政事。以珠玉为宝者,必殃及其身。

　　今译:诸侯有三样宝贝:土地、百姓、政治。将珠宝玉器当作宝贝的人,祸患一定会降临到他的身上。

　　现代使用场合:在古代,诸侯能以国家和百姓为本,抓住治国的根本,国家就兴盛不衰。在现代,决策者和负责人若亦能以国家和百姓为本,则国家亦会繁荣昌盛。这时不应该被微小的物质利益所诱惑而失去根本,丧失重心,而应该更多地考虑国家的安危和民众的感受。

名言:养心莫善于寡欲。其为人也寡欲,虽有不存焉者,寡矣;其为人也多欲,虽有存焉者,寡矣。——《尽心(下)》

古译:养心莫善于寡欲。为人寡欲,虽有不存者,寡也;为人多欲,虽有存者,寡也。

今译:修养心性莫过于减少欲望。做人而少欲望,即使有所失去,那也是很少的;做人而多欲望,即使有所得到,那也是很少的。

现代使用场合:为人要清心寡欲,有所失亦会有所得。不要奢求所有的东西都属于自己,只要是自己的东西,终究会是属于自己的。处心积虑地寻求那些不属于自己的东西,会使自己因生活所累,最后也使心有所累。养心,请从寡欲始。

名言:贤者以其昭昭,使人昭昭,今以其昏昏,使人昭昭。——《尽心(下)》

古译:贤者以其昭昭,使人昭昭;今者以其昏昏,使人昭昭。

今译:贤人自己先明白了才使他人明白,现在的人是自己糊涂却非要使人明白。

现代使用场合:自己明白一个道理,再传授给别人,使他们明白,这是一种美德。但如果自己都没弄明白,却强迫别人明白,这就是倒行逆施。所以,现代决策者在下论断的同时,首先要自己明白个中的道理,再广播于众。

名言:春秋无义战。——《尽心(下)》

古译:春秋无义战。

今译:春秋时代的所有战争,都没有道理。

现代使用场合:春秋的战争为何没有道理?因为它们都违反当时社会伦理和王者之德,他们无视周朝天子的存在,却逐鹿中原,争夺霸主地位。所以我们现在做事情凡事要有个原则,在原则的基础上做事,而不能僭越这层最基本的准则。

名言:尽信《书》,则不如无《书》。——《尽心(下)》

古译:尽信《书》,则不如无《书》。

今译:完全相信《尚书》,还不如没有《尚书》。

现代使用场合:全部相信《书》中的内容而不知变通,还不如没有《书》的好。在现代,很多情况下我们不能只依照书本的内容行事,遇到具体的情况应该具体对待,而不要死扣书本。陷于书本而不能自拔,还不如没有书本的指导好。

名言:梓匠轮舆,能与人规矩,不能使人巧。——《尽心(下)》

古译:梓匠轮舆,能与人以规矩,不能使人巧。

今译:造车的巧匠,能把原则传给人,但不能把灵巧传给人。

现代使用场合:通过一定的工具和法则,我们可以造出许多器具,但并不一定能做得很巧妙。凡事只有通过自己的努力尝试,体验其中的巧妙,才能从中受到磨炼,积累无穷的知识和经验。

第三章　朱熹注评《孟子》

孟子序说

朱熹

【原文】

《史记·列传》曰："孟轲，[1]驺人也，[2]受业子思之门人。[3]道既通，[4]游事齐宣王，宣王不能用。适梁，梁惠王不果所言，则见以为迂远而阔于事情。[5]当是之时，秦用商鞅，楚、魏用吴起，齐用孙子、田忌。天下方务于合从连衡，以攻伐为贤。而孟轲乃述唐、虞、三代之德，是以所如者不合。退而与万章之徒序《诗》《书》，述仲尼之意，作《孟子》七篇。"[6]

【朱子集注】

①赵氏曰："孟子，鲁公族孟孙之后。"《汉书》注云："字子车。"一说："字子舆。"

②驺，亦作邹，本邾国也。

③子思，孔子之孙，名伋。《索隐》云王劭以"人"为衍字，而赵氏注及《孔丛子》等书亦皆云孟子亲受业于子思，未知是否。

④赵氏曰："孟子通《五经》，尤长于《诗》《书》。"程子曰："孟子曰：'可以仕则仕，可以止则止，可以久则久，可以速则速。''孔子，圣之时者也。'故知《易》者莫如孟子。又曰：'王者之迹熄而《诗》亡，《诗》亡然后《春秋》作。'又曰：'春秋无义战。'又曰：'《春秋》，天子之事。'故知《春秋》者莫如孟子。"尹氏曰："以此而言，则赵氏谓孟子长于《诗》《书》而已，岂知孟子者哉？"

⑤按《史记》："梁惠王之三十五年乙酉，孟子始至梁。其后二十三年，当齐湣王之十年丁未，齐人伐燕，而孟子在齐。"故古史谓"孟子先事齐宣王，后乃见梁惠

王、襄王、齐湣王"。独《孟子》以伐燕为宣王时事,与《史记》《荀子》等书皆不合。而《通鉴》以伐燕之岁为宣王十九年,则是孟子先游梁而后至齐见宣王矣。然《考异》亦无他据,又未知孰是也。

⑥赵氏曰:"凡二百六十一章,三万四千六百八十五字。"韩子曰:"孟轲之书,非轲自著。轲既没,其徒万章、公孙丑相与记轲所言焉耳。"愚按:二说不同,《史记》近是。

【原文】

韩子曰:"尧以是传之舜,舜以是传之禹,禹以是传之汤,汤以是传之文、武、周公,文、武、周公传之孔子,孔子传之孟轲,轲之死不得其传焉。荀与扬也,择焉而不精,语焉而不详。"①

又曰:"孟氏醇乎醇者也。荀与扬,大醇而小疵。"②

又曰:"孔子之道大而能博,门弟子不能遍观而尽识也,故学焉而皆得其性之所近。其后离散,分处诸侯之国,又各以其所能授弟子,源远而末益分。惟孟轲师子思,而子思之学出于曾子。自孔子没,独孟轲氏之传得其宗。故求观圣人之道者,必自《孟子》始。"③

又曰:"扬子云曰:'古者杨、墨塞路,孟子辞而辟之,廓如也。'夫杨、墨行,正道废。孟子虽贤圣,不得位,空言无施,虽切何补? 然赖其言,而今之学者尚知宗孔氏,崇仁义,贵王贱霸而已。其大经大法,皆亡灭而不救,坏烂而不收。所谓存十一于千百,安在其能廓如也? 然向无孟氏,则皆服左衽而言侏离矣。故愈尝推尊孟氏,以为功不在禹下者,为此也。"

【朱子集注】

①程子曰:"韩子此语,非是蹈袭前人,又非凿空撰得出,必有所见。若无所见,不知言所传者何事。"

②程子曰:"韩子论孟子甚善,非见得孟子意,亦道不到。其论荀、扬则非也。荀子极偏驳,只一句'性恶',大本已失。扬子虽少过,然亦不识性,更说甚道?"

③程子曰:"孔子言参也鲁,然颜子没后,终得圣人之道者,曾子也。观其启手足时之言,可以见矣。所传者子思、孟子,皆其学也。"

【原文】

或问于程子曰:"孟子还可谓圣人否?"程子曰:"未敢便道他是圣人,然学已到至处。"①

程子又曰："孟子有功于圣门，不可胜言。仲尼只说一个'仁'字，孟子开口便说'仁义'。仲尼只说一个'志'，孟子便说许多'养气'出来。只此二字，其功甚多。"

又曰："孟子有大功于世，以其言性善也。"

又曰："孟子性善、养气之论，皆前圣所未发。"

又曰："学者全要识时。若不识时，不足以言学。颜子陋巷自乐，以有孔子在焉。若孟子之时，世既无人，安可不以道自任？"

又曰："孟子有些英气。才有英气，便有圭角，英气甚害事。如颜子便浑厚不同，颜子去圣人只毫发间。孟子大贤，亚圣之次也。"或曰："英气见于甚处？"曰："但以孔子之言比之，便可见。且如冰与水精非不光，比之玉，自是有温润含蓄气象，无许多光耀也。"

【朱子集注】

①愚按："至"字，恐当作"圣"字。

杨氏曰："《孟子》一书，只是要正人心，教人存心养性，收其放心。至论仁、义、礼、智，则以恻隐、羞恶、辞让、是非之心为之端。论邪说之害，则曰：'生于其心，害于其政。'论事君，则曰：'格君心之非'，'一正君而国定'。千变万化，只说从心上来。人能正心，则事无足为者矣。《大学》之修身、齐家、治国、平天下，其本只是正心、诚意而已。心得其正，然后知性之善。故孟子遇人便道性善。欧阳永叔却言'圣人之教人，性非所先'，可谓误矣。人性上不可添一物，尧、舜所以为万世法，亦是率性而已。所谓率性，循天理是也。外边用计用数，假饶立得功业，只是人欲之私，与圣贤作处，天地悬隔。"

卷第一

梁惠王上

【原文】

孟子见梁惠王。①王曰："叟，不远千里而来，亦将有以利吾国乎？"②孟子对曰：

"王何必曰利？亦有仁义而已矣。③王曰'何以利吾国'？大夫曰'何以利吾家'？士庶人曰'何以利吾身'？上下交征利而国危矣。万乘之国，弑其君者，必千乘之家；千乘之国，弑其君者，必百乘之家。万取千焉，千取百焉，不为不多矣。苟为后义而先利，不夺不餍。④未有仁而遗其亲者也，未有义而后其君者也。⑤王亦曰仁义而已矣，何必曰利？"⑥

【朱子集注】

①梁惠王，魏侯罃也。都大梁，僭称王，谥曰惠。《史记》："惠王三十五年，卑礼厚币以招贤者，而孟轲至梁。"

②叟，长老之称。王所谓利，盖富国强兵之类。

③仁者，心之德、爱之理。义者，心之制、事之宜也。此二句乃一章之大指，下文乃详言之。后多放此。

④乘，去声。餍，於艳反。○此言求利之害，以明上文何必曰利之意也。征，取也。上取乎下，下取乎上，故曰交征。国危，谓将有弑夺之祸。乘，车数也。万乘之国者，天子畿内地方千里，出车万乘。千乘之家者，天子之公卿采地方百里，出车千乘也。千乘之国，诸侯之国。百乘之家，诸侯之大夫也。弑，下杀上也。餍，足也。言臣之于君，每十分而取其一分，亦已多矣。若又以义为后而以利为先，则不弑其君而尽夺之，其心未肯以为足也。

⑤此言仁义未尝不利，以明上文亦有仁义而已之意也。遗，犹弃也。后，不急也。言仁者必爱其亲，义者必急其君。故人君躬行仁义而无求利之心，则其下化之，自亲戴于己也。

⑥重言之，以结上文两节之意。○此章言仁义根于人心之固有，天理之公也。利心生于物我之相形，人欲之私也。循天理，则不求利而自无不利；徇人欲，则求利未得而害已随之。所谓毫厘之差，千里之缪。此《孟子》之书所以造端托始之深意，学者所宜精察而明辨也。○太史公曰："余读《孟子书》，至梁惠王问何以利吾

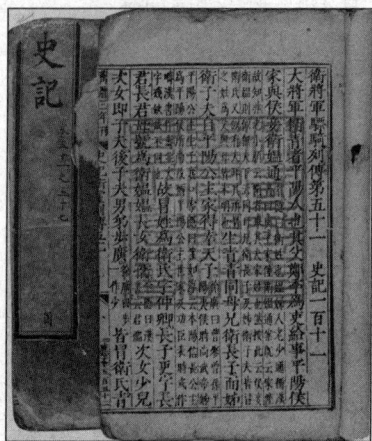

《史记》书影

国,未尝不废书而叹也。曰:嗟乎!利,诚乱之始也。夫子罕言利,常防其源也。故曰放于利而行,多怨。自天子以至于庶人,好利之弊,何以异哉?"程子曰:"君子未尝不欲利,但专以利为心则有害。惟仁义则不求利而未尝不利也。当是之时,天下之人惟利是求,而不复知有仁义。故孟子言仁义而不言利,所以拔本塞源而救其弊,此圣贤之心也。"

【原文】

孟子见梁惠王。王立于沼上,顾鸿雁麋鹿,曰:"贤者亦乐此乎?"① 孟子对曰:"贤者而后乐此,不贤者虽有此不乐也。②《诗》云:'经始灵台,经之营之。庶民攻之,不日成之。经始勿亟,庶民子来。王在灵囿,麀鹿攸伏。麀鹿濯濯,白鸟鹤鹤。王在灵沼,於牣鱼跃。'文王以民力为台为沼,而民欢乐之,谓其台曰灵台,谓其沼曰灵沼,乐其有麋鹿鱼鳖。古之人与民偕乐,故能乐也。③《汤誓》曰:'时日害丧?予及女偕亡。'民欲与之偕亡,虽有台池鸟兽,岂能独乐哉?"④

【朱子集注】

①乐,音洛,篇内同。○沼,池也。鸿,雁之大者。麋,鹿之大者。

②此一章之大指。

③亟,音棘。麀,音忧。鹤,《诗》作翯,户角反。於,音乌。○此引《诗》而释之,以明贤者而后乐此之意。《诗·大雅·灵台》之篇。经,量度也。灵台,文王台名也。营,谋为也。攻,治也。不日,不终日也。亟,速也。言文王戒以勿亟也。子来,如子来趋父事也。灵囿、灵沼,台下有囿,囿中有沼也。麀,牝鹿也。伏,安其所,不惊动也。濯濯,肥泽貌。鹤鹤,洁白貌。於,叹美辞。牣,满也。孟子言文王虽用民力,而民反欢乐之,既加以美名,而又乐其所有。盖由文王能爱其民,故民乐其乐,而文王亦得以享其乐也。

④害,音曷。丧,去声。女,音汝。○此引《书》而释之,以明不贤者虽有此不乐之意也。《汤誓》,《商书》篇名。时,是也。日,指夏桀。害,何也。桀尝自言:"吾有天下,如天之有日,日亡吾乃亡耳。"民怨其虐,故因其自言而目之曰:"此日何时亡乎?若亡,则我宁与之俱亡。"盖欲其亡之甚也。孟子引此,以明君独乐而不恤其民,则民怨之而不能保其乐也。

【原文】

梁惠王曰:"寡人之于国也,尽心焉耳矣。河内凶,则移其民于河东,移其粟于河内。河东凶亦然。察邻国之政，无如寡人之用心者。邻国之民不加少，寡人之民不加多，何也？"①孟子对曰："王好战，请以战喻。填然鼓之，兵刃既接，弃甲曳兵而走。或百步而后止，或五十步而后止。以五十步笑百步，则何如？"曰："不可。直不百步耳，是亦走也。"曰："王如知此，则无望民之多于邻国也。②不违农时，谷不可胜食也；数罟不入洿池，鱼鳖不可胜食也；斧斤以时入山林，材木不可胜用也。谷与鱼鳖不可胜食，材木不可胜用，是使民养生丧死无憾也。养生丧死无憾，王道之始也。③五亩之宅，树之以桑，五十者可以衣帛矣。鸡豚狗彘之畜，无失其时，七十者可以食肉矣。百亩之田，勿夺其时，数口之家可以无饥矣。谨庠序之教，申之以孝悌之义，颁白者不负戴于道路矣。七十者衣帛食肉，黎民不饥不寒，然而不王者，未之有也。④狗彘食人食而不知检，涂有饿莩而不知发；人死，则曰：'非我也，岁也。'是何异于刺人而杀之，曰：'非我也，兵也。'王无罪岁，斯天下之民至焉。"⑤

【朱子集注】

①寡人，诸侯自称，言寡德之人也。河内、河东，皆魏地。凶，岁不熟也。移民以就食，移粟以给其老稚之不能移者。

②好，去声。填，音田。○填，鼓音也。兵以鼓进，以金退。直，犹但也。言此以譬邻国不恤其民，惠王能行小惠，然皆不能行王道以养其民，不可以此而笑彼也。杨氏曰："移民移粟，荒政之所不废也。然不能行先王之道，而徒以是为尽心焉，则未矣。"

③胜，音升。数，音促。罟，音古。洿，音乌。○农时，谓春耕、夏耘、秋收之时。凡有兴作，不违此时，至冬乃役之也。不可胜食，言多也。数，密也。罟，网也。洿，窊下之地，水所聚也。古者网罟必用四寸之目，鱼不满尺，市不得粥，人不得食。山林川泽，与民共之，而有厉禁。草木零落，然后斧斤入焉。此皆为治之初，法制未备，且因天地自然之利，而撙节爱养之事也。然饮食宫室所以养生，祭祀棺椁所以送死，皆民所急而不可无者。今皆有以资之，则人无所恨矣。王道以得民心为本，故以此为王道之始。

④衣，去声。畜，敕六反。数，去声。王，去声。凡有天下者，人称之曰王，则平声；据其身临天下而言曰王，则去声。后皆放此。○五亩之宅，一夫所受，二亩半在田，二亩半在邑。田中不得有木，恐妨五谷，故于墙下植桑以供蚕事。五十始衰，非帛不暖；未五十者不得衣也。畜，养也。时，谓孕字之时，如孟春牺牲毋用牝之类

也。七十非肉不饱,未七十者不得食也。百亩之田,亦一夫所受。至此则经界正,井地均,无不受田之家矣。庠、序,皆学名也。申,重也,丁宁反复之意。善事父母为孝,善事兄长为悌。颁,与斑同,老人头半白黑者也。负,任在背。戴,任在首。夫民衣食不足,则不暇治礼义;而饱暖无教,则又近于禽兽。故既富而教以孝悌,则人知爱亲敬长而代其劳,不使之负戴于道路矣。衣帛、食肉但言七十,举重以见轻也。黎,黑也。黎民,黑发之人,犹秦言黔首也。少壮之人,虽不得衣帛食肉,然亦不至于饥寒也。此言尽法制品节之详,极财成辅相之道,以左右民,是王道之成也。

⑤莩,平表反。剌,七亦反。○检,制也。莩,饿死人也。发,发仓廪以赈贷也。岁,谓岁之丰凶也。惠王不能制民之产,又使狗彘得以食人之食,则与先王制度品节之意异矣。至于民饥而死,犹不知发,则其所移特民间之粟而已。乃以民不加多,归罪于岁凶,是知刃之杀人,而不知操刃者之杀人也。不罪岁,则必能自反而益修其政,天下之民至焉,则不但多于邻国而已。○程子曰:"孟子之论王道,不过如此,可谓实矣。"又曰:"孔子之时,周室虽微,天下犹知尊周之为义,故《春秋》以尊周为本。至孟子时,七国争雄,天下不复知有周,而生民之涂炭已极。当是时,诸侯能行王道,则可以王矣。此孟子所以劝齐、梁之君也。盖王者,天下之义主也。圣贤亦何心哉?视天命之改与未改耳。"

【原文】

梁惠王曰:"寡人愿安承教。"①孟子对曰:"杀人以梃与刃,有以异乎?"曰:"无以异也。"②"以刃与政,有以异乎?"曰:"无以异也。"③曰:"庖有肥肉,厩有肥马,民有饥色,野有饿莩,此率兽而食人也。④兽相食,且人恶之。为民父母,行政不免于率兽而食人,恶在其为民父母也?⑤仲尼曰:'始作俑者,其无后乎!'为其象人而用之也。如之何其使斯民饥而死也?"⑥

【朱子集注】

①承上章言愿安意以受教。

②梃,徒顶反。○梃,杖也。

③孟子又问而王答也。

④厚敛于民以养禽兽,而使民饥以死,则无异于驱兽以食人矣。

⑤恶之之恶,去声。恶在之恶,平声。○君者,民之父母也。恶在,犹言何

在也。

⑥俑,音勇。为,去声。○俑,从葬木偶人也。古之葬者,束草为人,以为从卫,谓之刍灵,略似人形而已。中古易之以俑,则有面目机发,而大似人矣。故孔子恶其不仁,而言其必无后也。孟子言此作俑者,但用象人以葬,孔子犹恶之,况实使民饥而死乎?○李氏曰:"为人君者,固未尝有率兽食人之心。然徇一己之欲,而不恤其民,则其流必至于此。故以为民父母告之。夫父母之于子,为之就利避害,未尝顷刻而忘于怀,何至视之不如犬马乎?"

【原文】

梁惠王曰:"晋国,天下莫强焉,叟之所知也。及寡人之身,东败于齐,长子死焉;西丧地于秦七百里;南辱于楚。寡人耻之,愿比死者一洒之,如之何则可?"①孟子对曰:"地方百里而可以王。②王如施仁政于民,省刑罚,薄税敛,深耕易耨。壮者以暇日修其孝悌忠信,入以事其父兄,出以事其长上,可使制梃以挞秦、楚之坚甲利兵矣。③彼夺其民时,使不得耕耨以养其父母,父母冻饿,兄弟妻子离散。④彼陷溺其民,王往而征之,夫谁与王敌?⑤故曰:'仁者无敌。'王请勿疑!"⑥

【朱子集注】

①长,上声。丧,去声。比,必二反。洒与洗同。○魏本晋大夫魏斯,与韩氏、赵氏共分晋地,号曰三晋,故惠王犹自谓晋国。惠王三十年,齐击魏,破其军,虏太子申。十七年,秦取魏少梁,后魏又数献地于秦。又与楚将昭阳战,败,亡其七邑。比,犹为也。言欲为死者雪其耻也。

②百里,小国也,然能行仁政,则天下之民归之矣。

③省,所梗反。敛、易,皆去声。耨,奴豆反。长,上声。○省刑罚,薄税敛,此二者仁政之大目也。易,治也。耨,耘也。尽己之谓忠,以实之谓信。君行仁政,则民得尽力于农亩,而又有暇日以修礼义,是以尊君亲上而乐于效死也。

④养,去声。○彼,谓敌国也。

⑤夫,音扶。○陷,陷于阱。溺,溺于水。暴虐之意。征,正也。以彼暴虐其民,而率吾尊君亲上之民往正其罪,彼民方怨其上而乐归于我,则谁与我为敌哉?

⑥"仁者无敌",盖古语也。百里可王,以此而已。恐王疑其迂阔,故勉使勿疑也。○孔氏曰:"惠王之志,在于报怨;孟子之论,在于救民。所谓惟天吏则可以伐之,盖孟子之本意。"

【原文】

孟子见梁襄王。①出，语人曰："望之不似人君，就之而不见所畏焉。卒然问曰：'天下恶乎定？'吾对曰：'定于一。'②'孰能一之？'③对曰：'不嗜杀人者能一之。'④'孰能与之？'⑤对曰：'天下莫不与也。王知夫苗乎？七八月之间旱，则苗槁矣。天油然作云，沛然下雨，则苗浡然兴之矣。其如是，孰能御之？今夫天下之人牧，未有不嗜杀人者也。如有不嗜杀人者，则天下之民皆引领而望之矣。诚如是也，民归之，由水之就下，沛然谁能御之？'"⑥

【朱子集注】

①襄王，惠王子，名赫。

②语，去声。卒，七没反。恶，平声。○语，告也。不似人君，不见所畏，言其无威仪也。卒然，急遽之貌。盖容貌辞气，乃德之符，其外如此，则其中之所存者可知。王问列国分争，天下当何所定。孟子对以必合于一，然后定也。

③王问也。

④嗜，甘也。

⑤王复问也。与，犹归也。

⑥夫，音扶。浡，音勃。由，当作犹，古字借用。后多放此。○周七八月，夏五六月也。油然，云盛貌。沛然，雨盛貌。浡然，兴起貌。御，禁止也。人牧，谓牧民之君也。领，颈也。盖好生恶死，人心所同。故人君不嗜杀人，则天下悦而归之。○苏氏曰："孟子之言，非苟为大而已。然不深原其意而详究其实，未有不以为迂者矣。予观孟子以来，自汉高祖及光武，及唐太宗，及我宋太祖皇帝，能一天下者四君，皆以不嗜杀人致之。其余杀人愈多，而天下愈乱。秦、晋及隋，力能合之，而好杀不已，故或合而复分，或遂以亡国。孟子之言，岂偶然而已哉？"

【原文】

齐宣王问曰："齐桓、晋文之事可得闻乎？"①孟子对曰："仲尼之徒无道桓、文之事者，是以后世无传焉。臣未之闻也。无以，则王乎？"②曰："德何如，则可以王矣？"曰："保民而王，莫之能御也。"③曰："若寡人者，可以保民乎哉？"曰："可。"曰："何由知吾可也？"曰："臣闻之胡龁曰，王坐于堂上，有牵牛而过堂下者，王见之，曰：'牛何之？'对曰：'将以衅钟。'王曰：'舍之！吾不忍其觳觫，若无罪而就死地。'

对曰:'然则废衅钟与?'曰:'何可废也? 以羊易之。'不识有诸?"④曰:"有之。"曰:"是心足以王矣。百姓皆以王为爱也,臣固知王之不忍也。"⑤王曰:"然。诚有百姓者。齐国虽褊小,吾何爱一牛? 即不忍其觳觫,若无罪而就死地,故以羊易之也。"⑥曰:"王无异于百姓之以王为爱也。以小易大,彼恶知之? 王若隐其无罪而就死地,则牛羊何择焉?"王笑曰:"是诚何心哉? 我非爱其财而易之以羊也,宜乎百姓之谓我爱也。"⑦曰:"无伤也,是乃仁术也,见牛未见羊也。君子之于禽兽也,见其生,不忍见其死;闻其声,不忍食其肉。是以君子远庖厨也。"⑧王说,曰:"《诗》云:'他人有心,予忖度之。'夫子之谓也。夫我乃行之,反而求之,不得吾心。夫子言之,于我心有戚戚焉。此心之所以合于王者,何也?"⑨曰:"有复于王者曰:'吾力足以举百钧,而不足以举一羽;明足以察秋毫之末,而不见舆薪。'则王许之乎?"曰:"否。""今恩足以及禽兽,而功不至于百姓者,独何与? 然则一羽之不举,为不用力焉;舆薪之不见,为不用明焉;百姓之不见保,为不用恩焉。故王之不王,不为也,非不能也。"⑩曰:"不为者与不能者之形何以异?"曰:"挟太山以超北海,语人曰'我不能',是诚不能也。为长者折枝,语人曰'我不能',是不为也,非不能也。故王之不王,非挟太山以超北海之类也;王之不王,是折枝之类也。⑪老吾老,以及人之老;幼吾幼,以及人之幼。天下可运于掌。《诗》云:'刑于寡妻,至于兄弟,以御于家邦。'言举斯心加诸彼而已。故推恩足以保四海,不推恩无以保妻子。古之人所以大过人者,无他焉,善推其所为而已矣。今恩足以及禽兽,而功不至于百姓者,独何与?⑫权,然后知轻重;度,然后知长短。物皆然,心为甚。王请度之!⑬抑王兴甲兵,危士臣,构怨于诸侯,然后快于心与?⑭王曰:"否。吾何快于是? 将以求吾所大欲也。"⑮曰:"王之所大欲可得闻与?"王笑而不言。曰:"为肥甘不足于口与? 轻暖不足于体与? 抑为采色不足视于目与? 声音不足听于耳与? 便嬖不足使令于前与? 王之诸臣,皆足以供之,而王岂为是哉?"曰:"否。吾不为是也。"曰:"然则王之所大欲可知已。欲辟土地,朝秦、楚,莅中国而抚四夷也。以若所为,求若所欲,犹缘木而求鱼也。"⑯王曰:"若是其甚与?"曰:"殆有甚焉。缘木求鱼,虽不得鱼,无后灾。以若所为,求若所欲,尽心力而为之,后必有灾。"曰:"可得闻与?"曰:"邹人与楚人战,则王以为孰胜?"曰:"楚人胜。"曰:"然则小固不可以敌大,寡固不可以敌众,弱固不可以敌强。海内之地方千里者九,齐集有其一,以一服八,何以异于邹敌楚哉? 盖亦反其本矣。⑰今王发政施仁,使天下仕者皆欲立于王之朝,耕者皆欲耕于王之野,商贾皆欲藏于王之市,行旅皆欲出于王之涂,天下之欲疾其君者皆欲赴愬于王。其若是,孰能御之?"⑱王曰:"吾惛,不能进于是矣。愿夫子辅吾志,明以教我。我虽不敏,请尝试之。"⑲曰:"无恒产而有恒心者,惟士为能。若民,则无恒产,因无恒心。苟无恒心,放辟邪侈,无不为已。及陷于罪,然后从而刑之,是罔民也。焉有仁人在位,罔民而可为也?⑳是故明君制民之产,必使仰足以事父母,俯足以畜妻子,乐岁终身饱,凶年免于死亡。然后驱而之善,故民之从之也轻。㉑今也制民之产,仰不足以事父母,俯不足以畜妻子,乐岁终身苦,凶年不免于死亡。此惟救死而恐不赡,奚暇治礼义哉?㉒王欲行之,则盍反其本矣。㉓五亩之宅,树之以桑,五十者可以衣帛矣。鸡豚狗彘之畜,无失其时,七十者可以食肉矣。百亩之田,勿夺其时,八口之家可以无饥矣。谨庠序之教,申之以孝悌之义,颁白者不负戴于道路矣。老者衣帛食肉,黎民不饥不寒,然而不王者,未之有也。"㉔

【朱子集注】

①齐宣王,姓田氏,名辟疆,诸侯僭称王也。齐桓公、晋文公,皆霸诸侯者。

②道,言也。董子曰:"仲尼之门,五尺童子羞称五伯。为其先诈力而后仁义也。"亦此意也。以、已通用。无已,必欲言之而不止也。王,谓王天下之道。

③保,爱护也。

④龁,音核。舍,上声。觳,音斛。觫,音速。与,平声。○胡龁,齐臣也。衅钟,新铸钟成,而杀牲取血以涂其衅郄也。觳觫,恐惧貌。孟子述所闻胡龁之语而问王,不知果有此事否?

⑤王见牛之觳觫而不忍杀,即所谓恻隐之心,仁之端也。扩而充之,则可以保四海矣。故孟子指而言之,欲王察识于此而扩充之也。爱,犹吝也。

⑥言以羊易牛,其迹似吝,实有如百姓所讥者。然我之心不如是也。

⑦恶,平声。○异,怪也。隐,痛也。择,犹分也。言牛羊皆无罪而死,何所分别而以羊易牛乎?孟子故设此难,欲王反求而得其本心。王不能然,故卒无以自解于百姓之言也。

⑧远,去声。○无伤,言虽有百姓之言,不为害也。术,谓法之巧者。盖杀牛既所不忍,衅钟又不可废,于此无以处之,则此心虽发而终不得施矣。然见牛则此心已发而不可遏,未见羊则其理未形而无所妨。故以羊易牛,则二者得以两全而无害,此所以为仁之术也。声,谓将死而哀鸣也。盖人之于禽兽,同生而异类。故用之以礼,而不忍之心施于见闻之所及。其所以必远庖厨者,亦以预养是心而广为仁

之术也。

⑨说,音悦。忖,七本反。度,待洛反。夫我之夫。音扶。○《诗·小雅·巧言》之篇。戚戚,心动貌。王因孟子之言,而前日之心复萌,乃知此心不从外得,然犹未知所以反其本而推之也。

⑩与,平声。为不之为。去声。○复,白也。钧,三十斤,百钧,至重难举也。羽,鸟羽。一羽,至轻易举也。秋毫之末,毛至秋而末锐,小而难见也。舆薪,以车载薪,大而易见也。许,犹可也。今恩以下,又孟子之言也。盖天地之性,人为贵。故人之与人,又为同类而相亲。是以恻隐之发,则于民切而于物缓;推广仁术,则仁民易而爱物难。今王此心能及物矣,则其保民而王,非不能也,但自不肯为耳。

⑪语,去声。为长之为,去声。长,上声。折,之舌反。○形,状也。挟,以腋持物也。超,跃而过也。为长者折枝,以长者之命,折草木之枝,言不难也。是心固有,不待外求,扩而充之,在我而已,何难之有?

⑫与,平声。○老,以老事之也。吾老,谓我之父兄。人之老,谓人之父兄。幼,以幼畜之也。吾幼,谓我之子弟。人之幼,谓人之子弟。运于掌,言易也。《诗·大雅·思齐》之篇。刑,法也。寡妻,寡德之妻,谦辞也。御,治也。不能推恩,则众叛亲离,故无以保妻子。盖骨肉之亲,本同一气,又非但若人之同类而已。故古人必由亲亲推之,然后及于仁民;又推其余,然后及于爱物。皆由近以及远,自易以及难。今王反之,则必有故矣。故复推本而再问之。

⑬度之之度,待洛反。○权,称锤也。度,丈尺也。度之,谓称量之也。言物之轻重长短,人所难齐,必以权度度之而后可见。若心之应物,则其轻重长短之难齐,而不可不度以本然之权度,又有甚于物者。今王恩及禽兽,而功不至于百姓。是其爱物之心重且长,而仁民之心轻且短,失其当然之序而不自知也。故上文既发其端,而于此请王度之也。

⑭与,平声。○抑,发语辞。士,战士也。构,结也。孟子以王爱民之心所以轻且短者,必其以是三者为快也。然三事实非人心之所快,有甚于杀觳觫之牛者。故指以问王,欲其以此而度之也。

⑮不快于此者,心之正也;而必为此者,欲诱之也。欲之所诱者独在于是,是以其心尚明于他而独暗于此。此其爱民之心所以轻短,而功不至于百姓也。

⑯与,平声。为肥、抑为、岂为、不为之为,皆去声。便、令,皆平声。辟,与闢同。朝,音潮。○便嬖,近习嬖幸之人也。已,语助词。辟,开广也。朝,致其来朝

也。秦、楚，皆大国。莅，临也。若，如此也。所为，指兴兵结怨之事。缘木求鱼，言必不可得。

⑰甚与、闻与之与，平声。〇殆、盖，皆发语辞。邹，小国。楚，大国。齐集有其一，言集合齐地，其方千里，是有天下九分之一也。以一服八，必不能胜，所谓后灾也。反本，说见下文。

⑱朝，音潮。贾，音古。愬与诉同。〇行货曰商，居货曰贾。发政施仁，所以王天下之本也。近者悦，远者来，则大小强弱非所论矣。盖力求所欲，则所欲者反不可得；能反其本，则所欲者不求而至。与首章意同。

⑲惛与昏同。

⑳恒，胡登反。辟与僻同。焉，於虔反。〇恒，常也。产，生业也。恒产，可常生之业也。恒心，人所常有之善心也。士尝学问，知义理，故虽无常产而有常心。民则不能然矣。罔，犹罗网，欺其不见而取之也。

㉑畜，许六反，下同。〇轻，犹易也。此言民有常产而有常心也。

㉒治，平声。凡治字为理物之义者，平声；为已理之义者，去声。后皆放此。〇赡，足也。此所谓无常产而无常心者也。

㉓盍，何不也。使民有常产者，又发政施仁之本也。说具下文。

㉔音见前章。〇此言制民之产之法也。赵氏曰："八口之家，次上农夫也。此王政之本，常生之道，故孟子为齐、梁之君各陈之也。"杨氏曰："为天下者，举斯心加诸彼而已。然虽有仁心仁闻，而民不被其泽者，不行先王之道故也。故以制民之产告之。"〇此章言人君当黜霸功，行王道。而王道之要，不过推其不忍之心，以行不忍之政而已。齐王非无此心，而夺于功利之私，不能扩充以行仁政。虽以孟子反复晓告，精切如此，而蔽固已深，终不能悟，是可叹也。

卷第二

梁惠王下

【原文】

　　庄暴见孟子，曰："暴见于王，王语暴以好乐，暴未有以对也。"曰："好乐何如？"

孟子曰:"王之好乐甚,则齐国其庶几乎!"①他日,见于王曰:"王尝语庄子以好乐,有诸?"王变乎色,曰:"寡人非能好先王之乐也,直好世俗之乐耳。"②曰:"王之好乐甚,则齐其庶几乎! 今之乐犹古之乐也。"③曰:"可得闻与?"曰:"独乐乐,与人乐乐,孰乐?"曰:"不若与人。"曰:"与少乐乐,与众乐乐,孰乐?"曰:"不若与众。"④"臣请为王言乐:⑤今王鼓乐于此,百姓闻王钟鼓之声、管籥之音,举疾首蹙頞而相告曰:'吾王之好鼓乐,夫何使我至于此极也? 父子不相见,兄弟妻子离散。'今王田猎于此,百姓闻王车马之音,见羽旄之美,举疾首蹙頞而相告曰:'吾王之好田猎,夫何使我至于此极也? 父子不相见,兄弟妻子离散。'此无他,不与民同乐也。⑥今王鼓乐于此,百姓闻王钟鼓之声、管籥之音,举欣欣然有喜色而相告曰:'吾王庶几无疾病与? 何以能鼓乐也?'今王田猎于此,百姓闻王车马之音,见羽旄之美,举欣欣然有喜色而相告曰:'吾王庶几无疾病与? 何以能田猎也?'此无他,与民同乐也。⑦今王与百姓同乐,则王矣。"⑧

【朱子集注】

①见于之见,音现,下"见于"同。语,去声,下同。好,去声。篇内并同。○庄暴,齐臣也。庶几,近辞也,言近于治。

②变色者,惭其好之不正也。

③今乐,世俗之乐。古乐,先王之乐。

④闻与之与,平声。乐乐,下字音洛。孰乐,亦音洛。○独乐不若与人,与少乐不若与众,亦人之常情也。

⑤为,去声。○此以下,皆孟子之言也。

⑥蹙,子六反。頞,音遏。夫,音扶。同乐之乐,音洛。○钟、鼓、管、籥,皆乐器也。举,皆也。疾首,头痛也。蹙,聚也。頞,额也。人忧戚则蹙其额。极,穷也。羽旄,旌属。不与民同乐,谓独乐其身而不恤其民,使之穷困也。

⑦病与之与,平声。同乐之乐,音洛。○与民同乐者,推好乐之心以行仁政,使民各得其所也。

⑧好乐而能与百姓同之,则天下之民归之矣,所谓齐其庶几者如此。○范氏曰:"战国之时,民穷财尽,人君独以南面之乐自奉其身。孟子切于救民,故因齐王之好乐,开导其善心,深劝其与民同乐,而谓今乐犹古乐。其实今乐、古乐,何可同也? 但与民同乐之意,则无古今之异耳。若必欲以礼乐治天下,当如孔子之言,必

用《韶舞》,必放郑声。盖孔子之言,为邦之正道;孟子之言,救时之急务,所以不同。"杨氏曰:"乐以和为主,使人闻钟、鼓、管、弦之音而疾首蹙頞,则虽奏以《咸》《英》《韶》《濩》,无补于治也。故孟子告齐王以此,姑正其本而已。"

【原文】

齐宣王问曰:"文王之囿方七十里,有诸?"孟子对曰:"于传有之。"①曰:"若是其大乎?"曰:"民犹以为小也。"曰:"寡人之囿方四十里,民犹以为大,何也?"曰:"文王之囿方七十里,刍荛者往焉,雉兔者往焉,与民同之。民以为小,不亦宜乎。②臣始至于境,问国之大禁,然后敢入。臣闻郊关之内,有囿方四十里,杀其麋鹿者如杀人之罪。则是方四十里,为阱于国中。民以为大,不亦宜乎。"③

【朱子集注】

①囿,音又。传,直恋反。○囿者,蕃育鸟兽之所。古者四时之田,皆于农隙以讲武事,然不欲驰骛于稼穑场圃之中,故度闲旷之地以为囿。然文王七十里之囿,其亦三分天下有其二之后也与? 传,谓古书。

②刍,音初。荛,音饶。○刍,草也。荛,薪也。

③阱,才性反。○礼:入国而问禁。国外百里为郊,郊外有关。阱,坎地以陷兽者,言陷民于死也。

【原文】

齐宣王问曰:"交邻国有道乎?"孟子对曰:"有。惟仁者为能以大事小,是故汤事葛,文王事昆夷;惟智者为能以小事大,故大王事獯鬻,勾践事吴。①以大事小者,乐天者也;以小事大者,畏天者也。乐天者保天下,畏天者保其国。②《诗》云:'畏天之威,于时保之。'"③王曰:"大哉言矣! 寡人有疾,寡人好勇。"④对曰:"王请无好小勇。夫抚剑疾视曰,'彼恶敢当我哉'! 此匹夫之勇,敌一人者也。王请大之!⑤《诗》云:'王赫斯怒,爰整其旅,以遏徂莒,以笃周祜,以对于天下。'此文王之勇也。文王一怒而安天下之民。⑥《书》曰:'天降下民,作之君,作之师。惟曰其助上帝,宠之四方。有罪无罪,惟我在,天下曷敢有越厥志?'一人衡行于天下,武王耻之。此武王之勇也。而武王亦一怒而安天下之民。⑦今王亦一怒而安天下之民,民惟恐王之不好勇也。"⑧

【朱子集注】

①獯,音熏。鬻,音育。句,音钩。○仁人之心,宽洪恻怛,而无较计大小强弱之私。故小国虽或不恭,而吾所以字之之心自不能已。智者明义理,识时势。故大国虽见侵陵,而吾所以事之之礼尤不敢废。汤事见后篇。文王事见《诗·大雅》。大王事见后章。所谓狄人,即獯鬻也。勾践,越王名。事见《国语》《史记》。

②乐,音洛。○天者,理而已矣。大之字小,小之事大,皆理之当然也。自然合理,故曰乐天。不敢违理,故曰畏天。包含遍覆,无不周遍,保天下之气象也。制节谨度,不敢纵逸,保一国之规模也。

③《诗·周颂·我将》之篇。时,是也。

④言以好勇,故不能事大而恤小也。

⑤夫抚之夫,音扶。恶,平声。○疾视,怒目而视也。小勇,血气所为。大勇,义理所发。

⑥《诗·大雅·皇矣》篇。赫,赫然怒貌。爰,于也。旅,众也。遏,《诗》作按,止也。徂,往也。莒,《诗》作旅。徂旅,谓密人侵阮徂共之众也。笃,厚也。祜,福也。对,答也,以答天下仰望之心也。此文王之大勇也。

⑦衡,与横同。○《书·周书·大誓》之篇也。然所引与今《书》文小异,今且依此解之。宠之四方,宠异之于四方也。有罪者,我得而诛之;无罪者,我得而安之。我既在此,则天下何敢有过越其心志而作乱者乎?衡行,谓作乱也。孟子释《书》意如此,而言武王亦大勇也。

⑧王若能如文、武之为,则天下之民望其一怒以除暴乱,而拯己于水火之中,惟恐王之不好勇耳。○此章言人君能惩小忿,则能恤小事大,以交邻国;能养大勇,则能除暴救民,以安天下。张敬夫曰:"小勇者,血气之怒也。大勇者,理义之怒也。血气之怒不可有,理义之怒不可无。知此,则可以见性情之正,而识天理、人欲之分矣。"

【原文】

齐宣王见孟子于雪宫。王曰:"贤者亦有此乐乎?"孟子对曰:"有。人不得,则非其上矣。①不得而非其上者,非也;为民上而不与民同乐者,亦非也。②乐民之乐者,民亦乐其乐;忧民之忧者,民亦忧其忧。乐以天下,忧以天下,然而不王者,未之有也。③昔者齐景公问于晏子曰:'吾欲观于转附、朝儛,遵海而南,放于琅邪。吾何修而可以比于先王观也?'④晏子对曰:'善哉问也!天子适诸侯曰巡狩,巡狩者,巡所守也。诸侯朝于天子曰述职,述职者,述所职也。无非事者。春省耕而补不足,秋省敛而助不给。夏谚曰:"吾王不游,吾何以休?吾王不豫,吾何以助?一游一豫,为诸侯度。"⑤今也不然:师行而粮食,饥者弗食,劳者弗息。睊睊胥谗,民乃作慝。方命虐民,饮食若流。流连荒亡,为诸侯忧。⑥从流下而忘反谓之流,从流上而忘反谓之连,从兽无厌谓之荒,乐酒无厌谓之亡。⑦先王无流连之乐,荒亡之行。⑧惟君所行也。'⑨景公说,大戒于国,出舍于郊。于是始兴发补不足。召太师曰:'为我作君臣相说之乐!'盖《徵招》《角招》是也。其诗曰:'畜君何尤?'畜君者,好君也。"⑩

【朱子集注】

①乐,音洛,下同。○雪宫,离宫名。言人君能与民同乐,则人皆有此乐。不然,则下之不得此乐者,必有非其君上之心。明人君当与民同乐,不可使人有不得者,非但当与贤者共之而已也。

②下不安分,上不恤民,皆非理也。

③乐民之乐而民乐其乐,则乐以天下矣;忧民之忧而民忧其忧,则忧以天下矣。

④朝,音潮。放,上声。○晏子,齐臣,名婴。转附、朝儛,皆山名也。遵,循也。放,至也。琅邪,齐东南境上邑名。观,游也。

⑤狩,舒救反。省,悉井反。○述,陈也。省,视也。敛,收获也。给,亦足也。夏谚,夏时之俗语也。豫,乐也。巡所守,巡行诸侯所守之土也。述所职,陈其所受之职也。皆无有无事而空行者。而又春秋循行郊野,察民之所不足而补助之。故夏谚以为王者一游一豫,皆有恩惠以及民,而诸侯皆取法焉,不敢无事慢游以病其民也。

⑥睊,古县反。○今,谓晏子时也。师,众也,二千有五百人为师。《春秋传》曰:"君行师从。"粮,谓糇糒之属。睊睊,侧目貌。胥,相也。谗,谤也。慝,怨恶也,言民不胜其劳而起谤怨也。方,逆也。命,王命也。若流,如水之流,无穷极也。流连荒亡,解见下文。诸侯,谓附庸之国、县邑之长。

⑦厌,平声。○此释上文之义也。从流下,谓放舟随水而下。从流上,谓挽舟逆水而上。从兽,田猎也。荒,废也。乐酒,以饮酒为乐也。亡,犹失也,言废时失

事也。

⑧行，去声。

⑨言先王之法，今时之弊，二者惟在君所行耳。

⑩说，音悦。为，去声。乐，如字。徵，陟里反。招，与韶同。畜，敕六反。○戒，告命也。出舍，自责以省民也。兴发，发仓廪也。太师，乐官也。君臣，己与晏子也。乐有五声，三曰角为民，四曰徵为事。《招》，舜乐也。其诗，《徵招》《角招》之诗也。尤，过也。言晏子能畜止其君之欲，宜为君之所尤，然其心则何过哉？孟子释之，以为臣能畜止其君之欲，乃是爱其君者也。○尹氏曰："君之与民，贵贱虽不同，然其心未始有异也。孟子之言，可谓深切矣。齐王不能推而用之，惜哉！"

【原文】

齐宣王问曰："人皆谓我毁明堂。毁诸？已乎？"①孟子对曰："夫明堂者，王者之堂也。王欲行王政，则勿毁之矣。"②王曰："王政可得闻与？"对曰："昔者文王之治岐也，耕者九一，仕者世禄，关市讥而不征，泽梁无禁，罪人不孥。老而无妻曰鳏，老而无夫曰寡，老而无子曰独，幼而无父曰孤。此四者，天下之穷民而无告者。文王发政施仁，必先斯四者。《诗》云：'哿矣富人，哀此茕独。'"③王曰："善哉言乎！"曰："王如善之，则何为不行？"王曰："寡人有疾，寡人好货。"对曰："昔者公刘好货。《诗》云：'乃积乃仓。乃裹餱粮，于橐于囊。思戢用光。弓矢斯张，干戈戚扬，爰方启行。'故居者有积仓，行者有裹粮也，然后可以爰方启行。王如好货，与百姓同之，于王何有？"④王曰："寡人有疾，寡人好色。"对曰："昔者大王好色，爱厥妃。《诗》云：'古公亶甫，来朝走马，率西水浒，至于岐下。爰及姜女，聿来胥宇。'当是时也，内无怨女，外无旷夫。王如好色，与百姓同之，于王何有？"⑤

【朱子集注】

①赵氏曰："明堂，太山明堂。周天子东巡守朝诸侯之处，汉时遗址尚在。人欲毁之者，盖以天子不复巡守，诸侯又不当居之也。王问当毁之乎？且止乎？"

②夫，音扶，○明堂，王者所居以出政令之所也。能行王政，则亦可以王矣，何必毁哉？

③与，平声。孥，音奴。鳏，姑顽反。哿，工可反。茕，音琼。○岐，周之旧国也。九一者，井田之制也。方一里为一井，其田九百亩。中画井字，界为九区。一

区之中,为田百亩。中百亩为公田,外八百亩为私田。八家各受私田百亩,而同养公田,是九分而税其一也。世禄者,先王之世,仕者之子孙皆教之,教之而成材则官之。如不足用,亦使之不失其禄。盖其先世尝有功德于民,故报之如此,忠厚之至也。关,谓道路之关。市,谓都邑之市。讥,察也。征,税也。关市之吏,察异服异言之人,而不征商贾之税也。泽,谓潴水。梁,谓鱼梁。与民同利,不设禁也。孥,妻子也。恶恶止其身,不及妻子也。先王养民之政:导其妻子,使之养其老而恤其幼。不幸而有鳏寡孤独之人,无父母妻子之养,则尤宜怜恤,故必以为先也。《诗·小雅·正月》之篇。哿,可也。茕,困悴貌。

④餱,音侯。橐,音托。戢,《诗》作辑,音集。○王自以为好货,故取民无制,而不能行此王政。公刘,后稷之曾孙也。《诗·大雅·公刘》之篇。积,露积也。餱,干粮也。无底曰橐,有底曰囊,皆所以盛餱粮也。戢,安集也。言思安集其民人,以光大其国家也。戚,斧也。扬,钺也。爰,于也。启行,言往迁于豳也。何有,言不难也。孟子言公刘之民富足如此,是公刘好货,而能推己之心以及民也。今王好货,亦能如此,则其于王天下也,何难之有?

⑤大,音泰。○王又言此者,好色则心志蛊惑,用度奢侈,而不能行王政也。大王,公刘九世孙。《诗·大雅·绵》之篇也。古公,大王之本号,后乃追尊为大王也。亶甫,大王名也。来朝走马,避狄人之难也。率,循也。浒,水涯也。岐下,岐山之下也。姜女,大王之妃也。胥,相也。宇,居也。旷,空也。无怨旷者,是大王好色,而能推己之心以及民也。○杨氏曰:"孟子与人君言,皆所以扩充其善心而格其非心,不止就事论事。若使为人臣者论事每如此,岂不能尧、舜其君乎?"愚谓此篇自首章至此,大意皆同。盖钟鼓、苑囿、游观之乐,与夫好勇、好货、好色之心,皆天理之所有,而人情之所不能无者。然天理人欲,同行异情。循理而公于天下者,圣贤之所以尽其性也;纵欲而私于一己者,众人之所以灭其天也。二者之间,不能以发,而其是非得失之归,相去远矣。故孟子因时君之问,而剖析于几微之际,皆所以遏人欲而存天理。其法似疏而实密,其事似易而实难。学者以身体之,则有以识其非曲学阿世之言,而知所以克己复礼之端矣。

【原文】

孟子谓齐宣王曰:"王之臣有托其妻子于其友,而之楚游者。比其反也,则冻馁其妻子,则如之何?"王曰:"弃之。"①曰:"士师不能治士,则如之何?"王曰:"已之。"② 曰："四境之内不治，则如之何?"王顾左右而言他。③

【朱子集注】

①比，必二反。○托，寄也。比，及也。弃，绝也。

②士师，狱官也。其属有乡士、遂士之官，士师皆当治之。已，罢去也。

③治，去声。○孟子将问此而先设上二事以发之，及此而王不能答也。其惮于自责，耻于下问如此，不足与有为可知矣。○赵氏曰："言君臣上下各勤其任，无堕其职，乃安其身。"

【原文】

孟子见齐宣王，曰："所谓故国者，非谓有乔木之谓也，有世臣之谓也。王无亲臣矣，昔者所进，今日不知其亡也。"① 王曰："吾何以识其不才而舍之?"② 曰："国君进贤，如不得已。将使卑逾尊，疏逾戚，可不慎与?③ 左右皆曰贤，未可也；诸大夫皆曰贤，未可也；国人皆曰贤，然后察之；见贤焉，然后用之。左右皆曰不可，勿听；诸大夫皆曰不可，勿听；国人皆曰不可，然后察之；见不可焉，然后去之。④ 左右皆曰可杀，勿听；诸大夫皆曰可杀，勿听；国人皆曰可杀，然后察之；见可杀焉，然后杀之。故曰，国人杀之也。⑤ 如此，然后可以为民父母。"⑥

【朱子集注】

①世臣，累世勋旧之臣，与国同休戚者也。亲臣，君所亲信之臣，与君同休戚者也。此言乔木、世臣，皆故国所宜有。然所以为故国者，则在此而不在彼也。昨日所进用之人，今日有亡去而不知者，则无亲臣矣。况世臣乎?

②舍，上声。○王意以为此亡去者，皆不才之人。我初不知而误用之，故今不以其去为意耳。因问何以先识其不才而舍之邪?

③与，平声。○如不得已，言谨之至也。盖尊尊亲亲，礼之常也。然或尊者亲者未必贤，则必进疏远之贤而用之。是使卑者逾尊，疏者逾戚，非礼之常，故不可不谨也。

④去，上声。○左右近臣，其言固未可信。诸大夫之言，宜可信矣，然犹恐其蔽于私也。至于国人，则其论公矣，然犹必察之者，盖人有同俗而为众所悦者，亦有特立而为俗所憎者。故必自察之，而亲见其贤否之实，然后从而用舍之，则于贤者知之深，任之重，而不才者不得以幸进矣。所谓进贤如不得已者如此。

⑤此言非独以此进退人才，至于用刑，亦以此道。盖所谓天命天讨，皆非人君之所得私也。

⑥传曰："民之所好好之，民之所恶恶之，此之谓民之父母。"

【原文】

齐宣王问曰："汤放桀，武王伐纣，有诸？"孟子对曰："于传有之。"①曰："臣弑其君，可乎？"②曰："贼仁者谓之贼，贼义者谓之残，残贼之人谓之一夫。闻诛一夫纣矣，未闻弑君也。"③

【朱子集注】

①传，直恋反。〇放，置也。《书》云："成汤放桀于南巢。"

②桀、纣，天子；汤、武，诸侯。

③贼，害也。残，伤也。害仁者，凶暴淫虐，灭绝天理，故谓之贼。害义者，颠倒错乱，伤败彝伦，故谓之残。一夫，言众叛亲离，不复以为君也。《书》曰："独夫纣。"盖四海归之，则为天子；天下叛之，则为独夫。所以深警齐王，垂戒后世也。〇王勉曰："斯言也，惟在下者有汤、武之仁，而在上者有桀、纣之暴则可。不然，是未免于篡弑之罪也。"

【原文】

孟子见齐宣王，曰："为巨室，则必使工师求大木。工师得大木，则王喜，以为能胜其任也。匠人斫而小之，则王怒，以为不胜其任矣。夫人幼而学之，壮而欲行之，王曰'姑舍女所学而从我'，则何如？①今有璞玉于此，虽万镒，必使玉人雕琢之。至于治国家，则曰'姑舍女所学而从我'，则何以异于教玉人雕琢玉哉？"②

【朱子集注】

①胜，平声。夫，音扶。舍，上声。女，音汝，下同。〇巨室，大宫也。工师，匠人之长。匠人，众工人也。姑，且也。言贤人所学者大，而王欲小之也。

②镒，音溢。〇璞，玉之在石中者。镒，二十两也。玉人，玉工也。不敢自治而付之能者，爱之甚也。治国家则徇私欲而不任贤，是爱国家不如爱玉也。〇范氏曰："古之贤者，常患人君不能行其所学；而世之庸君，亦常患贤者不能从其所好。是以君臣相遇，自古以为难。孔、孟终身而不遇，盖以此耳。"

　　齐人伐燕,胜之。①宣王问曰:"或谓寡人勿取,或谓寡人取之。以万乘之国伐万乘之国,五旬而举之,人力不至于此。不取,必有天殃。取之,何如?"②孟子对曰:"取之而燕民悦,则取之。古之人有行之者,武王是也。取之而燕民不悦,则勿取。古之人有行之者,文王是也。③以万乘之国伐万乘之国,箪食壶浆,以迎王师。岂有他哉?避水火也。如水益深,如火益热,亦运而已矣。"④

【朱子集注】

　　①按:《史记》,燕王哙让国于其相子之,而国大乱。齐因伐之。燕士卒不战,城门不闭,遂大胜燕。

　　②乘,去声。下同。○以伐燕为宣王事,与《史记》诸书不同,已见《序说》。

　　③商纣之世,文王三分天下有其二,以服事商。至武王十三年,乃伐纣而有天下。张子曰:"此事间不容发。一日之间,天命未绝,则是君臣。当日命绝,则为独夫。然命之绝否,何以知之?人情而已。诸侯不期而会者八百,武王安得而止之哉?"

　　④箪,音丹。食,音嗣。○箪,竹器。食,饭也。运,转也。言齐若更为暴虐,则民将转而望救于他人矣。○赵氏曰:"征伐之道,当顺民心。民心悦,则天意得矣。"

【原文】

　　齐人伐燕,取之。诸侯将谋救燕。宣王曰:"诸侯多谋伐寡人者,何以待之?"孟子对曰:"臣闻七十里为政于天下者,汤是也。未闻以千里畏人者也。①《书》曰:'汤一征,自葛始。'天下信之。'东面而征,西夷怨;南面而征,北狄怨。曰:奚为后我?'民望之,若大旱之望云霓也。归市者不止,耕者不变。诛其君而吊其民,若时雨降,民大悦。《书》曰:'徯我后,后来其苏。'②今燕虐其民,王往而征之,民以为将拯己于水火之中也,箪食壶浆,以迎王师。若杀其父兄,系累其子弟,毁其宗庙,迁其重器,如之何其可也?天下固畏齐之强也。今又倍地而不行仁政,是动天下之兵也。③王速出令,反其旄倪,止其重器,谋于燕众,置君而后去之,则犹可及止也。"④

【朱子集注】

　　①千里畏人,指齐王也。

②霓，五稽反。徯，胡礼反。○两引《书》，皆《商书·仲虺之诰》文也。与今《书》文亦小异。一征，初征也。天下信之，信其志在救民，不为暴也。奚为后我，言汤何为不先来征我之国也。霓，虹也。云合则雨，虹见则止。变，动也。徯，待也。后，君也。苏，复生也。他国之民，皆以汤为我君，而待其来，使己得苏息也。此言汤之所以七十里而为政于天下也。

③累，力追反。○拯，救也。系累，絷缚也。重器，宝器也。畏，忌也。倍地，并燕而增一倍之地也。齐之取燕，若能如汤之征葛，则燕人悦之，而齐可为政于天下矣。今乃不行仁政而肆为残虐，则无以慰燕民之望而服诸侯之心，是以不免乎以千里而畏人也。

④旄与耄同。倪，五稽反。○反，还也。旄，老人也。倪，小儿也。谓所虏略之老小也。犹，尚也。及止，及其未发而止之也。○范氏曰："孟子事齐、梁之君，论道德则必称尧、舜，论征伐则必称汤、武。盖治民不法尧、舜，则是为暴；行师不法汤、武，则是为乱。岂可谓吾君不能，而舍所学以徇之哉？"

【原文】

邹与鲁阋。穆公问曰："吾有司死者三十三人，而民莫之死也。诛之，则不可胜诛；不诛，则疾视其长上之死而不救，如之何则可也？"①孟子对曰："凶年饥岁，君之民老弱转乎沟壑，壮者散而之四方者，几千人矣；而君之仓廪实，府库充，有司莫以告，是上慢而残下也。曾子曰：'戒之戒之！出乎尔者，反乎尔者也。'夫民今而后得反之也。君无尤焉！②君行仁政，斯民亲其上、死其长矣。"③

【朱子集注】

①阋，胡弄反。胜，平声。长，上声，下同。○阋，斗声也。穆公，邹君也。不可胜诛，言人众不可尽诛也。长上，谓有司也。民怨其上，故疾视其死而不救也。

②几，上声。夫，音扶。○转，饥饿辗转而死也。充，满也。上，谓君及有司也。尤，过也。

③君不仁而求富，是以有司知重敛而不知恤民。故君行仁政，则有司皆爱其民，而民亦爱之矣。○范氏曰："《书》曰：'民惟邦本，本固邦宁。'有仓廪府库，所以为民也。丰年则敛之，凶年则散之，恤其饥寒，救其疾苦。是以民亲爱其上，有危难则赴救之，如子弟之卫父兄，手足之捍头目也。穆公不能反己，犹欲归罪于民，岂不误哉？"

708

【原文】

滕文公问曰:"滕,小国也,间于齐、楚。事齐乎? 事楚乎?"①孟子对曰:"是谋非吾所能及也。无已,则有一焉:凿斯池也,筑斯城也,与民守之,效死而民弗去,则是可为也。"②

【朱子集注】

①间,去声。〇滕,国名。

②无已,见前篇。一,谓一说也。效,犹致也。国君死社稷,故致死以守国。至于民亦为之死守而不去,则非有以深得其心者不能也。〇此章言有国者当守义而爱民,不可侥幸而苟免。

【原文】

滕文公问曰:"齐人将筑薛,吾甚恐。如之何则可?"①孟子对曰:"昔者大王居邠,狄人侵之,去之岐山之下居焉。非择而取之,不得已也。②苟为善,后世子孙必有王者矣。君子创业垂统,为可继也。若夫成功,则天也。君如彼何哉? 强为善而已矣。"③

【朱子集注】

①薛,国名,近滕。齐取其地而城之,故文公以其偪己而恐也。

②邠与豳同。〇邠,地名。言大王非以岐下为善,择取而居之也。详见下章。

③夫,音扶。强,上声。〇创,造。统,绪也。言能为善,则如大王虽失其地,而其后世遂有天下,乃天理也。然君子造基业于前,而垂统绪于后,但能不失其正,令后世可继续而行耳。若夫成功,则岂可必乎? 彼,齐也。君之力既无如之何,则但强于为善,使其可继而俟命于天耳。〇此章言人君但当竭力于其所当为,不可侥幸于其所难必。

鲁侯爵

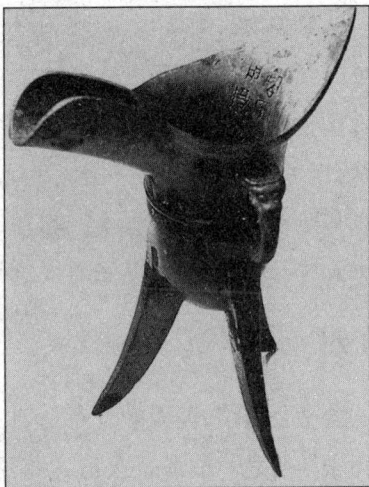

【原文】

滕文公问曰:"滕,小国也。竭力以事大国,则不得免焉。如之何则可?"孟子对曰:"昔者大王居邠,狄人侵之。事之以皮币,不得免焉;事之以犬马,不得免焉;事之以珠玉,不得免焉。乃属其耆老而告之曰:'狄人之所欲者,吾土地也。吾闻之也:君子不以其所以养人者害人。二三子何患乎无君?我将去之。'去邠,逾梁山,邑于岐山之下居焉。邠人曰:'仁人也,不可失也。'从之者如归市。①或曰:'世守也,非身之所能为也。效死勿去。'②君请择于斯二者。"③

【朱子集注】

①属,音烛。○皮,谓虎、豹、麋、鹿之皮也。币,帛也。属,会集也。土地本生物以养人,今争地而杀人,是以其所以养人者害人也。邑,作邑也。归市,人众而争先也。

②又言:或谓土地乃先人所受而世守之者,非己所能专。但当致死守之,不可舍去。此国君死社稷之常法。传所谓"国灭,君死之,正也",正谓此也。

③能如大王则避之,不能则谨守常法。盖迁国以图存者,权也;守正而俟死者,义也。审己量力,择而处之可也。○杨氏曰:"孟子之于文公,始告之以效死而已,礼之正也。至其甚恐,则以大王之事告之,非得已也。然无大王之德而去,则民或不从,而遂至于亡,则又不若效死之为愈。故又请择于斯二者。"又曰:"孟子所论,自世俗观之,则可谓无谋矣。然理之可为者,不过如此。舍此则必为仪、秦之为矣。凡事求可,功求成。取必于智谋之末而不循天理之正者,非圣贤之道也。"

【原文】

鲁平公将出,嬖人臧仓者请曰:"他日君出,则必命有司所之。今乘舆已驾矣,有司未知所之。敢请。"公曰:"将见孟子。"曰:"何哉?君所为轻身以先于匹夫者,以为贤乎?礼义由贤者出,而孟子之后丧逾前丧。君无见焉!"公曰:"诺。"①乐正子入见,曰:"君奚为不见孟轲也?"曰:"或告寡人曰:'孟子之后丧逾前丧',是以不往见也。"曰:"何哉,君所谓逾者?前以士,后以大夫;前以三鼎,而后以五鼎与?"曰:"否。谓棺椁衣衾之美也。"曰:"非所谓逾也,贫富不同也。"②乐正子见孟子,曰:"克告于君,君为来见。嬖人有臧仓者沮君,君是以不果来也。"曰:"行或使之,止或尼之。行止非人所能也。吾之不遇鲁侯,天也,臧氏之子焉能使予不遇哉？”③

【朱子集注】

①乘，去声。○乘舆，君车也。驾，驾马也。孟子前丧父，后丧母。逾，过也，言其厚母薄父也。诺，应辞也。

②入见之见，音现。与，平声。○乐正子，孟子弟子也，仕于鲁。三鼎，士祭礼。五鼎，大夫祭礼。

③为，去声。沮，慈吕反。尼，女乙反。焉，於虔反。○克，乐正子名。沮、尼，皆止之之意也。言人之行，必有人使之者。其止，必有人尼之者。然其所以行所以止，则固有天命，而非此人之所能使，亦非此人之所能尼也。然则我之不遇，岂臧仓之所能为哉？○此章言圣贤之出处，关时运之盛衰，乃天命之所为，非人力之可及。

卷第三

公孙丑上

【原文】

公孙丑问曰：“夫子当路于齐，管仲、晏子之功，可复许乎？”①孟子曰：“子诚齐人也，知管仲、晏子而已矣。②或问乎曾西曰：‘吾子与子路孰贤？’曾西蹵然曰：‘吾先子之所畏也。’曰：‘然则吾子与管仲孰贤？’曾西艴然不悦，曰：‘尔何曾比予于管仲？管仲得君，如彼其专也；行乎国政，如彼其久也；功烈，如彼其卑也。尔何曾比予于是？’”③曰：“管仲，曾西之所不为也，而子为我愿之乎？”④曰：“管仲以其君霸，晏子以其君显。管仲、晏子犹不足为与？”⑤曰：“以齐王，由反手也。”⑥曰：“若是，则弟子之惑滋甚。且以文王之德，百年而后崩，犹未洽于天下；武王、周公继之，然后大行。今言王若易然，则文王不足法与？”⑦曰：“文王何可当也？由汤至于武丁，贤圣之君六七作，天下归殷久矣，久则难变也。武丁朝诸侯，有天下，犹运之掌也。纣之去武丁未久也，其故家遗俗，流风善政，犹有存者；又有微子、微仲、王子比干、箕子、胶鬲，皆贤人也，相与辅相之，故久而后失之也。尺地莫非其有也，一民莫非其臣也，然而文王犹方百里起，是以难也。⑧齐人有言曰：‘虽有智慧，不如乘势；虽有镃基，不如待时。’今时则易然也。⑨夏后、殷、周之盛，地未有过千里者也，而齐有

国学经典文库

孟子诠解

朱熹注评《孟子》

图文珍藏版

其地矣;鸡鸣狗吠相闻,而达乎四境,而齐有其民矣。地不改辟矣,民不改聚矣,行仁政而王,莫之能御也。⑩且王者之不作,未有疏于此时者也;民之憔悴于虐政,未有甚于此时者也。饥者易为食,渴者易为饮。⑪孔子曰:'德之流行,速于置邮而传命。'⑫当今之时,万乘之国行仁政,民之悦之,犹解倒悬也。故事半古之人,功必倍之,惟此时为然。"⑬

【朱子集注】

①复,扶又反。○公孙丑,孟子弟子,齐人也。当路,居要地也。管仲,齐大夫,名夷吾,相桓公,霸诸侯。许,犹期也。孟子未尝得政,丑盖设辞以问也。

②齐人但知其国有二子而已,不复知有圣贤之事。

③蹙,子六反。艴,音拂,又音勃。曾,并音增。○孟子引曾西与或人问答如此。曾西,曾子之孙。蹙,不安貌。先子,曾子也。艴,怒色也。曾之言则也。烈,犹光也。桓公独任管仲四十余年,是专且久也。管仲不知王道而行霸术,故言功烈之卑也。杨氏曰:"孔子言子路之才,曰:'千乘之国,可使治其赋也。'使其见于施为,如是而已。其于九合诸侯,一匡天下,固有所不逮也。然则曾西推尊子路如此,而羞比管仲者何哉? 譬之御者,子路则范我驰驱而不获者也;管仲之功,诡遇而获禽耳。曾西,仲尼之徒也,故不道管仲之事。"

④子为之为,去声。○曰,孟子言也。愿,望也。

⑤与,平声。○显,显名也。

⑥王,去声。由,犹通。○反手,言易也。

⑦易,去声,下同。与,平声。滋,益也。文王九十七而崩,言百年,举成数也。文王三分天下才有其二;武王克商,乃有天下;周公相成王,制礼作乐,然后教化大行。

⑧朝,音潮。鬲,音隔,又音历。辅相之相,去声。犹方之犹,与由通。○当,犹敌也。商自成汤至于武丁,中间太甲、太戊、祖乙、盘庚皆贤圣之君。作,起也。自武丁至纣凡九世。故家,旧臣之家也。

⑨镃,音兹。○镃基,田器也。时,谓耕种之时。

⑩辟与闢同。○此言其势之易也。三代盛时,王畿不过千里,今齐已有之,异于文王之百里。又鸡犬之声相闻,自国都以至于四境,言民居稠密也。

⑪此言其时之易也。自文、武至此七百余年,异于商之贤圣继作;民苦虐政之

甚,异于纣之犹有善政。易为饮食,言饥渴之甚,不待甘美也。

⑫邮,音尤。○置,驿也。邮,驲也。所以传命也。孟子引孔子之言如此。

⑬乘,去声。○倒悬,喻困苦也。所施之事半于古人,而功倍于古人,由时势易而德行速也。

【原文】

公孙丑问曰:"夫子加齐之卿相,得行道焉,虽由此霸王,不异矣。如此,则动心否乎?"孟子曰:"否。我四十不动心。"①曰:"若是,则夫子过孟贲远矣。"曰:"是不难。告子先我不动心。"②曰:"不动心有道乎?"曰:"有。"③北宫黝之养勇也,不肤挠,不目逃,思以一毫挫于人,若挞之于市朝。不受于褐宽博,亦不受于万乘之君。视刺万乘之君,若刺褐夫。无严诸侯。恶声至,必反之。④孟施舍之所养勇也,曰:'视不胜犹胜也。量敌而后进,虑胜而后会,是畏三军者也。舍岂能为必胜哉? 能无惧而已矣。'⑤孟施舍似曾子,北宫黝似子夏。夫二子之勇,未知其孰贤,然而孟施舍守约也。⑥昔者曾子谓子襄曰:'子好勇乎? 吾尝闻大勇于夫子矣:自反而不缩,虽褐宽博,吾不惴焉;自反而缩,虽千万人,吾往矣。'⑦孟施舍之守气,又不如曾子之守约也。"⑧曰:"敢问夫子之不动心,与告子之不动心,可得闻与?""告子曰:'不得于言,勿求于心;不得于心,勿求于气。'不得于心,勿求于气,可;不得于言,勿求于心,不可。夫志,气之帅也;气,体之充也。夫志至焉,气次焉。故曰:'持其志,无暴其气。'"⑨"既曰'志至焉,气次焉',又曰'持其志,无暴其气'者,何也?"曰:"志壹则动气,气壹则动志也。今夫蹶者趋者,是气也,而反动其心。"⑩"敢问夫子恶乎长?"曰:"我知言,我善养吾浩然之气。"⑪"敢问何谓浩然之气?"曰:"难言也。⑫其为气也,至大至刚,以直养而无害,则塞于天地之间。⑬其为气也,配义与道;无是,馁也。⑭是集义所生者,非义袭而取之也。行有不慊于心,则馁矣。我故曰,告子未尝知义,以其外之也。⑮必有事焉而勿正,心勿忘,勿助长也。无若宋人然。宋人有闵其苗之不长而揠之者,芒芒然归。谓其人曰:'今日病矣,予助苗长矣。'其子趋而往视之,苗则槁矣。天下之不助苗长者寡矣。以为无益而舍之者,不耘苗者也;助之长者,揠苗者也。非徒无益,而又害之。"⑯"何谓知言?"曰:"诐辞知其所蔽,淫辞知其所陷,邪辞知其所离,遁辞知其所穷。生于其心,害于其政;发于其政,害于其事。圣人复起,必从吾言矣。"⑰"宰我、子贡善为说辞,冉牛、闵子、颜渊善言德行。孔子兼之,曰:'我于辞命,则不能也。'然则夫子既圣矣乎?"⑱曰:"恶! 是何言也？昔者子贡问于孔子曰：'夫子圣矣乎？'孔子曰：'圣则吾不能，我学不厌而教不倦也。'子贡曰：'学不厌，智也；教不倦，仁也。仁且智，夫子既圣矣！'夫圣，孔子不居，是何言也？"⑲"昔者窃闻之：子夏、子游、子张皆有圣人之一体，冉牛、闵子、颜渊则具体而微。敢问所安？"⑳曰："姑舍是。"㉑曰："伯夷、伊尹何如？"曰："不同道。非其君不事，非其民不使，治则进，乱则退，伯夷也。何事非君，何使非民，治亦进，乱亦进，伊尹也。可以仕则仕，可以止则止，可以久则久，可以速则速，孔子也。皆古圣人也。吾未能有行焉，乃所愿，则学孔子也。"㉒伯夷、伊尹于孔子，若是班乎？"曰："否。自有生民以来，未有孔子也。"㉓曰："然则有同与？"曰："有。得百里之地而君之，皆能以朝诸侯、有天下。行一不义、杀一不辜而得天下，皆不为也。是则同。"㉔曰："敢问其所以异？"曰："宰我、子贡、有若，智足以知圣人。污，不至阿其所好。㉕宰我曰：'以予观于夫子，贤于尧、舜远矣。'㉖子贡曰：'见其礼而知其政，闻其乐而知其德。由百世之后，等百世之王，莫之能违也。自生民以来，未有夫子也。'㉗有若曰：'岂惟民哉？麒麟之于走兽，凤凰之于飞鸟，太山之于丘垤，河海之于行潦，类也。圣人之于民，亦类也。出于其类，拔乎其萃，自生民以来，未有盛于孔子也。'"㉘

【朱子集注】

①相，去声。○此承上章，又设问孟子，若得位而行道，则虽由此而成霸王之业，亦不足怪。任大责重如此，亦有所恐惧疑惑而动其心乎？四十强仕，君子道明德立之时。孔子四十而不惑，亦不动心之谓。

②贲，音奔。○孟贲，勇士。告子，名不害。孟贲血气之勇，丑盖借之以赞孟子"不动心"之难。孟子言告子未为知道，乃能先我不动心，则此亦未足为难也。

③程子曰："心有主，则能不动矣。"

④黝，伊纠反。挠，奴效反。朝，音潮。乘，去声。○北宫，姓；黝，名。肤挠，肌肤被刺而挠屈也。目逃，目被刺而转睛逃避也。挫，犹辱也。褐，毛布。宽博，宽大之衣，贱者之服也。不受者，不受其挫也。刺，杀也。严，畏惮也。言无可畏惮之诸侯也。黝盖刺客之流，以必胜为主，而不动心者也。

⑤舍，去声，下同。○孟，姓。施，发语声。舍，名也。会，合战也。舍自言其战虽不胜，亦无所惧。若量敌虑胜而后进战，则是无勇而畏三军矣。舍盖力战之士，以无惧为主，而不动心者也。

⑥夫,音扶。○黝务敌人,舍专守己。子夏笃信圣人,曾子反求诸己。故二子之与曾子、子夏虽非等伦,然论其气象,则各有所似。贤,犹胜也。约,要也。言论二子之勇,则未知谁胜;论其所守,则舍比于黝为得其要也。

⑦好,去声。惴,之瑞反。○此言曾子之勇也。子襄,曾子弟子也。夫子,孔子也。缩,直也。《檀弓》曰:"古者冠缩缝,今也衡缝。"又曰:"棺束缩二衡三。"惴,恐惧之也。往,往而敌之也。

⑧言孟施舍虽似曾子,然其所守乃一身之气,又不如曾子之反身循理,所守尤得其要也。孟子之不动心,其原盖出于此,下文详之。

⑨闻与之与,平声。夫志之夫,音扶。○此一节,公孙丑之问,孟子诵告子之言,又断以己意而告之也。告子谓:于言有所不达,则当舍置其言,而不必反求其理于心;于心有所不安,则当力制其心,而不必更求其助于气。此所以固守其心而不动之速也。孟子既诵其言而断之曰,彼谓不得于心而勿求诸气者,急于本而缓其末,犹之可也;谓不得于言而不求诸心,则既失于外而遂遗其内,其不可也必矣。然凡曰可者,亦仅可而有所未尽之辞耳。若论其极,则志固心之所之,而为气之将帅;然气亦人之所以充满于身,而为志之卒徒者也。故志固为至极,而气即次之。人固当敬守其志,然亦不可不致养其气。盖其内外本末,交相培养。此则孟子之心所以未尝必其不动,而自然不动之大略也。

⑩夫,音扶。○公孙丑见孟子言志至而气次,故问:如此,则专持其志可矣,又言无暴其气,何也?壹,专一也。蹶,颠踬也。趋,走也。孟子言志之所向专一,则气固从之;然气之所在专一,则志亦反为之动。如人颠踬趋走,则气专在是而反动其心焉。所以既持其志,而又必无暴其气也。○程子曰:"志动气者什九,气动志者什一。"

⑪恶,平声。○公孙丑复问孟子之不动心所以异于告子如此者,有何所长而能然,而孟子又详告之以其故也。知言者,尽心知性,于凡天下之言,无不有以究极其理,而识其是非得失之所以然也。浩然,盛大流行之貌。气,即所谓体之充者。本自浩然,失养故馁,惟孟子为善养之以复其初也。盖惟知言,则有以明夫道义,而于天下之事无所疑;养气,则有以配夫道义,而于天下之事无所惧,此其所以当大任而不动心也。告子之学,与此正相反。其不动心,殆亦冥然无觉,悍然不顾而已尔。

⑫孟子先言知言,而丑先问气者,承上文方论志气而言也。难言者,盖其心所独得,而无形声之验,有未易以言语形容者。故程子曰:"观此一言,则孟子之实有

⑬至大,初无限量。至刚,不可屈挠。盖天地之正气,而人得以生者,其体段本如是也。惟其自反而缩,则得其所养,而又无所作为以害之,则其本体不亏而充塞无间矣。○程子曰:"天人一也,更不分别。浩然之气,乃吾气也。养而无害,则塞乎天地。一为私意所蔽,则欿然而馁,知其小也。"谢氏曰:"浩然之气,须于心得其正时识取。"又曰:"浩然,是无亏欠时。"

⑭馁,奴罪反。○配者,合而有助之意。义者,人心之裁制。道者,天理之自然。馁,饥乏而气不充体也。言人能养成此气,则其气合乎道义而为之助,使其行之勇决,无所疑惮。若无此气,则其一时所为虽未必不出于道义,然其体有所不充,则亦不免于疑惧,而不足以有为矣。

⑮慊,口簟反,又口劫反。○集义,犹言积善,盖欲事事皆合于义也。袭,掩取也,如齐侯袭莒之袭。言气虽可以配乎道义,而其养之之始,乃由事皆合义,自反常直,是以无所愧怍,而此气自然发生于中,非由只行一事偶合于义,便可掩袭于外而得之也。慊,快也,足也。言所行一有不合于义,而自反不直,则不足于心,而其体有所不充矣。然则义岂在外哉?告子不知此理,乃曰仁内义外,而不复以义为事,则必不能集义以生浩然之气矣。上文不得于言,勿求于心,即外义之意,详见《告子上篇》。

⑯长,上声。揠,乌八反。舍,上声。○必有事焉而勿正,赵氏、程子以七字为句。近世或并下文"心"字读之者,亦通。必有事焉,有所事也,如"有事于颛臾"之有事。正,预期也。《春秋传》曰"战不正胜"是也。如作正心,义亦同。此与《大学》之所谓正心者语意自不同也。此言养气者,必以集义为事,而勿预期其效。其或未充,则但当勿忘其所有事,而不可作为以助其长,乃集义养气之节度也。闵,忧也。揠,拔也。芒芒,无知之貌。其人,家人也。病,疲倦也。舍之不耘者,忘其所有事。揠而助之长者,正之不得而妄有作为者也。然不耘则失养而已,揠则反以害之。无是二者,则气得其养而无所害矣。如告子不能集义,而欲强制其心,则必不能免于正助之病。其于所谓浩然者,盖不惟不善养,而又反害之矣。

⑰诐,彼寄反。复,扶又反。○此公孙丑复问而孟子答之也。诐,偏陂也。淫,放荡也。邪,邪僻也。遁,逃避也。四者相因,言之病也。蔽,遮隔也。陷,沉溺也。离,叛去也。穷,困屈也。四者亦相因,则心之失也。人之有言,皆本于心。其心明乎正理而无蔽,然后其言平正通达而无病;苟为不然,则必有是四者之病矣。即其

言之病,而知其心之失,又知其害于政事之决然而不可易者如此。非心通于道,而无疑于天下之理,其孰能之?彼告子者,不得于言而不肯求之于心,至为义外之说,则自不免于四者之病,其何以知天下之言而无所疑哉?〇程子曰:"心通乎道,然后能辨是非,如持权衡以较轻重,孟子所谓知言是也。"又曰:"孟子知言,正如人在堂上,方能辨堂下人曲直。若犹未免杂于堂下众人之中,则不能辨决矣。"

⑱行,去声。〇此一节,林氏以为皆公孙丑之问是也。说辞,言语也。德行,得于心而见于行事者也。三子善言德行者,身有之,故言之亲切而有味也。公孙丑言数子各有所长,而孔子兼之,然犹自谓不能于辞命。今孟子乃自谓我能知言,又善养气,则是兼言语、德行而有之,然则岂不既圣矣乎?此夫子,指孟子也。〇程子曰:"孔子自谓不能于辞命者,欲使学者务本而已。"

⑲恶,平声。夫圣之夫,音扶。〇恶,惊叹辞也。昔者以下,孟子不敢当丑之言,而引孔子、子贡问答之辞以告之也。此夫子,指孔子也。学不厌者,智之所以自明;教不倦者,仁之所以及物。再言是何言也,以深拒之。

⑳此一节,林氏亦以为皆公孙丑之问,是也。一体,犹一肢也。具体而微,谓有其全体但未广大耳。安,处也。公孙丑复问孟子,既不敢比孔子,则于此数子欲何所处也?

㉑舍,上声。〇孟子言且置是者,不欲以数子所至者自处也。

㉒治,去声。〇伯夷,孤竹君之长子。兄弟逊国,避纣隐居,闻文王之德而归之。及武王伐纣,去而饿死。伊尹,有莘之处士。汤聘而用之,使之就桀。桀不能用,复归于汤。如是者五,乃相汤而伐桀也。三圣人事,详见此篇之末及《万章下篇》。

㉓班,齐等之貌。公孙丑问,而孟子答之以不同也。

㉔与,平声。朝,音潮。〇有,言有同也。以百里而王天下,德之盛也。行一不义、杀一不辜而得天下,有所不为。心之正也。圣人之所以为圣人,其本根节目之大者,惟在于此。于此不同,则亦不足以为圣人矣。

㉕污,音蛙。好,去声。〇污,下也。三子智足以知夫子之道。假使污下,必不阿私所好而空誉之,明其言之可信也。

㉖程子曰:"语圣则不异,事功则有异。夫子贤于尧、舜,语事功也。盖尧、舜治天下,夫子又推其道以垂教万世。尧、舜之道,非得孔子,则后世亦何所据哉?"

㉗言大凡见人之礼,则可以知其政;闻人之乐,则可以知其德。是以我从百世

之后,差等百世之王,无有能遁其情者,而见其皆莫若夫子之盛也。

㉘垤,大结反。潦,音老。○麒麟,毛虫之长。凤凰,羽虫之长。垤,蚁封也。行潦,道上无源之水也。出,高出也。拔,特起也。萃,聚也。言自古圣人,固皆异于众人,然未有如孔子之尤盛者也。○程子曰:"《孟子》此章,扩前圣所未发,学者所宜潜心而玩索也。"

【原文】

孟子曰:"以力假仁者霸,霸必有大国。以德行仁者王,王不待大。汤以七十里,文王以百里。①以力服人者,非心服也,力不赡也;以德服人者,中心悦而诚服也,如七十子之服孔子也。《诗》云:'自西自东,自南自北,无思不服。'此之谓也。"②

【朱子集注】

①力,谓土地甲兵之力。假仁者,本无是心,而借其事以为功者也。霸,若齐桓、晋文是也。以德行仁,则自吾之得于心者推之,无适而非仁也。

②赡,足也。《诗·大雅·文王有声》之篇。王霸之心,诚伪不同,故人所以应之者,其不同亦如此。○邹氏曰:"以力服人者,有意于服人,而人不敢不服;以德服人者,无意于服人,而人不能不服。从古以来,论王霸者多矣,未有若此章之深切而著明也。"

【原文】

孟子曰:"仁则荣,不仁则辱。今恶辱而居不仁,是犹恶湿而居下也。①如恶之,莫如贵德而尊士,贤者在位,能者在职。国家闲暇,及是时明其政刑。虽大国,必畏之矣。②《诗》云:'迨天之未阴雨,彻彼桑土,绸缪牖户。今此下民,或敢侮予?'孔子曰:'为此诗者,其知道乎! 能治其国家,谁敢侮之?'③今国家闲暇,及是时般乐怠敖,是自求祸也。④祸福无不自己求之者。⑤《诗》云:'永言配命,自求多福。'《太甲》曰:'天作孽,犹可违;自作孽,不可活。'此之谓也。"⑥

【朱子集注】

①恶,去声,下同。○好荣恶辱,人之常情。然徒恶之而不去其得之之道,不能免也。

②閒,音闲。○此因其恶辱之情,而进之以强仁之事也。贵德,犹尚德也。士,则指其人而言之。贤,有德者,使之在位,则足以正君而善俗。能,有才者,使之在职,则足以修政而立事。国家闲暇,可以有为之时也。详味"及"字,则惟日不足之意可见矣。

③彻,直列反。土,音杜。绸,音稠。缪,武彪反。○《诗·豳风·鸱鸮》之篇,周公之所作也。迨,及也。彻,取也。桑土,桑根之皮也。绸缪,缠绵补葺也。牖户,巢之通气出入处也。予,鸟自谓也。言我之备患详密如此,今此在下之人,或敢有侮予者乎?周公以鸟之为巢如此,比君之为国,亦当思患而预防之。孔子读而赞之,以为知道也。

④般,音盘。乐,音洛。敖,音傲。○言其纵欲偷安,亦惟日不足也。

⑤结上文之意。

⑥孽,鱼列反。○《诗·大雅·文王》之篇。永,长也。言,犹念也。配,合也。命,天命也。此言福之自己求者。《太甲》,《商书》篇名。孽,祸也。违,避也。活,生也,《书》作逭。逭,犹缓也。此言祸之自己求者。

【原文】

孟子曰:"尊贤使能,俊杰在位,则天下之士皆悦而愿立于其朝矣。①市廛而不征,法而不廛,则天下之商皆悦而愿藏于其市矣。②关讥而不征,则天下之旅皆悦而愿出于其路矣。③耕者助而不税,则天下之农皆悦而愿耕于其野矣。④廛无夫里之布,则天下之民皆悦而愿为之氓矣。⑤信能行此五者,则邻国之民仰之若父母矣。率其子弟,攻其父母,自生民以来,未有能济者也。如此,则无敌于天下。无敌于天下者,天吏也。然而不王者,未之有也。"⑥

【朱子集注】

①朝,音潮。○俊杰,才德之异于众者。

②廛,市宅也。张子曰:"或赋其市地之廛,而不征其货;或治之以市官之法,而不赋其廛。盖逐末者多则廛以抑之,少则不必廛也。"

③解见前篇。

④但使出力以助耕公田,而不税其私田也。

⑤氓,音盲。○《周礼》:"宅不毛者有里布。民元职事者,出夫家之征。"郑氏

谓:"宅不种桑麻者,罚之使出一里二十五家之布。民无常业者,罚之使出一夫百亩之税,一家力役之征也。"今战国时,一切取之。市宅之民,已赋其廛,又令出此夫里之布,非先王之法也。氓,民也。

⑥吕氏曰:"奉行天命,谓之天吏。废兴存亡,惟天所命,不敢不从,若汤、武是也。"○此章言能行王政,则寇戎为父子;不行王政,则赤子为仇雠。

【原文】

孟子曰:"人皆有不忍人之心。①先王有不忍人之心,斯有不忍人之政矣。以不忍人之心,行不忍人之政,治天下可运之掌上。②所以谓人皆有不忍人之心者,今人乍见孺子将入于井,皆有怵惕恻隐之心,非所以内交于孺子之父母也,非所以要誉于乡党朋友也,非恶其声而然也。③由是观之,无恻隐之心,非人也;无羞恶之心,非人也;无辞让之心,非人也;无是非之心,非人也。④恻隐之心,仁之端也;羞恶之心,义之端也;辞让之心,礼之端也;是非之心,智之端也。⑤人之有是四端也,犹其有四体也。有是四端而自谓不能者,自贼者也;谓其君不能者,贼其君者也。⑥凡有四端于我者,知皆扩而充之矣,若火之始然,泉之始达。苟能充之,足以保四海;苟不充之,不足以事父母。"⑦

【朱子集注】

①天地以生物为心,而所生之物,因各得夫天地生物之心以为心,所以人皆有不忍人之心也。

②言众人虽有不忍人之心,然物欲害之,存焉者寡,故不能察识而推之政事之间。惟圣人全体此心,随感而应,故其所行无非不忍人之政也。

③怵,音黜。内,读为纳。要,平声。恶,去声,下同。○乍,犹忽也。怵惕,惊动貌。恻,伤之切也。隐,痛之深也。此即所谓不忍人之心也。内,结。要,求。声,名也。言乍见之时,便有此心,随见而发,非由此三者而然也。程子曰:"满腔子是恻隐之心。"谢氏曰:"人须是识其真心。方乍见孺子入井之时,其心怵惕,乃真心也。非思而得,非勉而中,天理之自然也。内交、要誉、恶其声而然,即人欲之私矣。"

④恶,去声,下同。○羞,耻己之不善也。恶,憎人之不善也。辞,解使去己也。让,推以与人也。是,知其善而以为是也。非,知其恶而以为非也。人之所以为心,

不外乎是四者,故因论恻隐而悉数之。言人若无此,则不得谓之人,所以明其必有也。

⑤恻隐、羞恶、辞让、是非,情也。仁、义、礼、智,性也。心,统性情者也。端,绪也。因其情之发,而性之本然可得而见,犹有物在中而绪见于外也。

⑥四体,四支,人之所必有者也。自谓不能者,物欲蔽之耳。

⑦扩,音廓。○扩,推广之意。充,满也。四端在我,随处发见。知皆即此推广,而充满其本然之量,则其日新又新,将有不能自已者矣。能由此而遂充之,则四海虽远,亦吾度内,无难保者。不能充之,则虽事之至近而不能矣。○此章所论人之性情,心之体用,本然全具,而各有条理如此。学者于此,反求默识而扩充之,则天之所以与我者,可以无不尽矣。○程子曰:"人皆有是心,惟君子为能扩而充之。不能然者,皆自弃也。然其充与不充,亦在我而已矣。"又曰:"四端不言信者,既有诚心为四端,则信在其中矣。"愚按:四端之信,犹五行之土,无定位,无成名,无专气,而水、火、金、木,无不待是以生者。故土于四行无不在,于四时则寄王焉。其理亦犹是也。

【原文】

孟子曰:"矢人岂不仁于函人哉?矢人唯恐不伤人,函人唯恐伤人。巫、匠亦然。故术不可不慎也。①孔子曰:'里仁为美。择不处仁,焉得智?'夫仁,天之尊爵也,人之安宅也。莫之御而不仁,是不智也。②不仁、不智、无礼、无义,人役也。人役而耻为役,由弓人而耻为弓,矢人而耻为矢也。③如耻之,莫如为仁。④仁者如射,射者正己而后发。发而不中,不怨胜己者,反求诸己而已矣。"⑤

【朱子集注】

①函,音含。○函,甲也。恻隐之心,人皆有之,是矢人之心,本非不如函人之仁也。巫者为人祈祝,利人之生。匠者作为棺椁,利人之死。

②焉,於虔反。夫,音扶。○里有仁厚之俗者,犹以为美。人择所以自处而不于仁,安得为智乎?此孔子之言也。仁、义、礼、智,皆天所与之良贵。而仁者天地生物之心,得之最先,而兼统四者,所谓元者善之长也,故曰尊爵。在人则为本心全体之德,有天理自然之安,无人欲陷溺之危。人当常在其中,而不可须臾离者也,故曰安宅。此又孟子释孔子之意,以为仁道之大如此,而自不为之,岂非不智之甚乎?

③由,与犹通。○以不仁,故不智。不智,故不知礼义之所在。

④此亦因人愧耻之心而引之,使志于仁也。不言智、礼、义者,仁该全体,能为仁,则三者在其中矣。

⑤中,去声。○为仁由己,而由人乎哉?

【原文】

孟子曰:"子路,人告之以有过,则喜。①禹闻善言,则拜。②大舜有大焉,善与人同。舍己从人,乐取于人以为善。③自耕、稼、陶、渔,以至为帝,无非取于人者。④取诸人以为善,是与人为善者也。故君子莫大乎与人为善。"⑤

【朱子集注】

①喜其得闻而改之,其勇于自修如此。周子曰:"仲由喜闻过,令名无穷焉。今人有过,不喜人规,如讳疾而忌医,宁灭其身而无悟也。噫!"程子曰:"子路,人告之以有过则喜,亦可谓百世之师矣。"

②《书》曰:"禹拜昌言。"盖不待有过,而能屈己以受天下之善也。

③舍,上声。乐,音洛。○言舜之所为,又有大于禹与子路者。善与人同,公天下之善而不为私也。己未善,则无所系吝而舍以从人;人有善,则不待勉强而取之于己,此善与人同之目也。

④舜之侧微,耕于历山,陶于河滨,渔于雷泽。

⑤与,犹许也,助也。取彼之善而为之于我,则彼益劝于为善矣,是我助其为善也。能使天下之人皆劝于为善,君子之善,孰大于此?○此章言圣贤乐善之诚,初无彼此之间。故其在人者有以裕于己,在己者有以及于人。

【原文】

孟子曰:"伯夷,非其君不事,非其友不友,不立于恶人之朝,不与恶人言。立于恶人之朝,与恶人言,如以朝衣朝冠坐于涂炭。推恶恶之心,思与乡人立,其冠不正,望望然去之,若将浼焉。是故诸侯虽有善其辞命而至者,不受也。不受也者,是亦不屑就已。①柳下惠,不羞污君,不卑小官。进不隐贤,必以其道。遗佚而不怨,阨穷而不悯。故曰:'尔为尔,我为我,虽袒裼裸裎于我侧,尔焉能浼我哉?'故由由然与之偕而不自失焉,援而止之而止。援而止之而止者,是亦不屑去已。"②孟子曰:"伯夷隘,柳下惠不恭。隘与不恭,君子不由也。"③

【朱子集注】

　　①朝，音潮。恶恶，上去声，下如字。浼，莫罪反。○涂，泥也。乡人，乡里之常人也。望望，去而不顾之貌。浼，污也。屑，赵氏曰："洁也。"《说文》曰："动作切切也。"不屑就，言不以就之为洁，而切切于是也。已，语助词。

　　②佚，音逸。袒，音但。裼，音锡。裸，鲁果反。裎，音程。焉能之焉，於虔反。○柳下惠，鲁大夫展禽，居柳下而谥惠也。不隐贤，不枉道也。遗佚，放弃也。阨，困也。悯，忧也。尔为尔至焉能浼我哉，惠之言也。袒裼，露臂也。裸裎，露身也。由由，自得之貌。偕，并处也。不自失，不失其正也。援而止之而止者，言欲去而可留也。

　　③隘，狭窄也。不恭，简慢也。夷、惠之行，固皆造乎至极之地，然既有所偏，则不能无弊，故不可由也。

卷第四

公孙丑下

【原文】

　　孟子曰："天时不如地利，地利不如人和。①三里之城，七里之郭，环而攻之而不胜。夫环而攻之，必有得天时者矣，然而不胜者，是天时不如地利也。②城非不高也，池非不深也，兵革非不坚利也，米粟非不多也，委而去之，是地利不如人和也。③故曰：域民不以封疆之界，固国不以山溪之险，威天下不以兵革之利。得道者多助，失道者寡助。寡助之至，亲戚畔之；多助之至，天下顺之。④以天下之所顺，攻亲戚之所畔，故君子有不战，战必胜矣。"⑤

【朱子集注】

　　①天时，谓时日支干、孤虚王相之属也。地利，险阻、城池之固也。人和，得民心之和也。

②夫，音扶。○三里、七里，城郭之小者。郭，外城。环，围也。言四面攻围，旷日持久，必有值天时之善者。

③革，甲也。粟，谷也。委，弃也。言不得民心，民不为守也。

④域，界限也。

⑤言不战则已，战则必胜。○尹氏曰："言得天下者，凡以得民心而已。"

【原文】

孟子将朝王，王使人来曰："寡人如就见者也，有寒疾，不可以风。朝将视朝，不识可使寡人得见乎？"对曰："不幸而有疾，不能造朝。"①明日，出吊于东郭氏。公孙丑曰："昔者辞以病，今日吊，或者不可乎？"曰："昔者疾，今日愈，如之何不吊？"②王使人问疾，医来。孟仲子对曰："昔者有王命，有采薪之忧，不能造朝。今病小愈，趋造于朝，我不识能至否乎？"使数人要于路，曰："请必无归，而造于朝！"③不得已而之景丑氏宿焉。景子曰："内则父子，外则君臣，人之大伦也。父子主恩，君臣主敬。丑见王之敬子也，未见所以敬王也。"曰："恶！是何言也！齐人无以仁义与王言者，岂以仁义为不美也？其心曰'是何足与言仁义也'云尔，则不敬莫大乎是。我非尧、舜之道不敢以陈于王前，故齐人莫如我敬王也。"④景子曰："否，非此之谓也。《礼》曰：'父召，无诺。君命召，不俟驾。'固将朝也，闻王命而遂不果，宜与夫礼若不相似然。"⑤曰："岂谓是与？曾子曰：'晋、楚之富，不可及也。彼以其富，我以吾仁；彼以其爵，我以吾义，吾何慊乎哉？'夫岂不义而曾子言之？是或一道也。天下有达尊三：爵一，齿一，德一。朝廷莫如爵，乡党莫如齿，辅世长民莫如德。恶得有其一以慢其二哉？⑥故将大有为之君，必有所不召之臣。欲有谋焉，则就之。其尊德乐道，不如是不足与有为也。⑦故汤之于伊尹，学焉而后臣之，故不劳而王；桓公之于管仲，学焉而后臣之，故不劳而霸。⑧今天下地丑德齐，莫能相尚，无他，好臣其所教，而不好臣其所受教。⑨汤之于伊尹，桓公之于管仲，则不敢召。管仲且犹不可召，而况不为管仲者乎？"⑩

【朱子集注】

①章内"朝"并音潮，惟朝将之"朝"如字。造，七到反，下同。○王，齐王也。孟子本将朝王，王不知而托疾以召孟子，故孟子亦以疾辞也。

②东郭氏，齐大夫家也。昔者，昨日也。或者，疑辞。辞疾而出吊，与孔子不见孺悲取瑟而歌同意。

③要，平声。〇孟仲子，赵氏以为孟子之从昆弟，学于孟子者也。采薪之忧，言病不能采薪，谦辞也。仲子权辞以对，又使人要孟子，令勿归而造朝，以实己言。

④恶，平声，下同。〇景丑氏，齐大夫家也。景子，景丑也。恶，叹辞也。景丑所言，敬之小者也；孟子所言，敬之大者也。

⑤夫，音扶，下同。〇《礼》曰："父命呼，唯而不诺。"又曰："君命召，在官不俟屦，在外不俟车。"言孟子本欲朝王，而闻命中止，似与此礼之意不同也。

⑥与，平声。慊，口簟反。长，上声。〇慊，恨也，少也。或作嗛，字书以为口衔物也。然则慊亦但为心有所衔之义，其为快、为足、为恨、为少，则因其事而所衔有不同耳。孟子言我之意，非如景子之所言者。因引曾子之言，而云夫此岂是不义，而曾子肯以为言，是或别有一种道理也。达，通也。盖通天下之所尊，有此三者。曾子之说，盖以德言之也。今齐王但有爵耳，安得以此慢于齿、德乎？

⑦乐，音洛。〇大有为之君，大有作为，非常之君也。程子曰："古之人所以必待人君致敬尽礼而后往者，非欲自为尊大也，为是故耳。"

⑧先从受学，师之也。后以为臣，任之也。

⑨好，去声。〇丑，类也。尚，过也。所教，谓听从于己，可役使者也。所受教，谓己之所从学者也。

⑩不为管仲，孟子自谓也。范氏曰："孟子之于齐，处宾师之位，非当仕有官职者，故其言如此。"〇此章见宾师不以趋走承顺为恭，而以责难陈善为敬；人君不以崇高富贵为重，而以贵德尊士为贤，则上下交而德业成矣。

【原文】

陈臻问曰："前日于齐，王馈兼金一百而不受；于宋，馈七十镒而受；于薛，馈五十镒而受。前日之不受是，则今日之受非也；今日之受是，则前日之不受非也。夫子必居一于此矣。"①孟子曰："皆是也。②当在宋也，予将有远行。行者必以赆，辞曰：'馈赆。'予何为不受？③当在薛也，予有戒心。辞曰：'闻戒。'故为兵馈之，予何为不受？④若于齐，则未有处也。无处而馈之，是货之也。焉有君子而可以货取乎？"⑤

【朱子集注】

①陈臻，孟子弟子。兼金，好金也，其价兼倍于常者。一百，百镒也。
②皆适于义也。

③赆,徐刃反。〇赆,送行者之礼也。

④为兵之为,去声。〇时人有欲害孟子者,孟子设兵以戒备之。薛君以金馈孟子,为兵备,辞曰:"闻子之有戒心也。"

⑤焉,於虔反。〇无远行、戒心之事,是未有所处也。取,犹致也。〇尹氏曰:"言君子之辞受取予,惟当于理而已。"

【原文】

孟子之平陆,谓其大夫曰:"子之持戟之士,一日而三失伍,则去之否乎?"曰:"不待三。"①"然则子之失伍也亦多矣。凶年饥岁,子之民,老羸转于沟壑,壮者散而之四方者,几千人矣。"曰:"此非距心之所得为也。"②曰:"今有受人之牛羊而为之牧之者,则必为之求牧与刍矣。求牧与刍而不得,则反诸其人乎?抑亦立而视其死与?"曰:"此则距心之罪也。"③他日,见于王曰:"王之为都者,臣知五人焉。知其罪者,惟孔距心。为王诵之。"王曰:"此则寡人之罪也。"④

【朱子集注】

①去,上声。〇平陆,齐下邑也。大夫,邑宰也。戟,有枝兵也。士,战士也。伍,行列也。去之,杀之也。

②几,上声。〇子之失伍,言其失职,犹士之失伍也。距心,大夫名。对言此乃王之失政使然,非我所得专为也。

③为,去声。死与之与,平声。〇牧之,养之也。牧,牧地也。刍,草也。孟子言若不得自专,何不致其事而去。

④见,音现。为王之为,去声。〇为都,治邑也。邑有先君之庙曰都。孔,大夫姓也。为王诵其语,欲以讽晓王也。〇陈氏曰:"孟子一言而齐之君臣举知其罪,固足以兴邦矣。然而齐卒不得为善国者,岂非说而不绎,从而不改故耶?"

【原文】

孟子谓蚔鼃曰:"子之辞灵丘而请士师,似也,为其可以言也。今既数月矣,未可以言与?"①蚔鼃谏于王而不用,致为臣而去。②齐人曰:"所以为蚔鼃,则善矣;所以自为,则吾不知也。"③公都子以告。④曰:"吾闻之也:有官守者,不得其职则去;有言责者,不得其言则去。我无官守,我无言责也,则吾进退,岂不绰绰然有余裕哉?"⑤

【朱子集注】

①蚳,音迟。鼃,乌花反。为,去声。与,平声。○蚳鼃,齐大夫也。灵丘,齐下邑。似也,言所为近似有理。可以言,谓士师近王,得以谏刑罚之不中者。

②致,犹还也。

③为,去声。○讥孟子道不行而不能去也。

④公都子,孟子弟子也。

⑤官守,以官为守者。言责,以言为责者。绰绰,宽貌。裕,宽意也。孟子居宾师之位,未尝受禄。故其进退之际,宽裕如此。尹氏曰:"进退久速,当于理而已。"

【原文】

孟子为卿于齐,出吊于滕,王使盖大夫王驩为辅行。王驩朝暮见,反齐、滕之路,未尝与之言行事也。①公孙丑曰:"齐卿之位,不为小矣;齐、滕之路,不为近矣。反之而未尝与言行事,何也?"曰:"夫既或治之,予何言哉②?"

【朱子集注】

①盖,古盍反。见,音现。○盖,齐下邑也。王驩,王嬖臣也。辅行,副使也。反,往而还也。行事,使事也。

②夫,音扶。○王驩盖摄卿以行,故曰齐卿。夫既或治之,言有司已治之矣。孟子之待小人,不恶而严如此。

荣簋

【原文】

孟子自齐葬于鲁,反于齐,止于嬴。充虞请曰:"前日不知虞之不肖,使虞敦匠事。严,虞不敢请。今愿窃有请也,木若以美然。"①曰:"古者棺椁无度,中古棺七寸,椁称之。自天子达于庶人。非直为观美也,然后尽于人心。②不得,不可以为悦;无财,不可以为悦。得之为有财,古之人皆用之,吾何为独不然?③且比化者,无使土亲肤,于人心独无恔乎?④吾闻之:君子不以天下俭其亲。"⑤

①孟子仕于齐，丧母，归葬于鲁。嬴，齐南邑。充虞，孟子弟子，尝董治作棺之事者也。严，急也。木，棺木也。以，已通。以美，太美也。

②称，去声。〇度，厚薄尺寸也。中古，周公制礼时也。椁称之，与棺相称也。欲其坚厚久远，非特为人观视之美而已。

③不得，谓法制所不当得。得之为有财，言得之而又为有财也。或曰："为当作而。"

④比，必二反。恔，音效。〇比，犹为也。化者，死者也。恔，快也。言为死者不使土近其肌肤，于人子之心，岂不快然无所恨乎？

⑤送终之礼，所当得为而不自尽，是为天下爱惜此物，而薄于吾亲也。

【原文】

沈同以其私问曰："燕可伐与？"孟子曰："可。子哙不得与人燕，子之不得受燕于子哙。有仕于此，而子悦之，不告于王而私与之吾子之禄爵。夫士也，亦无王命而私受之于子，则可乎？何以异于是？"①齐人伐燕。或问曰："劝齐伐燕，有诸？"曰："未也。沈同问'燕可伐与'？吾应之曰'可'，彼然而伐之也。彼如曰'孰可以伐之'？则将应之曰'为天吏，则可以伐之'。今有杀人者，或问之曰'人可杀与'？则将应之曰'可'。彼如曰'孰可以杀之'？则将应之曰'为士师，则可以杀之'。今以燕伐燕，何为劝之哉？"②

【朱子集注】

①伐与之与，平声；下伐与、杀与同。夫，音扶。〇沈同，齐臣。以私问，非王命也。子哙、子之，事见前篇。诸侯、土地、人民，受之天子，传之先君。私以与人，则与者、受者皆有罪也。仕，为官也。士，即从仕之人也。

②天吏，解见上篇。言齐无道，与燕无异，如以燕伐燕也。《史记》亦谓孟子劝齐伐燕，盖传闻此说之误。〇杨氏曰："燕固可伐矣，故孟子曰可。使齐王能诛其君，吊其民，何不可之有？乃杀其父兄，虏其子弟，而后燕人畔之。乃以是归咎孟子之言，则误矣。"

【原文】

燕人畔。王曰："吾甚惭于孟子。"①陈贾曰："王无患焉。王自以为与周公孰仁且智?"王曰:"恶!是何言也?"曰:"周公使管叔监殷,管叔以殷畔。知而使之,是不仁也;不知而使之,是不智也。仁、智,周公未之尽也,而况于王乎?贾请见而解之。"②见孟子,问曰:"周公何人也?"曰:"古圣人也。"曰:"使管叔监殷,管叔以殷畔也,有诸?"曰:"然。"曰:"周公知其将畔而使之与?"曰:"不知也。""然则圣人且有过与?"曰:"周公,弟也;管叔,兄也。周公之过,不亦宜乎?③且古之君子,过则改之;今之君子,过则顺之。古之君子,其过也,如日月之食,民皆见之;及其更也,民皆仰之。今之君子,岂徒顺之,又从为之辞。"④

【朱子集注】

①齐破燕后二年,燕人共立太子平为王。

②恶、监,皆平声。○陈贾,齐大夫也。管叔,名鲜,武王弟,周公兄也。武王胜商杀纣,立纣子武庚,而使管叔与弟蔡叔、霍叔监其国。武王崩,成王幼,周公摄政。管叔与武庚畔,周公讨而诛之。

③与,平声。○言周公乃管叔之弟,管叔乃周公之兄,然则周公不知管叔之将畔而使之,其过有所不免矣。或曰:"周公之处管叔,不如舜之处象,何也?"游氏曰:"象之恶已著,而其志不过富贵而已,故舜得以是而全之。若管叔之恶则未著,而其志其才皆非象比也,周公讵忍逆探其兄之恶而弃之耶?周公爱兄,宜无不尽者。管叔之事,圣人之不幸也。舜诚信而喜象,周公诚信而任管叔,此天理人伦之至,其用心一也。"

④更,平声。○顺,犹遂也。更,改也。辞,辩也。更之则无损于明,故民仰之。顺而为之辞,则其过愈深矣。责贾不能勉其君以迁善改过,而教之以遂非文过也。○林氏曰:"齐王惭于孟子,盖羞恶之心,有不能自已者。使其臣有能因是心而将顺之,则义不可胜用矣。而陈贾鄙夫,方且为之曲为辩说,而沮其迁善改过之心,长其饰非拒谏之恶,故孟子深责之。然此书记事,散出而无先后之次,故其说必参考而后通。若以第二篇十章、十一章置于前章之后、此章之前,则孟子之意,不待论说而自明矣。"

【原文】

孟子致为臣而归。①王就见孟子,曰:"前日愿见而不可得,得侍同朝,甚喜。今又弃寡人而归,不识可以继此而得见乎?"对曰:"不敢请耳,固所愿也。"②他日,王

国学经典文库

孟子诠解

朱熹注评《孟子》

图文珍藏版

谓时子曰:"我欲中国而授孟子室,养弟子以万钟,使诸大夫国人皆有所矜式。子盍为我言之?"③时子因陈子而以告孟子,陈子以时子之言告孟子。④孟子曰:"然。夫时子恶知其不可也?如使予欲富,辞十万而受万,是为欲富乎?⑤季孙曰:'异哉子叔疑!使己为政,不用,则亦已矣,又使其子弟为卿。人亦孰不欲富贵?而独于富贵之中,有私龙断焉。'⑥古之为市也,以其所有,易其所无者,有司者治之耳。有贱丈夫焉,必求龙断而登之,以左右望而罔市利。人皆以为贱,故从而征之。征商,自此贱丈夫始矣。"⑦

【朱子集注】

①孟子久于齐而道不行,故去也。

②朝,音潮。

③为,去声。○时子,齐臣也。中国,当国之中也。万钟,谷禄之数也。钟,量名,受六斛四斗。矜,敬也。式,法也。盍,何不也。

④陈子,即陈臻也。

⑤夫,音扶。恶,平声。○孟子既以道不行而去,则其义不可以复留,而时子不知,则又有难显言者。故但言设使我欲富,则我前日为卿,尝辞十万之禄,今乃受此万钟之馈,是我虽欲富,亦不为此也。

⑥龙,音垄。○此孟子引季孙之语也。季孙、子叔疑,不知何时人。龙断,冈垄之断而高也,义见下文。盖子叔疑者尝不用,而使其子弟为卿。季孙讥其既不得于此,而又欲求得于彼,如下文贱丈夫登龙断者之所为也。孟子引此以明道既不行,复受其禄,则无以异此矣。

⑦孟子释龙断之说如此。治之,谓治其争讼。左右望者,欲得此而又取彼也。罔,谓罔罗取之也。从而征之,谓人恶其专利,故就征其税,后世缘此遂征商人也。○程子曰:"齐王所以处孟子者,未为不可,孟子亦非不肯为国人矜式者。但齐王实非欲尊孟子,乃欲以利诱之,故孟子拒而不受。"

【原文】

孟子去齐,宿于昼。①有欲为王留行者,坐而言。不应,隐几而卧。②客不悦,曰:"弟子齐宿而后敢言,夫子卧而不听,请勿复敢见矣。"曰:"坐!我明语子。昔者鲁缪公无人乎子思之侧,则不能安子思;泄柳、申详,无人乎缪公之侧,则不能安其身。③子为长者虑，而不及子思，子绝长者乎？长者绝子乎？"④

【朱子集注】

①昼，如字，或曰："当作画，音获。"下同。○昼，齐西南近邑也。

②为，去声，下同。隐，於靳反。○隐，凭也。客坐而言，孟子不应而卧也。

③齐，侧皆反。复，扶又反。语，去声。○齐宿，齐戒越宿也。缪公尊礼子思，常使人候伺道达诚意于其侧，乃能安而留之也。泄柳，鲁人。申详，子张之子也。缪公尊之不如子思，然二子义不苟容，非有贤者在其君之左右维持调护之，则亦不能安其身矣。

④长，上声。○长者，孟子自称也。言齐王不使子来，而子自欲为王留我，是所以为我谋者，不及缪公留子思之事，而先绝我也。我之卧而不应，岂为先绝子乎？

【原文】

孟子去齐。尹士语人曰："不识王之不可以为汤、武，则是不明也；识其不可，然且至，则是干泽也。千里而见王，不遇故去。三宿而后出昼，是何濡滞也？士则兹不悦。"①高子以告。②曰："夫尹士恶知予哉？千里而见王，是予所欲也。不遇故去，岂予所欲哉？予不得已也。③予三宿而后出昼，于予心犹以为速。王庶几改之。王如改诸，则必反予。④夫出昼而王不予追也，予然后浩然有归志。予虽然，岂舍王哉？王由足用为善。王如用予，则岂徒齐民安，天下之民举安。王庶几改之，予日望之。⑤予岂若是小丈夫然哉？谏于其君而不受，则怒，悻悻然见于其面，去则穷日之力而后宿哉？"⑥尹士闻之，曰："士诚小人也。"⑦

【朱子集注】

①语，去声。○尹士，齐人也。干，求也。泽，恩泽也。濡滞，迟留也。

②高子，亦齐人，孟子弟子也。

③夫，音扶，下同。恶，平声。○见王。欲以行道也。今道不行，故不得已而去，非本欲如此也。

④所改，必指一事而言，然今不可考矣。

⑤浩然，如水之流不可止也。○杨氏曰："齐王天资朴实，如好勇、好货、好色、好世俗之乐，皆以直告而不隐于孟子，故足以为善。若乃其心不然，而谬为大言以欺人，是人终不可与入尧、舜之道矣，何善之能为？"

⑥悻，形顶反。见，音现。○悻悻，怒意也。穷，尽也。

⑦此章见圣贤行道济时，汲汲之本心；爱君泽民，惓惓之余意。李氏曰："于此见君子忧则违之之情，而荷蒉者所以为果也。"

【原文】

孟子去齐。充虞路问曰："夫子若有不豫色然。前日虞闻诸夫子曰：'君子不怨天，不尤人。'"①曰："彼一时，此一时也。②五百年必有王者兴，其间必有名世者。③由周而来，七百有余岁矣。以其数则过矣，以其时考之则可矣。④夫天未欲平治天下也。如欲平治天下，当今之世，舍我其谁也？吾何为不豫哉？"⑤

【朱子集注】

①路问，于路中间也。豫，悦也。尤，过也。此二句实孔子之言，盖孟子尝称之以教人耳。

②彼，前日。此，今日。

③自尧、舜至汤，自汤至文、武，皆五百余年而圣人出。名世，谓其人德业闻望可名于一世者，为之辅佐，若皋陶、稷、契、伊尹、莱朱、太公望、散宜生之属。

④周，谓文、武之间。数，谓五百年之期。时，谓乱极思治可以有为之日。于是而不得一有所为，此孟子所以不能无不豫也。

⑤夫，音扶。舍，上声。○言当此之时，而使我不遇于齐，是天未欲平治天下也。然天意未可知，而其具又在我，我何为不豫哉？然则孟子虽若有不豫然者，而实未尝不豫也。盖圣贤忧世之志，乐天之诚，有并行而不悖者，于此见矣。

【原文】

孟子去齐，居休。公孙丑问曰："仕而不受禄，古之道乎？"①曰："非也。于崇，吾得见王。退而有去志，不欲变，故不受也。②继而有师命，不可以请。久于齐，非我志也。"③

【朱子集注】

①休，地名。

②崇，亦地名。孟子始见齐王，必有所不合，故有去志。变，谓变其去志。

③师命，师旅之命也。国既被兵，难请去也。○孔氏曰："仕而受禄，礼也；不受

齐禄,义也。义之所在,礼有时而变。公孙丑欲以一端裁之,不亦误乎?"

卷第五

滕文公上

【原文】

滕文公为世子,将之楚,过宋而见孟子。①孟子道性善,言必称尧、舜。②世子自楚反,复见孟子。孟子曰:"世子疑吾言乎? 夫道一而已矣。③成覸谓齐景公曰:'彼丈夫也,我丈夫也,吾何畏彼哉?'颜渊曰:'舜何人也? 予何人也? 有为者亦若是。'公明仪曰:'文王我师也。周公岂欺我哉?'④今滕,绝长补短,将五十里也,犹可以为善国。《书》曰:'若药不瞑眩,厥疾不瘳。'"⑤

【朱子集注】

①世子,太子也。

②道,言也。性者,人所禀于天以生之理也,浑然至善,未尝有恶。人与尧、舜初无少异,但众人汩于私欲而失之,尧、舜则无私欲之蔽,而能充其性尔。故孟子与世子言,每道性善,而必称尧、舜以实之。欲其知仁义不假外求,圣人可学而至,而不懈于用力也。门人不能悉记其辞,而撮其大旨如此。程子曰:"性即理也。天下之理,原其所自,未有不善。喜怒哀乐未发,何尝不善。发而中节,即无往而不善;发不中节,然后为不善。故凡言善恶,皆先善而后恶;言吉凶,皆先吉而后凶;言是非,皆先是而后非。"

③复,扶又反。夫,音扶。○时人不知性之本善,而以圣贤为不可企及。故世子于孟子之言不能无疑,而复来求见,盖恐别有卑近易行之说也。孟子知之,故但告之如此,以明古今圣愚本同一性,前言已尽,无复有它说也。

④覸,古苋反。○成覸,人姓名。彼,谓圣贤也。有为者亦若是,言人能有为,则皆如舜也。公明,姓;仪,名;鲁贤人也。"文王我师也",盖周公之言。公明仪亦以文王为必可师,故诵周公之言,而叹其不我欺也。孟子既告世子以道无二致,而

孟子诠解

图文珍藏版

复引此三言以明之，欲世子笃信力行，以师圣贤，不当复求他说也。

⑤瞑，莫甸反。眩，音县。○绝，犹截也。《书·商书·说命》篇。瞑眩，愦乱。言滕国虽小，犹足为治，但恐安于卑近，不能自克，则不足以去恶而为善也。○愚按：孟子之言性善，始见于此，而详具于《告子》之篇。然默识而旁通之，则七篇之中，无非此理。其所以扩前圣之未发，而有功于圣人之门，程子之言信矣。

【原文】

滕定公薨。世子谓然友曰："昔者孟子尝与我言于宋，于心终不忘。今也不幸至于大故，吾欲使子问于孟子，然后行事。"①然友之邹，问于孟子。孟子曰："不亦善乎！亲丧固所自尽也。曾子曰：'生，事之以礼；死，葬之以礼，祭之以礼，可谓孝矣。'诸侯之礼，吾未之学也；虽然，吾尝闻之矣。三年之丧，齐疏之服，飦粥之食，自天子达于庶人，三代共之。"②然友反命，定为三年之丧。父兄百官皆不欲，曰："吾宗国鲁先君莫之行，吾先君亦莫之行也，至于子之身而反之，不可。且《志》曰：'丧祭从先祖。'"曰："吾有所受之也。"③谓然友曰："吾他日未尝学问，好驰马试剑。今也父兄百官不我足也，恐其不能尽于大事，子为我问孟子。"然友复之邹，问孟子。孟子曰："然。不可以他求者也。孔子曰：'君薨，听于冢宰。歠粥，面深墨。即位而哭，百官有司，莫敢不哀，先之也。'上有好者，下必有甚焉者矣。'君子之德，风也；小人之德，草也。草尚之风必偃。'是在世子。"④然友反命。世子曰："然。是诚在我。"五月居庐，未有命戒。百官族人，可谓曰知。及至葬，四方来观之，颜色之戚，哭泣之哀，吊者大悦。⑤

【朱子集注】

①定公，文公父也。然友，世子之傅也。大故，大丧也。事，谓丧礼。

②齐，音资。疏，所居反。飦，诸延反。○当时诸侯莫能行古丧礼，而文公独能以此为问，故孟子善之。又言父母之丧，固人子之心所自尽者，盖悲哀之情，痛疾之意，非自外至，宜乎文公于此有所不能自已也。但所引曾子之言，本孔子告樊迟者，岂曾子尝诵之以告其门人软？三年之丧者，子生三年，然后免于父母之怀。故父母之丧，必以三年也。齐，衣下缝也。不缉曰斩衰，缉之曰齐衰。疏，粗也，粗布也。飦，糜也。丧礼：三日始食粥。既葬，乃疏食。此古今贵贱通行之礼也。

③父兄，同姓老臣也。滕与鲁俱文王之后，而鲁祖周公为长，兄弟宗之，故滕谓鲁为宗国也。然谓二国不行三年之丧者，乃其后世之失，非周公之法本然也。

《志》，记也，引《志》之言而释其意。以为所以如此者，盖为上世以来，有所传受，虽或不同，不可改也。然《志》所言，本谓先王之世，旧俗所传，礼文小异而可以通行者耳，不谓后世失礼之甚者也。

④好、为，皆去声。复，扶又反。歠，川悦反。○不我足，谓不以我满足其意也。然者，然其"不我足"之言。不可他求者，言当责之于己。冢宰，六卿之长也。歠，饮也。深墨，甚黑色也。即，就也。尚，加也，《论语》作上，古字通也。偃，伏也。孟子言但在世子自尽其哀而已。

⑤诸侯五月而葬。未葬，居倚庐于中门之外。居丧不言，故未有命令教戒也。可谓曰知，疑有阙误。或曰："皆谓世子之知礼也。"○林氏曰："孟子之时，丧礼既坏，然三年之丧，恻隐之心，痛疾之意，出于人心之所固有者，初未尝亡也。惟其溺于流俗之弊，是以丧其良心而不自知耳。文公见孟子而闻性善、尧、舜之说，则固有以启发其良心矣，是以至此而哀痛之诚心发焉。及其父兄百官皆不欲行，则亦反躬自责，悼其前行之不足以取信，而不敢有非其父兄百官之心。虽其资质有过人者，而学问之力，亦不可诬也。及其断然行之，而远近见闻无不悦服，则以人心之所同然者，自我发之，而彼之心悦诚服，亦有所不期然而然者。人性之善，岂不信哉？"

【原文】

滕文公问为国。①孟子曰："民事不可缓也。《诗》云：'昼尔于茅，宵尔索绹。亟其乘屋，其始播百谷。'②民之为道也，有恒产者有恒心，无恒产者无恒心。苟无恒心，放辟邪侈，无不为已。及陷乎罪，然后从而刑之，是罔民也。焉有仁人在位，罔民而可为也？③是故贤君必恭俭礼下，取于民有制。④阳虎曰：'为富不仁矣，为仁不富矣。'⑤夏后氏五十而贡，殷人七十而助，周人百亩而彻，其实皆什一也。彻者，彻也。助者，藉也。⑥龙子曰：'治地莫善于助，莫不善于贡。'贡者，校数岁之中以为常。乐岁，粒米狼戾，多取之而不为虐，则寡取之；凶年，粪其田而不足，则必取盈焉。为民父母，使民盻盻然，将终岁勤动，不得以养其父母，又称贷而益之，使老稚转乎沟壑，恶在其为民父母也？⑦夫世禄，滕固行之矣。⑧《诗》云：'雨我公田，遂及我私。'惟助为有公田。由此观之，虽周亦助也。⑨设为庠序学校以教之。庠者，养也；校者，教也；序者，射也。夏曰校，殷曰序，周曰庠，学则三代共之，皆所以明人伦也。人伦明于上，小民亲于下。⑩有王者起，必来取法，是为王者师也。⑪《诗》云：'周虽旧邦，其命惟新。'文王之谓也。子力行之，亦以新子之国。"⑫使毕战问井地。孟子曰:"子之君将行仁政,选择而使子,子必勉之!夫仁政,必自经界始。经界不正,井地不钧,谷禄不平。是故暴君污吏必慢其经界。经界既正,分田制禄可坐而定也。⑬夫滕,壤地褊小,将为君子焉,将为野人焉。无君子莫治野人,无野人莫养君子。⑭请野九一而助,国中什一使自赋。⑮卿以下必有圭田,圭田五十亩。⑯余夫二十五亩。⑰死徙无出乡,乡田同井,出入相友,守望相助,疾病相扶持,则百姓亲睦。⑱方里而井,井九百亩,其中为公田。八家皆私百亩,同养公田。公事毕,然后敢治私事,所以别野人也。⑲此其大略也。若夫润泽之,则在君与子矣。"⑳

【朱子集注】

①文公以礼聘孟子,故孟子至滕,而文公问之。

②缫,音陶。亟,纪力反。○民事,谓农事。《诗·豳风·七月》之篇。于,往取也。缫,绎也。亟,急也。乘,升也。播,布也。言农事至重,人君不可以为缓而忽之。故引《诗》言治屋之急如此者,盖以来春将复始播百谷,而不暇为此也。

③音义并见前篇。

④恭则能以礼接下,俭则能取民以制。

⑤阳虎,阳货,鲁季氏家臣也。天理人欲,不容并立。虎之言此,恐为仁之害于富也;孟子引之,恐为富之害于仁也。君子小人,每相反而已矣。

⑥彻,敕列反。藉,子夜反。○此以下,乃言制民常产与其取之之制也。夏时一夫受田五十亩,而每夫计其五亩之入以为贡。商人始为井田之制,以六百三十亩之地,画为九区,区七十亩。中为公田,其外八家各授一区,但借其力以助耕公田,而不复税其私田。周时一夫授田百亩。乡遂用贡法,十夫有沟;都鄙用助法,八家同井。耕则通力而作,收则计亩而分,故谓之彻。其实皆什一者,贡法固以十分之一为常数,惟助法乃是九一,而商制不可考。周制则公田百亩,中以二十亩为庐舍,一夫所耕公田实计十亩。通私田百亩,为十一分而取其一,盖又轻于十一矣。窃料商制亦当似此,而以十四亩为庐舍,一夫实耕公田七亩,是亦不过什一也。彻,通也,均也。藉,借也。

⑦乐,音洛。盻,五礼反,从目从兮。或音普觅反者,非。养,去声。恶,平声。○龙子,古贤人,狼戾,犹狼藉,言多也。粪,拥也。盈,满也。盻,恨视也。勤动,劳苦也。称,举也。贷,借也。取物于人,而出息以偿之也。益之,以足取盈之数也。稚,幼子也。

⑧夫,音扶。〇孟子尝言文王治岐,耕者九一,仕者世禄,二者王政之本也。今世禄滕已行之,惟助法未行,故取于民者无制耳。盖世禄者,授之土田,使之食其公田之入,实与助法相为表里,所以使君子、野人各有定业,而上下相安者也,故下文遂言助法。

⑨雨,于付反。〇《诗·小雅·大田》之篇。雨,降雨也。言愿天雨于公田,而遂及私田,先公而后私也。当时助法尽废,典籍不存,惟有此诗,可见周亦用助,故引之也。

⑩庠以养老为义,校以教民为义,序以习射为义,皆乡学也。学,国学也。共之,无异名也。伦,序也。父子有亲,君臣有义,夫妇有别,长幼有序,朋友有信,此人之大伦也。庠、序、学、校,皆以明此而已。

⑪滕国褊小,虽行仁政,未必能兴王业。然为王者师,则虽不有天下,而其泽亦足以及天下矣。圣贤至公无我之心,于此可见。

⑫《诗·大雅·文王》之篇。言周虽后稷以来,旧为诸侯,其受天命而有天下,则自文王始也。子,指文公,诸侯未逾年之称也。

⑬夫,音扶,〇毕战,滕臣。文公因孟子之言,而使毕战主为井地之事,故又使之来问其详也。井地,即井田也。经界,谓治地分田,经画其沟涂封植之界也。此法不修,则田无定分,而豪强得以兼并,故井地有不钧;赋无定法,而贪暴得以多取,故谷禄有不平。此欲行仁政者之所以必从此始,而暴君污吏则必欲慢而废之也。有以正之,则分田制禄,可不劳而定矣。

⑭夫,音扶。养,去声。〇言滕地虽小,然其间亦必有为君子而仕者,亦必有为野人而耕者,是以分田制禄之法,不可偏废也。

⑮此分田制禄之常法,所以治野人使养君子也。野,郊外都鄙之地也。九一而助,为公田而行助法也。国中,郊门之内,乡遂之地也。田不井授,但为沟洫,使什而自赋其一,盖用贡法也。周所谓彻法者盖如此。以此推之,当时非惟助法不行,其贡亦不止什一矣。

⑯此世禄常制之外,又有圭田,所以厚君子也。圭,洁也,所以奉祭祀也。不言世禄者,滕已行之,但此未备耳。

⑰程子曰:"一夫上父母,下妻子,以五口、八口为率,受田百亩。如有弟,是余夫也。年十六,别受田二十五亩,俟其壮而有室,然后更受百亩之田。"愚按:此百亩常制之外,又有余夫之田,以厚野人也。

⑱死,谓葬也。徙,谓徙其居也。同井者,八家也。友,犹伴也。守望,防寇盗也。

⑲养,去声。别,彼列反。○此详言井田形体之制,乃周之助法也。公田以为君子之禄,而私田野人之所受。先公后私,所以别君子、野人之分也。不言君子,据野人而言,省文耳。上言野及国中二法,此独详于治野者,国中贡法,当世已行,但取之过于什一尔。

⑳夫,音扶。○井地之法,诸侯皆去其籍,此特其大略而已。润泽,谓因时制宜,使合于人情,宜于土俗,而不失乎先王之意也。○吕氏曰:"子张子慨然有意三代之治。论治人先务,未始不以经界为急,讲求法制,粲然备具。要之可以行于今,如有用我者,举而措之耳。尝曰:'仁政必自经界始。贫富不均,教养无法,虽欲言治,皆苟而已。世之病难行者,未始不以亟夺富人之田为辞。然兹法之行,悦之者众。苟处之有术,期以数年,不刑一人而可复。所病者,特上之未行耳。'乃言曰:'纵不能行之天下,犹可验之一乡。'方与学者议古之法,买田一方,画为数井。上不失公家之赋役,退以其私,正经界,分宅里,立敛法,广储蓄,兴学校,成礼俗,救灾恤患,厚本抑末。足以推先王之遗法,明当今之可行。有志未就而卒。"○愚按:丧礼、经界两章,见孟子之学,识其大者。是以虽当礼法废坏之后,制度节文不可复考,而能因略以致详,推旧而为新,不屑屑于既往之迹,而能合乎先王之意,真可谓命世亚圣之才矣。

【原文】

有为神农之言者许行,自楚之滕,踵门而告文公曰:"远方之人闻君行仁政,愿受一廛而为氓。"文公与之处,其徒数十人,皆衣褐,捆屦织席以为食。①陈良之徒陈相与其弟辛,负耒耜而自宋之滕,曰:"闻君行圣人之政,是亦圣人也,愿为圣人氓。"②陈相见许行而大悦,尽弃其学而学焉。陈相见孟子,道许行之言曰:"滕君,则诚贤君也。虽然,未闻道也。贤者与民并耕而食,饔飧而治。今也滕有仓廪府库,则是厉民而以自养也,恶得贤?"③孟子曰:"许子必种粟而后食乎?"曰:"然。""许子必织布而后衣乎?"曰:"否。许子衣褐。""许子冠乎?"曰:"冠。"曰:"奚冠?"曰:"冠素。"曰:"自织之与?"曰:"否。以粟易之。"曰:"许子奚为不自织?"曰:"害于耕。"曰:"许子以釜甑爨,以铁耕乎?"曰:"然。""自为之与?"曰:"否。以粟易之。"④"以粟易械器者,不为厉陶冶。陶冶亦以其械器易粟者,岂为厉农夫哉?且许子何不为陶冶,舍皆取诸其宫中而用之? 何为纷纷然与百工交易? 何许子之不惮烦?"曰:"百工之事,固不可耕且为也。"⑤"然则治天下独可耕且为与? 有大人之事,有小人之事。且一人之身,而百工之所为备,如必自为而后用之,是率天下而路也。故曰:或劳心,或劳力。劳心者治人,劳力者治于人。治于人者食人,治人者食于人。天下之通义也。⑥当尧之时,天下犹未平,洪水横流,泛滥于天下。草木畅茂,禽兽繁殖,五谷不登,禽兽逼人。兽蹄鸟迹之道,交于中国。尧独忧之,举舜而敷治焉。舜使益掌火,益烈山泽而焚之,禽兽逃匿。禹疏九河,瀹济、漯,而注诸海;决汝、汉,排淮、泗,而注之江,然后中国可得而食也。当是时也,禹八年于外,三过其门而不入,虽欲耕,得乎?⑦后稷教民稼穑,树艺五谷,五谷熟而民人育。人之有道也,饱食、暖衣、逸居而无教,则近于禽兽。圣人有忧之,使契为司徒,教以人伦:父子有亲,君臣有义,夫妇有别,长幼有序,朋友有信。放勋曰:‘劳之来之,匡之直之,辅之翼之,使自得之,又从而振德之。’圣人之忧民如此,而暇耕乎?⑧尧以不得舜为己忧,舜以不得禹、皋陶为己忧。夫以百亩之不易为己忧者,农夫也。⑨分人以财谓之惠,教人以善谓之忠,为天下得人者谓之仁。是故以天下与人易,为天下得人难。⑩孔子曰:‘大哉尧之为君! 惟天为大,惟尧则之,荡荡乎民无能名焉! 君哉舜也! 巍巍乎有天下而不与焉!’尧、舜之治天下,岂无所用其心哉? 亦不用于耕耳。⑪吾闻用夏变夷者,未闻变于夷者也。陈良,楚产也,悦周公、仲尼之道,北学于中国。北方之学者,未能或之先也。彼所谓豪杰之士也。子之兄弟事之数十年,师死而遂倍之。⑫昔者孔子没,三年之外,门人治任将归,入揖于子贡,相向而哭,皆失声,然后归。子贡反,筑室于场,独居三年,然后归。他日,子夏、子张、子游以有若似圣人,欲以所事孔子事之,强曾子。曾子曰:‘不可。江、汉以濯之,秋阳以暴之,皞皞乎不可尚已。’⑬今也南蛮鴃舌之人,非先王之道,子倍子之师而学之,亦异于曾子矣。⑭吾闻出于幽谷迁于乔木者,未闻下乔木而入于幽谷者。⑮《鲁颂》曰:‘戎狄是膺,荆、舒是惩。’周公方且膺之,子是之学,亦为不善变矣。"⑯"从许子之道,则市贾不贰,国中无伪。虽使五尺之童适市,莫之或欺。布帛长短同,则贾相若;麻缕丝絮轻重同,则贾相若;五谷多寡同,则贾相若;屦大小同,则贾相若。"⑰曰:"夫物之不齐,物之情也,或相倍蓰,或相什伯,或相千万。子比而同之,是乱天下也。巨屦、小屦同贾,人岂为之哉? 从许子之道,相率而为伪者也,恶能治国家?"⑱

【朱子集注】

　　①衣,去声。捆,音阃。○神农,炎帝神农氏,始为耒耜,教民稼穑者也。为其

言者,史迁所谓农家者流也。许,姓;行,名也。踵门,足至门也。仁政,上章所言井地之法也。廛,民所居也。氓,野人之称。褐,毛布,贱者之服也。捆,扣掾之,欲其坚也。以为食,卖以供食也。程子曰:"许行所谓神农之言,乃后世称述上古之事,失其义理者耳,犹阴阳、医方称黄帝之说也。"

②陈良。楚之儒者。耜,所以起土。耒,其柄也。

③饔,音雍。飧,音孙。恶,平声。○饔飧,熟食也。朝曰饔,夕曰飧。言当自炊爨以为食,而兼治民事也。厉,病也。许行此言,盖欲阴坏孟子分别君子、野人之法。

④衣,去声。与,平声。○釜,所以煮。甑,所以炊。爨,然火也。铁,耜属也。此语八反,皆孟子问而陈相对也。

⑤舍:去声。○此孟子言而陈相对也。械器,釜甑之属也。陶,为甑者。冶,为釜铁者。舍,止也,或读属上句。舍,谓作陶冶之处也。

⑥与,平声。食,音嗣。○此以下皆孟子言也。路,谓奔走道路,无时休息也。治于人者,见治于人也。食人者,出赋税以给公上也。食于人者,见食于人也。此四句皆古语,而孟子引之也。君子无小人则饥,小人无君子则乱。以此相易,正犹农夫、陶冶以粟与械器相易,乃所以相济而非所以相病也。治天下者,岂必耕且为哉?

⑦瀹,音药。济,子礼反。漯,他合反。○天下犹未平者,洪荒之世,生民之害多矣,圣人迭兴,渐次除治,至此尚未尽平也。洪,大也。横流,不由其道而散溢妄行也。泛滥,横流之貌。畅茂,长盛也。繁殖,众多也。五谷,稻、黍、稷、麦、菽也。登,成熟也。道,路也。兽蹄鸟迹交于中国,言禽兽多也。敷,布也。益,舜臣名。烈,炽也。禽兽逃匿,然后禹得施治水之功。疏,通也,分也。九河:曰徒骇,曰太史,曰马颊,曰覆釜,曰胡苏,曰简,曰洁,曰钩盘,曰鬲津。瀹,亦疏通之意。济、漯,二水名。决、排,皆去其壅塞也。汝、汉、淮、泗,亦皆水名也。据《禹贡》及今水路,惟汉水入江耳。汝、泗则入淮,而淮自入海。此谓四水皆入于江,记者之误也。

⑧契,音薛。别,彼列反。长、放,皆上声。劳、来,皆去声。○言水土平,然后得以教稼穑;衣食足,然后得以施教化。后稷,官名,弃为之。然言教民,则亦非并耕矣。树,亦种也。艺,殖也。契,亦舜臣名也。司徒,官名也。人之有道,言其皆有秉彝之性也。然无教,则亦放逸怠惰而失之,故圣人设官而教以人伦,亦因其固有者而道之耳。《书》曰:"天叙有典,敕我五典五惇哉。"此之谓也。放勋,本史臣

赞尧之辞,孟子因以为尧号也。德,犹惠也。尧言,劳者劳之,来者来之,邪者正之,枉者直之,辅以立之,翼以行之,使自得其性矣,又从而提撕警觉以加惠焉,不使其放逸怠惰而或失之。盖命契之辞也。

⑨夫,音扶。易,去声。〇易,治也。尧、舜之忧民,非事事而忧之也,急先务而已。所以忧民者其大如此,则不惟不暇耕,而亦不必耕矣。

⑩为、易,并去声。〇分人以财,小惠而已。教人以善,虽有爱民之实,然其所及亦有限而难久。惟若尧之得舜,舜之得禹、皋陶,乃所谓为天下得人者,而其恩惠广大,教化无穷矣,此其所以为仁也。

⑪与,去声。〇则,法也。荡荡,广大之貌。君哉,言尽君道也。巍巍,高大之貌。不与,犹曰不相关,言其不以位为乐也。

⑫此以下,责陈相倍师而学许行也。夏,诸夏礼义之教也。变夷,变化蛮夷之人也。变于夷,反见变化于蛮夷之人也。产,生也。陈良生于楚,在中国之南,故北游而学于中国也。先,过也。豪杰,才德出众之称,言其能自拔于流俗也。倍,与背同。言陈良用夏变夷,陈相变于夷也。

⑬任,平声。强,上声。暴,蒲木反。皞,音杲。〇三年,古者为师心丧三年,若丧父而无服也。任,担也。场,冢上之坛场也。有若似圣人,盖其言行气象有似之者,如《檀弓》所记子游谓有若之言似夫子之类是也。所事孔子,所以事夫子之礼也。江、汉水多,言濯之洁也。秋日燥烈,言暴之干也。皞皞,洁白貌。尚,加也。言夫子道德明著,光辉洁白,非有若所能仿佛也。或曰:"此三语者,孟子赞美曾子之辞也。"

⑭鴃,亦作鶪,古役反。〇鴃,博劳也,恶声之鸟。南蛮之声似之,指许行也。

⑮《小雅·伐木》之诗云:"伐木丁丁,鸟鸣嘤嘤。出自幽谷,迁于乔木。"

⑯《鲁颂·閟宫》之篇也。膺,击也。荆,楚本号也。舒,国名,近楚者也。惩,艾也。按:今此诗为僖公之颂,而孟子以周公言之,亦断章取义也。

⑰贾,音价,下同。〇陈相又言许子之道如此。盖神农始为市井,故许行又托于神农而有是说也。五尺之童,言幼小无知也。许行欲使市中所粥之物,皆不论精粗美恶,但以长短、轻重、多寡、大小为价也。

⑱夫,音扶。蓰,音师,又山绮反。比,必二反。恶,平声。〇倍,一倍也。蓰,五倍也。什、伯、千、万,皆倍数也。比,次也。孟子言物之不齐。乃其自然之理,其有精粗,犹其有大小也。若大屦、小屦同价,则人岂肯为其大者哉?今不论精粗,使

之同价,是使天下之人皆不肯为其精者,而竟为滥恶之物以相欺耳。

【原文】

墨者夷之,因徐辟而求见孟子。孟子曰:"吾固愿见,今吾尚病,病愈,我且往见。"夷子不来!①他日又求见孟子。孟子曰:"吾今则可以见矣。不直,则道不见,我且直之。吾闻夷子墨者,墨之治丧也,以薄为其道也。夷子思以易天下,岂以为非是而不贵也?然而夷子葬其亲厚,则是以所贱事亲也。"②徐子以告夷子。夷子曰:"儒者之道,古之人'若保赤子',此言何谓也?之则以为爱无差等,施由亲始。"徐子以告孟子。孟子曰:"夫夷子信以为人之亲其兄之子,为若亲其邻之赤子乎?彼有取尔也。赤子匍匐将入井,非赤子之罪也。且天之生物也,使之一本,而夷子二本故也。③盖上世尝有不葬其亲者。其亲死,则举而委之于壑。他日过之,狐狸食之,蝇蚋姑嘬之。其颡有泚,睨而不视。夫泚也,非为人泚,中心达于面目。盖归反虆梩而掩之。掩之诚是也,则孝子仁人之掩其亲,亦必有道矣。"④徐子以告夷子。夷子怃然为间,曰:"命之矣。"⑤

【朱子集注】

①辟,音壁,又音闢。○墨者,治墨翟之道者。夷,姓;之,名。徐辟,孟子弟子。孟子称病,疑亦托辞以观其意之诚否。

②不见之见,音现。○又求见,则其意已诚矣,故因徐辟以质之如此。直,尽言以相正也。庄子曰:"墨子生不歌,死无服,桐棺三寸而无椁。"是墨之治丧,以薄为道也。易天下,谓移易天下之风俗也。夷子学于墨氏而不从其教,其心必有所不安者,故孟子因以诘之。

③夫,音扶,下同。匍,音蒲,匐,蒲北反。○"若保赤子",《周书·康诰》篇文,此儒者之言也。夷子引之,盖欲援儒而入于墨,以拒孟子之非己。又曰"爱无差等,施由亲始",则推墨而附于儒,以释己所以厚葬其亲之意,皆所谓遁辞也。孟子言人之爱其兄子与邻之子,本有差等。《书》之取譬,本为小民无知而犯法,如赤子无知而入井耳。且人物之生,必各本于父母而无二,乃自然之理,若天使之然也。故其爱由此立,而推以及人,自有差等。今如夷子之言,则是视其父母本无异于路人,但其施之之序,姑自此始耳。非二本而何哉?然其于先后之间,犹知所择,则又其本心之明有终不得而息者,此其所以卒能受命而自觉其非也。

④蚋,音汭。嘬,楚怪反。泚,七礼反。睨,音诣。为,去声。虆,力追反。梩,

力知反。〇因夷子厚葬其亲而言此,以深明一本之意。上世,谓太古也。委,弃也。壑,山水所趋也。蚋,蚊属。姑,语助声,或曰蝼蛄也。嘬,攒共食之也。颡,额也。泚,泚然汗出之貌。睨,邪视也。视,正视也。不能不视,而又不忍正视,哀痛迫切,不能为心之甚也。非为人泚,言非为他人见之而然也。所谓一本者,于此见之,尤为亲切。盖惟至亲故如此,在他人,则虽有不忍之心,而其哀痛迫切,不至若此之甚矣。反,覆也。虆,土笼也。梩,土轝也。于是归而掩覆其亲之尸,此葬埋之礼所由起也。此掩其亲者,若所当然,则孝子仁人所以掩其亲者,必有其道,而不以薄为贵矣。

⑤怃,音武。间,如字。〇怃然,茫然自失之貌。为间者,有顷之间也。命,犹教也。言孟子已教我矣。盖因其本心之明,以攻其所学之蔽,是以吾之言易人,而彼之惑易解也。

卷第六

滕文公下

【原文】

陈代曰:"不见诸侯,宜若小然;今一见之,大则以王,小则以霸。且《志》曰:'枉尺而直寻',宜若可为也。"①孟子曰:"昔齐景公田,招虞人以旌,不至,将杀之。'志士不忘在沟壑,勇士不忘丧其元',孔子奚取焉? 取非其招不往也。如不待其招而往,何哉?②且夫枉尺而直寻者,以利言也。如以利,则枉寻直尺而利,亦可为与?③昔者赵简子使王良与嬖奚乘,终日而不获一禽。嬖奚反命曰:'天下之贱工也。'或以告王良。良曰:'请复之。'强而后可,一朝而获十禽。嬖奚反命曰:'天下之良工也。'简子曰:'我使掌与女乘。'谓王良。良不可,曰:'吾为之范我驰驱,终日不获一;为之诡遇,一朝而获十。《诗》云:"不失其驰,舍矢如破。"我不贯与小人乘,请辞。'④御者且羞与射者比。比而得禽兽,虽若丘陵,弗为也。如枉道而从彼,何也? 且子过矣,枉己者,未有能直人者也。"⑤

国学经典文库

孟子诠解

朱熹注评《孟子》

图文珍藏版

【朱子集注】

①王，去声。〇陈代，孟子弟子也。小，谓小节也。枉，屈也。直，伸也。八尺曰寻。枉尺直寻，犹屈己一见诸侯，而可以致王霸，所屈者小，所伸者大也。

②丧，去声。〇田，猎也。虞人，守苑囿之吏也。招大夫以旌，招虞人以皮冠。元，首也。志士固穷，常念死无棺椁，弃沟壑而不恨。勇士轻生，常念战斗而死，丧其首而不顾。此二句，乃孔子叹美虞人之言。夫虞人，招之不以其物，尚守死而不往，况君子，岂可不待其招而自往见之邪？此以上，告之以不可往见之意。

③夫，音扶。与，平声。〇此以下，正其所称枉尺直寻之非。夫所谓枉小而所伸者大则为之者，计其利耳。一有计利之心，则虽枉多伸少而有利，亦将为之邪？甚言其不可也。

④乘，去声。强，上声。女，音汝。为，去声。舍，上声。〇赵简子，晋大夫赵鞅也。王良，善御者也。嬖奚，简子幸臣。与之乘，为之御也。复之，再乘也。强而后可，嬖奚不肯，强之而后肯也。一朝，自晨至食时也。掌，专主也。范，法度也。诡遇，不正而与禽遇也。言奚不善射，以法驰驱则不获，废法诡遇而后中也。《诗·小雅·车攻》之篇。言御者不失其驰驱之法，而射者发矢皆中而力，今嬖奚不能也。贯，习也。

⑤比，必二反。〇比，阿党也。若丘陵，言多也。〇或曰："居今之世，出处去就不必一一中节，欲其一一中节，则道不得行矣。"杨氏曰："何其不自重也？枉己其能直人乎？古之人宁道之不行，而不轻其去就，是以孔、孟虽在春秋、战国之时，而进必以正，以至终不得行而死也。使不恤其去就而可以行道，孔、孟当先为之矣。孔、孟岂不欲道之行哉？"

【原文】

景春曰："公孙衍、张仪岂不诚大丈夫哉？一怒而诸侯惧，安居而天下熄。"①孟子曰："是焉得为大丈夫乎？子未学礼乎？丈夫之冠也，父命之。女子之嫁也，母命之，往送之门，戒之曰：'往之女家，必敬必戒，无违夫子！'以顺为正者，妾妇之道也。②居天下之广居，立天下之正位，行天下之大道。得志与民由之，不得志独行其道。富贵不能淫，贫贱不能移，威武不能屈。此之谓大丈夫。"③

【朱子集注】

①景春,人姓名。公孙衍、张仪,皆魏人。怒则说诸侯使相攻伐,故诸侯惧也。

②焉,於虔反。冠,去声。女家之女,音汝。○加冠于首曰冠。女家,夫家也。妇人内夫家,以嫁为归也。夫子,夫也。女子从人,以顺为正道也。盖言二子阿谀苟容,窃取权势,乃妾妇顺从之道耳,非丈夫之事也。

③广居,仁也。正位,礼也。大道,义也。与民由之,推其所得于人也。独行其道,守其所得于己也。淫,荡其心也。移,变其节也。屈,挫其志也。○何叔京曰:“战国之时,圣贤道否,天下不复见其德业之盛。但见奸巧之徒,得志横行,气焰可畏,遂以为大丈夫。不知由君子观之,是乃妾妇之道耳,何足道哉!”

团龙纹簋

【原文】

周霄问曰:“古之君子仕乎?”孟子曰:“仕。传曰:‘孔子三月无君,则皇皇如也,出疆必载质。’公明仪曰:‘古之人,三月无君则吊。’”①“三月无君则吊,不以急乎?”②曰:“士之失位也,犹诸侯之失国家也。《礼》曰:‘诸侯耕助,以共粢盛。夫人蚕缫,以为衣服。牺牲不成,粢盛不洁,衣服不备,不敢以祭。惟士无田,则亦不祭。’牺杀、器皿、衣服不备,不敢以祭,则不敢以宴,亦不足吊乎?”③“出疆必载质,何也?”④曰:“士之仕也,犹农夫之耕也。农夫岂为出疆舍其耒耜哉?”⑤曰:“晋国亦仕国也,未尝闻仕如此其急。仕如此其急也,君子之难仕,何也?”曰:“丈夫生而愿为之有室,女子生而愿为之有家。父母之心,人皆有之。不待父母之命、媒妁之言,钻穴隙相窥,逾墙相从,则父母、国人皆贱之。古之人未尝不欲仕也,又恶不由其道。不由其道而往者,与钻穴隙之类也。”⑥

【朱子集注】

①传,直恋反。质与贽同,下同。○周霄,魏人。无君,谓不得仕而事君也。皇皇如,有求而弗得之意。出疆,谓失位而去国也。质,所执以见人者,如士则执雉也。出疆载之者,将以见所适国之君而事之也。

②周霄问也。以、已通,太也。后章放此。

③盛,音成。缲,素刀反。皿,武永反。〇《礼》曰:"诸侯为藉百亩,冕而青纮,躬秉耒以耕,而庶人助以终亩。收而藏之御廪,以供宗庙之粢盛。使世妇蚕于公桑蚕室,奉茧以示于君,遂献于夫人。夫人副袆受之,缲三盆手,遂布于三宫世妇,使缲以为黼黻文章,而服以祀先王先公。"又曰:"士有田则祭,无田则荐。"黍稷曰粢,在器曰盛。牲杀,牲必特杀也。皿,所以覆器者。

④周霄问也。

⑤为,去声。舍,上声。

⑥为,去声。妁,音酌。隙,去逆反。恶,去声。〇晋国,解见首篇。仕国,谓君子游宦之国。霄意以孟子不见诸侯为难仕,故先问古之君子仕否,然后言此以风切之也。男以女为室,女以男为家。妁,亦媒也。言为父母者,非不愿其男女之有室家,而亦恶其不由道。盖君子虽不洁身以乱伦,而亦不徇利而忘义也。

【原文】

彭更问曰:"后车数十乘,从者数百人,以传食于诸侯,不以泰乎?"孟子曰:"非其道,则一箪食不可受于人;如其道,则舜受尧之天下,不以为泰,子以为泰乎?"①曰:"否。士无事而食,不可也。"②曰:"子不通功易事,以羡补不足,则农有余粟,女有余布;子如通之,则梓匠轮舆皆得食于子。于此有人焉,入则孝,出则悌,守先王之道,以待后之学者,而不得食于子。子何尊梓匠轮舆而轻为仁义者哉?"③曰:"梓匠轮舆,其志将以求食也。君子之为道也,其志亦将以求食与?"曰:"子何以其志为哉? 其有功于子,可食而食之矣。且子食志乎? 食功乎?"曰:"食志。"④曰:"有人于此,毁瓦画墁,其志将以求食也,则子食之乎?"曰:"否。"曰:"然则子非食志也,食功也。"⑤

【朱子集注】

①更,平声。乘、从,皆去声。传,直恋反。箪,音丹。食,音嗣。〇彭更,孟子弟子也。泰,侈也。

②言不以舜为泰,但谓今之士无功而食人之食,则不可也。

③羡,延面反。〇通功易事,谓通人之功而交易其事。羡,余也。有余,言元所贸易而积于元用也。梓人、匠人,木工也。轮人、舆人,车工也。

④与,平声。可食而食、食志、食功之食,皆音嗣,下同。〇孟子言:自我而言,

固不求食;自彼而言,凡有功者则当食之。

⑤墁,武安反。子食之食,亦音嗣。○墁,墙壁之饰也。毁瓦画墁,言无功而有害也。既曰食功,则以士为无事而食者,真尊梓匠轮舆而轻为仁义者矣。

【原文】

万章问曰:"宋,小国也,今将行王政,齐、楚恶而伐之,则如之何?"①孟子曰:"汤居亳,与葛为邻,葛伯放而不祀。汤使人问之曰:'何为不祀?'曰:'无以供牺牲也。'汤使遗之牛羊。葛伯食之,又不以祀。汤又使人问之曰:'何为不祀?'曰:'无以供粢盛也。'汤使亳众往为之耕,老弱馈食。葛伯率其民,要其有酒食黍稻者夺之,不授者杀之。有童子以黍肉饷,杀而夺之。《书》曰:'葛伯仇饷。'此之谓也。②为其杀是童子而征之,四海之内皆曰:'非富天下也,为匹夫匹妇复雠也。'③'汤始征,自葛载',十一征而无敌于天下。东面而征,西夷怨;南面而征,北狄怨。曰:'奚为后我?'民之望之,若大旱之望雨也。归市者弗止,芸者不变。诛其君,吊其民,如时雨降。民大悦。《书》曰:'徯我后,后来其无罚。'④'有攸不惟臣,东征,绥厥士女,匪厥玄黄,绍我周王见休,惟臣附于大邑周。'其君子实玄黄于匪以迎其君子,其小人箪食壶浆以迎其小人。救民于水火之中,取其残而已矣。⑤《太誓》曰:'我武惟扬,侵于之疆,则取于残,杀伐用张,于汤有光。'⑥不行王政云尔;苟行王政,四海之内皆举首而望之,欲以为君。齐、楚虽大,何畏焉?"⑦

【朱子集注】

①恶,去声。○万章,孟子弟子。宋王偃尝灭滕伐薛,败齐、楚、魏之兵,欲霸天下,疑即此时也。

②遗,唯季反。盛,音成。往为之为,去声。馈食、酒食之食,音嗣。要,平声。饷,式亮反。○葛,国名。伯,爵也。放而不祀,放纵无道,不祀先祖也。亳众,汤之民。其民,葛民也。授,与也。饷,亦馈也。《书·商书·仲虺之诰》也。仇饷,言与饷者为仇也。

③为,去声。○非富天下,言汤之心非以天下为富而欲得之。

④载,亦始也。十一征,所征十一国也。余已见前篇。

⑤食,音嗣。○按:《周书·武成》篇载武王之言,孟子约其文如此。然其辞时与今《书》文不类,今姑依此文解之。有所不惟臣,谓助纣为恶,而不为周臣者。

匡,与筐同。玄黄,币也。绍,继也,犹言事也。言其士女以匡盛玄黄之币,迎武王而事之也。商人而曰我周王,犹《商书》所谓我后也。休,美也。言武王能顺天休命,而事之者皆见休也。臣附,归服也。孟子又释其意,言商人闻周师之来,各以其类相迎者,以武王能拯民于水火之中,取其残民者诛之,而不为暴虐耳。君子,谓在位之人。小人,谓细民也。

⑥《太誓》,《周书》也。今《书》文亦小异。言武王威武奋扬,侵彼纣之疆界,取其残贼,而杀伐之功因以张大,比于汤之伐桀,又有光焉。引此以证上文取其残之义。

⑦宋实不能行王政,后果为齐所灭,王偃走死。○尹氏曰:"为国者能自治而得民心,则天下皆将归往之,恨其征伐之不早也,尚何强国之足畏哉?苟不自治,而以强弱之势言之,是可畏而已矣。"

【原文】

孟子谓戴不胜曰:"子欲子之王之善与? 我明告子。有楚大夫于此,欲其子之齐语也,则使齐人傅诸? 使楚人傅诸?"曰:"使齐人傅之。"曰:"一齐人傅之,众楚人咻之,虽日挞而求其齐也,不可得矣;引而置之庄岳之间数年,虽日挞而求其楚,亦不可得矣。①子谓薛居州,善士也,使之居于王所。在于王所者,长幼卑尊,皆薛居州也,王谁与为不善? 在王所者,长幼卑尊,皆非薛居州也,王谁与为善? 一薛居州,独如宋王何?"②

【朱子集注】

①与,平声。咻,音休。○戴不胜,宋臣也。齐语,齐人语也。傅,教也。咻,讙也。齐,齐语也。庄岳,齐街里名也。楚,楚语也。此先设譬以晓之也。

②长,上声。○居州,亦宋臣。言小人众而君子独,无以成正君之功。

【原文】

公孙丑问曰:"不见诸侯,何义?"孟子曰:"古者不为臣不见。①段干木逾垣而辟之,泄柳闭门而不内,是皆已甚。迫,斯可以见矣。②阳货欲见孔子而恶无礼,大夫有赐于士,不得受于其家,则往拜其门。阳货瞰孔子之亡也,而馈孔子蒸豚;孔子亦瞰其亡也,而往拜之。当是时,阳货先,岂得不见?③曾子曰:'胁肩谄笑,病于夏畦。'子路曰:'未同而言,观其色赧赧然,非由之所知也。'由是观之,则君子之所养可知已矣。"④

【朱子集注】

①不为臣,谓未仕于其国者也,此不见诸侯之义也。

②辟,去声。内,与纳同。○段干木,魏文侯时人。泄柳,鲁缪公时人。文侯、缪公欲见此二人,而二人不肯见之,盖未为臣也。已甚,过甚也。迫,谓求见之切也。

③欲见之见,音现。恶,去声。瞯,音勘。○此又引孔子之事,以明可见之节也。欲见孔子,欲召孔子来见已也。恶无礼,畏人以已为无礼也。受于其家,对使人拜受于家也。其门,大夫之门也。瞯,窥也。阳货于鲁为大夫,孔子为士,故以此物及其不在而馈之,欲其来拜而见之也。先,谓先来加礼也。

④胁,虚业反。赧,奴简反。○胁肩,竦体。谄笑,强笑。皆小人侧媚之态也。病,劳也。夏畦,夏月治畦之人也。言为此者,其劳过于夏畦之人也。未同而言,与人未合而强与之言也。赧赧,惭而面赤之貌也。由,子路名。言非已所知,甚恶之之辞也。孟子言由此二言观之,则二子之所养可知,必不肯不俟其礼之至,而辄往见之也。○此章言圣人礼义之中正,过之者伤于迫切而不洪,不及者沦于污贱而可耻。

【原文】

戴盈之曰:"什一,去关市之征,今兹未能。请轻之,以待来年,然后已,何如?"①孟子曰:"今有人日攘其邻之鸡者,或告之曰:'是非君子之道。'曰:'请损之,月攘一鸡,以待来年,然后已。'②如知其非义,斯速已矣,何待来年?"③

【朱子集注】

①去,上声。○盈之,亦宋大夫也。什一,井田之法也。关市之征,商贾之税也。已,止也。

②攘,如羊反。○攘,物自来而取之也。损,减也。

③知义理之不可而不能速改,与月攘一鸡何以异哉?

【原文】

公都子曰:"外人皆称夫子好辩,敢问何也?"孟子曰:"予岂好辩哉?予不得已也。^①天下之生久矣，一治一乱。^②当尧之时，水逆行，泛滥于中国，蛇龙居之，民无所定。下者为巢，上者为营窟。《书》曰：'洚水警余。'洚水者，洪水也。^③使禹治之。禹掘地而注之海，驱蛇龙而放之菹。水由地中行，江、淮、河、汉是也。险阻既远，鸟兽之害人者消，然后人得平土而居之。^④尧、舜既没，圣人之道衰。暴君代作，坏宫室以为污池，民无所安息；弃田以为园囿，使民不得衣食。邪说暴行又作，园囿、污池、沛泽多而禽兽至。及纣之身，天下又大乱。^⑤周公相武王，诛纣伐奄，三年讨其君，驱飞廉于海隅而戮之。灭国者五十，驱虎、豹、犀、象而远之。天下大悦。《书》曰：'丕显哉，文王谟！丕承哉，武王烈！佑启我后人，咸以正无缺。'^⑥世衰道微，邪说暴行有作，臣弑其君者有之，子弑其父者有之。^⑦孔子惧，作《春秋》。《春秋》，天子之事也。是故孔子曰：'知我者其惟《春秋》乎！罪我者其惟《春秋》乎！'^⑧圣王不作，诸侯放恣，处士横议，杨朱、墨翟之言盈天下。天下之言，不归杨，则归墨。杨氏为我，是无君也；墨氏兼爱，是无父也。无父无君，是禽兽也。公明仪曰：'庖有肥肉，厩有肥马，民有饥色，野有饿莩，此率禽兽而食人也。'杨、墨之道不息，孔子之道不著，是邪说诬民，充塞仁义也。仁义充塞，则率兽食人，人将相食。^⑨吾为此惧，闲先圣之道，距杨、墨，放淫辞，邪说者不得作。作于其心，害于其事；作于其事，害于其政。圣人复起，不易吾言矣。^⑩昔者禹抑洪水而天下平，周公兼夷狄、驱猛兽而百姓宁，孔子成《春秋》而乱臣贼子惧。^⑪《诗》云：'戎狄是膺，荆、舒是惩，则莫我敢承。'无父无君，是周公所膺也。^⑫我亦欲正人心，息邪说，距诐行，放淫辞，以承三圣者。岂好辩哉？予不得已也。^⑬能言距杨、墨者，圣人之徒也。"^⑭

【朱子集注】

①好，去声，下同。

②治，去声。○生，谓生民也。一治一乱，气化盛衰，人事得失，反复相寻，理之常也。

③洚，音降，又胡贡、胡工二反。○水逆行，下流壅塞，故水倒流而旁溢也。下，下地。上，高地也。营窟，穴处也。《书·虞书·大禹谟》也。洚水，洚洞无涯之水也。警，戒也。此一乱也。

④菹，侧鱼反。○掘地，掘去壅塞也。菹，泽生草者也。地中，两涯之间也。险阻，谓水之泛滥也。远，去也。消，除也。此一治也。

⑤坏，音怪。行，去声，下同。沛，蒲内反。○暴君，谓夏太康、孔甲、履癸、商武

乙之类也。官室，民居也。沛，草木之所生也。泽，水所钟也。自尧、舜没至此，治乱非一，及纣而又一大乱也。

⑥相，去声。奄，平声。○奄，东方之国，助纣为虐者也。飞廉，纣幸臣也。五十国，皆纣党虐民者也。《书·周书·君牙》之篇。丕，大也。显，明也。谟，谋也。承，继也。烈，光也。佑，助也。启，开也。缺，坏也。此一治也。

⑦有作之有，读为又，古字通用。○此周室东迁之后，又一乱也。

⑧胡氏曰："仲尼作《春秋》以寓王法。惇典、庸礼、命德、讨罪，其大要皆天子之事也。知孔子者，谓此书之作，遏人欲于横流，存天理于既灭，为后世虑，至深远也。罪孔子者，以谓无其位而托二百四十二年南面之权，使乱臣贼子禁其欲而不得肆，则戚矣。"愚谓孔子作《春秋》以讨乱贼，则致治之法垂于万世，是亦一治也。

⑨横、为，皆去声。荸，皮表反。○杨朱但知爱身，而不复知有致身之义，故无君。墨子爱无差等，而视其至亲无异众人，故无父。无父无君，则人道灭绝，是亦禽兽而已。公明仪之言，义见首篇。充塞仁义，谓邪说遍满，妨于仁义也。孟子引仪之言，以明杨、墨道行，则人皆无父无君，以陷于禽兽，而大乱将起，是亦率兽食人而人又相食也。此又一乱也。

⑩为，去声。复，扶又反。○闲，卫也。放，驱而远之也。作，起也。事，所行。政，大体也。孟子虽不得志于时，然杨、墨之害，自是灭息，而君臣父子之道，赖以不坠。是亦一治也。程子曰："杨、墨之害，甚于申、韩；佛氏之害，甚于杨、墨。盖杨氏为我疑于义，墨氏兼爱疑于仁，申、韩则浅陋易见。故孟子止辟杨、墨，为其惑世之甚也。佛氏之言近理，又非杨、墨之比，所以为害尤甚。"

⑪抑，止也。兼，并之也，总结上文也。

⑫说见上篇。承，当也。

⑬行、好，皆去声。○诐、淫，解见前篇。辞者，说之详也。承，继也。三圣，禹、周公、孔子也。盖邪说横流，坏人心术，甚于洪水猛兽之灾，惨于夷狄篡弑之祸，故孟子深惧而力救之。再言岂好辩哉，予不得已也，所以深致意焉。然非知道之君子，孰能真知其所以不得已之故哉？

⑭言苟有能为此距杨、墨之说者，则其所趋正矣，虽未必知道，是亦圣人之徒也。孟子既答公都子之问，而意有未尽，故复言此。盖邪说害正，人人得而攻之，不必圣贤；如《春秋》之法，乱臣贼子，人人得而讨之，不必士师也。圣人救世立法之意，其切如此。若以此意推之，则不能攻讨，而又唱为不必攻讨之说者，其为邪诐之

徒、乱贼之党可知矣。○尹氏曰:"学者于是非之原,毫厘有差,则害流于生民,祸及于后世。故孟子辩邪说如是之严,而自以为承三圣之功也。当是时,方且以好辩目之,是以常人之心而度圣贤之心也。"

【原文】

匡章曰:"陈仲子岂不诚廉士哉?居於陵,三日不食,耳无闻,目无见也。井上有李,螬食实者过半矣,匍匐往将食之,三咽,然后耳有闻、目有见。"①孟子曰:"于齐国之士,吾必以仲子为巨擘焉。虽然,仲子恶能廉?充仲子之操,则蚓而后可者也。②夫蚓,上食槁壤,下饮黄泉。仲子所居之室,伯夷之所筑与?抑亦盗跖之所筑与?所食之粟,伯夷之所树与?抑亦盗跖之所树与?是未可知也。"③曰:"是何伤哉?彼身织屦,妻辟纑,以易之也。"④曰:"仲子,齐之世家也。兄戴,盖禄万钟。以兄之禄为不义之禄而不食也,以兄之室为不义之室而不居也,辟兄离母,处于於陵。他日归,则有馈其兄生鹅者,己频顣曰:'恶用是鶃鶃者为哉?'他日,其母杀是鹅也,与之食之。其兄自外至,曰:'是鶃鶃之肉也。'出而哇之。⑤以母则不食,以妻则食之;以兄之室则弗居,以於陵则居之。是尚为能充其类也乎?若仲子者,蚓而后充其操者也。"⑥

【朱子集注】

①於,音乌,下於陵同。螬,音曹。咽,音宴。○匡章、陈仲子,皆齐人。廉,有分辨,不苟取也。於陵,地名。螬,蛴螬虫也。匍匐,言无力不能行也。咽,吞也。

②擘,薄厄反。恶,平声。蚓,音引。○巨擘,大指也。言齐人中有仲子,如众小指中有大指也。充,推而满之也。操,所守也。蚓,丘蚓也。言仲子未得为廉也,必若满其所守之志,则惟丘蚓之无求于世,然后可以为廉耳。

③夫,音扶。与,平声。○槁壤,干土也。黄泉,浊水也。抑,发语辞也。言蚓无求于人而自足,而仲子未免居室食粟,若所从来或有非义,则是未能如蚓之廉也。

④辟,音壁。纑,音卢。○辟,绩也。纑,练麻也。

⑤盖,音阖。辟,音避。频与颦同。顣与蹙同,子六反。恶,平声。鶃,鱼一反。哇,音蛙。○世家,世卿之家。兄名戴,食采于盖,其入万钟也。归,自於陵归也。己,仲子也。鶃鶃,鹅声也。频顣而言,以其兄受馈为不义也。哇,吐之也。

⑥言仲子以母之食、兄之室为不义而不食不居,其操守如此。至于妻所易之粟、於陵所居之室,既未必伯夷之所为,则亦不义之类耳。今仲子于此则不食不居,

于彼则食之居之,岂为能充满其操守之类者乎?必其无求自足如丘蚓然,乃为能满其志而得为廉耳,然岂人之所可为哉?○范氏曰:"天之所生,地之所养,惟人为大。人之所以为大者,以其有人伦也。仲子避兄离母,无亲戚、君臣、上下,是无人伦也。岂有无人伦而可以为廉哉?"

卷第七

离娄上

【原文】

孟子曰:"离娄之明,公输子之巧,不以规矩,不能成方员;师旷之聪,不以六律,不能正五音;尧、舜之道,不以仁政,不能平治天下。①今有仁心仁闻而民不被其泽,不可法于后世者,不行先王之道也。②故曰:徒善不足以为政,徒法不能以自行。③《诗》云:'不愆不忘,率由旧章。'遵先王之法而过者,未之有也。④圣人既竭目力焉,继之以规矩准绳,以为方员平直,不可胜用也;既竭耳力焉,继之以六律,正五音,不可胜用也;既竭心思焉,继之以不忍人之政,而仁覆天下矣。⑤故曰:为高必因丘陵,为下必因川泽。为政不因先王之道,可谓智乎?⑥是以惟仁者宜在高位。不仁而在高位,是播其恶于众也。⑦上无道揆也,下无法守也,朝不信道,工不信度,君子犯义,小人犯刑,国之所存者幸也。⑧故曰:城郭不完,兵甲不多,非国之灾也;田野不辟,货财不聚,非国之害也。上无礼,下无学,贼民兴,丧无日矣。⑨《诗》曰:'天之方蹶,无然泄泄。'⑩泄泄,犹沓沓也。⑪事君无义,进退无礼,言则非先王之道者,犹沓沓也。⑫故曰:责难于君谓之恭,陈善闭邪谓之敬,吾君不能谓之贼。"⑬

【朱子集注】

①离娄,古之明目者。公输子,名班,鲁之巧人也。规,所以为员之器也。矩,所以为方之器也。师旷,晋之乐师,知音者也。六律,截竹为筒,阴阳各六,以节五音之上下。黄钟、太蔟、姑洗、蕤宾、夷则、无射,为阳;大吕、夹钟、仲吕、林钟、南吕、应钟,为阴也。五音:宫、商、角、徵、羽也。范氏曰:"此言治天下不可无法度,仁政

者,治天下之法度也。"

②闻,去声。○仁心,爱人之心也。仁闻者,有爱人之声闻于人也。先王之道,仁政是也。范氏曰:"齐宣王不忍一牛之死,以羊易之,可谓有仁心。梁武帝终日一食蔬素,宗庙以面为牺牲,断死刑必为之涕泣,天下知其慈仁,可谓有仁闻。然而宣王之时,齐国不治;武帝之末,江南大乱。其故何哉?有仁心仁闻而不行先王之道故也。"

③徒,犹空也。有其心,无其政,是谓徒善;有其政,无其心,是谓徒法。程子尝言:"为政须要有纲纪文章,谨权、审量、读法、平价,皆不可阙。"而又曰:"必有《关雎》《麟趾》之意,然后可以行《周官》之法度。"正谓此也。

④《诗·大雅·假乐》之篇。愆,过也。率,循也。章,典法也。所行不过差、不遗忘者,以其循用旧典故也。

⑤胜,平声。○准,所以为平。绳,所以为直。覆,被也。此言古之圣人,既竭耳目心思之力,然犹以为未足以遍天下及后世,故制为法度以继续之,则其用不穷而仁之所被者广矣。

⑥丘陵本高,川泽本下,为高下者因之,则用力少而成功多矣。邹氏曰:"自章首至此,论以仁心仁闻行先王之道。"

⑦仁者,有仁心仁闻而能扩而充之,以行先王之道者也。播恶于众,谓贻患于下也。

⑧朝,音潮。○此言不仁而在高位之祸也。道,义理也。揆,度也。法,制度也。道揆,谓以义理度量事物而制其宜。法守,谓以法度自守。工,官也。度,即法也。君子、小人,以位而言也。由上无道揆,故下无法守。无道揆,则朝不信道而君子犯义;无法守,则工不信度而小人犯刑。有此六者,其国必亡。其不亡者,侥幸而已。

⑨辟与闢同。丧,去声。○上不知礼,则无以教民;下不知学,则易与为乱。邹氏曰:"自是以惟仁者至此,所以责其君。"

⑩蹶,居卫反。泄,弋制反。○《诗·大雅·板》之篇。蹶,颠覆之意。泄泄,怠缓悦从之貌。言天欲颠覆周室,群臣无得泄泄然不急救正之。

⑪沓,徒合反。○沓沓,即泄泄之意。盖孟子时人语如此。

⑫非,诋毁也。

⑬范氏曰:"人臣以难事责于君,使其君为尧、舜之君者,尊君之大也。开陈善

道以禁闭君之邪心,惟恐其君或陷于有过之地者,敬君之至也。谓其君不能行善道而不以告者,贼害其君之甚也。"邹氏曰:"自《诗》云'天之方蹶'至此,所以责其臣。"〇邹氏曰:"此章言为治者,当有仁心仁闻以行先王之政,而君臣又当各任其责也。"

【原文】

孟子曰:"规矩,方员之至也;圣人,人伦之至也。①欲为君尽君道,欲为臣尽臣道,二者皆法尧、舜而已矣。不以舜之所以事尧事君,不敬其君者也;不以尧之所以治民治民,贼其民者也。②孔子曰:'道二:仁与不仁而已矣。'③暴其民甚,则身弑国亡;不甚,则身危国削。名之曰'幽'、'厉',虽孝子慈孙,百世不能改也。④《诗》云'殷鉴不远,在夏后之世',此之谓也。"⑤

【朱子集注】

①至,极也。人伦,说见前篇。规矩尽所以为方员之理,犹圣人尽所以为人之道。

②法尧、舜以尽君臣之道,犹用规矩以尽方员之极,此孟子所以道性善而称尧、舜也。

③法尧、舜,则尽君臣之道而仁矣;不法尧、舜,则慢君贼民而不仁矣。二端之外,更无他道。出乎此,则入乎彼矣,可不谨哉?

④幽,暗。厉,虐。皆恶谥也。苟得其实,则虽有孝子慈孙爱其祖考之甚者,亦不得废公义而改之。言不仁之祸必至于此,可惧之甚也。

⑤《诗·大雅·荡》之篇。言商纣之所当鉴者,近在夏桀之世。而孟子引之,又欲后人以幽、厉为鉴也。

【原文】

孟子曰:"三代之得天下也以仁,其失天下也以不仁。①国之所以废兴存亡者亦然。②天子不仁,不保四海;诸侯不仁,不保社稷;卿大夫不仁,不保宗庙;士庶人不仁,不保四体。③今恶死亡而乐不仁,是犹恶醉而强酒。"④

【朱子集注】

①三代,谓夏、商、周也。禹、汤、文、武以仁得之;桀、纣、幽、厉以不仁失之。

②国,谓诸侯之国。

③言必死亡。

④恶,去声。乐,音洛。强,上声。○此承上章之意而推言之也。

【原文】

孟子曰:"爱人不亲,反其仁;治人不治,反其智;礼人不答,反其敬。①行有不得者,皆反求诸己,其身正而天下归之。②《诗》云:'永言配命,自求多福。'"③

【朱子集注】

①治人之治,平声。不治之治,去声。○我爱人而人不亲我,则反求诸己,恐我之仁未至也。智、敬放此。

②不得,谓不得其所欲,如不亲、不治、不答是也。反求诸己,谓反其仁、反其智、反其敬也。如此,则其自治益详,而身无不正矣。天下归之,极言其效也。

③解见前篇。○亦承上章而言。

【原文】

孟子曰:"人有恒言,皆曰'天下国家'。天下之本在国,国之本在家,家之本在身。"①

【朱子集注】

①恒,胡登反。○恒,常也。虽常言之,而未必知其言之有序也。故推言之,而又以家本乎身也。此亦承上章而言之。《大学》所谓"自天子至于庶人,壹是皆以修身为本",为是故也。

【原文】

孟子曰:"为政不难,不得罪于巨室。巨室之所慕,一国慕之;一国之所慕,天下慕之,故沛然德教溢乎四海。"①

【朱子集注】

①巨室,世臣大家也。得罪,谓身不正而取怨怒也。麦丘邑人祝齐桓公曰:"愿主君无得罪于群臣百姓。"意盖如此。慕,向也,心悦诚服之谓也。沛然,盛大流行

之貌。溢,充满也。盖巨室之心,难以力服,而国人素所取信;今既悦服,则国人皆服,而吾德教之所施,可以无远而不至矣。此亦承上章而言。盖君子不患人心之不服,而患吾身之不修。吾身既修,则人心之难服者先服,而无一人之不服矣。○林氏曰:“战国之世,诸侯失德,巨室擅权,为患甚矣。然或者不修其本而遽欲胜之,则未必能胜而适以取祸。故孟子推本而言,惟务修德以服其心。彼既悦服,则吾之德教无所留碍,可以及乎天下矣。裴度所谓'韩弘舆疾讨贼,承宗敛手削地,非朝廷之力能制其死命,特以处置得宜,能服其心故尔',正此类也。”

【原文】

孟子曰:“天下有道,小德役大德,小贤役大贤。天下无道,小役大,弱役强。斯二者天也,顺天者存,逆天者亡。①齐景公曰:'既不能令,又不受命,是绝物也。'涕出而女于吴。②今也小国师大国而耻受命焉,是犹弟子而耻受命于先师也。③如耻之,莫若师文王。师文王,大国五年,小国七年,必为政于天下矣。④《诗》云:'商之孙子,其丽不亿。上帝既命,侯于周服。侯服于周,天命靡常。殷士肤敏,裸将于京。'孔子曰:'仁不可为众也。夫国君好仁,天下无敌。'⑤今也欲无敌于天下而不以仁,是犹执热而不以濯也。《诗》云:'谁能执热,逝不以濯?'”⑥

【朱子集注】

①有道之世,人皆修德,而位必称其德之大小。天下无道,人不修德,则但以力相役而已。天者,理势之当然也。

②女,去声。○引此以言小役大、弱役强之事也。令,出令以使人也。受命,听命于人也。物,犹人也。女,以女与人也。吴,蛮夷之国也。景公羞与为昏而畏其强,故涕泣而以女与之。

③言小国不修德以自强,其般乐怠敖,皆若效大国之所为者,而独耻受其教命,不可得也。

④此因其愧耻之心而勉以修德也。文王之政,布在方策,举而行之,所谓师文王也。五年、七年,以其所乘之势不同为差。盖天下虽无道,然修德之至,则道自我行,而大国反为吾役矣。程子曰:“五年、七年,圣人度其时则可矣。然凡此类,学者皆当思其作为如何,乃有益耳。”

⑤裸,音灌。夫,音扶。好,去声。○《诗·大雅·文王》之篇。孟子引此诗及孔子之言,以言文王之事。丽,数也。十万曰亿。侯,维也。商士,商孙子之臣也。

肤,大也。敏,达也。祼,宗庙之祭,以郁鬯之酒灌地而降神也。将,助也。言商之孙子众多,其数不但十万而已。上帝既命周以天下,则凡此商之孙子,皆臣服于周矣。所以然者,以天命不常,归于有德故也。是以商士之肤大而敏达者,皆执祼献之礼,助王祭事于周之京师也。孔子因读此诗,而言有仁者则虽有十万之众,不能当之。故国君好仁,则必无敌于天下也。不可为众,犹所谓难为兄,难为弟云尔。

⑥耻受命于大国,是欲无敌于天下也;乃师大国而不师文王,是不以仁也。《诗·大雅·桑柔》之篇。逝,语辞也。言谁能执持热物,而不以水自濯其手乎?○此章言不能自强,则听天所命;修德行仁,则天命在我。

【原文】

孟子曰:"不仁者可与言哉?安其危而利其菑,乐其所以亡者。不仁而可与言,则何亡国败家之有?①有孺子歌曰:'沧浪之水清兮,可以濯我缨;沧浪之水浊兮,可以濯我足。'②孔子曰:'小子听之! 清斯濯缨,浊斯濯足矣,自取之也。'③夫人必自侮,然后人侮之;家必自毁,而后人毁之;国必自伐,而后人伐之。④《太甲》曰:'天作孽,犹可违;自作孽,不可活。'此之谓也。"⑤

【朱子集注】

①菑与灾同。乐,音洛。○安其危、利其菑者,不知其为危菑而反以为安利也。所以亡者,谓荒淫暴虐,所以致亡之道也。不仁之人,私欲固藏,失其本心,故其颠倒错乱至于如此,所以不可告以忠言,而卒至于败亡也。

②浪,音郎。○沧浪,水名。缨,冠系也。

③言水之清浊,有以自取之也。圣人声入心通,无非至理,此类可见。

④夫,音扶。○所谓自取之者。

⑤解见前篇。○此章言心存则有以审夫得失之几,不存则无以辨于存亡之著。祸福之来,皆其自取。

【原文】

孟子曰:"桀、纣之失天下也,失其民也;失其民者,失其心也。得天下有道,得其民,斯得天下矣;得其民有道,得其心,斯得民矣;得其心有道,所欲与之聚之,所恶勿施尔也。①民之归仁也,犹水之就下、兽之走圹也。②故为渊敺鱼者,獭也;为丛敺爵者,鹯也;为汤、武敺民者,桀与纣也。③今天下之君有好仁者,则诸侯皆为之驱矣。虽欲无王,不可得已。④今之欲王者,犹七年之病求三年之艾也。苟为不畜,终身不得。苟不志于仁,终身忧辱,以陷于死亡。⑤《诗》云:'其何能淑,载胥及溺。'此之谓也。"⑥

【朱子集注】

①恶,去声。○民之所欲,皆为致之,如聚敛然。民之所恶,则勿施于民。晁错所谓"人情莫不欲寿,三王生之而不伤;人情莫不欲富,三王厚之而不困;人情莫不欲安,三王扶之而不危;人情莫不欲逸,三王节其力而不尽",此类之谓也。

②走,音奏。○圹,广野也。言民之所以归乎此,以其所欲之在乎此也。

③为,去声。驱与驱同。獭,音闼。爵与雀同。鹯,诸延反。○渊,深水也。獭,食鱼者也。丛,茂林也。鹯,食雀者也。言民之所以去此,以其所欲在彼而所畏在此也。

④好、为、王,皆去声。

⑤王,去声。○艾,草名,所以灸者,干久益善。夫病已深而欲求干久之艾,固难卒办,然自今畜之,则犹或可及。不然,则病日益深,死日益迫,而艾终不可得矣。

⑥《诗·大雅·桑柔》之篇。淑,善也。载,则也。胥,相也。言今之所为,其何能善,则相引以陷于乱亡而已。

【原文】

孟子曰:"自暴者,不可与有言也;自弃者,不可与有为也。言非礼义,谓之自暴也;吾身不能居仁由义,谓之自弃也。①仁,人之安宅也;义,人之正路也。②旷安宅而弗居,舍正路而不由,哀哉!"③

【朱子集注】

①暴,犹害也。非,犹毁也。自害其身者,不知礼义之为美而非毁之,虽与之言,必不见信也。自弃其身者,犹知仁义之为美,但溺于怠惰,自谓必不能行,与之有为必不能勉也。程子曰:"人苟以善自治,则无不可移者,虽昏愚之至,皆可渐磨而进也。惟自暴者拒之以不信,自弃者绝之以不为,虽圣人与居,不能化而入也。此所谓下愚之不移也。"

②仁宅,已见前篇。义者,宜也,乃天理之当行,无人欲之邪曲,故曰正路。

③舍,上声。○旷,空也。由,行也。○此章言道本固有而人自绝之,是可哀

已。此圣贤之深戒,学者所当猛省也。

【原文】

孟子曰:"道在尔而求诸远,事在易而求之难。人人亲其亲、长其长而天下平。"①

【朱子集注】

①尔、迩,古字通用。易,去声。长,上声。○亲、长,在人为甚迩;亲之、长之,在人为甚易,而道初不外是也。舍此而它求,则远且难而反失之。但人人各亲其亲、各长其长,则天下自平矣。

【原文】

孟子曰:"居下位而不获于上,民不可得而治也。获于上有道,不信于友,弗获于上矣;信于友有道,事亲弗悦,弗信于友矣;悦亲有道,反身不诚,不悦于亲矣;诚身有道,不明乎善,不诚其身矣。①是故诚者,天之道也;思诚者,人之道也。②至诚而不动者,未之有也;不诚,未有能动者也。"③

【朱子集注】

①获于上,得其上之信任也。诚,实也。反身不诚,反求诸身而其所以为善之心有不实也。不明乎善,不能即事以穷理,无以真知善之所在也。○游氏曰:"欲诚其意,先致其知,不明乎善,不诚乎身矣。学至于诚身,则安往而不致其极哉?以内则顺乎亲,以外则信乎友,以上则可以得君,以下则可以得民矣。"

②诚者,理之在我者皆实而无伪,天道之本然也。思诚者,欲此理之在我者皆实而无伪,人道之当然也。

③至,极也。杨氏曰:"动,便是验处,若获乎上、信乎友、悦于亲之类是也。"○此章述《中庸》孔子之言,见思诚为修身之本,而明善又为思诚之本。乃子思所闻于曾子,而孟子所受乎子思者,亦与《大学》相表里,学者宜潜心焉。

【原文】

孟子曰:"伯夷辟纣,居北海之滨,闻文王作,兴曰:'盍归乎来!吾闻西伯善养老者。'太公辟纣,居东海之滨,闻文王作,兴曰:'盍归乎来!吾闻西伯善养老者.'①二老者,天下之大老也,而归之,是天下之父归之也。天下之父归之,其子焉往?②诸侯有行文王之政者,七年之内,必为政于天下矣。"③

【朱子集注】

①辟,去声。○作、兴,皆起也。盍,何不也。西伯,即文王也。纣命为西方诸侯之长,得专征伐,故称西伯。太公,姜姓,吕氏,名尚。文王发政,必先鳏寡孤独,庶人之老,皆无冻馁。故伯夷、太公来就其养,非求仕也。

②焉,於虔反。○二老,伯夷、太公也。大老,言非常人之老者。天下之父,言齿德皆尊,如众父然。既得其心,则天下之心不能外矣。萧何所谓"养民致贤,以图天下"者,暗与此合,但其意则有公私之辨,学者又不可以不察也。

③七年,以小国而言也。大国五年在其中矣。

【原文】

孟子曰:"求也为季氏宰,无能改于其德,而赋粟倍他日。孔子曰:'求非我徒也,小子鸣鼓而攻之可也。'①由此观之,君不行仁政而富之,皆弃于孔子者也。况于为之强战?争地以战,杀人盈野;争城以战,杀人盈城。此所谓率土地而食人肉,罪不容于死。②故善战者服上刑,连诸侯者次之,辟草莱、任土地者次之。"③

【朱子集注】

①求,孔子弟子冉求。季氏,鲁卿。宰,家臣。赋,犹取也。取民之粟倍于他日也。小子,弟子也。鸣鼓而攻之,声其罪而责之也。

②为,去声。○林氏曰:"富其君者,夺民之财耳,而夫子犹恶之。况为土地之故而杀人,使其肝脑涂地,则是率土地而食人之肉。其罪之大,虽至于死,犹不足以容之也。"

③辟与辟同。○善战,如孙膑、吴起之徒。连结诸侯,如苏秦、张仪之类。辟,开垦也。任土地,谓分土授民,使任耕稼之责,如李悝尽地力、商鞅开阡陌之类也。

【原文】

孟子曰:"存乎人者,莫良于眸子。眸子不能掩其恶。胸中正,则眸子瞭焉;胸中不正,则眸子眊焉。①听其言也,观其眸子,人焉廋哉?"②

【朱子集注】

①眸,音牟。瞭,音了。眊,音耄。○良,善也。眸子,目瞳子也。瞭,明也。眊者,蒙蒙目不明之貌。盖人与物接之时,其神在目,故胸中正则神精而明,不正则神散而昏。

②焉,於虔反。廋,音搜。○廋,匿也。言亦心之所发,故并此以观,则人之邪正不可匿矣。然言犹可以伪为,眸子则有不容伪者。

【原文】

孟子曰:"恭者不侮人,俭者不夺人。侮夺人之君,惟恐不顺焉,恶得为恭俭?恭俭岂可以声音笑貌为哉?"①

【朱子集注】

①恶,平声。○惟恐不顺,言恐人之不顺己。声音笑貌,伪为于外也。

【原文】

淳于髡曰:"男女授受不亲,礼与?"孟子曰:"礼也。"曰:"嫂溺,则援之以手乎?"曰:"嫂溺不援,是豺狼也。男女授受不亲,礼也;嫂溺,援之以手者,权也。"①曰:"今天下溺矣,夫子之不援,何也?"②曰:"天下溺,援之以道;嫂溺,援之以手。子欲手援天下乎?"③

【朱子集注】

①与,平声。援,音爰。○淳于,姓;髡,名;齐之辩士。授,与也。受,取也。古礼,男女不亲授受,以远别也。援,救之也。权,称锤也,称物轻重而往来以取中者也。权而得中,是乃礼也。

②言今天下大乱,民遭陷溺,亦当从权以援之,不可守先王之正道也。

③言天下溺,惟道可以救之,非若嫂溺可手援也。今子欲援天下,乃欲使我枉道求合,则先失其所以援之之具矣。是欲使我以手援天下乎?○此章言直己守道,所以济时;枉道徇人,徒为失己。

【原文】

公孙丑曰:"君子之不教子,何也?"①孟子曰:"势不行也。教者必以正;以正不行,继之以怒;继之以怒,则反夷矣。'夫子教我以正,夫子未出于正也。'则是父子相夷也。父子相夷,则恶矣。②古者易子而教之。③父子之间不责善。责善则离,离则不祥莫大焉。"④

【朱子集注】

①不亲教也。

②夷,伤也。教子者,本为爱其子也,继之以怒,则反伤其子矣。父既伤其子,子之心又责其父曰:"夫子教我以正道,而夫子之身未必自行正道。"则是子又伤其父也。

③易子而教,所以全父子之恩,而亦不失其为教。

④责善,朋友之道也。○王氏曰:"父有争子,何也? 所谓争者,非责善也,当不义则争之而已矣。父之于子也如何? 曰:当不义,则亦戒之而已矣。"

【原文】

孟子曰:"事孰为大? 事亲为大;守孰为大? 守身为大。不失其身而能事其亲者,吾闻之矣;失其身而能事其亲者,吾未之闻也。①孰不为事? 事亲,事之本也;孰不为守? 守身,守之本也。②曾子养曾皙,必有酒肉。将彻,必请所与。问有余,必曰'有'。曾皙死,曾元养曾子,必有酒肉。将彻,不请所与。问有余,曰'亡矣',将以复进也。此所谓养口体者也。若曾子,则可谓养志也。③事亲若曾子者,可也。"④

【朱子集注】

①守身,持守其身,使不陷于不义也。一失其身,则亏体辱亲,虽日用三牲之养,亦不足以为孝矣。

②事亲孝,则忠可移于君,顺可移于长。身正,则家齐国治而天下平。

③养,去声。复,扶又反。○此承上文事亲言之。曾皙,名点,曾子父也。曾元,曾子子也。曾子养其父,每食必有酒肉。食毕将彻去,必请于父曰:"此余者与谁?"或父问:"此物尚有余否?"必曰:"有。"恐亲意更欲与人也。曾元不请所与,虽有言无。其意将以复进于亲,不欲其与人也。此但能养父母之口体而已。曾子则能承顺父母之志,而不忍伤之也。

④言当如曾子之养志,不可如曾元但养口体。程子曰:"子之身所能为者,皆所当为,无过分之事也。故事亲若曾子可谓至矣,而孟子止曰可也,岂以曾子之孝为

【原文】

孟子曰:"人不足与适也,政不足间也。惟大人为能格君心之非。君仁莫不仁,君义莫不义,君正莫不正。一正君而国定矣。"①

【朱子集注】

①适,音谪。间,去声。○赵氏曰:"适,过也。间,非也。格,正也。"徐氏曰:"格者,物之所取正也。《书》曰:'格其非心。'"愚谓"间"字上亦当有"与"字。言人君用人之非,不足过谪;行政之失,不足非间。惟有大人之德,则能格其君心之不正以归于正,而国无不治矣。大人者,大德之人,正己而物正者也。○程子曰:"天下之治乱,系乎人君之仁与不仁耳。心之非,即害于政,不待乎发之于外也。昔者孟子三见齐王而不言事,门人疑之,孟子曰:'我先攻其邪心,心既正,而后天下之事可从而理也。'夫政事之失,用人之非,知者能更之,直者能谏之。然非心存焉,则事事而更之,后复有其事,将不胜其更矣;人人而去之,后复用其人,将不胜其去矣。是以辅相之职,必在乎格君心之非。然后无所不正。而欲格君心之非者,非有大人之德,则亦莫之能也。"

【原文】

孟子曰:"有不虞之誉,有求全之毁。"①

【朱子集注】

①虞,度也。吕氏曰:"行不足以致誉而偶得誉,是谓不虞之誉。求免于毁而反致毁,是谓求全之毁。言毁誉之言,未必皆实,修己者不可以是遽为忧喜,观人者不可以是轻为进退。"

【原文】

孟子曰:"人之易其言也,无责耳矣。"①

【朱子集注】

①易,去声。○人之所以轻易其言者,以其未遭失言之责故耳。盖常人之情,

无所惩于前,则无所警于后。非以为君子之学,必俟有责而后不敢易其言也。然此岂亦有为而言之与?

【原文】

孟子曰:"人之患在好为人师。"①

【朱子集注】

①好,去声。○王勉曰:"学问有余,人资于己,不得已而应之可也。若好为人师,则自足而不复有进矣,此人之大患也。"

【原文】

乐正子从于子敖之齐。①乐正子见孟子。孟子曰:"子亦来见我乎?"曰:"先生何为出此言也?"曰:"子来几日矣?"曰:"昔者。"曰:"昔者,则我出此言也,不亦宜乎?"曰:"舍馆未定。"曰:"子闻之也,舍馆定,然后求见长者乎?"②曰:"克有罪。"③

【朱子集注】

①子敖,王驩字。

②长,上声。○昔者,前日也。馆,客舍也。王驩,孟子所不与言者,则其人可知矣。乐正子乃从之行,其失身之罪大矣;又不早见长者,则其罪又有甚者焉。故孟子姑以此责之。

③陈氏曰:"乐正子固不能无罪矣。然其勇于受责如此,非好善而笃信之,其能若是乎?世有强辩饰非、闻谏愈甚者,又乐正子之罪人也。"

【原文】

孟子谓乐正子曰:"子之从于子敖来,徒餔啜也。我不意子学古之道,而以餔啜也!"①

【朱子集注】

①餔,博孤反。啜,昌悦反。○徒,但也。餔,食也。啜,饮也。言其不择所从,但求食耳。此乃正其罪而切责之。

国学经典文库

孟子诠解

朱熹注评《孟子》

图文珍藏版

【原文】

孟子曰:"不孝有三,无后为大。①舜不告而娶,为无后也,君子以为犹告也。"②

【朱子集注】

①赵氏曰:"于礼有不孝者三事,谓阿意曲从,陷亲不义,一也。家贫亲老,不为禄仕,二也。不娶无子,绝先祖祀,三也。三者之中,无后为大。"

叔卣

②为无之为,去声。○舜告焉则不得娶,而终于无后矣。告者礼也,不告者权也。犹告,言与告同也。盖权而得中,则不离于正矣。○范氏曰:"天下之道,有正有权。正者万世之常,权者一时之用。常道人皆可守,权非体道者不能用也。盖权出于不得已者也。若父非瞽瞍,子非大舜,而欲不告而娶,则天下之罪人也。"

【原文】

孟子曰:"仁之实,事亲是也;义之实,从兄是也;①智之实,知斯二者弗去是也;礼之实,节文斯二者是也;乐之实,乐斯二者,乐则生矣;生则恶可已也? 恶可已,则不知足之蹈之、手之舞之。"②

【朱子集注】

①仁主于爱,而爱莫切于事亲;义主于敬,而敬莫先于从兄。故仁义之道,其用至广,而其实不越于事亲从兄之间。盖良心之发,最为切近而精实者。有子以孝弟为为仁之本,其意亦犹此也。

②乐斯、乐则之乐,音洛。恶,平声。○斯二者,指事亲、从兄而言。知而弗去,则见之明而守之固矣。节文,谓品节文章。乐则生矣,谓和顺从容,无所勉强,事亲、从兄之意油然自生,如草木之有生意也。既有生意,则其畅茂条达,自有不可遏者,所谓恶可已也。其又盛,则至于手舞足蹈而不自知矣。○此章言事亲、从兄,良心真切,天下之道,皆原于此。然必知之明而守之固,然后节之密而乐之深也。

【原文】

孟子曰:"天下大悦而将归己。视天下悦而归己犹草芥也,惟舜为然。不得乎亲,不可以为人;不顺乎亲,不可以为子。^①舜尽事亲之道而瞽瞍厎豫,瞽瞍厎豫而天下化,瞽瞍厎豫而天下之为父子者定,此之谓大孝。"^②

【朱子集注】

①言舜视天下之归己如草芥,而惟欲得其亲而顺之也。得者,曲为承顺以得其心之悦而已。顺则有以谕之于道,心与之一而未始有违,尤人所难也。为人盖泛言之,为子则愈密矣。

②厎,之尔反。○瞽瞍,舜父名。厎,致也。豫,悦乐也。瞽瞍至顽,尝欲杀舜,至是而厎豫焉。《书》所谓"不格奸,亦允若"是也。盖舜至此而有以顺乎亲矣。是以天下之为子者,知天下无不可事之亲,顾吾所以事之者未若舜耳。于是莫不勉而为孝,至于其亲亦厎豫焉,则天下之为父者,亦莫不慈,所谓化也。子孝父慈,各止其所,而无不安其位之意,所谓定也。为法于天下,可传于后世,非止一身一家之孝而已,此所以为大孝也。○李氏曰:"舜之所以能使瞽瞍厎豫者,尽事亲之道,其为子职,不见父母之非而已。昔罗仲素语此云:'只为天下无不是底父母。'了翁闻而善之曰:'惟如此而后,天下之为父子者定。彼臣弑其君、子弑其父者,常始于见其有不是处耳。'"

卷第八

离娄下

【原文】

孟子曰:"舜生于诸冯,迁于负夏,卒于鸣条,东夷之人也。^①文王生于岐周,卒于毕郢,西夷之人也。^②地之相去也,千有余里;世之相后也,千有余岁。得志行乎中国,若合符节。^③先圣后圣,其揆一也。"^④

【朱子集注】

①诸冯、负夏、鸣条,皆地名,在东方夷服之地。

②岐周,岐山下,周旧邑,近畎夷。毕郢,近丰、镐,今有文王墓。

③得志行乎中国,谓舜为天子,文王为方伯,得行其道于天下也。符节,以玉为之,篆刻文字而中分之,彼此各藏其半,有故则左右相合以为信也。若合符节,言其同也。

④揆,度也。其揆一者,言度之而其道无不同也。○范氏曰:"言圣人之生,虽有先后远近之不同。然其道则一也。"

【原文】

子产听郑国之政,以其乘舆济人于溱、洧。①孟子曰:"惠而不知为政。②岁十一月徒杠成,十二月舆梁成,民未病涉也。③君子平其政,行辟人可也,焉得人人而济之?④故为政者,每人而悦之,日亦不足矣。"⑤

【朱子集注】

①乘,去声。溱,音臻。洧,荣美反。○子产,郑大夫公孙侨也。溱、洧,二水名也。子产见人有徒涉此水者,以其所乘之车载而度之。

②惠,谓私恩小利。政,则有公平正大之体,纲纪法度之施焉。

③杠,音江。○杠,方桥也。徒杠,可通徒行者。梁,亦桥也。舆梁,可通车舆者。周十一月,夏九月也。周十二月,夏十月也。《夏令》曰:"十月成梁。"盖农功已毕,可用民力,又时将寒沍,水有桥梁,则民不患于徒涉,亦王政之一事也。

④辟与闢同。焉,於虔反。○辟,辟除也,如《周礼·阍人》为之辟之辟。言能平其政,则出行之际,辟除行人,使之避己,亦不为过。况国中之水,当涉者众,岂能悉以乘舆济之哉?

⑤言每人皆欲致私恩以悦其意,则人多日少,亦不足于用矣。诸葛武侯尝言"治世以大德,不以小惠",得孟子之意矣。

【原文】

孟子告齐宣王曰:"君之视臣如手足,则臣视君如腹心;君之视臣如犬马,则臣视君如国人;君之视臣如土芥,则臣视君如寇仇。"①王曰:"礼,为旧君有服,何如斯可为服矣？"②曰："谏行言听，膏泽下于民；有故而去，则君使人导之出疆，又先于其所往；去三年不反，然后收其田里。此之谓三有礼焉。如此，则为之服矣。③今也为臣，谏则不行，言则不听，膏泽不下于民；有故而去，则君搏执之，又极之于其所往；去之日，遂收其田里。此之谓寇仇。寇仇何服之有？"④

【朱子集注】

①孔氏曰："宣王之遇臣下，恩礼衰薄，至于昔者所进，今日不知其亡，则其于群臣，可谓邈然无敬矣，故孟子告之以此。手足腹心，相待一体，恩义之至也。如犬马，则轻贱之，然犹有豢养之恩焉。国人，犹言路人，言无怨无德也。土芥，则践踏之而已矣，斩艾之而已矣，其贱恶之又甚矣。寇仇之报，不亦宜乎？"

②为，去声，下为之同。○《仪礼》曰："以道去君而未绝者，服齐衰三月。"王疑孟子之言太甚，故以此礼为问。

③导之出疆，防剽掠也。先于其所往，称道其贤，欲其收用之也。三年而后收其田禄里居，前此犹望其归也。

④极，穷也。穷之于其所往之国，如晋锢栾盈也。○潘兴嗣曰："孟子告齐王之言，犹孔子对定公之意也，而其言有迹，不若孔子之浑然也。盖圣贤之别如此。"杨氏曰："君臣以义合者也。故孟子为齐王深言报施之道，使知为君者不可不以礼遇其臣耳。若君子之自处，则岂处其薄乎？孟子曰：'王庶几改之，予日望之。'君子之言盖如此。"

【原文】

孟子曰："无罪而杀士，则大夫可以去；无罪而戮民，则士可以徙。"①

【朱子集注】

①言君子当见几而作，祸已迫，则不能去矣。

【原文】

孟子曰："君仁莫不仁，君义莫不义。"①

【朱子集注】

①张氏曰："此章重出。然上篇主言人臣当以正君为急，此章直戒人君，义亦小

异耳。”

【原文】

孟子曰：“非礼之礼，非义之义，大人弗为。”①

【朱子集注】

①察理不精，故有二者之蔽。大人则随事而顺理，因时而处宜，岂为是哉？

【原文】

孟子曰：“中也养不中，才也养不才，故人乐有贤父兄也。如中也弃不中，才也弃不才，则贤不肖之相去，其间不能以寸。”①

【朱子集注】

①乐，音洛。○无过不及之谓中，足以有为之谓才。养，谓涵育薰陶，俟其自化也。贤，谓中而才者也。乐有贤父兄者，乐其终能成己也。为父兄者，若以子弟之不贤，遂遽绝之而不能教，则吾亦过中而不才矣，其相去之间，能几何哉？

【原文】

孟子曰：“人有不为也，而后可以有为。”①

【朱子集注】

①程子曰：“有不为，知所择也。惟能有不为，是以可以有为。无所不为者，安能有所为邪？”

【原文】

孟子曰：“言人之不善，当如后患何？”①

【朱子集注】

①此亦有为而言。

【原文】

孟子曰：“仲尼不为已甚者。”①

【朱子集注】

①已，犹太也。杨氏曰："言圣人所为，本分之外，不加毫末。非孟子真知孔子，不能以是称之。"

【原文】

孟子曰："大人者，言不必信，行不必果，惟义所在。"①

【朱子集注】

①行，去声。〇必，犹期也。大人言行，不先期于信果，但义之所在，则必从之，卒亦未尝不信果也。〇尹氏曰："主于义，则信果在其中矣；主于信果，则未必合义。"王勉曰："若不合于义而不信不果，则妄人尔。"

【原文】

孟子曰："大人者，不失其赤子之心者也。"①

【朱子集注】

①大人之心，通达万变。赤子之心，则纯一无伪而已。然大人之所以为大人，正以其不为物诱，而有以全其纯一无伪之本然。是以扩而充之，则无所不知，无所不能，而极其大也。

【原文】

孟子曰："养生者不足以当大事，惟送死可以当大事。"①

【朱子集注】

①养，去声。〇事生固当爱敬，然亦人道之常耳。至于送死，则人道之大变，孝子之事亲，舍是无以用其力矣。故尤以为大事，而必诚必信，不使少有后日之悔也。

【原文】

孟子曰："君子深造之以道，欲其自得之也。自得之，则居之安；居之安，则资之深；资之深，则取之左右逢其原，故君子欲其自得之也。"①

【朱子集注】

①造,七到反。○造,诣也。深造之者,进而不已之意。道,则其进为之方也。资,犹藉也。左右,身之两旁,言至近而非一处也。逢,犹值也。原,本也,水之来处也。言君子务于深造而必以其道者,欲其有所持循,以俟夫默识心通,自然而得之于己也。自得于己,则所以处之者安固而不摇;处之安固,则所藉者深远而无尽;所藉者深,则日用之间取之至近,无所往而不值其所资之本也。○程子曰:"学不言而自得者,乃自得也。有安排布置者,皆非自得也。然必潜心积虑,优游厌饫于其间,然后可以有得。若急迫求之,则是私己而已,终不足以得之也。"

【原文】

孟子曰:"博学而详说之,将以反说约也。"①

【朱子集注】

①言所以博学于文,而详说其理者,非欲以夸多而斗靡也,欲其融会贯通,有以反而说到至约之地耳。盖承上章之意而言,学非欲其徒博,而亦不可以径约也。

【原文】

孟子曰:"以善服人者,未有能服人者也;以善养人,然后能服天下。天下不心服而王者,未之有也。"①

【朱子集注】

①王,去声。○服人者,欲以取胜于人;养人者,欲其同归于善。盖心之公私小异,而人之向背顿殊。学者于此不可以不审也。

【原文】

孟子曰:"言无实不祥。不祥之实,蔽贤者当之。"①

【朱子集注】

①或曰:"天下之言无有实不祥者,惟蔽贤为不祥之实。"或曰:"言而无实者不祥,故蔽贤为不祥之实。"二说不同,未知孰是,疑或有阙文焉。

【原文】

徐子曰:"仲尼亟称于水,曰:'水哉,水哉!'何取于水也?"①孟子曰:"原泉混混,不舍昼夜,盈科而后进,放乎四海。有本者如是,是之取尔。②苟为无本,七八月之间雨集,沟浍皆盈;其涸也,可立而待也。故声闻过情,君子耻之。"③

【朱子集注】

①亟,去吏反。○亟,数也。水哉水哉,叹美之辞。

②舍、放,皆上声。○原泉,有原之水也。混混,涌出之貌。不舍昼夜,言常出不竭也。盈,满也。科,坎也。言其进以渐也。放,至也。言水有原本,不已而渐进以至于海,如人有实行,则亦不已而渐进以至于极也。

③浍,古外反。涸,下各反。闻,去声。○集,聚也。浍,田间水道也。涸,干也。如人无实行,而暴得虚誉,不能长久也。声闻,名誉也。情,实也。耻者,耻其无实而将不继也。林氏曰:"徐子之为人,必有躐等干誉之病,故孟子以是答之。"○邹氏曰:"孔子之称水,其旨微矣。孟子独取此者,自徐子之所急者言之也。孔子尝以闻达告子张矣,达者有本之谓也,闻则无本之谓也。然则学者其可以不务本乎?"

【原文】

孟子曰:"人之所以异于禽兽者几希,庶民去之,君子存之。①舜明于庶物,察于人伦,由仁义行,非行仁义也。"②

【朱子集注】

①几希,少也。庶,众也。人物之生,同得天地之理以为性,同得天地之气以为形。其不同者,独人于其间得形气之正,而能有以全其性,为少异耳。虽曰少异,然人物之所以分,实在于此。众人不知此而去之,则名虽为人,而实无以异于禽兽。君子知此而存之,是以战兢惕厉,而卒能有以全其所受之理也。

②物,事物也。明,则有以识其理也。人伦,说见前篇。察,则有以尽其理之详也。物理固非度外,而人伦尤切于身,故其知之有详略之异。在舜则皆生而知之也。由仁义行,非行仁义,则仁义已根于心,而所行皆从此出。非以仁义为美,而后勉强行之,所谓安而行之也。此则圣人之事,不待存之而无不存矣。○尹氏曰:"存

773

之者,君子也。存者,圣人也。君子所存,存天理也。由仁义行,存者能之。"

【原文】

孟子曰:"禹恶旨酒而好善言。①汤执中,立贤无方。②文王视民如伤,望道而未之见。③武王不泄迩,不忘远。④周公思兼三王,以施四事,其有不合者,仰而思之,夜以继日,幸而得之,坐以待旦。"⑤

【朱子集注】

①恶、好,皆去声。○《战国策》曰:"仪狄作酒,禹饮而甘之,曰:'后世必有以酒亡其国者。'遂疏仪狄而绝旨酒。"《书》曰:"禹拜昌言。"

②执,谓守而不失。中者,无过不及之名。方,犹类也。立贤无方,惟贤则立之于位,不问其类也。

③而,读为如,古字通用。○民已安矣,而视之犹若有伤;道已至矣,而望之犹若未见。圣人之爱民深而求道切如此。不自满足,终日乾乾之心也。

④泄,狎也。迩者,人所易狎而不泄;远者,人所易忘而不忘。德之盛,仁之至也。

⑤三王,禹也,汤也,文、武也。四事,上四条之事也。时异势殊,故其事或有所不合。思而得之,则其理初不异矣。坐以待旦,急于行也。○此承上章言舜,因历叙群圣以继之,而各举其一事,以见其忧勤惕厉之意。盖天理之所以常存。而人心之所以不死也。○程子曰:"孟子所称,各因其一事而言,非谓武王不能执中立贤,汤却泄迩忘远也。人谓各举其盛,亦非也,圣人亦无不盛。"

【原文】

孟子曰:"王者之迹熄而《诗》亡,《诗》亡然后《春秋》作。①晋之乘,楚之《梼杌》,鲁之《春秋》,一也。②其事则齐桓、晋文,其文则史。孔子曰:'其义则丘窃取之矣。'"③

【朱子集注】

①王者之迹熄,谓平王东迁,而政教号令不及于天下也。《诗》亡,谓《黍离》降为《国风》而《雅》亡也。《春秋》,鲁史记之名,孔子因而笔削之,始于鲁隐公之元年,实平王之四十九年也。

②乘,去声。梼,音逃。杌,音兀。〇《乘》,义未详,赵氏以为兴于田赋乘马之事。或曰:"取记载当时行事而名之也。"《梼杌》,恶兽名,古者因以为凶人之号,取记恶垂戒之义也。《春秋》者,记事者必表年以首事。年有四时,故错举以为所记之名也。古者列国皆有史官,掌记时事。此三者皆其所记册书之名也。

③春秋之时,五霸迭兴,而桓、文为盛。史,史官也。窃取者,谦辞也。《公羊传》作"其辞则丘有罪焉尔",意亦如此。盖言断之在己,所谓"笔则笔,削则削,游、夏不能赞一辞"者也。尹氏曰:"言孔子作《春秋》,亦以史之文载当时之事也,而其义则定天下之邪正,为百王之大法。"〇此又承上章历叙群圣,因以孔子之事继之。而孔子之事莫大于《春秋》,故特言之。

【原文】

孟子曰:"君子之泽,五世而斩。小人之泽,五世而斩。①予未得为孔子徒也,予私淑诸人也。"②

【朱子集注】

①泽,犹言流风余韵也。父子相继为一世,三十年亦为一世。斩,绝也。大约君子、小人之泽,五世而绝也。杨氏曰:"四世而缌,服之穷也;五世袒免,杀同姓也;六世亲属竭矣。服穷则遗泽寖微,故五世而斩。"

②私,犹窃也。淑,善也。李氏以为方言是也。人,谓子思之徒也。自孔子卒,至孟子游梁时,方百四十余年,而孟子已老。然则孟子之生,去孔子未百年也。故孟子言,予虽未得亲受业于孔子之门,然圣人之泽尚存,犹有能传其学者。故我得闻孔子之道于人,而私窃以善其身,盖推尊孔子而自谦之辞也。〇此又承上三章,历叙舜、禹,至于周、孔,而以是终之。其辞虽谦,然其所以自任之重,亦有不得而辞者矣。

【原文】

孟子曰:"可以取,可以无取,取伤廉;可以与,可以无与,与伤惠;可以死,可以无死,死伤勇。"①

【朱子集注】

①先言可以者,略见而自许之辞也。后言可以无者,深察而自疑之辞也。过取

固害于廉,然过与亦反害其惠,过死亦反害其勇,盖过犹不及之意也。〇林氏曰:"公西华受五秉之粟,是伤廉也。冉子与之,是伤惠也。子路之死于卫,是伤勇也。"

【原文】

　　逢蒙学射于羿,尽羿之道,思天下惟羿为愈己,于是杀羿。孟子曰:"是亦羿有罪焉。"公明仪曰:"宜若无罪焉。"曰:"薄乎云尔,恶得无罪?①郑人使子濯孺子侵卫,卫使庾公之斯追之。子濯孺子曰:'今日我疾作,不可以执弓,吾死矣夫!'问其仆曰:'追我者谁也?'其仆曰:'庾公之斯也。'曰:'吾生矣。'其仆曰:'庾公之斯,卫之善射者也,夫子曰吾生,何谓也?'曰:'庾公之斯学射于尹公之他,尹公之他学射于我。夫尹公之他,端人也,其取友必端矣。'庾公之斯至,曰:'夫子何为不执弓?'曰:'今日我疾作,不可以执弓。'曰:'小人学射于尹公之他,尹公之他学射于夫子。我不忍以夫子之道反害夫子。虽然,今日之事,君事也,我不敢废。'抽矢扣轮,去其金,发乘矢而后反。"②

【朱子集注】

　　①逢,薄江反。恶,平声。〇羿,有穷后羿也。逢蒙,羿之家众也。羿善射,篡夏自立,后为家众所杀。愈,犹胜也。薄,言其罪差薄耳。
　　②他,徒何反。矣夫、夫尹之夫,并音扶。去,上声。乘,去声。〇之,语助也。仆,御也。尹公他,亦卫人也。端,正也。孺子以尹公正人,知其取友必正,故度庾公必不害己。小人,庾公自称也。金,镞也。扣轮出镞,令不害人,乃以射也。乘矢,四矢也。孟子言使羿如子濯孺子,得尹公他而教之,则必无逢蒙之祸。然夷羿篡弑之贼,蒙乃逆俦;庾斯虽全私恩,亦废公义。其事皆无足论者,孟子盖特以取友而言耳。

【原文】

　　孟子曰:"西子蒙不洁,则人皆掩鼻而过之。①虽有恶人,齐戒沐浴,则可以祀上帝。"②

【朱子集注】

　　①西子,美妇人。蒙,犹冒也。不洁,污秽之物也。掩鼻,恶其臭也。
　　②齐,侧皆反。〇恶人,丑貌者也。〇尹氏曰:"此章戒人之丧善,而勉人以自

新也。"

【原文】

孟子曰:"天下之言性也,则故而已矣。故者以利为本。①所恶于智者,为其凿也。如智者若禹之行水也,则无恶于智矣。禹之行水也,行其所无事也。如智者亦行其所无事,则智亦大矣。②天之高也,星辰之远也,苟求其故,千岁之日至,可坐而致也。"③

【朱子集注】

①性者,人物所得以生之理也。故者,其已然之迹,若所谓天下之故者也。利,犹顺也,语其自然之势也。言事物之理,虽若无形而难知,然其发见之已然,则必有迹而易见。故天下之言性者,但言其故而理自明,犹所谓善言天者必有验于人也。然其所谓故者,又必本其自然之势,如人之善、水之下,非有所矫揉造作而然者也。若人之为恶、水之在山,则非自然之故矣。

②恶、为,皆去声。○天下之理,本皆顺利,小智之人,务为穿凿,所以失之。禹之行水,则因其自然之势而导之,未尝以私智穿凿而有所事,是以水得其润下之性而不为害也。

③天虽高,星辰虽远,然求其已然之迹,则其运有常。虽千岁之久,其日至之度,可坐而得。况于事物之近,若因其故而求之,岂有不得其理者,而何以穿凿为哉? 必言日至者,造历者以上古十一月甲子朔夜半冬至为历元也。○程子曰:"此章专为智而发。"愚谓事物之理,莫非自然。顺而循之,则为大智。若用小智而凿以自私,则害于性而反为不智。程子之言,可谓深得此章之旨矣。

【原文】

公行子有子之丧。右师往吊,入门,有进而与右师言者,有就右师之位而与右师言者。①孟子不与右师言,右师不悦,曰:"诸君子皆与骥言,孟子独不与骥言,是简骥也。"②孟子闻之,曰:"礼,朝廷不历位而相与言,不逾阶而相揖也。我欲行礼,子敖以我为简,不亦异乎?"③

【朱子集注】

①公行子,齐大夫。右师,王骥也。

②简,略也。

③朝,音潮。○是时齐卿大夫以君命吊,各有位次。若《周礼》,凡有爵者之丧礼,则职丧莅其禁令,序其事,故云朝廷也。历,更涉也。位,他人之位也。右师未就位而进与之言,则右师历己之位矣;右师已就位而就与之言,则己历右师之位矣。孟子、右师之位又不同阶,孟子不敢失此礼,故不与右师言也。

【原文】

孟子曰:"君子所以异于人者,以其存心也。君子以仁存心,以礼存心。①仁者爱人,有礼者敬人。②爱人者人恒爱之,敬人者人恒敬之。③有人于此,其待我以横逆,则君子必自反也:我必不仁也,必无礼也,此物奚宜至哉?④其自反而仁矣,自反而有礼矣,其横逆由是也,君子必自反也:我必不忠。⑤自反而忠矣,其横逆由是也,君子曰:'此亦妄人也已矣。如此,则与禽兽奚择哉?于禽兽又何难焉?'⑥是故君子有终身之忧,无一朝之患也。乃若所忧则有之:舜人也,我亦人也。舜为法于天下,可传于后世,我由未免为乡人也,是则可忧也。忧之如何?如舜而已矣。若夫君子所患则亡矣。非仁无为也,非礼无行也。如有一朝之患,则君子不患矣。"⑦

【朱子集注】

①以仁礼存心,言以是存于心而不忘也。

②此仁礼之施。

③恒,胡登反。○此仁礼之验。

④横,去声,下同。○横逆,谓强暴不顺理也。物,事也。

⑤由,与犹同,下放此。○忠者,尽己之谓。我必不忠,恐所以爱敬人者,有所不尽其心也。

⑥难,去声。○奚择,何异也。又何难焉,言不足与之校也。

⑦夫,音扶。○乡人,乡里之常人也。君子存心不苟,故无后忧。

【原文】

禹、稷当平世,三过其门而不入,孔子贤之。①颜子当乱世,居于陋巷,一箪食,一瓢饮,人不堪其忧,颜子不改其乐,孔子贤之。②孟子曰:"禹、稷、颜回同道。③禹思天下有溺者,由己溺之也;稷思天下有饥者,由己饥之也,是以如是其急也。④禹、稷、颜子,易地则皆然。⑤今有同室之人斗者,救之,虽被发缨冠而救之,可也。⑥乡邻有斗者,被发缨冠而往救之,则惑也,虽闭户可也。"⑦

【朱子集注】

①事见前篇。

②食,音嗣。乐,音洛。

③圣贤之道,进则救民。退则修己,其心一而已矣。

④由与犹同。○禹、稷身任其职,故以为己责而救之急也。

⑤圣贤之心无所偏倚,随感而应,各尽其道。故使禹、稷居颜子之地,则亦能乐颜子之乐;使颜子居禹、稷之任,亦能忧禹、稷之忧也。

⑥不暇束发而结缨往救,言急也。以喻禹、稷。

⑦喻颜子也。○此章言圣贤心无不同,事则所遭或异,然处之各当其理,是乃所以为同也。尹氏曰:"当其可之谓时,前圣后圣,其心一也,故所遇皆尽善。"

【原文】

公都子曰:"匡章,通国皆称不孝焉。夫子与之游,又从而礼貌之,敢问何也?"①孟子曰:"世俗所谓不孝者五:惰其四支,不顾父母之养,一不孝也;博弈好饮酒,不顾父母之养,二不孝也;好货财,私妻子,不顾父母之养,三不孝也;从耳目之欲,以为父母戮,四不孝也;好勇斗很,以危父母,五不孝也。章子有一于是乎?②夫章子,子父责善而不相遇也。③责善,朋友之道也;父子责善,贼恩之大者。④夫章子,岂不欲有夫妻子母之属哉?为得罪于父,不得近,出妻屏子,终身不养焉。其设心以为不若是,是则罪之大者。是则章子已矣。"⑤

【朱子集注】

①匡章,齐人。通国,尽一国之人也。礼貌,敬之也。

②好、养、从,皆去声。很,胡恳反。○戮,羞辱也。很,忿戾也。

③夫,音扶。○遇,合也。相责以善而不相合,故为父所逐也。

④贼,害也。朋友当相责以善,父子行之,则害天性之恩也。

⑤夫章之夫,音扶。为,去声。屏,必井反。养,去声。○言章子非不欲身有夫妻之配、子有子母之属,但为身不得近于父,故不敢受妻子之养,以自责罚。其心以为不如此,则其罪益大也。○此章之旨,于众所恶而必察焉,可以见圣贤至公至仁之心矣。杨氏曰:"章子之行,孟子非取之也,特哀其志而不与之绝耳。"

【原文】

曾子居武城，有越寇。或曰："寇至，盍去诸?"曰："无寓人于我室，毁伤其薪木。"寇退，则曰："修我墙屋，我将反。"寇退，曾子反。左右曰："待先生如此其忠且敬也，寇至则先去以为民望，寇退则反，殆于不可。"沈犹行曰："是非汝所知也。昔沈犹有负刍之祸，从先生者七十人，未有与焉。"[1]子思居于卫，有齐寇。或曰："寇至，盍去诸?"子思曰："如伋去，君谁与守?"[2]孟子曰："曾子、子思同道。曾子，师也，父兄也；子思臣也，微也。曾子、子思易地则皆然。"[3]

【朱子集注】

[1]与，去声。○武城，鲁邑名。盍，何不也。左右，曾子之门人也。忠敬，言武城之大夫事曾子忠诚恭敬也。为民望，言使民望而效之。沈犹行，弟子姓名也。言曾子尝舍于沈犹氏，时有负刍者作乱，来攻沈犹氏，曾子率其弟子去之，不与其难。言师宾不与臣同。

[2]言所以不去之意如此。

[3]微，犹贱也。尹氏曰："或远害，或死难，其事不同者，所处之地不同也。君子之心，不系于利害，惟其是而已，故易地则皆能为之。"○孔氏曰："古之圣贤，言行不同，事业亦异，而其道未始不同也。学者知此，则因所遇而应之，若权衡之称物，低昂屡变，而不害其为同也。"

【原文】

储子曰："王使人瞷夫子，果有以异于人乎?"孟子曰："何以异于人哉！尧、舜与人同耳。"[1]

【朱子集注】

[1]瞷，古苋反。○储子，齐人也。瞷，窃视也。圣人亦人耳，岂有异于人哉?

【原文】

齐人有一妻一妾而处室者，其良人出，则必餍酒肉而后反。其妻问所与饮食者，则尽富贵也。其妻告其妾曰："良人出，则必餍酒肉而后反；问其与饮食者，尽富贵，而未尝有显者来。吾将瞷良人之所之也。"蚤起，施从良人之所之，遍国中无与立谈者。卒之东郭墦间，之祭者，乞其余；不足，又顾而之他，此其为餍足之道也。其妻归，告其妾曰："良人者，所仰望而终身也。今若此！"与其妾讪其良人，而相泣于中庭。而良人未之知也，施施从外来，骄其妻妾。① 由君子观之，则人之所以求富贵利达者，其妻妾不羞也，而不相泣者，几希矣。②

【朱子集注】

① 施，音迤，又音易。墦，音燔。施施，如字。○章首当有"孟子曰"字，阙文也。良人，夫也。餍，饱也。显者，富贵人也。施，邪施而行，不使良人知也。墦，冢也。顾，望也。讪，怨詈也。施施，喜悦自得之貌。

② 孟子言自君子而观，今之求富贵者，皆若此人耳。使其妻妾见之，不羞而泣者少矣。言可羞之甚也。○赵氏曰："言今之求富贵者，皆以枉曲之道，昏夜乞哀以求之，而以骄人于白日，与斯人何以异哉？"

卷第九

万章上

【原文】

万章问曰："舜往于田，号泣于旻天，何为其号泣也？"孟子曰："怨慕也。"① 万章曰："父母爱之，喜而不忘；父母恶之，劳而不怨。然则舜怨乎？"曰："长息问于公明高曰：'舜往于田，则吾既得闻命矣；号泣于旻天，于父母，则吾不知也。'公明高曰：'是非尔所知也。'夫公明高以孝子之心，为不若是恝，我竭力耕田，共为子职而已矣，父母之不我爱，于我何哉？② 帝使其子九男二女，百官牛羊仓廪备，以事舜于畎亩之中。天下之士多就之者，帝将胥天下而迁之焉。为不顺于父母，如穷人无所归。③ 天下之士悦之，人之所欲也，而不足以解忧；好色，人之所欲，妻帝之二女，而不足以解忧；富，人之所欲，富有天下，而不足以解忧；贵，人之所欲，贵为天子，而不足以解忧。人悦之、好色、富贵，无足以解忧者，惟顺于父母，可以解忧。④ 人少，则慕父母；知好色，则慕少艾；有妻子，则慕妻子；仕则慕君，不得于君则热中。大孝终身慕父母。五十而慕者,予于大舜见之矣。"⑤

【朱子集注】

①号,平声。○舜往于田,耕历山时也。仁覆闵下,谓之旻天。号泣于旻天,呼天而泣也。事见《虞书·大禹谟》篇。怨慕,怨己之不得其亲而思慕也。

②恶,去声。夫,音扶。怼,苦八反。共,平声。○长息,公明高弟子。公明高,曾子弟子。于父母,亦《书》辞,言呼父母而泣也。怼,无愁之貌。于我何哉,自责不知己有何罪耳,非怨父母也。杨氏曰:"非孟子深知舜之心,不能为此言。盖舜惟恐不顺于父母,未尝自以为孝也。若自以为孝,则非孝矣。"

③为,去声。○帝,尧也。《史记》云:"二女妻之,以观其内;九男事之,以观其外。"又言:"一年所居成聚,二年成邑,三年成都。"是天下之士就之也。胥,相视也。迁之,移以与之也。如穷人之无所归,言其怨慕迫切之甚也。

④孟子推舜之心如此,以解上文之意。极天下之欲,不足以解忧,而惟顺于父母,可以解忧。孟子真知舜之心哉!

⑤少、好,皆去声。○言常人之情,因物有迁,惟圣人为能不失其本心也。艾,美好也。《楚辞》《战国策》所谓幼艾,义与此同。不得,失意也。热中,躁急心热心。言五十者,舜摄政时年五十也。五十而慕,则其终身慕可知矣。○此章言舜不以得众人之所欲为己乐,而以不顺乎亲之心为己忧。非圣人之尽性,其孰能之?

【原文】

万章问曰:"《诗》云:'娶妻如之何?必告父母。'信斯言也,宜莫如舜。舜之不告而娶,何也?"孟子曰:"告则不得娶。男女居室,人之大伦也。如告,则废人之大伦,以怼父母,是以不告也。"①万章曰:"舜之不告而娶,则吾既得闻命矣。帝之妻舜而不告,何也?"曰:"帝亦知告焉则不得妻也。"②万章曰:"父母使舜完廪,捐阶,瞽瞍焚廪。使浚井,出,从而掩之。象曰:'谟盖都君咸我绩。牛羊,父母;仓廪,父母。干戈,朕;琴,朕;弤,朕;二嫂,使治朕栖。'象往入舜宫,舜在床琴。象曰:'郁陶思君尔。'忸怩。舜曰:'惟兹臣庶,汝其于予治。'不识舜不知象之将杀己与?"曰:"奚而不知也?象忧亦忧,象喜亦喜。"③曰:"然则舜伪喜者与?"曰:"否。昔者有馈生鱼于郑子产,子产使校人畜之池。校人烹之,反命曰:'始舍之,圉圉焉,少则洋洋焉;攸然而逝。'子产曰:'得其所哉!得其所哉!'校人出,曰:'孰谓子产智?予既烹而食之,曰:得其所哉,得其所哉。'故君子可欺以其方,难罔以非其道。彼以爱兄之道来，故诚信而喜之，奚伪焉？"④

【朱子集注】

①怼，直类反。○《诗·齐国风·南山》之篇也。信，诚也，诚如此诗之言也。怼，仇怨也。舜父顽母嚚，常欲害舜。告则不听其娶，是废人之大伦，以仇怨于父母也。

②妻，去声。○以女为人妻曰妻。程子曰："尧妻舜而不告者，以君治之而已，如今之官府治民之私者亦多。"

③扆，都礼反。忸，女六反。怩，音尼。与，平声。○完，治也。捐，去也。阶，梯也。掩，盖也。按《史记》曰："使舜上涂廪，瞽瞍从下纵火焚廪，舜乃以两笠自捍而下，去，得不死。后又使舜穿井，舜穿井为匿空旁出。舜既入深，瞽瞍与象共下土实井，舜从匿空出，去。"即其事也。象，舜异母弟也。谟，谋也。盖，盖井也。舜所居三年成都，故谓之都君。咸，皆也。绩，功也。舜既入井，象不知舜已出，欲以杀舜为己功也。干，盾也。戈，戟也。琴，舜所弹五弦琴也。扆，琱弓也。象欲以舜之牛羊、仓廪与父母，而自取此物也。二嫂，尧二女也。栖，床也，象欲使为己妻也。象往舜宫，欲分取所有，见舜生在床弹琴，盖既出即潜归其宫也。郁陶，思之甚而气不得伸也。象言己思君之甚，故来见尔。忸怩，惭色也。臣庶，谓其百官也。象素憎舜，不至其宫，故舜见其来而喜，使之治其臣庶也。孟子言舜非不知其将杀己，但见其忧则忧，见其喜则喜，兄弟之情，自有所不能已耳。万章所言，其有无不可知，然舜之心，则孟子有以知之矣，他亦不足辨也。程子曰："象忧亦忧，象喜亦喜，人情天理，于是为至。"

④与，平声。校，音效，又音教。畜，许六反。○校人，主池沼小吏也。圉圉，困而未纾之貌。洋洋，则稍纵矣。攸然而逝者，自得而远去也。方，亦道也。罔，蒙蔽也。欺以其方，谓诳之以理之所有。罔以非其道，谓昧之以理之所无。象以爱兄之道来，所谓欺之以其方也。舜本不知其伪，故实喜之，何伪之有？○此章又言舜遭人伦之变，而不失天理之常也。

【原文】

万章问曰："象日以杀舜为事。立为天子，则放之，何也？"孟子曰："封之也，或曰放焉。"①万章曰："舜流共工于幽州，放驩兜于崇山，杀三苗于三危，殛鲧于羽山，四罪而天下咸服，诛不仁也。象至不仁，封之有庳。有庳之人奚罪焉？仁人固如是乎？在他人则诛之,在弟则封之。"曰:"仁人之于弟也,不藏怒焉,不宿怨焉,亲爱之而已矣。亲之欲其贵也,爱之欲其富也。封之有庳,富贵之也。身为天子,弟为匹夫,可谓亲爱之乎?"②"敢问或曰放者,何谓也?"曰:"象不得有为于其国,天子使吏治其国,而纳其贡税焉,故谓之放。岂得暴彼民哉?虽然,欲常常而见之,故源源而来。'不及贡,以政接于有庳',此之谓也。"③

【朱子集注】

　　①放,犹置也,置之于此,使不得去也。万章疑舜何不诛之,孟子言舜实封之,而或者误以为放也。

　　②庳,音鼻。〇流,徙也。共工,官名。驩兜,人名。二人比周,相与为党。三苗,国名,负固不服。杀,杀其君也。殛,诛也。鲧,禹父名,方命圯族,治水无功。皆不仁之人也。幽州、崇山、三危、羽山、有庳,皆地名也。或曰:"今道州鼻亭,即有庳之地也。"未知是否。万章疑舜不当封象,使彼有庳之民无罪而遭象之虐,非仁人之心也。藏怒,谓藏匿其怒。宿怨,谓留蓄其怨。

　　③孟子言象虽封为有庳之君,然不得治其国,天子使吏代之治,而纳其所收之贡税于象。有似于放,故或者以为放也。盖象至不仁,处之如此,则既不失吾亲爱之心,而彼亦不得虐有庳之民也。源源,若水之相继也。来,谓来朝觐也。不及贡,以政接于有庳,谓不待及诸侯朝贡之期,而以政事接见有庳之君。盖古书之辞,而孟子引以证源源而来之意,见其亲爱之无已如此也。〇吴氏曰:"言圣人不以公义废私恩,亦不以私恩害公义。舜之于象,仁之至,义之尽也。"

【原文】

　　咸丘蒙问曰:"语云:'盛德之士,君不得而臣,父不得而子。'舜南面而立,尧帅诸侯北面而朝之,瞽瞍亦北面而朝之。舜见瞽瞍,其容有蹙。孔子曰:'于斯时也,天下殆哉,岌岌乎!'不识此语诚然乎哉?"孟子曰:"否。此非君子之言,齐东野人之语也。尧老而舜摄也。《尧典》曰:'二十有八载,放勋乃徂落,百姓如丧考妣。三年,四海遏密八音。'孔子曰:'天无二日,民无二王。'舜既为天子矣,又帅天下诸侯以为尧三年丧,是二天子矣。"①咸丘蒙曰:"舜之不臣尧,则吾既得闻命矣。《诗》云:'普天之下,莫非王土;率土之滨,莫非王臣。'而舜既为天子矣,敢问瞽瞍之非臣,如何?"曰:"是诗也,非是之谓也。劳于王事,而不得养父母也。曰:'此莫非王事,我独贤劳也。'故说诗者,不以文害辞,不以辞害志。以意逆志,是为得之。如以辞而已矣,《云汉》之诗曰:'周余黎民,靡有孑遗。'信斯言也,是周无遗民也。[②]孝子之至,莫大乎尊亲;尊亲之至,莫大乎以天下养。为天子父,尊之至也;以天下养,养之至也。《诗》曰:'永言孝思,孝思维则。'此之谓也。[③]《书》曰:'祗载见瞽瞍,夔夔齐栗,瞽瞍亦允若。'是为父不得而子也。"[④]

【朱子集注】

①朝,音潮。炎,鱼及反。○咸丘蒙,孟子弟子。语者,古语也。慼,蹙慼不自安也。炎炎,不安貌也。言人伦乖乱,天下将危也。齐东,齐国之东鄙也。孟子言尧但老不治事,而舜摄天子之事耳。尧在时,舜未尝即天子位,尧何由北面而朝乎?又引《书》及孔子之言以明之。《尧典》,《虞书》篇名。今此文乃见于《舜典》,盖古书二篇,或合为一耳。言舜摄位二十八年而尧死也。徂,升也。落,降也。人死则魂升而魄降,故古者谓死为徂落。遏,止也。密,静也。八音,金、石、丝、竹、匏、土、革、木,乐器之音也。

②不臣尧,不以尧为臣,使北面而朝也。《诗·小雅·北山》之篇也。普,遍也。率,循也。此诗今毛氏序云:"役使不均,己劳于王事而不得养其父母焉。"其诗下文亦云:"大夫不均,我从事独贤。"乃作诗者自言,天下皆王臣,何为独使我以贤才而劳苦乎?非谓天子可臣其父也。文,字也。辞,语也。逆,迎也。《云汉》,《大雅》篇名也。孑,独立之貌。遗,脱也。言说诗之法,不可以一字而害一句之义,不可以一句而害设辞之志,当以己意迎取作者之志,乃可得之。若但以其辞而已,则如《云汉》所言,是周之民真无遗种矣。惟以意逆之,则知作诗者之志在于忧旱,而非真无遗民也。

③养,去声。○言瞽瞍既为天子之父,则当享天下之养,此舜之所以为尊亲养亲之至也。岂有使之北面而朝之理乎?《诗·大雅·下武》之篇。言人能长言孝思而不忘,则可以为天下法则也。

④见,音现。齐,侧皆反。○《书·大禹谟》篇也。祗,敬也。载,事也。夔夔齐栗,敬谨恐惧之貌。允,信也。若,顺也。言舜敬事瞽瞍,往而见之,敬谨如此,瞽瞍亦信而顺之也。孟子引此而言瞽瞍不能以不善及其子,而反见化于其子,则是所谓父不得而子者,而非如咸丘蒙之说也。

【原文】

万章曰:"尧以天下与舜,有诸?"孟子曰:"否。天子不能以天下与人。"[①]"然则舜有天下也,孰与之?"曰:"天与之。"②"天与之者,谆谆然命之乎?"③曰:"否。天不言,以行与事示之而已矣。"④曰:"以行与事示之者,如之何?"曰:"天子能荐人于天,不能使天与之天下;诸侯能荐人于天子,不能使天子与之诸侯;大夫能荐人于诸侯,不能使诸侯与之大夫。昔者尧荐舜于天而天受之,暴之于民而民受之,故曰:'天不言,以行与事示之而已矣。'"⑤曰:"敢问荐之于天而天受之,暴之于民而民受之,如何?"曰:"使之主祭而百神享之,是天受之;使之主事而事治,百姓安之,是民受之也。天与之,人与之,故曰:天子不能以天下与人。⑥舜相尧二十有八载,非人之所能为也,天也。尧崩,三年之丧毕,舜避尧之子于南河之南。天下诸侯朝觐者,不之尧之子而之舜;讼狱者,不之尧之子而之舜;讴歌者,不讴歌尧之子而讴歌舜,故曰:天也。夫然后之中国,践天子位焉。而居尧之宫,逼尧之子,是篡也,非天与也。⑦《太誓》曰'天视自我民视,天听自我民听',此之谓也。"⑧

【朱子集注】

①天下者,天下之天下,非一人之私有故也。

②万章问而孟子答也。

③谆,之淳反。〇万章问也。谆谆,详语之貌。

④行,去声,下同。〇行之于身谓之行,措诸天下谓之事。言但因舜之行事,而示以与之之意耳。

⑤暴,步卜反,下同。〇暴,显也。言下能荐人于上,不能令上必用之。舜为天人所受,是因舜之行与事,而示之以与之之意也。

⑥治,去声。

⑦相,去声。朝,音潮。夫,音扶。〇南河,在冀州之南,其南即豫州也。讼狱,谓狱不决而讼之也。

⑧自,从也。天无形,其视听皆从于民之视听。民之归舜如此,则天与之可知矣。

【原文】

万章问曰:"人有言:'至于禹而德衰,不传于贤而传于子。'有诸?"孟子曰:"否,不然也。天与贤,则与贤;天与子,则与子。昔者舜荐禹于天,十有七年,舜崩。三年之丧毕,禹避舜之子于阳城。天下之民从之,若尧崩之后,不从尧之子而从舜也。禹荐益于天,七年,禹崩。三年之丧毕,益避禹之子于箕山之阴。朝觐讼狱者不之益而之启，曰：'吾君之子也。'讴歌者不讴歌益而讴歌启，曰：'吾君之子也。'①丹朱之不肖，舜之子亦不肖。舜之相尧、禹之相舜也，历年多，施泽于民久。启贤，能敬承继禹之道。益之相禹也，历年少，施泽于民未久。舜、禹、益，相去久远。其子之贤不肖，皆天也，非人之所能为也。莫之为而为者，天也；莫之致而至者，命也。②匹夫而有天下者，德必若舜、禹而

伯孟

又有天子荐之者，故仲尼不有天下。③继世以有天下，天之所废，必若桀、纣者也，故益、伊尹、周公不有天下。④伊尹相汤以王于天下。汤崩，太丁未立，外丙二年，仲壬四年。太甲颠覆汤之典刑，伊尹放之于桐。三年，太甲悔过，自怨自艾，于桐处仁迁义。三年，以听伊尹之训己也，复归于亳。⑤周公之不有天下，犹益之于夏，伊尹之于殷也。⑥孔子曰：'唐、虞禅，夏后、殷、周继，其义一也。'"⑦

【朱子集注】

①朝，音潮。○阳城，箕山之阴，皆嵩山下深谷中可藏处也。启，禹之子也。杨氏曰："此语孟子必有所受，然不可考矣。但云天与贤则与贤，天与子则与子，可以见尧、舜、禹之心，皆无一毫私意也。"

②之相之相，去声。相去之相，如字。○尧、舜之子皆不肖，而舜、禹之为相久，此尧、舜之子所以不有天下，而舜、禹有天下也。禹之子贤，而益相不久，此启所以有天下而益不有天下也。然此皆非人力所为而自为，非人力所致而自至者。盖以理言之谓之天，自人言之谓之命，其实则一而已。

③孟子因禹、益之事，历举此下两条以推明之。言仲尼之德，虽无愧于舜、禹，而无天子荐之者，故不有天下。

④继世而有天下者，其先世皆有大功德于民，故必有大恶如桀、纣，则天乃废之。如启及太甲、成王虽不及益、伊尹、周公之贤圣，但能嗣守先业，则天亦不废之。故益、伊尹、周公，虽有舜、禹之德，而亦不有天下。

⑤相、王，皆去声。艾，音义。○此承上文言伊尹不有天下之事。赵氏曰："太丁，汤之太子，未立而死。外丙立二年，仲壬立四年，皆太丁弟也。太甲，太丁子也。"程子曰："古人谓岁为年。汤崩时，外丙方二岁，仲壬方四岁，惟太甲差长，故

立之也。"二说未知孰是。颠覆,坏乱也。典刑,常法也。桐,汤墓所在。艾,治也;《说文》云"芟草也";盖斩绝自新之意。亳,商所都也。

⑥此复言周公所以不有天下之意。

⑦禅,音擅。○禅,授也。或禅或继,皆天命也。圣人岂有私意于其间哉?○尹氏曰:"孔子曰:'唐、虞禅,夏后、商、周继,其义一也。'孟子曰:'天与贤则与贤,天与子则与子。'知前圣之心者,无如孔子。继孔子者,孟子而已矣。"

【原文】

万章问曰:"人有言'伊尹以割烹要汤',有诸?"①孟子曰:"否,不然。伊尹耕于有莘之野,而乐尧、舜之道焉。非其义也,非其道也,禄之以天下,弗顾也;系马千驷,弗视也。非其义也,非其道也,一介不以与人,一介不以取诸人。②汤使人以币聘之,嚣嚣然曰:'我何以汤之聘币为哉?我岂若处畎亩之中,由是以乐尧、舜之道哉?'③汤三使往聘之,既而幡然改曰:'与我处畎亩之中,由是以乐尧、舜之道,吾岂若使是君为尧、舜之君哉?吾岂若使是民为尧、舜之民哉?吾岂若于吾身亲见之哉?'④天之生此民也,使先知觉后知,使先觉觉后觉也。予,天民之先觉者也,予将以斯道觉斯民也。非予觉之而谁也?'⑤思天下之民匹夫匹妇有不被尧、舜之泽者,若己推而内之沟中。其自任以天下之重如此,故就汤而说之以伐夏救民。⑥吾未闻枉己而正人者也,况辱己以正天下者乎?圣人之行不同也,或远或近,或去或不去,归洁其身而已矣。⑦吾闻其以尧、舜之道要汤,未闻以割烹也。⑧《伊训》曰:'天诛造攻自牧宫,朕载自亳。'"⑨

【朱子集注】

①要,平声,下同。○要,求也。按《史记》,伊尹欲行道以致君而无由,"乃为有莘氏之媵臣,负鼎俎,以滋味说汤,致于王道"。盖战国时有为此说者。

②乐,音洛。○莘,国名。乐尧、舜之道者,诵其诗,读其书,而欣慕爱乐之也。驷,四匹也。介,与草芥之芥同,言其辞受取与,无大无细,一以道义而不苟也。

③嚣,五高反,又户骄反。○嚣嚣,无欲自得之貌。

④幡然,变动之貌。于吾身亲见之,言于我之身亲见其道之行,不徒诵说向慕之而已也。

⑤此亦伊尹之言也。知,谓识其事之当然。觉,谓悟其理之所以然。觉后知后

觉,如呼寐者而使之寤也。言天使者,天理当然,若使之也。程子曰:"予天民之先觉,谓我乃天生此民中,尽得民道而先觉者也。既为先觉之民,岂可不觉其未觉者?及彼之觉,亦非分我所有以予之也,皆彼自有此理,我但能觉之而已。"

⑥推,吐回反。内,音纳。说,音税。〇《书》曰:"昔先正保衡,作我先王,曰:'予弗克俾厥后为尧、舜,其心愧耻,若挞于市。'一夫不获,则曰'时予之辜'。"孟子之言盖取诸此。是时夏桀无道,暴虐其民,故欲使汤伐夏以救之。徐氏曰:"伊尹乐尧、舜之道。尧、舜揖逊,而伊尹说汤以伐夏者,时之不同,义则一也。"

⑦行,去声。〇辱己甚于枉己,正天下难于正人。若伊尹以割烹要汤,辱己甚矣,何以正天下乎?远,谓隐遁也。近,谓仕近君也。言圣人之行虽不必同,然其要归,在洁其身而已。伊尹岂肯以割烹要汤哉?

⑧林氏曰:"以尧、舜之道要汤者,非实以是要之也,道在此而汤之聘自来耳。犹子贡言夫子之求之,异乎人之求之也。"愚谓此语亦犹前章所论父不得而子之意。

⑨《伊训》,《商书》篇名。孟子引以证伐夏救民之事也。今《书》牧宫作鸣条。造、载,皆始也。伊尹言始攻桀无道,由我始其事于亳也。

【原文】

万章问曰:"或谓孔子于卫主痈疽,于齐主侍人瘠环,有诸乎?"孟子曰:"否,不然也。好事者为之也。[①]于卫主颜雠由。弥子之妻与子路之妻,兄弟也。弥子谓子路曰:'孔子主我,卫卿可得也。'子路以告。孔子曰:'有命。'孔子进以礼,退以义,得之不得曰'有命'。而主痈疽与侍人瘠环,是无义无命也。[②]孔子不悦于鲁、卫。遭宋桓司马将要而杀之,微服而过宋。是时孔子当阨,主司城贞子,为陈侯周臣。[③]吾闻观近臣,以其所为主;观远臣,以其所主。若孔子主痈疽与侍人瘠环,何以为孔子?"[④]

【朱子集注】

①痈,於容反。疽,七余反。好,去声。〇主,谓舍于其家,以之为主人也。痈疽,疡医也。侍人,奄人也。瘠,姓;环,名。皆时君所近狎之人也。好事,谓喜造言生事之人也。

②雠,如字,又音犨。〇颜雠由,卫之贤大夫也,《史记》作颜浊邹。弥子,卫灵公幸臣弥子瑕也。徐氏曰:"礼主于辞逊,故进以礼;义主于制断,故退以义。难进而易退者也。在我者,有礼义而已,得之不得,则有命存焉。"

③要，平声。○不悦，不乐居其国也。桓司马，宋大夫向魋也。司城贞子，亦宋大夫之贤者也。陈侯，名周。按《史记》："孔子为鲁司寇，齐人馈女乐以间之，孔子遂行。适卫月余，去卫适宋。司马魋欲杀孔子，孔子去至陈，主于司城贞子。"孟子言孔子虽当阨难，然犹择所主，况在齐、卫无事之时，岂有主痈疽、侍人之事乎？

④近臣，在朝之臣。远臣，远方来仕者。君子小人，各从其类，故观其所为主，与其所主者，而其人可知。

【原文】

万章问曰："或曰：'百里奚自鬻于秦养牲者，五羊之皮，食牛，以要秦穆公。'信乎？"孟子曰："否，不然。好事者为之也。①百里奚，虞人也。晋人以垂棘之璧与屈产之乘，假道于虞以伐虢，宫之奇谏，百里奚不谏。②知虞公之不可谏而去，之秦，年已七十矣，曾不知以食牛干秦穆公之为污也，可谓智乎？不可谏而不谏，可谓不智乎？知虞公之将亡而先去之，不可谓不智也。时举于秦，知穆公之可与有行也而相之，可谓不智乎？相秦而显其君于天下，可传于后世，不贤而能之乎？自鬻以成其君，乡党自好者不为，而谓贤者为之乎？"③

【朱子集注】

①食，音嗣。好，去声，下同。○百里奚，虞之贤臣。人言其自卖于秦养牲者之家，得五羊之皮，而为之食牛，因以干秦穆公也。

②屈，求勿反。乘，去声。○虞、虢，皆国名。垂棘之璧，垂棘之地所出之璧也。屈产之乘，屈地所生之良马也。乘，四匹也。晋欲伐虢，道经于虞，故以此物借道，其实欲并取虞。宫之奇，亦虞之贤臣。谏虞公令勿许，虞公不用，遂为晋所灭。百里奚知其不可谏，故不谏而去之。

③相，去声。○自好，自爱其身之人也。孟子言百里奚之智如此，必知食牛以干主之为污。其贤又如此，必不肯自鬻以成其君也。然此事当孟子时，已无所据。孟子直以事理反覆推之，而知其必不然耳。○范氏曰："古之圣贤未遇之时，鄙贱之事，不耻为之。如百里奚为人养牛，无足怪也。惟是人君不致敬尽礼，则不可得而见，岂有先自污辱以要其君哉？庄周曰：'百里奚爵禄不入于心，故饭牛而牛肥，使穆公忘其贱而与之政。'亦可谓知百里奚矣。伊尹、百里奚之事，皆圣贤出处之大节，故孟子不得不辩。"尹氏曰："当时好事者之论，大率类此。盖以其不正之心度圣贤也。"

万章下

【原文】

　　孟子曰:"伯夷,目不视恶色,耳不听恶声。非其君不事,非其民不使。治则进,乱则退。横政之所出,横民之所止,不忍居也。思与乡人处,如以朝衣朝冠坐于涂炭也。当纣之时,居北海之滨,以待天下之清也。故闻伯夷之风者,顽夫廉,懦夫有立志。①伊尹曰:'何事非君?何使非民?'治亦进,乱亦进。曰:'天之生斯民也,使先知觉后知,使先觉觉后觉。予,天民之先觉者也,予将以此道觉此民也。'思天下之民匹夫匹妇有不与被尧、舜之泽者,若己推而内之沟中,其自任以天下之重也。②柳下惠,不羞污君,不辞小官。进不隐贤,必以其道。遗佚而不怨,厄穷而不悯。与乡人处,由由然不忍去也。'尔为尔,我为我,虽袒裼裸裎于我侧,尔焉能浼我哉?'故闻柳下惠之风者,鄙夫宽,薄夫敦。③孔子之去齐,接淅而行;去鲁,曰:'迟迟吾行也,去父母国之道也。'可以速而速,可以久而久,可以处而处,可以仕而仕,孔子也。"④孟子曰:"伯夷,圣之清者也;伊尹,圣之任者也;柳下惠,圣之和者也;孔子,圣之时者也。⑤孔子之谓集大成。集大成也者,金声而玉振之也。金声也者,始条理也;玉振之也者,终条理也。始条理者,智之事也;终条理者,圣之事也。⑥智,譬则巧也;圣,譬则力也。由射于百步之外也,其至,尔力也;其中,非尔力也。"⑦

【朱子集注】

　　①治,去声,下同。横,去声。朝,音潮。○横,谓不循法度。顽者,无知觉。廉者,有分辨。懦,柔弱也。余并见前篇。

　　②与,音预。○何事非君,言所事即君。何使非民,言所使即民。无不可事之君,无不可使之民也。余见前篇。

　　③鄙,狭陋也。敦,厚也。余见前篇。

　　④淅,先历反。○接,犹承也。淅,渍米水也。渍米将炊,而欲去之速,故以手

承水取米而行,不及炊也。举此一端,以见其久、速、仕、止,各当其可也。或曰:"孔子去鲁,不税冕而行,岂得为迟?"杨氏曰:"孔子欲去之意久矣,不欲苟去,故迟迟其行也。膰肉不至,则得以微罪行矣,故不税冕而行,非速也。"

⑤张子曰:"无所杂者清之极,无所异者和之极。勉而清,非圣人之清;勉而和,非圣人之和。所谓圣者,不勉不思而至焉者也。"孔氏曰:"任者,以天下为己责也。"愚谓孔子仕、止、久、速,各当其可,盖兼三子之所以圣者而时出之,非如三子之可以一德名也。或疑伊尹出处,合乎孔子,而不得为圣之时,何也?程子曰:"终是任底意思在。"

⑥此言孔子集三圣之事,而为一大圣之事,犹作乐者,集众音之小成,而为一大成也。成者,乐之一终,《书》所谓"箫《韶》九成"是也。金,钟属。声,宣也,如声罪致讨之声。玉,磬也。振,收也,如振河海而不泄之振。始,始之也。终,终之也。条理,犹言脉络,指众音而言也。智者,知之所及。圣者,德之所就也。盖乐有八音:金、石、丝、竹、匏、土、革、木。若独奏一音,则其一音自为始终,而为一小成。犹三子之所知偏于一,而其所就亦偏于一也。八音之中,金、石为重,故特为众音之纲纪。又金始震而玉终诎然也,故并奏八音,则于其未作,而先击镈钟以宣其声;俟其既阕,而后击特磬以收其韵。宣以始之,收以终之。二者之间,脉络通贯,无所不备,则合众小成而为一大成,犹孔子之知无不尽而德无不全也。"金声玉振,始终条理",疑古《乐经》之言。故儿宽云:"惟天子建中和之极,兼总条贯,金声而玉振之。"亦此意也。

⑦中,去声。○此复以射之巧、力,发明智、圣二字之义。见孔子巧、力俱全,而圣、智兼备。三子则力有余而巧不足,是以一节虽至于圣,而知不足以及乎时中也。○此章言三子之行,各极其一偏:孔子之道,兼全于众理。所以偏者,由其蔽于始,是以缺于终;所以全者,由其知之至,是以行之尽。三子犹春夏秋冬之各一其时,孔子则太和元气之流行于四时也。

【原文】

北宫锜问曰:"周室班爵禄也,如之何?"①孟子曰:"其详不可得闻也。诸侯恶其害己也,而皆去其籍。然而轲也,尝闻其略也。②天子一位,公一位,侯一位,伯一位,子、男同一位,凡五等也。君一位,卿一位,大夫一位,上士一位,中士一位,下士一位,凡六等。③天子之制,地方千里,公、侯皆方百里,伯七十里,子、男五十里,凡四等。不能五十里,不达于天子,附于诸侯,曰附庸。④天子之卿受地视侯,大夫受地视伯,元士受地视子、男。⑤大国地方百里,君十卿禄,卿禄四大夫,大夫倍上士,上士倍中士,中士倍下士,下士与庶人在官者同禄,禄足以代其耕也。⑥次国地方七十里,君十卿禄,卿禄三大夫,大夫倍上士,上士倍中士,中士倍下士,下士与庶人在官者同禄,禄足以代其耕也。⑦小国地方五十里,君十卿禄,卿禄二大夫,大夫倍上士,上士倍中士,中士倍下士,下士与庶人在官者同禄,禄足以代其耕也。⑧耕者之所获,一夫百亩。百亩之粪,上农夫食九人,上次食八人,中食七人,中次食六人,下食五人。庶人在官者,其禄以是为差。"⑨

【朱子集注】

①锜,鱼绮反。○北宫,姓;锜,名;卫人。班,列也。

②恶,去声。去,上声。○当时诸侯兼并僭窃,故恶周制妨害己之所为也。

③此班爵之制也。五等通于天下,六等施于国中。

④此以下,班禄之制也。不能,犹不足也。小国之地不足五十里者,不能自达于天子,因大国以姓名通,谓之附庸,若春秋邾仪父之类是也。

⑤视,比也。徐氏曰:"王畿之内,亦制都鄙受地也。"元士,上士也。

⑥十,十倍之也。四,四倍之也。倍,加一倍也。徐氏曰:"大国君田三万二千亩,其入可食二千八百八十人。卿田三千二百亩,可食二百八十八人。大夫田八百亩,可食七十二人。上士田四百亩,可食三十六人。中士田二百亩,可食十八人。下士与庶人在官者田百亩,可食九人至五人。庶人在官,府史胥徒也。"愚按:君以下所食之禄,皆助法之公田,借农夫之力以耕而收其租。士之无田与庶人在官者,则但受禄于官,如田之入而已。

⑦三,谓三倍之也。徐氏曰:"次国君田二万四千亩,可食二千一百六十人。卿田二千四百亩,可食二百十六人。"

⑧二,即倍也。徐氏曰:"小国君田一万六千亩,可食千四百四十人。卿田一千六百亩,可食百四十四人。"

⑨食,音嗣。○获,得也。一夫一妇,佃田百亩。加之以粪,粪多而力勤者为上农,其所收可供九人。其次用力不齐,故有此五等。庶人在官者,其受禄不同,亦有此五等也。○愚按:此章之说与《周礼》《王制》不同,盖不可考,阙之可也。程子曰:"孟子之时,去先王未远,载籍未经秦火,然而班爵禄之制已不闻其详。今之礼

书,皆掇拾于煨烬之余,而多出于汉儒一时之傅会,奈何欲尽信而句为之解乎？然则其事固不可——迫复矣。"

【原文】

万章问曰："敢问友。"孟子曰："不挟长，不挟贵，不挟兄弟而友。友也者，友其德也，不可以有挟也。① 孟献子，百乘之家也，有友五人焉：乐正裘、牧仲，其三人，则予忘之矣。献子之与此五人者友也，无献子之家者也。此五人者，亦有献子之家，则不与之友矣。② 非惟百乘之家为然也，虽小国之君亦有之。费惠公曰：'吾于子思，则师之矣；吾于颜般，则友之矣；王顺、长息则事我者也。'③ 非惟小国之君为然也，虽大国之君亦有之。晋平公之于亥唐也，入云则入，坐云则坐，食云则食。虽疏食菜羹，未尝不饱，盖不敢不饱也。然终于此而已矣。弗与共天位也，弗与治天职也，弗与食天禄也，士之尊贤者也，非王公之尊贤也。④ 舜尚见帝，帝馆甥于贰室，亦飨舜，迭为宾主，是天子而友匹夫也。⑤ 用下敬上，谓之贵贵；用上敬下，谓之尊贤。贵贵、尊贤，其义一也。"⑥

【朱子集注】

① 挟者，兼有而恃之之称。

② 乘，去声，下同。○孟献子，鲁之贤大夫仲孙蔑也。张子曰："献子忘其势，五人者忘人之势。不资其势而利其有，然后能忘人之势。若五人者有献子之家，则反为献子之所贱矣。"

③ 费，音祕。般，音班。○惠公，费邑之君也。师，所尊也。友，所敬也。事我者，所使也。

④ 疏食之食，音嗣。平公、王公下，诸本多无"之"字，疑阙文也。○亥唐，晋贤人也。平公造之，唐言入，公乃入；言坐，乃坐；言食，乃食也。疏食，粝饭也。不敢不饱，敬贤者之命也。范氏曰："位曰天位，职曰天职，禄曰天禄，言天所以待贤人，使治天民，非人君所得专者也。"

⑤ 尚，上也。舜上而见于帝尧也。馆，舍也。礼，妻父曰外舅。谓我舅者，吾谓之甥。尧以女妻舜，故谓之甥。贰室，副宫也。尧舍舜于副宫，而就飨其食。

⑥ 贵贵、尊贤，皆事之宜者。然当时但知贵贵，而不知尊贤，故孟子曰"其义一也"。○此言朋友人伦之一，所以辅仁，故以天子友匹夫而不为诎，以匹夫友天子而不为僭。此尧、舜所以为人伦之至，而孟子言必称之也。

【原文】

万章问曰："敢问交际何心也？"孟子曰："恭也。"①曰："却之却之为不恭，何哉？"曰："尊者赐之，曰'其所取之者，义乎？不义乎？'而后受之，以是为不恭，故弗却也。"②曰："请无以辞却之，以心却之，曰'其取诸民之不义也'，而以他辞无受，不可乎？"曰："其交也以道，其接也以礼，斯孔子受之矣。"③万章曰："今有御人于国门之外者，其交也以道，其馈也以礼，斯可受御与？"曰："不可。《康诰》曰：'杀越人于货，闵不畏死，凡民罔不譈。'是不待教而诛者也。殷受夏，周受殷，所不辞也。于今为烈，如之何其受之？"④曰："今之诸侯取之于民也，犹御也。苟善其礼际矣，斯君子受之，敢问何说也？"曰："子以为有王者作，将比今之诸侯而诛之乎？其教之不改而后诛之乎？夫谓非其有而取之者盗也，充类至义之尽也。孔子之仕于鲁也，鲁人猎较，孔子亦猎较。猎较犹可，而况受其赐乎？"⑤曰："然则孔子之仕也，非事道与？"曰："事道也。""事道奚猎较也？"曰："孔子先簿正祭器，不以四方之食供簿正。"曰："奚不去也？"曰："为之兆也。兆足以行矣，而不行，而后去，是以未尝有所终三年淹也。"⑥孔子有见行可之仕，有际可之仕，有公养之仕。于季桓子，见行可之仕也；于卫灵公，际可之仕也；于卫孝公，公养之仕也。"⑦

【朱子集注】

①际，接也。交际，谓人以礼仪币帛相交接也。

②却，不受而还之也。再言之，未详。万章疑交际之间有所却者，人便以为不恭，何哉？孟子言尊者之赐，而心窃计其所以得此物者，未知合义与否，必其合义，然后可受，不然则却之矣，所以却之为不恭也。

③万章以为彼既得之不义，则其馈不可受。但无以言语问而却之，直以心度其不义，而托于他辞以却之，如此可否耶？交以道，如馈赆、闻戒、周其饥饿之类。接以礼，谓辞命恭敬之节。孔子受之，如受阳货烝豚之类也。

④与，平声。譈，《书》作憝，徒对反。〇御，止也。止人而杀之，且夺其货也。国门之外，无人之处也。万章以为苟不问其物之所从来，而但观其交接之礼，则设有御人者，用其御得之货以礼馈我，则可受之乎？《康诰》，《周书》篇名。越，颠越也。今《书》闵作愍；无凡民二字。譈，怨也。言杀人而颠越之，因取其货，闵然不知畏死，凡民无不怨之。孟子言此乃不待教戒而当即诛者也。如何而可受之乎？

"商受"至"为烈"十四字,语意不伦。李氏以为此必有断简或阙文者,近之。而愚意其直为衍字耳。然不可考,姑阙之可也。

⑤比,去声。夫,音扶。较,音角。○比,连也。言今诸侯之取于民,固多不义,然有王者起,必不连合而尽诛之。必教之不改而后诛之,则其与御人之盗,不待教而诛者不同矣。夫御人于国门之外,与非其有而取之,二者固皆不义之类,然必御人,乃为真盗。其谓非有而取为盗者,乃推其类,至于义之至精至密之处而极言之耳,非便以为真盗也。然则今之诸侯,虽曰取非其有,而岂可遽以同于御人之盗也哉?又引孔子之事,以明世俗所尚,犹或可从,况受其赐,何为不可乎?猎较,未详。赵氏以为田猎相较,夺禽兽之祭。孔子不违,所以小同于俗也。张氏以为猎而较所获之多少也。二说未知孰是。

⑥与,平声。○此因孔子事而反覆辩论也。事道者,以行道为事也。事道奚猎较也,万章问也。先簿正祭器,未详。徐氏曰:"先以簿书正其祭器,使有定数,不以四方难继之物实之。夫器有常数、实有常品,则其本正矣,彼猎较者,将久而自废矣。"未知是否也。兆,犹卜之兆,盖事之端也。孔子所以不去者,亦欲小试行道之端,以示于人,使知吾道之果可行也。若其端既可行,而人不能遂行之,然后不得已而必去之。盖其去虽不轻,而亦未尝不决,是以未尝终三年留于一国也。

⑦见行可,见其道之可行也。际可,接遇以礼也。公养,国君养贤之礼也。季桓子,鲁卿季孙斯也。卫灵公,卫侯元也。孝公,《春秋》《史记》皆无之,疑出公辄也。因孔子仕鲁,而言其仕有此三者。故于鲁,则兆足以行矣,而不行,然后去。而于卫之事,则又受其交际问馈而不却之一验也。○尹氏曰:"不闻孟子之义,则自好者为於陵仲子而已。圣贤辞受进退,惟义所在。"愚按:此章文义多不可晓,不必强为之说。

【原文】

孟子曰:"仕非为贫也,而有时乎为贫;娶妻非为养也,而有时乎为养。①为贫者,辞尊居卑,辞富居贫。②辞尊居卑,辞富居贫,恶乎宜乎?抱关击柝。③孔子尝为委吏矣,曰'会计当而已矣'。尝为乘田矣,日'牛羊茁壮,长而已矣'。④位卑而言高,罪也;立乎人之本朝,而道不行,耻也。"⑤

【朱子集注】

①为、养,并去声,下同。○仕本为行道,而亦有家贫亲老,或道与时违,而但为

禄仕者。如娶妻本为继嗣,而亦有为不能亲操井臼,而欲资其馈养者。

②贫富,谓禄之厚薄。盖仕不为道,已非出处之正,故其所处但当如此。

③恶,平声。柝,音托。○柝,行夜所击木也。盖为贫者虽不主于行道,而亦不可以苟禄。故惟抱关击柝之吏,位卑禄薄,其职易称,为所宜居也。李氏曰:"道不行矣,为贫而仕者,此其律令也。若不能然,则是贪位慕禄而已矣。"

④委,乌伪反。会,工外反。当,丁浪反。乘,去声。苗,阻刮反。长,上声。○此孔子之为贫而仕者也。委吏,主委积之吏也。乘田,主苑囿刍牧之吏也。苗,肥貌。言以孔子大圣,而尝为贱官,不以为辱者,所谓为贫而仕,官卑禄薄,而职易称也。

⑤朝,音潮。○以出位为罪,则无行道之责;以废道为耻,则非窃禄之官,此为贫者之所以必辞尊富而宁处贫贱也。○尹氏曰:"言为贫者不可以居尊,居尊者必欲以行道。"

【原文】

万章曰:"士之不托诸侯,何也?"孟子曰:"不敢也。诸侯失国,而后托于诸侯,礼也;士之托于诸侯,非礼也。"①万章曰:"君馈之粟,则受之乎?"曰:"受之。""受之何义也?"曰:"君之于氓也,固周之。"②曰:"周之则受,赐之则不受,何也?"曰:"不敢也。"曰:"敢问其不敢何也?"曰:"抱关击柝者,皆有常职以食于上。无常职而赐于上者,以为不恭也。"③曰:"君馈之则受之,不识可常继乎?"曰:"缪公之于子思也,亟问,亟馈鼎肉。子思不悦。于卒也,摽使者出诸大门之外,北面稽首再拜而不受。曰:'今而后知君之犬马畜伋。'盖自是台无馈也。悦贤不能举,又不能养也,可谓悦贤乎?"④曰:"敢问国君欲养君子,如何斯可谓养矣?"曰:"以君命将之,再拜稽首而受。其后廪人继粟,庖人继肉,不以君命将之。子思以为鼎肉使己仆仆尔亟拜也,非养君子之道也。⑤尧之于舜也,使其子九男事之,二女女焉,百官牛羊仓廪备,以养舜于畎亩之中,后举而加诸上位,故曰:王公之尊贤者也。"⑥

【朱子集注】

①托,寄也,谓不仕而食其禄也。古者诸侯出奔他国,食其廪饩,谓之寄公。士无爵土,不得比诸侯。不仕而食禄,则非礼也。

②周,救也。视其空乏,则周恤之,无常数,君待民之礼也。

③赐,谓予之禄,有常数,君所以待臣之礼也。

④亟,去声,下同。摽,音杓。使,去声。○亟,数也。鼎肉,熟肉也。卒,末也。摽,麾也。数以君命来馈,当拜受之,非养贤之礼,故不悦。而于其末后复来馈时,麾使者出,拜而辞之。犬马畜伋,言不以人礼待己也。台,贱官,主使令者。盖缪公愧悟,自此不复令台来致馈也。举,用也。能养者未必能用也,况又不能养乎?

⑤初以君命来馈,则当拜受。其后有司各以其职继续所无,不以君命来馈,不使贤者有亟拜之劳。仆仆,烦猥貌。

⑥女,下字去声。○能养能举,悦贤之至也。惟尧、舜为能尽之,而后世之所当法也。

【原文】

万章曰:"敢问不见诸侯,何义也?"孟子曰:"在国曰市井之臣,在野曰草莽之臣,皆谓庶人。庶人不传质为臣,不敢见于诸侯,礼也。"①万章曰:"庶人,召之役,则往役;君欲见之,召之,则不往见之,何也?"曰:"往役,义也;往见,不义也。②且君之欲见之也,何为也哉?"曰:"为其多闻也,为其贤也。"曰:"为其多闻也,则天子不召师,而况诸侯乎?为其贤也,则吾未闻欲见贤而召之也。③缪公亟见于子思,曰:'古千乘之国以友士,何如?'子思不悦,曰:'古之人有言:曰事之云乎,岂曰友之云乎?'子思之不悦也,岂不曰:'以位,则子君也,我臣也,何敢与君友也?以德,则子事我者也,奚可以与我友?'④千乘之君,求与之友而不可得也,而况可召与?⑤齐景公田,招虞人以旌,不至,将杀之。志士不忘在沟壑,勇士不忘丧其元。孔子奚取焉?取非其招不往也。"⑤曰:"敢问招虞人何以?"曰:"以皮冠。庶人以旃,士以旂,大夫以旌。⑥以大夫之招招虞人,虞人死不敢往。以士之招招庶人,庶人岂敢往哉?况乎以不贤人之招招贤人乎?⑦欲见贤人而不以其道,犹欲其入而闭之门也。夫义,路也;礼,门也。惟君子能由是路,出入是门也。《诗》云:'周道如底,其直如矢。君子所履,小人所视。'"⑧万章曰:"孔子,君命召,不俟驾而行。然则孔子非与?"曰:"孔子当仕有官职,而以其官召之也。"⑨

【朱子集注】

①质,与贽同。○传,通也。质者,士执雉,庶人执鹜,相见以自通者也。国内莫非君臣,但未仕者与执贽在位之臣不同,故不敢见也。

②往役者,庶人之职;不往见者,士之礼。

③为,并去声。

④巫、乘，皆去声。召与之与，平声。○孟子引子思之言而释之，以明不可召之意。

⑤丧，息浪反。○说见前篇。

⑥皮冠，田猎之冠也。事见《春秋传》。然则皮冠者，虞人之所有事也，故以是招之。庶人，未仕之臣。通帛曰旃。士，谓已仕者。交龙为旂。析羽而注于旃干之首曰旌。

⑦欲见而召之，是不贤人之招也。以士之招招庶人，则不敢往。以不贤人之招招贤人，则不可往矣。

⑧夫，音扶。底，《诗》作砥，之履反。○《诗·小雅·大东》之篇。底与砥同，砺石也，言其平也。矢，言其直也。视，视以为法也。引此以证上文能由是路之义。

⑨与，平声。○孔子方仕而任职，君以其官名召之，故不俟驾而行。徐氏曰："孔子、孟子，易地则皆然。"○此章言不见诸侯之义，最为详悉，更合陈代、公孙丑所问者而观之，其说乃尽。

【原文】

孟子谓万章曰："一乡之善士，斯友一乡之善士；一国之善士，斯友一国之善士；天下之善士，斯友天下之善士。①以友天下之善士为未足，又尚论古之人。颂其诗，读其书，不知其人，可乎？是以论其世也，是尚友也。"②

【朱子集注】

①言己之善盖于一乡，然后能尽友一乡之善士。推而至于一国、天下皆然，随其高下以为广狭也。

②尚，上同。言进而上也。颂、诵通。论其世，论其当世行事之迹也。言既观其言，则不可以不知其为人之实，是以又考其行也。夫能友天下之善士，其所友众矣。犹以为未足，又进而取于古人，是能进其取友之道，而非止为一世之士矣。

【原文】

齐宣王问卿。孟子曰："王何卿之问也？"王曰："卿不同乎？"曰："不同。有贵戚之卿，有异姓之卿。"王曰："请问贵戚之卿。"曰："君有大过则谏，反覆之而不听，则易位。"①王勃然变乎色。②曰："王勿异也。王问臣，臣不敢不以正对。"③王色定，然后请问异姓之卿。曰："君有过则谏，反覆之而不听，则去。"④

【朱子集注】

①大过,谓足以亡其国者。易位,易君之位,更立亲戚之贤者。盖与君有亲亲之恩,无可去之义。以宗庙为重,不忍坐视其亡,故不得已而至于此也。

②勃然,变色貌。

③孟子言也。

④君臣义合,不合则去。○此章言大臣之义,亲疏不同,守经行权,各有其分。贵戚之卿,小过非不谏也,但必大过而不听,乃可易位。异姓之卿,大过非不谏也,虽小过而不听,已可去矣。然三仁贵戚,不能行之于纣;而霍光异姓,乃能行之于昌邑。此又委任权力之不同,不可以执一论也。

卷第十一

告子上

【原文】

告子曰:"性,犹杞柳也;义,犹桮棬也。以人性为仁义,犹以杞柳为桮棬。"①孟子曰:"子能顺杞柳之性而以为桮棬乎? 将戕贼杞柳而后以为桮棬也? 如将戕贼杞柳而以为桮棬,则亦将戕贼人以为仁义与? 率天下之人而祸仁义者,必子之言夫!"②

【朱子集注】

①桮,音杯。棬,丘圆反。○性者,人生所禀之天理也。杞柳,柜柳。桮棬,屈木所为,若卮匜之属。告子言人性本无仁义,必待矫揉而后成,如荀子性恶之说也。

②戕,音墙。与,平声。夫,音扶。○言如此,则天下之人皆以仁义为害性而不肯为,是因子之言而为仁义之祸也。

【原文】

告子曰:"性犹湍水也,决诸东方则东流,决诸西方则西流。人性之无分于善不善也,犹水之无分于东西也。"①孟子曰:"水信无分于东西,无分于上下乎?人性之善也,犹水之就下也。人无有不善,水无有不下。②今夫水,搏而跃之,可使过颡;激而行之,可使在山。是岂水之性哉?其势则然也。人之可使为不善,其性亦犹是也。"③

【朱子集注】

①湍,他端反。○湍,波流瀠回之貌也。告子因前说而小变之,近于扬子善恶混之说。

②言水诚不分东西矣,然岂不分上下乎?性即天理,未有不善者也。

③夫,音扶。搏,补各反。○搏,击也。跃,跳也。颡,额也。水之过额、在山,皆不就下也。然其本性未尝不就下,但为搏激所使而逆其性耳。○此章言性本善,故顺之而无不善;本无恶,故反之而后为恶。非本无定体,而可以无所不为也。

【原文】

告子曰:"生之谓性。"①孟子曰:"生之谓性也,犹白之谓白与?"曰:"然。""白羽之白也,犹白雪之白;白雪之白,犹白玉之白与?"曰:"然。"②"然则犬之性犹牛之性,牛之性犹人之性与?"③

【朱子集注】

①生,指人物之所以知觉运动者而言。告子论性,前后四章,语虽不同,然其大指不外乎此,与近世佛氏所谓作用是性者略相似。

②与,平声,下同。○白之谓白,犹言凡物之白者同谓之白,更无差别也。白羽以下,孟子再问,而告子曰然,则是谓凡有生者同是一性矣。

③孟子又言,若果如此,则犬牛与人皆有知觉,皆能运动,其性皆无以异矣。于是告子自知其说之非而不能对也。○愚按:性者,人之所得于天之理也;生者,人之所得于天之气也。性,形而上者也;气,形而下者也。人物之生,莫不有是性,亦莫不有是气。然以气言之,则知觉运动,人与物若不异也;以理言之,则仁义礼智之禀,岂物之所得而全哉?此人之性所以无不善,而为万物之灵也。告子不知性之为理,而以所谓气者当之,是以杞柳、湍水之喻,食色无善无不善之说,纵横缪戾,纷纭舛错,而此章之误乃其本根。所以然者,盖徒知知觉运动之蠢然者,人与物同;而不知仁义礼智之粹然者,人与物异也。孟子以是折之,其义精矣。

国学经典文库

孟子诠解

朱熹注评《孟子》

图文珍藏版

【原文】

告子曰:"食色,性也。仁,内也,非外也;义,外也,非内也。"①孟子曰:"何以谓仁内义外也?"曰:"彼长而我长之,非有长于我也,犹彼白而我白之,从其白于外也,故谓之外也。"②曰:"异于白马之白也,无以异于白人之白也。不识长马之长也,无以异于长人之长与?且谓长者义乎?长之者义乎?"③曰:"吾弟则爱之,秦人之弟则不爱也,是以我为悦者也,故谓之内。长楚人之长,亦长吾之长,是以长为悦者也,故谓之外也。"④曰:"耆秦人之炙,无以异于耆吾炙。夫物则亦有然者也,然则耆炙亦有外与?"⑤

【朱子集注】

①告子以人之知觉运动者为性,故言人之甘食悦色者即其性。故仁爱之心生于内,而事物之宜由乎外。学者但当用力于仁,而不必求合于义也。

②长,上声,下同。〇我长之,我以彼为长也。我白之,我以彼为白也。

③与,平声,下同。〇张氏曰:"上异于二字宜衍。"李氏曰:"或有阙文焉。"愚按:白马、白人,所谓彼白而我白之也。长马、长人,所谓彼长而我长之也。白马、白人不异,而长马、长人不同,是乃所谓义也。义不在彼之长,而在我长之之心,则义之非外明矣。

④言爱主于我,故仁在内;敬主于长,故义在外。

⑤耆与嗜同。夫,音扶。〇言长之耆之,皆出于心也。林氏曰:"告子以食色为性,故因其所明者而通之。"〇自篇首至此四章,告子之辩屡屈,而屡变其说以求胜,卒不闻其能自反而有所疑也。此正其所谓不得于言,勿求于心者,所以卒于卤莽而不得其正也。

【原文】

孟季子问公都子曰:"何以谓义内也?"①曰:"行吾敬,故谓之内也。"②"乡人长于伯兄一岁,则谁敬?"曰:"敬兄。""酌则谁先?"曰:"先酌乡人。""所敬在此,所长在彼,果在外,非由内也。"③公都子不能答,以告孟子。孟子曰:"敬叔父乎?敬弟乎?彼将曰'敬叔父'。曰:'弟为尸,则谁敬?'彼将曰'敬弟。'子曰:'恶在其敬叔父也?'彼将曰'在位故也。'子亦曰:'在位故也。庸敬在兄,斯须之敬在乡人。'"④季子闻之曰:"敬叔父则敬,敬弟则敬,果在外,非由内也。"公都子曰:"冬日则饮汤,夏日则饮水,然则饮食亦在外也?"⑤

【朱子集注】

①孟季子,疑孟仲子之弟也。盖闻孟子之言而未达,故私论之。

②所敬之人虽在外,然知其当敬,而行吾心之敬以敬之,则不在外也。

③长,上声。○伯,长也。酌,酌酒也。此皆季子问、公都子答。而季子又言,如此则敬长之心,果不由中出也。

④恶,平声。○尸,祭祀所主以象神,虽子弟为之,然敬之当如祖考也。在位,弟在尸位,乡人在宾客之位也。庸,常也。斯须,暂时也。言因时制宜,皆由中出也。

⑤此亦上章耆炙之意。○范氏曰:"二章问答,大指略同,皆反覆譬喻以晓当世,使明仁义之在内,则知人之性善,而皆可以为尧、舜矣。"

【原文】

公都子曰:"告子曰:'性无善无不善也。'①或曰:'性可以为善,可以为不善。是故文、武兴,则民好善;幽、厉兴,则民好暴。'②或曰:'有性善,有性不善。是故以尧为君而有象;以瞽瞍为父而有舜;以纣为兄之子且以为君,而有微子启、王子比干。'③今曰'性善',然则彼皆非与?"④孟子曰:"乃若其情,则可以为善矣,乃所谓善也。⑤若夫为不善,非才之罪也。⑥恻隐之心,人皆有之;羞恶之心,人皆有之;恭敬之心,人皆有之;是非之心,人皆有之。恻隐之心,仁也;羞恶之心,义也;恭敬之心,礼也;是非之心,智也。仁义礼智,非由外铄我也,我固有之也,弗思耳矣。故曰:'求则得之,舍则失之。'或相倍蓰而无算者,不能尽其才者也。⑦《诗》曰:'天生蒸民,有物有则。民之秉夷,好是懿德。'孔子曰:'为此诗者,其知道乎! 故有物必有则,民之秉夷也,故好是懿德。'"⑧

【朱子集注】

①此亦生之谓性、食色性也之意,近世苏氏、胡氏之说盖如此。

②好,去声。○此即湍水之说也。

③韩子性有三品之说盖如此。按此文,则微子、比干皆纣之叔父,而《书》称微子为商王元子,疑此或有误字。

④与,平声。

⑤乃若,发语辞。情者,性之动也。人之情,本但可以为善而不可以为恶,则性之本善可知矣。

⑥夫,音扶。○才,犹材质,人之能也。人有是性,则有是才,性既善则才亦善。人之为不善,乃物欲陷溺而然,非其才之罪也。

⑦恶,去声。舍,上声。莸,音师。○恭者,敬之发于外者也;敬者,恭之主于中者也。铄,以火销金之名,自外以至内也。算,数也。言四者之心人所固有,但人自不思而求之耳。所以善恶相去之远,由不思不求而不能扩充以尽其才也。前篇言是四者为仁义礼智之端,而此不言端者,彼欲其扩而充之,此直因用以著其本体,故言有不同耳。

⑧好,去声。○《诗·大雅·烝民》之篇。烝,《诗》作蒸,众也。物,事也。则,法也。夷,《诗》作彝,常也。懿,美也。有物必有法,如有耳目则有聪明之德,有父子则有慈孝之心,是民所秉执之常性也,故人之情无不好此懿德者。以此观之,则人性之善可见,而公都子所问之三说,皆不辩而自明矣。○程子曰:"性即理也,理则尧、舜至于涂人一也。才禀于气,气有清浊,禀其清者为贤,禀其浊者为愚。学而知之,则气无清浊,皆可至于善而复性之本,汤、武身之是也。孔子所言下愚不移者,则自暴自弃之人也。"又曰:"论性不论气,不备;论气不论性,不明。二之则不是。"张子曰:"形而后有气质之性,善反之则天地之性存焉。故气质之性,君子有弗性者焉。"愚按:程子此说才字,与孟子本文小异。盖孟子专以其发于性者言之,故以为才无不善;程子兼指其禀于气者言之,则人之才固有昏明强弱之不同矣,张子所谓气质之性是也。二说虽殊,各有所当,然以事理考之,程子为密。盖气质所禀虽有不善,而不害性之本善;性虽本善,而不可以无省察矫揉之功。学者所当深玩也。

【原文】

孟子曰:"富岁,子弟多赖;凶岁,子弟多暴。非天之降才尔殊也,其所以陷溺其心者然也。①今夫麰麦,播种而耰之,其地同,树之时又同,浡然而生,至于日至之时,皆熟矣。虽有不同,则地有肥硗,雨露之养,人事之不齐也。②故凡同类者,举相似也,何独至于人而疑之?圣人与我同类者。③故龙子曰:'不知足而为屦,我知其不为蒉也。'屦之相似,天下之足同也。④口之于味,有同耆也。易牙,先得我口之所耆者也。如使口之于味也,其性与人殊,若犬马之与我不同类也,则天下何耆皆从易牙之于味也？至于味,天下期于易牙,是天下之口相似也。⑤惟耳亦然。至于声,天下期于师旷,是天下之耳相似也。⑥惟目亦然。至于子都,天下莫不知其姣也。不知子都之姣者,无目者也。⑦故曰:口之于味也,有同耆焉;耳之于声也,有同听焉;目之于色也,有同美焉。至于心,独无所同然乎？心之所同然者何也？谓理也,义也。圣人先得我心之所同然耳。故理义之悦我心,犹刍豢之悦我口。"⑧

【朱子集注】

①富岁,丰年也。赖,藉也。丰年衣食饶足,故有所顾藉而为善;凶年衣食不足,故有以陷溺其心而为暴。

②夫,音扶。麰,音牟。耰,音忧。硗,苦交反。〇麰,大麦也。耰,覆种也。日至之时,谓当成熟之期也。硗,瘠薄也。

③圣人亦人耳,其性之善,无不同也。

④屦,音屡。〇屦,草器也。不知人足之大小而为之屦,虽未必适中,然必似足形,不至成蒉也。

⑤耆与嗜同,下同。〇易牙,古之知味者。言易牙所调之味,则天下皆以为美也。

⑥师旷,能审音者也。言师旷所和之音,则天下皆以为美也。

⑦姣,古卯反。〇子都,古之美人也。姣,好也。

⑧然,犹可也。草食曰刍,牛羊是也。谷食曰豢,犬豕是也。程子曰:"在物为理,处物为义,体用之谓也。孟子言人心无不悦理义者,但圣人则先知先觉乎此耳,非有以异于人也。"程子又曰:"理义之悦我心,犹刍豢之悦我口。"此语亲切有味。须实体察得理义之悦心,真犹刍豢之悦口,始得。

【原文】

孟子曰:"牛山之木尝美矣,以其郊于大国也,斧斤伐之,可以为美乎？是其日夜之所息,雨露之所润,非无萌蘖之生焉,牛羊又从而牧之,是以若彼濯濯也。人见其濯濯也,以为未尝有材焉,此岂山之性也哉？①虽存乎人者,岂无仁义之心哉？其所以放其良心者,亦犹斧斤之于木也,旦旦而伐之,可以为美乎？其日夜之所息,平旦之气,其好恶与人相近也者几希,则其旦昼之所为,有梏亡之矣。梏之反覆,则其夜气不足以存;夜气不足以存,则其违禽兽不远矣。人见其禽兽也,而以为未尝有才焉者,是岂人之情也哉?②故苟得其养,无物不长;苟失其养,无物不消。③孔子曰:'操则存,舍则亡;出入无时,莫知其乡。'惟心之谓与?"④

【朱子集注】

①蘗,五割反。○牛山,齐之东南山也。邑外谓之郊。言牛山之木,前此固尝美矣,今为大国之郊,伐之者众,故失其美耳。息,生长也。日夜之所息,谓气化流行未尝间断,故日夜之间,凡物皆有所生长也。萌,芽也。蘗,芽之旁出者也。濯濯,光洁

微师耳尊

之貌。材,材木也。言山木虽伐,犹有萌蘗,而牛羊又从而害之,是以至于光洁而无草木也。

②好、恶,并去声。○良心者,本然之善心,即所谓仁义之心也。平旦之气,谓未与物接之时清明之气也。好恶与人相近,言得人心之所同然也。几希,不多也。梏,械也。反覆,展转也。言人之良心虽已放失,然其日夜之间,亦必有所生长。故平旦未与物接,其气清明之际,良心必犹有发见者。但其发见至微,而旦昼所为之不善,又已随而梏亡之,如山木既伐,犹有萌蘗,而牛羊又牧之也。昼之所为,既有以害其夜之所息;夜之所息,又不能胜其昼之所为,是以展转相害。至于夜气之生,日以寝薄,而不足以存其仁义之良心,则平旦之气亦不能清,而所好恶遂与人远矣。

③长,上声。○山木人心,其理一也。

④舍,音拾。与,平声。○孔子言心,操之则在此,舍之则失去,其出入无定时,亦无定处如此。孟子引之,以明心之神明不测,得失之易,而保守之难,不可顷刻失其养。学者当无时而不用其力,使神清气定,常如平旦之时,则此心常存,无适而非仁义也。程子曰:"心岂有出入?亦以操舍而言耳。操之之道,敬以直内而已。"○愚闻之师曰:"人,理义之心未尝无,惟持守之即在尔。若于旦昼之间不至梏亡,则夜气愈清。夜气清,则平旦未与物接之时,湛然虚明气象自可见矣。"孟子发此夜气之说,于学者极有力,宜熟玩而深省之也。

【原文】

孟子曰:"无或乎王之不智也。①虽有天下易生之物也,一日暴之,十日寒之,未

有能生者也。吾见亦罕矣,吾退而寒之者至矣,吾如有萌焉何哉?②今夫弈之为数,小数也;不专心致志,则不得也。弈秋,通国之善弈者也。使弈秋诲二人弈,其一人专心致志,惟弈秋之为听。一人虽听之,一心以为有鸿鹄将至,思援弓缴而射之。虽与之俱学,弗若之矣。为是其智弗若与?曰:非然也。"③

【朱子集注】

①或,与惑同,疑怪也。王,疑指齐王。

②易,去声。暴,步卜反。见,音现。○暴,温之也。我见王之时少,犹一日暴之也;我退则谄谀杂进之日多,是十日寒之也。虽有萌蘖之生,我亦安能如之何哉?

③夫,音扶。缴,音灼。射,食亦反。为是之为,去声。若与之与,平声。○弈,围棋也。数,技也。致,极也。弈秋,善弈者,名秋也。缴,以绳系矢而射也。○程子为讲官,言于上曰:"人主一日之间,接贤士大夫之时多,亲宦官宫妾之时少,则可以涵养气质而薰陶德性。"时不能用,识者恨之。范氏曰:"人君之心,惟在所养。君子养之以善则智,小人养之以恶则愚。然贤人易疏,小人易亲,是以寡不能胜众,正不能胜邪。自古国家治日常少,而乱日常多,盖以此也。"

【原文】

孟子曰:"鱼,我所欲也;熊掌,亦我所欲也。二者不可得兼,舍鱼而取熊掌者也。生,亦我所欲也;义,亦我所欲也。二者不可得兼,舍生而取义者也。①生亦我所欲,所欲有甚于生者,故不为苟得也。死亦我所恶,所恶有甚于死者,故患有所不辟也。②如使人之所欲莫甚于生,则凡可以得生者,何不用也?使人之所恶莫甚于死者,则凡可以辟患者,何不为也?③由是则生而有不用也,由是则可以辟患而有不为也。④是故所欲有甚于生者,所恶有甚于死者,非独贤者有是心也,人皆有之,贤者能勿丧耳。⑤一箪食,一豆羹,得之则生,弗得则死,嘑尔而与之,行道之人弗受;蹴尔而与之,乞人不屑也。⑥万钟则不辨礼义而受之。万钟于我何加焉?为宫室之美、妻妾之奉、所识穷乏者得我与?⑦乡为身死而不受,今为宫室之美为之;乡为身死而不受,今为妻妾之奉为之;乡为身死而不受,今为所识穷乏者得我而为之,是亦不可以已乎?此之谓失其本心。"⑧

【朱子集注】

①舍,上声。○鱼与熊掌皆美味,而熊掌尤美也。

②恶、辟,皆去声,下同。○释所以舍生取义之意。得,得生也。欲生恶死者,虽众人利害之常情,而欲恶有甚于生死者,乃秉彝义理之良心,是以欲生而不为苟得,恶死而有所不避也。

③设使人无秉彝之良心,而但有利害之私情,则凡可以偷生免死者,皆将不顾礼义而为之矣。

④由其必有秉彝之良心,是以其能舍生取义如此。

⑤丧,去声。○羞恶之心,人皆有之,但众人汩于利欲而忘之,惟贤者能存之而不丧耳。

⑥食,音嗣。嘑,呼故反。蹴,子六反。○豆,木器也。嘑,咄啐之貌。行道之人,路中凡人也。蹴,践踏也。乞人,丐乞之人也。不屑,不以为洁也。言虽欲食之急而犹恶无礼,有宁死而不食者。是其羞恶之本心,欲恶有甚于生死者,人皆有之也。

⑦为,去声。与,平声。○万钟于我何加,言于我身无所增益也。所识穷乏者得我,谓所知识之穷乏者感我之惠也。上言人皆有羞恶之心,此言众人所以丧之由此三者。盖理义之心虽曰固有,而物欲之蔽,亦人所易昏也。

⑧乡、为,并去声。为之之为,并如字。○言三者身外之物,其得失比生死为甚轻。乡为身死犹不肯受嘑蹴之食,今乃为此三者而受无礼义之万钟,是岂不可以止乎?本心,谓羞恶之心。○此章言羞恶之心,人所固有。或能决死生于危迫之际,而不免计丰约于宴安之时,是以君子不可顷刻而不省察于斯焉。

【原文】

孟子曰:"仁,人心也;义,人路也。①舍其路而弗由,放其心而不知求,哀哉!②人有鸡犬放,则知求之;有放心,而不知求。③学问之道无他,求其放心而已矣。"④

【朱子集注】

①仁者,心之德,程子所谓心如谷种,仁则其生之性是也。然但谓之仁,则人不知其切于己,故反而名之曰人心,则可以见其为此身酬酢万变之主,而不可须臾失矣。义者,行事之宜,谓之人路,则可以见其为出入往来必由之道,而不可须臾舍矣。

②舍,上声。○"哀哉"二字,最宜详味,令人惕然有深省处。

③程子曰:"心至重,鸡犬至轻。鸡犬放则知求之,心放则不知求,岂爱其至轻而忘其至重哉? 弗思而已矣。"愚谓上兼言仁义,而此下专论求放心者,能求放心,则不违于仁而义在其中矣。

④学问之事,固非一端,然其道则在于求其放心而已。盖能如是,则志气清明,义理昭著,而可以上达;不然,则昏昧放逸,虽曰从事于学,而终不能有所发明矣。故程子曰:"圣贤千言万语,只是欲人将已放之心约之,使反复入身来,自能寻向上去,下学而上达也。"此乃孟子开示要切之言,程子又发明之,曲尽其指,学者宜服膺而勿失也。

【原文】

孟子曰:"今有无名之指,屈而不信,非疾痛害事也,如有能信之者,则不远秦、楚之路,为指之不若人也。①指不若人,则知恶之;心不若人,则不知恶,此之谓不知类也。"②

【朱子集注】

①信,与伸同。为,去声。○无名指,手之第四指也。

②恶,去声。○不知类,言其不知轻重之等也。

【原文】

孟子曰:"拱把之桐、梓,人苟欲生之,皆知所以养之者。至于身,而不知所以养之者,岂爱身不若桐梓哉? 弗思甚也!"①

【朱子集注】

①拱,两手所围也。把,一手所握也。桐、梓,二木名。

【原文】

孟子曰:"人之于身也,兼所爱。兼所爱,则兼所养也。无尺寸之肤不爱焉,则无尺寸之肤不养也。所以考其善不善者,岂有他哉? 于己取之而已矣。①体有贵贱,有小大。无以小害大,无以贱害贵。养其小者为小人,养其大者为大人。②今有场师,舍其梧槚,养其樲棘,则为贱场师焉。③养其一指而失其肩背,而不知也,则为狼疾人也。④饮食之人,则人贱之矣,为其养小以失大也。⑤饮食之人无有失也,则口腹岂适为尺寸之肤哉?"⑥

【朱子集注】

①人于一身,固当兼养,然欲考其所养之善否者,惟在反之于身,以审其轻重而已矣。

②贱而小者,口服也。贵而大者,心志也。

③舍,上声。槚,音贾。樲,音贰。○场师,治场圃者。梧,桐也。槚,梓也。皆美材也。樲棘,小枣,非美材也。

④狼善顾,疾则不能,故以为失肩背之喻。

⑤为,去声。○饮食之人,专养口腹者也。

⑥此言若使专养口腹,而能不失其大体,则口腹之养,躯命所关,不但为尺寸之肤而已。但养小之人,无不失其大者,故口腹虽所当养,而终不可以小害大、贱害贵也。

【原文】

公都子问曰:"钧是人也,或为大人,或为小人,何也?"孟子曰:"从其大体为大人,从其小体为小人。"①曰:"钧是人也,或从其大体,或从其小体,何也?"曰:"耳目之官不思,而蔽于物,物交物,则引之而已矣。心之官则思,思则得之,不思则不得也。此天之所与我者,先立乎其大者,则其小者弗能夺也。此为大人而已矣。"②

【朱子集注】

①钧,同也。从,随也。大体。心也。小体,耳目之类也。

②官之为言司也。耳司听。目司视,各有所职而不能思,是以蔽于外物。既不能思而蔽于外物,则亦一物而已。又以外物交于此物,其引之而去不难矣。心则能思,而以思为职。凡事物之来,心得其职,则得其理,而物不能蔽;失其职,则不得其理,而物来蔽之。此三者,皆天之所以与我者,而心为大。若能有以立之,则事无不思,而耳目之欲不能夺之矣。此所以为大人也。然此天之此,旧本多作比,而赵《注》亦以比方释之。今本既多作此,而注亦作此,乃未详孰是。但作比字,于义为短,故且从今本云。○范浚《心箴》曰:"茫茫堪舆,俯仰无垠。人于其间,眇然有身。是身之微,太仓稊米。参为三才,曰惟心耳。往古来今,孰无此心?心为形役,乃兽乃禽。惟口耳目,手足动静。投间抵隙,为厥心病。一心之微,众欲攻之。其

所存者，呜呼几希！君子存诚，克念克敬。天君泰然，百体从令。"

【原文】

孟子曰："有天爵者，有人爵者。仁义忠信，乐善不倦，此天爵也。公卿大夫，此人爵也。①古之人修其天爵，而人爵从之。②今之人修其天爵，以要人爵；既得人爵，而弃其天爵，则惑之甚者也，终亦必亡而已矣。"③

【朱子集注】

①乐，音洛。○天爵者，德义可尊，自然之贵也。

②修其天爵，以为吾分之所当然者耳。人爵从之，盖不待求之而自至也。

③要，音邀。○要，求也。修天爵以要人爵，其心固已惑矣；得人爵而弃天爵，则其惑又甚焉，终必并其所得之人爵而亡之也。

【原文】

孟子曰："欲贵者，人之同心也。人人有贵于己者，弗思耳。①人之所贵者，非良贵也。赵孟之所贵，赵孟能贱之。②《诗》云：'既醉以酒，既饱以德。'言饱乎仁义也，所以不愿人之膏粱之味也；令闻广誉施于身，所以不愿人之文绣也。"③

【朱子集注】

①贵于己者，谓天爵也。

②人之所贵，谓人以爵位加己而后贵也。良者，本然之善也。赵孟，晋卿也。能以爵禄与人而使之贵，则亦能夺之而使之贱矣。若良贵，则人安得而贱之哉？

③闻，去声。○《诗·大雅·既醉》之篇。饱，充足也。愿，欲也。膏，肥肉。粱，美谷。令，善也。闻，亦誉也。文绣，衣之美者也。仁义充足而闻誉彰著，皆所谓良贵也。○尹氏曰："言在我者重，则外物轻。"

【原文】

孟子曰："仁之胜不仁也，犹水胜火。今之为仁者，犹以一杯水救一车薪之火也；不熄，则谓之水不胜火，此又与于不仁之甚者也。①亦终必亡而已矣。"②

【朱子集注】

①与，犹助也。仁之能胜不仁，必然之理也。但为之不力，则无以胜不仁，而人

遂以为真不能胜,是我之所为,有以深助于不仁者也。

②言此人之心,亦且自息于为仁,终必并与其所为而亡之。〇赵氏曰:"言为仁不至,而不反诸己也。"

【原文】

孟子曰:"五谷者,种之美者也,苟为不熟,不如荑稗。夫仁,亦在乎熟之而已矣。"①

【朱子集注】

①荑,音蹄。稗,蒲卖反。夫,音扶。〇荑稗,草之似谷者,其实亦可食,然不能如五谷之美也。但五谷不熟,则反不如荑稗之熟;犹为仁而不熟,则反不如为他道之有成。是以为仁必贵乎熟,而不可徒恃其种之美,又不可以仁之难熟,而甘为他道之有成也。〇尹氏曰:"日新而不已,则熟。"

【原文】

孟子曰:"羿之教人射,必志于彀;学者亦必志于彀。①大匠诲人,必以规矩;学者亦必以规矩。"②

【朱子集注】

①彀,古候反。〇羿,善射者也。志,犹期也。彀,弓满也。满而后发,射之法也。学,谓学射。

②大臣,工师也。规矩,匠之法也。〇此章言事必有法,然后可成。师舍是则无以教,弟子舍是则无以学。曲艺且然,况圣人之道乎?

卷第十二

告子下

【原文】

任人有问屋庐子曰:"礼与食孰重?"曰:"礼重。"①"色与礼孰重?"②曰:"礼重。"曰:"以礼食,则饥而死;不以礼食,则得食,必以礼乎?亲迎,则不得妻;不亲迎,则得妻,必亲迎乎?"③屋庐子不能对,明日之邹,以告孟子。孟子曰:"于答是也,何有?④不揣其本而齐其末,方寸之木可使高于岑楼。⑤金重于羽者,岂谓一钩金与一舆羽之谓哉?⑥取食之重者,与礼之轻者而比之,奚翅食重?取色之重者,与礼之轻者而比之,奚翅色重?⑦往应之曰:'紾兄之臂而夺之食,则得食;不紾,则不得食,则将紾之乎?逾东家墙而搂其处子,则得妻;不搂,则不得妻,则将搂之乎?'"⑧

【朱子集注】

①任,平声。○任,国名。屋庐子,名连,孟子弟子也。

②任人复问也。

③迎,去声。

④于,如字。○何有,不难也。

⑤揣,初委反。○本,谓下。末,谓上。方寸之木,至卑,喻食色。岑楼,楼之高锐似山者,至高,喻礼。若不取其下之平,而升寸木于岑楼之上,则寸木反高,岑楼反卑矣。

⑥钩,带钩也。金本重,而带钩小,故轻,喻礼有轻于食色者。羽本轻,而一舆多,故重,喻食色有重于礼者。

⑦翅,与啻同,古字通用,施智反。○礼食、亲迎,礼之轻者也。饥而死以灭其性,不得妻而废人伦,食色之重者也。奚翅,犹言何但。言其相去悬绝,不但有轻重之差而已。

⑧紾,音轸。搂,音娄。○紾,戾也。搂,牵也。处子,处女也。此二者,礼与食色皆其重者,而以之相较,则礼为尤重也。○此章言义理事物,其轻重固有大分,然于其中又各自有轻重之别。圣贤于此,错综斟酌,毫发不差,固不肯枉尺而直寻,亦未尝胶柱而调瑟,所以断之,一视于理之当然而已矣。

【原文】

曹交问曰:"人皆可以为尧、舜,有诸?"孟子曰:"然。"①"交闻文王十尺,汤九尺,今交九尺四寸以长,食粟而已,如何则可?"②曰:"奚有于是?亦为之而已矣。有人于此,力不能胜一匹雏,则为无力人矣;今日举百钧,则为有力人矣。然则举乌获之任,是亦为乌获而已矣。夫人岂以不胜为患哉?弗为耳。③徐行后长者谓之弟,疾行先长者谓之不弟。夫徐行者,岂人所不能哉?所不为也。尧、舜之道,孝弟而已矣。④子服尧之服,诵尧之言,行尧之行,是尧而已矣。子服桀之服,诵桀之言,行桀之行,是桀而已矣。"⑤曰:"交得见于邹君,可以假馆,愿留而受业于门。"⑥曰:"夫道,若大路然,岂难知哉?人病不求耳。子归而求之,有余师。"⑦

【朱子集注】

①赵氏曰:"曹交,曹君之弟也。"人皆可以为尧、舜,疑古语,或孟子所尝言也。

②曹交问也。食粟而已,言无他材能也。

③胜,平声。○匹字本作鴄,鸭也,从省作匹。《礼记》说"匹为鹜",是也。乌获,古之有力人也,能举移千钧。

④后,去声。长,上声。先,去声。夫,音扶。○陈氏曰:"孝弟者,人之良知良能,自然之性也。尧、舜,人伦之至,亦率是性而已,岂能加毫末于是哉?"杨氏曰:"尧、舜之道大矣,而所以为之,乃在夫行止疾徐之间,非有甚高难行之事也。百姓盖日用而不知耳。"

⑤"之行"之行,并去声。○言为善为恶,皆在我而已。详曹交之问,浅陋粗率,必其进见之时,礼貌衣冠言动之间,多不循理,故孟子告之如此两节云。

⑥见,音现。○假馆而后受业,又可见其求道之不笃。

⑦夫,音扶。○言道不难知,若归而求之事亲敬长之间,则性分之内,万理皆备,随处发见,无不可师,不必留此而受业也。○曹交事长之礼既不至,求道之心又不笃,故孟子教之以孝弟,而不容其受业。盖孔子余力学文之意,亦不屑之教诲也。

【原文】

公孙丑问曰:"高子曰:'《小弁》,小人之诗也。'"孟子曰:"何以言之?"曰:"怨。"①曰:"固哉,高叟之为诗也!有人于此,越人关弓而射之,则己谈笑而道之,无他,疏之也。其兄关弓而射之,则己垂涕泣而道之,无他,戚之也。《小弁》之怨,亲亲也。亲亲,仁也。固矣夫,高叟之为诗也!"②曰:"《凯风》何以不怨?"③曰:"《凯风》,亲之过小者也;《小弁》,亲之过大者也。亲之过大而不怨,是愈疏也;亲之过小而怨,是不可矶也。愈疏,不孝也;不可矶,亦不孝也。④孔子曰:'舜其至孝矣,五十而慕。'"⑤

【朱子集注】

①弁,音盘。○高子,齐人也。《小弁》,《小雅》篇名。周幽王娶申后,生太子

宜臼。又得褒姒,生伯服,而黜申后、废宜臼。于是宜臼之傅为作此诗,以叙其哀痛迫切之情也。

②关与弯同。射,食亦反。夫,音扶。〇固,谓执滞不通也。为,犹治也。越,蛮夷国名。道,语也。亲亲之心,仁之发也。

③《凯风》,《邶风》篇名。卫有七子之母,不能安其室,七子作此以自责也。

④矶,音机。〇矶,水激石也。不可矶,言微激之而遽怒也。

⑤言舜犹怨慕,《小弁》之怨,不为不孝也。〇赵氏曰:"生之膝下,一体而分,喘息呼吸,气通于亲。当亲而疏,怨慕号天。是以《小弁》之怨,未足为愆也。"

【原文】

宋牼将之楚,孟子遇于石丘。①曰:"先生将何之?"②曰:"吾闻秦、楚构兵,我将见楚王说而罢之。楚王不悦,我将见秦王说而罢之。二王我将有所遇焉。"③曰:"轲也请无问其详,愿闻其指。说之将何如?"曰:"我将言其不利也。"曰:"先生之志则大矣,先生之号则不可。④先生以利说秦、楚之王,秦、楚之王悦于利,以罢三军之师,是三军之士乐罢而悦于利也。为人臣者怀利以事其君,为人子者怀利以事其父,为人弟者怀利以事其兄,是君臣、父子、兄弟终去仁义,怀利以相接,然而不亡者,未之有也。⑤先生以仁义说秦、楚之王,秦、楚之王悦于仁义,而罢三军之师,是三军之士乐罢而悦于仁义也。为人臣者怀仁义以事其君,为人子者怀仁义以事其父,为人弟者怀仁义以事其兄,是君臣、父子、兄弟去利,怀仁义以相接也。然而不王者,未之有也。何必曰利?"⑥

【朱子集注】

①牼,口茎反。〇宋,姓;牼,名。石丘,地名。

②赵氏曰:"学士年长者,故谓之先生。"

③说,音税。〇时宋牼方欲见楚王,恐其不悦,则将见秦王也。遇,合也。按《庄子书》:"有宋钘者,禁攻寝兵,救世之战。上说下教,强聒不舍。"《疏》云:"齐宣王时人。"以事考之,疑即此人也。

④徐氏曰:"能于战国扰攘之中,而以罢兵息民为说,其志可谓大矣。然以利为名,则不可也。"

⑤乐,音洛,下同。

⑥王,去声。○此章言休兵息民,为事则一,然其心有义利之殊,而其效有兴亡之异,学者所当深察而明辨之也。

【原文】

孟子居邹,季任为任处守,以币交,受之而不报。处于平陆,储子为相,以币交,受之而不报。①他日由邹之任,见季子;由平陆之齐,不见储子。屋庐子喜曰:"连得间矣。"②问曰:"夫子之任见季子,之齐不见储子,为其为相与?"③曰:"非也。《书》曰:'享多仪,仪不及物曰不享,惟不役志于享。'④为其不成享也。"⑤屋庐子悦。或问之,屋庐子曰:"季子不得之邹,储子得之平陆。"⑥

【朱子集注】

①任,平声。相,去声,下同。○赵氏曰:"季任,任君之弟。任君朝会于邻国,季任为之居守其国也。储子,齐相也。不报者,来见则当报之,但以币交,则不必报也。"

②屋庐子知孟子之处此必有义理,故喜得其间隙而问之。

③为其之为,去声,下同。与,平声。○言储子但为齐相,不若季子摄守君位,故轻之耶?

④《书·周书·洛诰》之篇。享,奉上也。仪,礼也。物,币也。役,用也。言虽享而礼意不及其币,则是不享矣,以其不用志于享故也。

⑤孟子释《书》意如此。

⑥徐氏曰:"季子为君居守,不得往他国以见孟子,则以币交而礼意已备。储子为齐相,可以至齐之境内而不来见,则虽以币交,而礼意不及其物也。"

【原文】

淳于髡曰:"先名实者,为人也;后名实者,自为也。夫子在三卿之中,名实未加于上下而去之,仁者固如此乎?"①孟子曰:"居下位,不以贤事不肖者,伯夷也;五就汤,五就桀者,伊尹也;不恶污君,不辞小官者,柳下惠也。三子者不同道,其趋一也。一者何也?曰:仁也。君子亦仁而已矣,何必同?"②曰:"鲁缪公之时,公仪子为政,子柳、子思为臣,鲁之削也滋甚。若是乎贤者之无益于国也!"③曰:"虞不用百里奚而亡,秦穆公用之而霸。不用贤则亡,削何可得与?"④曰:"昔者王豹处于淇,而河西善讴。绵驹处于高唐,而齐右善歌。华周、杞梁之妻善哭其夫,而变国俗。有诸内,必形诸外。为其事而无其功者,髡未尝睹之也。是故无贤者也,有则髡必识之。"⑤曰:"孔子为鲁司寇,不用,从而祭,燔肉不至,不税冕而行。不知者以为为肉也,其知者以为为无礼也。乃孔子则欲以微罪行,不欲为苟去。君子之所为,众人固不识也。"⑥

【朱子集注】

①先、后、为,皆去声。○名,声誉也。实,事功也。言以名实为先而为之者,是有志于救民也;以名实为后而不为者,是欲独善其身者也。名实未加于上下,言上未能正其君,下未能济其民也。

②恶、趋,并去声。○仁者,无私心而合天理之谓。杨氏曰:"伊尹之就汤,以三聘之勤也。其就桀也,汤进之也。汤岂有伐桀之意哉? 其进伊尹以事之也,欲其悔过迁善而已。伊尹既就汤,则以汤之心为心矣。及其终也,人归之,天命之,不得已而伐之耳。若汤初求伊尹,即有伐桀之心,而伊尹遂相之以伐桀,是以取天下为心也。以取天下为心,岂圣人之心哉?"

③公仪子,名休,为鲁相。子柳,泄柳也。削,地见侵夺也。髡讥孟子虽不去,亦未必能有为也。

④与,平声。○百里奚,事见前篇。

⑤华,去声。○王豹,卫人,善讴。淇,水名。绵驹,齐人,善歌。高唐,齐西邑。华周、杞梁,二人皆齐臣,战死于莒。其妻哭之哀,国俗化之,皆善哭。髡以此讥孟子仕齐无功,未足为贤也。

⑥税,音脱。为肉、为无之为,并去声。○按《史记》:"孔子为鲁司寇,摄行相事。齐人闻而惧,于是以女乐遗鲁君。季桓子与鲁君往观之,怠于政事。子路曰:'夫子可以行矣。'孔子曰:'鲁今且郊,如致膰于大夫,则吾犹可以止。'桓子卒受齐女乐,郊又不致膰俎于大夫,孔子遂行。"孟子言以为为肉者,固不足道;以为为无礼,则亦未为深知孔子者。盖圣人于父母之国,不欲显其君相之失,又不欲为无故而苟去,故不以女乐去,而以膰肉行。其见几明决,而用意忠厚,固非众人所能识也。然则孟子之所为,岂髡之所能识哉?○尹氏曰:"淳于髡未尝知仁,亦未尝识贤也,宜乎其言若是。"

【原文】

孟子曰:"五霸者,三王之罪人也;今之诸侯,五霸之罪人也;今之大夫,今之诸侯之罪人也。^①天子适诸侯曰巡狩,诸侯朝于天子曰述职。春省耕而补不足,秋省敛而助不给。入其疆,土地辟,田野治,养老尊贤,俊杰在位,则有庆,庆以地。入其疆,土地荒芜,遗老失贤,掊克在位,则有让。一不朝,则贬其爵;再不朝,则削其地;三不朝,则六师移之。是故天子讨而不伐,诸侯伐而不讨。五霸者,搂诸侯以伐诸侯者也,故曰:五霸者,三王之罪人也。^②五霸,桓公为盛。葵丘之会诸侯,束牲载书而不歃血。初命曰:'诛不孝,无易树子,无以妾为妻。'再命曰:'尊贤育才,以彰有德。'三命曰:'敬老慈幼,无忘宾旅。'四命曰:'士无世官,官事无摄,取士必得,无专杀大夫。'五命曰:'无曲防,无遏籴,无有封而不告。'曰:'凡我同盟之人,既盟之后,言归于好。'今之诸侯,皆犯此五禁,故曰:今之诸侯,五霸之罪人也。^③长君之恶其罪小,逢君之恶其罪大。今之大夫,皆逢君之恶,故曰:今之大夫,今之诸侯之罪人也。^④"

【朱子集注】

①赵氏曰:"五霸:齐桓、晋文、秦穆、宋襄、楚庄也。三王:夏禹、商汤、周文武也。"丁氏曰:"夏昆吾,商大彭、豕韦,周齐桓、晋文,谓之五霸。"

②朝,音潮。辟与闢同。治,去声。○庆,赏也,益其地以赏之也。掊克,聚敛也。让,责也。移之者,诛其人而变置之也。讨者,出命以讨其罪,而使方伯连帅帅诸侯以伐之也。伐者,奉天子之命,声其罪而伐之也。搂,牵也。五霸牵诸侯以伐诸侯,不用天子之命也。自入其疆至则有让,言巡狩之事;自一不朝至六师移之,言述职之事。

③歃,所洽反。籴,音狄。好,去声。○按《春秋传》:"僖公九年,葵丘之会,陈牲而不杀,读书加于牲上,壹明天子之禁。"树,立也。已立世子,不得擅易。初命三事,所以修身正家之要也。宾,宾客也。旅,行旅也。皆当有以待之,不可忽忘也。士世禄而不世官,恐其未必贤也。官事无摄,当广求贤才以充之,不可以阙人废事也。取士必得,必得其人也。无专杀大夫,有罪则请命于天子而后杀之也。无曲防,不得曲为堤防,壅泉激水,以专小利,病邻国也。无遏籴,邻国凶荒,不得闭籴也。无有封而不告者,不得专封国邑而不告天子也。

④长,上声。○君有过不能谏,又顺之者,长君之恶也。君之过未萌,而先意导之者,逢君之恶也。○林氏曰:"邵子有言:'治《春秋》者,不先治五霸之功罪,则事无统理,而不得圣人之心。春秋之间,有功者未有大于五霸,有过者亦未有大于五

霸。故五霸者,功之首、罪之魁也。'孟子此章之义,其亦若此也与?然五霸得罪于三王,今之诸侯得罪于五霸,皆出于异世,故得以逃其罪。至于今之大夫,宜得罪于今之诸侯,则同时矣。而诸侯非惟莫之罪也,乃反以为良臣而厚礼之。不以为罪,而反以为功,何其谬哉!"

【原文】

鲁欲使慎子为将军。①孟子曰:"不教民而用之,谓之殃民。殃民者,不容于尧、舜之世。②一战胜齐,遂有南阳,然且不可?"③慎子勃然不悦,曰:"此则滑厘所不识也。"④曰:"吾明告子:天子之地方千里,不千里,不足以待诸侯。诸侯之地方百里,不百里,不足以守宗庙之典籍。⑤周公之封于鲁,为方百里也;地非不足,而俭于百里。太公之封于齐也,亦为方百里也;地非不足也,而俭于百里。⑥今鲁方百里者五,子以为有王者作,则鲁在所损乎?在所益乎?⑦徒取诸彼以与此,然且仁者不为,况于杀人以求之乎?⑧君子之事君也,务引其君以当道,志于仁而已。"⑨

【朱子集注】

①慎子,鲁臣。

②教民者,教之礼义,使知入事父兄、出事长上也。用之,使之战也。

③是时鲁盖欲使慎子伐齐,取南阳也。故孟子言就使慎子善战有功如此,且犹不可。

④滑,音骨。〇滑厘,慎子名。

⑤待诸侯,谓待其朝觐聘问之礼。宗庙典籍,祭祀会同之常制也。

⑥二公有大勋劳于天下,而其封国不过百里。俭,止而不过之意也。

⑦鲁地之大,皆并吞小国而得之。有王者作,则必在所损矣。

⑧徒,空也。言不杀人而取之也。

⑨当道,谓事合于理。志仁,谓心在于仁。

【原文】

孟子曰:"今之事君者曰:'我能为君辟土地,充府库。'今之所谓良臣,古之所谓民贼也。君不乡道,不志于仁,而求富之,是富桀也。①'我能为君约与国,战必克。'今之所谓良臣,古之所谓民贼也。君不乡道,不志于仁,而求为之强战,是辅桀也。②由今之道,无变今之俗,虽与之天下,不能一朝居也。"③

【朱子集注】

①为,去声。辟与闢同。乡与向同,下皆同。○辟,开垦也。

②约,要结也。与国,和好相与之国也。

③言必争夺而至于危亡也。

【原文】

白圭曰:"吾欲二十而取一,何如?"①孟子曰:"子之道,貉道也。②万室之国,一人陶,则可乎?"曰:"不可。器不足用也。"③曰:"夫貉,五谷不生,惟黍生之。无城郭、宫室、宗庙、祭祀之礼,无诸侯币帛饔飧,无百官有司,故二十取一而足也。④今居中国,去人伦,无君子,如之何其可也?⑤陶以寡,且不可以为国,况无君子乎?⑥欲轻之于尧、舜之道者,大貉、小貉也;欲重之于尧、舜之道者,大桀、小桀也。"⑦

【朱子集注】

①白圭,名丹,周人也。欲更税法,二十分而取其一分。林氏曰:"按《史记》:白圭能薄饮食,忍嗜欲,与童仆同苦乐。乐观时变,人弃我取,人取我与,以此居积致富。其为此论,盖欲以其术施之国家也。"

②貉,音陌。○貉,北方夷狄之国名也。

③孟子设喻以诘圭,而圭亦知其不可也。

④夫,音扶。○北方地寒,不生五谷,黍早熟,故生之。饔飧,以饮食馈客之礼也。

⑤无君臣、祭祀、交际之礼,是去人伦;无百官有司,是无君子。

⑥因其辞以折之。

⑦什一而税,尧、舜之道也。多则桀,寡则貉。今欲轻重之,则是小貉、小桀而已。

【原文】

白圭曰:"丹之治水也,愈于禹。"①孟子曰:"子过矣。禹之治水,水之道也。②是故禹以四海为壑。今吾子以邻国为壑。③水逆行,谓之洚水。洚水者,洪水也,仁人之所恶也。吾子过矣。"④

【朱子集注】

①赵氏曰:"当时诸侯有小水,白圭为之筑堤,壅而注之他国。"

②顺水之性也。

③壑,受水处也。

④恶,去声。○水逆行者,下流壅塞,故水逆流。今乃壅水以害人,则与洪水之灾无异矣。

【原文】

孟子曰:"君子不亮,恶乎执?"①

【朱子集注】

①恶,平声。○亮,信也,与谅同。恶乎执,言凡事苟且,无所执持也。

【原文】

鲁欲使乐正子为政。孟子曰:"吾闻之,喜而不寐。"①公孙丑曰:"乐正子强乎?"曰:"否。""有知虑乎?"曰:"否。""多闻识乎?"曰:"否。"②"然则奚为喜而不寐?"③"其为人也好善。"④"好善足乎?"⑤曰:"好善优于天下,而况鲁国乎?⑥夫苟好善,则四海之内,皆将轻千里而来告之以善。⑦夫苟不好善,则人将曰:'訑訑,予既已知之矣。'訑訑之声音颜色,距人于千里之外。士止于千里之外,则谗谄面谀之人至矣。与谗谄面谀之人居,国欲治,可得乎?"⑧

【朱子集注】

①喜其道之得行。

②知,去声。○此三者,皆当世之所尚,而乐正子之所短,故丑疑而历问之。

③丑问也。

④好,去声,下同。

⑤丑问也。

⑥优,有余裕也。言虽治天下,尚有余力也。

⑦夫,音扶,下同。○轻,易也。言不以千里为难也。

⑧訑,音移。治,去声。○訑訑,自足其智,不嗜善言之貌。君子小人,迭为消

长。直谅多闻之士远,则谗谄面谀之人至,理势然也。〇此章言为政,不在于用一己之长,而贵于有以来天下之善。

【原文】

陈子曰:"古之君子何如则仕?"孟子曰:"所就三,所去三。①迎之致敬以有礼,言将行其言也,则就之;礼貌未衰,言弗行也,则去之。②其次,虽未行其言也,迎之致敬以有礼,则就之;礼貌衰,则去之。③其下,朝不食,夕不食,饥饿不能出门户。君闻之,曰:'吾大者不能行其道,又不能从其言也,使饥饿于我土地,吾耻之。'周之,亦可受也,免死而已矣。"④

【朱子集注】

①其目在下。

②所谓见行可之仕,若孔子于季桓子是也。受女乐而不朝,则去之矣。

③所谓际可之仕,若孔子于卫灵公是也。故与公游于囿,公仰视蜚雁,而后去之。

④所谓公养之仕也。君之于民,固有周之之义,况此又有悔过之言,所以可受。然未至于饥饿不能出门户,则犹不受也。其曰免死而已,则其所受亦有节矣。

【原文】

孟子曰:"舜发于畎亩之中,傅说举于版筑之间,胶鬲举于鱼盐之中,管夷吾举于士,孙叔敖举于海,百里奚举于市。①故天将降大任于是人也,必先苦其心志,劳其筋骨,饿其体肤,空乏其身,行拂乱其所为,所以动心忍性,曾益其所不能。②人恒过,然后能改;困于心,衡于虑,而后作;征于色,发于声,而后喻。③入则无法家拂士,出则无敌国外患者,国恒亡。④然后知生于忧患而死于安乐也。"⑤

【朱子集注】

①说,音悦。〇舜耕历山,三十登庸。说筑傅岩,武丁举之。胶鬲遭乱,鬻贩鱼盐,文王举之。管仲囚于士官,威公举以相国。孙叔敖隐处海滨,楚庄王举之为令尹。百里奚事见前篇。

②曾与增同。〇降大任,使之任大事也,若舜以下是也。空,穷也。乏,绝也。拂,戾也,言使之所为不遂,多背戾也。动心忍性,谓竦动其心,坚忍其性也。然所

谓性,亦指气禀食色而言耳。程子曰:"若要熟,也须从这里过。"

③衡与横同。○恒,常也。犹言大率也。横,不顺也。作,奋起也。征,验也。喻,晓也。此又言中人之性,常必有过,然后能改。盖不能谨于平日,故必事势穷蹙,以至困于心、横于虑,然后能奋发而兴起;不能烛于几微,故必事理暴著,以至验于人之色,发于人之声,然后能警悟而通晓也。

④拂与弼同。○此言国亦然也。法家,法度之世臣也。拂士,辅拂之贤士也。

⑤乐,音洛。○以上文观之,则知人之生全,出于忧患,而死亡由于安乐矣。○尹氏曰:"言困穷拂郁,能坚人之志,而熟人之仁,以安乐失之者多矣。"

【原文】

孟子曰:"教亦多术矣。予不屑之教诲也者,是亦教诲之而已矣。"①

【朱子集注】

①多术,言非一端。屑,洁也。不以其人为洁而拒绝之,所谓不屑之教诲也。其人若能感此,退自修省,则是亦我教诲之也。○尹氏曰:"言或抑或扬,或与或不与,各因其才而笃之,无非教也。"

卷第十三

尽心上

【原文】

孟子曰:"尽其心者,知其性也。知其性,则知天矣。①存其心,养其性,所以事天也。②夭寿不贰,修身以俟之,所以立命也。"③

【朱子集注】

①心者,人之神明,所以具众理而应万事者也。性则心之所具之理,而天又理之所从以出者也。人有是心,莫非全体,然不穷理,则有所蔽而无以尽乎此心之量。故能极其心之全体而无不尽者,必其能穷夫理而无不知者也。既知其理,则其所从

出,亦不外是矣。以《大学》之序言之,知性则物格之谓,尽心则知至之谓也。

②存,谓操而不舍。养,谓顺而不害。事,则奉承而不违也。

③殀寿,命之短长也。贰,疑也。不贰者,知天之至,修身以俟死,则事天以终身也。立命,谓全其天之所付,不以人为害之。○程子曰:“心也,性也,天也,一理也。自理而言谓之天,自禀受而言谓之性,自存诸人而言谓之心。”张子曰:“由太虚,有天之名;由气化,有道之名;合虚与气,有性之名;合性与知觉,有心之名。”愚谓尽心知性而知天,所以造其理也;存心养性以事天,所以履其事也。不知其理,固不能履其事,然徒造其理而不履其事,则亦无以有诸己矣。知天而不以殀寿贰其心,智之尽也;事天而能修身以俟死,仁之至也。智有不尽,固不知所以为仁,然智而不仁,则亦将流荡不法,而不足以为智矣。

【原文】

孟子曰:“莫非命也,顺受其正。①是故知命者,不立乎岩墙之下。②尽其道而死者,正命也。③桎梏死者,非正命也。”④

【朱子集注】

①人物之生,吉凶祸福,皆天所命。然惟莫之致而至者,乃为正命。故君子修身以俟之,所以顺受乎此也。

②命,谓正命。岩墙,墙之将覆者。知正命,则不处危地以取覆压之祸。

③尽其道,则所值之吉凶,皆莫之致而至者矣。

④桎梏,所以拘罪人者。言犯罪而死,与立岩墙之下者同。皆人所取,非天所为也。○此章与上章盖一时之言,所以发其末句未尽之意。

【原文】

孟子曰:“求则得之,舍则失之,是求有益于得也,求在我者也。①求之有道,得之有命,是求无益于得也,求在外者也。”②

【朱子集注】

①舍,上声。○在我者,谓仁义礼智,凡性之所有者。

②有道,言不可妄求。有命,则不可必得。在外者,谓富贵利达,凡外物皆是。○赵氏曰:“言为仁由己,富贵在天,如不可求,从吾所好。”

【原文】

孟子曰:"万物皆备于我矣。①反身而诚,乐莫大焉。②强恕而行,求仁莫近焉。"③

【朱子集注】

①此言理之本然也。大则君臣父子,小则事物细微,其当然之理,无一不具于性分之内也。

②乐,音洛。○诚,实也。言反诸身,而所备之理,皆如恶恶臭、好好色之实然,则其行之不待勉强而无不利矣。其为乐,孰大于是?

③强,上声。○强,勉强也。恕,推己以及人也。反身而诚则仁矣,其有未诚,则是犹有私意之隔,而理未纯也。故当凡事勉强,推己及人,庶几心公理得而仁不远也。○此章言万物之理具于吾身,体之而实,则道在我而乐有余;行之以恕,则私不容而仁可得。

师旂鼎

【原文】

孟子曰:"行之而不著焉,习矣而不察焉,终身由之而不知其道者,众也。"①

【朱子集注】

①著者,知之明。察者,识之精。言方行之而不能明其所当然,既习矣而犹不识其所以然,所以终身由之而不知其道者多也。

【原文】

孟子曰:"人不可以无耻。无耻之耻,无耻矣。"①

【朱子集注】

①赵氏曰:"人能耻己之无所耻,是能改行从善之人,终身无复有耻辱之累矣。"

【原文】

孟子曰:"耻之于人大矣。①为机变之巧者,无所用耻焉。②不耻不若人,何若人有?"③

【朱子集注】

①耻者,吾所固有羞恶之心也。存之则进于圣贤,失之则入于禽兽,故所系为甚大。

②为机械变诈之巧者,所为之事皆人所深耻,而彼方且自以为得计,故无所用其愧耻之心也。

③但无耻一事不如人,则事事不如人矣。或曰:"不耻其不如人,则何能有如人之事?"其义亦通。○或问:"人有耻不能之心,如何?"程子曰:"耻其不能而为之,可也;耻其不能而掩藏之,不可也。"

【原文】

孟子曰:"古之贤王好善而忘势,古之贤士何独不然?乐其道而忘人之势。故王公不致敬尽礼,则不得亟见之。见且由不得亟,而况得而臣之乎?"①

【朱子集注】

①好,去声。乐,音洛。亟,去吏反。○言君当屈己以下贤,士不枉道而求利,二者势若相反,而实则相成,盖亦各尽其道而已。

【原文】

孟子谓宋句践曰:"子好游乎?吾语子游。①人知之,亦嚣嚣;人不知,亦嚣嚣。"②曰:"何如斯可以嚣嚣矣?"曰:"尊德乐义,则可以嚣嚣矣。③故士穷不失义,达不离道。④穷不失义,故士得己焉。达不离道,故民不失望焉。⑤古之人,得志泽加于民,不得志修身见于世。穷则独善其身,达则兼善天下。"⑥

【朱子集注】

①句,音钩。好、语,皆去声。○宋,姓;句践,名。游,游说也。

②赵氏曰:"嚣嚣,自得无欲之貌。"

③乐,音洛。○德,谓所得之善。尊之,则有以自重,而不慕乎人爵之荣。义,谓所守之正。乐之,则有以自安,而不徇乎外物之诱也。

④离,力智反。○言不以贫贱而移,不以富贵而淫,此尊德乐义见于行事之实也。

⑤得己,言不失己也。民不失望,言人素望其兴道致治,而今果如所望也。

⑥见,音现。○见,谓名实之显著也。此又言士得己、民不失望之实。○此章言内重而外轻,则无往而不善。

【原文】

孟子曰:"待文王而后兴者,凡民也。若夫豪杰之士,虽无文王犹兴。"①

【朱子集注】

①夫,音扶。○兴者,感动奋发之意。凡民,庸常之人也。豪杰,有过人之才智者也。盖降衷秉彝,人所同得,惟上智之资无物欲之蔽,为能无待于教,而自能感发以有为也。

【原文】

孟子曰:"附之以韩、魏之家,如其自视欿然,则过人远矣。"①

【朱子集注】

①欿,音坎。○附,益也。韩、魏,晋卿富家也。欿然,不自满之意。尹氏曰:"言有过人之识,则不以富贵为事。"

【原文】

孟子曰:"以佚道使民,虽劳不怨;以生道杀民,虽死不怨杀者。"①

【朱子集注】

①程子曰:"以佚道使民,谓本欲佚之也,播谷、乘屋之类是也。以生道杀民,谓本欲生之也,除害去恶之类是也。盖不得已而为其所当为,则虽咈民之欲而民不怨。其不然者反是。"

国学经典文库

孟子诠解

朱熹注评《孟子》

图文珍藏版

【原文】

孟子曰："霸者之民,驩虞如也;王者之民,皞皞如也。①杀之而不怨,利之而不庸,民日迁善而不知为之者。②夫君子所过者化,所存者神,上下与天地同流,岂曰小补之哉?"③

【朱子集注】

①皞,胡老反。○驩虞与欢娱同。皞皞,广大自得之貌。程子曰:"驩虞,有所造为而然,岂能久也? 耕田凿井,帝力何有于我? 如天之自然,乃王者之政。"杨氏曰:"所以致人驩虞,必有违道干誉之事。若王者,则如天,亦不令人喜,亦不令人怒。"

②此所谓皞皞如也。庸,功也。丰氏曰:"因民之所恶而去之,非有心于杀之也,何怨之有? 因民之所利而利之,非有心于利之也,何庸之有? 辅其性之自然,使自得之,故民日迁善而不知谁之所为也。"

③夫,音扶。○君子,圣人之通称也。所过者化,身所经历之处,即人无不化,如舜之耕历山而田者逊畔,陶河滨而器不苦窳也。所存者神,心所存主处,便神妙不测,如孔子之立斯立,道斯行,绥斯来,动斯和,莫知其所以然而然也。是其德业之盛,乃与天地之化同运并行,举一世而甄陶之,非如霸者,但小小补塞其罅漏而已。此则王道之所以为大,而学者所当尽心也。

【原文】

孟子曰:"仁言,不如仁声之入人深也。①善政,不如善教之得民也。②善政民畏之,善教民爱之;善政得民财,善教得民心。"③

【朱子集注】

①程子曰:"仁言,谓以仁厚之言加于民。仁声,谓仁闻,谓有仁之实而为众所称道也。此尤见仁德之昭著,故其感人尤深也。"

②政,谓法度禁令,所以制其外也。教,谓道德齐礼,所以格其心也。

③得民财者,百姓足而君无不足也;得民心者,不遗其亲,不后其君也。

【原文】

孟子曰:"人之所不学而能者,其良能也;所不虑而知者,其良知也。①孩提之童,无不知爱其亲者;及其长也,无不知敬其兄也。②亲亲,仁也;敬长,义也。无他,达之天下也。"③

【朱子集注】

①良者,本然之善也。程子曰:"良知良能,皆无所由,乃出于天,不系于人。"

②长,上声,下同。○孩提,二三岁之间,知孩笑、可提抱者也。爱亲敬长,所谓良知良能者也。

③言亲亲敬长,虽一人之私,然达之天下无不同者,所以为仁义也。

【原文】

孟子曰:"舜之居深山之中,与木石居,与鹿豕游,其所以异于深山之野人者几希。及其闻一善言,见一善行,若决江河,沛然莫之能御也。"①

【朱子集注】

①行,去声。○居深山,谓耕历山时也。盖圣人之心,至虚至明,浑然之中,万理毕具。一有感触,则其应甚速,而无所不通。非孟子造道之深,不能形容至此也。

【原文】

孟子曰:"无为其所不为,无欲其所不欲,如此而已矣。"①

【朱子集注】

①李氏曰:"有所不为不欲,人皆有是心也。至于私意一萌,而不能以礼义制之,则为所不为、欲所不欲者多矣。能反是心,则所谓扩充其羞恶之心者,而义不可胜用矣,故曰如此而已矣。"

【原文】

孟子曰:"人之有德慧术知者,恒存乎疢疾。①独孤臣孽子,其操心也危,其虑患也深,故达。"②

【朱子集注】

①知,去声。疢,丑刃反。○德慧者,德之慧。术知者,术之知。疢疾,犹灾患

也。言人必有疢疾,则能动心忍性,增益其所不能也。

②孤臣,远臣;孽子,庶子。皆不得于君亲,而常有疢疾者也。达,谓达于事理,即所谓德慧术知也。

【原文】

孟子曰:"有事君人者,事是君则为容悦者也。①有安社稷臣者,以安社稷为悦者也。②

有天民者,达可行于天下而后行之者也。③有大人者,正己而物正者也。"④

【朱子集注】

①阿徇以为容,逢迎以为悦,此鄙夫之事、妾妇之道也。

②言大臣之计安社稷,如小人之务悦其君,卷卷于此而不忘也。

③民者,无位之称。以其全尽天理,乃天之民,故谓之天民。必其道可行于天下,然后行之。不然,则宁没世不见知而不悔,不肯小用其道以徇于人也。张子曰:"必功覆斯民然后出,如伊、吕之徒。"

④大人,德盛而上下化之,所谓见龙在田,天下文明者。○此章言人品不同,略有四等。容悦佞臣不足言。安社稷则忠矣,然犹一国之士也。天民,则非一国之士矣,然犹有意也。无意无必,惟其所在而物无不化,惟圣者能之。

【原文】

孟子曰:"君子有三乐,而王天下不与存焉。①父母俱存,兄弟无故,一乐也。②仰不愧于天,俯不怍于人,二乐也。③得天下英才而教育之,三乐也。④君子有三乐,而王天下不与存焉。"⑤

【朱子集注】

①乐,音洛。王、与,皆去声,下并同。

②此人所深愿而不可必得者,今既得之,其乐可知。

③程子曰:"人能克己,则仰不愧,俯不怍,心广体胖,其乐可知。有息则馁矣。"

④尽得一世明睿之才,而以所乐乎己者教而养之,则斯道之传得之者众,而天下后世将无不被其泽矣。圣人之心所愿欲者,莫大于此。今既得之,其乐为如何哉!

⑤林氏曰:"此三乐者,一系于天,一系于人。其可以自致者,惟不愧不怍而已,学者可不勉哉?"

【原文】

孟子曰:"广土众民,君子欲之,所乐不存焉。①中天下而立,定四海之民,君子乐之,所性不存焉。②君子所性,虽大行不加焉,虽穷居不损焉,分定故也。③君子所性,仁、义、礼、智根于心。其生色也,睟然见于面,盎于背,施于四体。四体不言而喻。"④

【朱子集注】

①乐,音洛,下同。○地辟民聚,泽可远施,故君子欲之,然未足以为乐也。

②其道大行,无一夫不被其泽,故君子乐之,然其所得于天者,则不在是也。

③分,去声。○分者,所得于天之全体,故不以穷达而有异。

④睟,音粹。见,音现。盎,乌浪反。○上言所性之分,与所欲所乐不同,此乃言其蕴也。仁、义、礼、智,性之四德也。根,本也。生,发见也。睟然,清和润泽之貌。盎,丰厚盈溢之意。施于四体,谓见于动作威仪之间也。喻,晓也。四体不言而喻,言四体不待吾言,而自能晓吾意也。盖气禀清明,无物欲之累,则性之四德根本于心。其积之盛,则发而著见于外者,不待言而无不顺也。程子曰:"睟面盎背,皆积盛致然。四体不言而喻,惟有德者能之。"○此章言君子固欲其道之大行,然其所得于天者,则不以是而有所加损也。

【原文】

孟子曰:"伯夷辟纣,居北海之滨,闻文王作兴,曰:'盍归乎来!吾闻西伯善养老者。'太公辟纣,居东海之滨,闻文王作兴,曰:'盍归乎来!吾闻西伯善养老者。'天下有善养老,则仁人以为己归矣。①五亩之宅,树墙下以桑,匹妇蚕之,则老者足以衣帛矣。五母鸡,二母彘,无失其时,老者足以无失肉矣。百亩之田,匹夫耕之,八口之家足以无饥矣。②所谓西伯善养老者,制其田里,教之树畜,导其妻子,使养其老。五十非帛不暖,七十非肉不饱。不暖不饱,谓之冻馁。文王之民,无冻馁之老者,此之谓也。"③

【朱子集注】

①辟,去声,下同。大,他盖反。○己归,谓己之所归。余见前篇。

②衣,去声。○此文王之政也。一家养母鸡五、母彘二也。余见前篇。

③田,谓百亩之田。里,谓五亩之宅。树,谓耕桑。畜,谓鸡彘也。赵氏曰:"善养老者,教导之,使可以养其老耳,非家赐而人益之也。"

【原文】

孟子曰:"易其田畴,薄其税敛,民可使富也。①食之以时,用之以礼,财不可胜用也。②民非水火不生活,昏暮叩人之门户,求水火,无弗与者,至足矣。圣人治天下,使有菽粟如水火。菽粟如水火,而民焉有不仁者乎?"③

【朱子集注】

①易、敛,皆去声。○易,治也。畴,耕治之田也。

②胜,音升。○教民节俭,则财用足也。

③焉,於虔反。○水火,民之所急,宜其爱之。而反不爱者,多故也。尹氏曰:"言礼义生于富足,民无常产,则无常心矣。"

【原文】

孟子曰:"孔子登东山而小鲁,登太山而小天下。故观于海者难为水,游于圣人之门者难为言。①观水有术,必观其澜。日月有明,容光必照焉。②流水之为物也,不盈科不行;君子之志于道也,不成章不达。"③

【朱子集注】

①此言圣人之道大也。东山,盖鲁城东之高山,而太山则又高矣。此言所处益高,则其视下益小;所见既大,则其小者不足观也。难为水,难为言,犹仁不可为众之意。

②此言道之有本也。澜,水之湍急处也。明者,光之体;光者,明之用也。观水之澜,则知其源之有本矣。观日月于容光之隙无不照,则知其明之有本矣。

③言学当以渐,乃能至也。成章,所积者厚,而文章外见也。达者,足于此而通于彼也。○此章言圣人之道大而有本,学之者必以其渐,乃能至也。

【原文】

孟子曰:"鸡鸣而起,孳孳为善者,舜之徒也。①鸡鸣而起,孳孳为利者,跖之徒也。②欲知舜与跖之分,无他,利与善之间也。"③

【朱子集注】

①孳孳。勤勉之意。言虽未至于圣人,亦是圣人之徒也。

②跖,盗跖也。

③程子曰:"言间者,谓相去不远,所争毫末耳。善与利,公私而已矣。才出于善,便以利言也。"〇杨氏曰:"舜、跖之相去远矣,而其分乃在利善之间而已,是岂可以不谨? 然讲之不熟,见之不明,未有不以利为义者,又学者所当深察也。"或问:"鸡鸣而起,若未接物,如何为善?"程子曰:"只主于敬,便是为善。"

【原文】

孟子曰:"杨子取为我,拔一毛而利天下,不为也。①墨子兼爱,摩顶放踵利天下,为之。②子莫执中,执中为近之。执中无权,犹执一也。③所恶执一者,为其贼道也,举一而废百也。"④

【朱子集注】

①为我之为,去声。〇杨子,名朱。取者,仅足之意。取为我者,仅足于为我而已,不及为人也。列子称其言曰"伯成子高不以一毫利物"是也。

②放,上声。〇墨子,名翟。兼爱,无所不爱也。摩顶,摩突其顶也。放,至也。

③子莫,鲁之贤人也。知杨、墨之失中也,故度于二者之间而执其中。近,近道也。权,称锤也,所以称物之轻重而取中也。执中而无权,则胶于一定之中而不知变,是亦执一而已矣。程子曰:"'中'字最难识,须是默识心通。且试言一厅,则中央为中;一家,则厅非中而堂为中;一国,则堂非中而国之中为中,推此类可见矣。"又曰:"中不可执也。识得则事事物物皆有自然之中。不待安排,安排著则不中矣。"

④恶、为,皆去声。〇贼,害也。为我害仁,兼爱害义,执中者害于时中,皆举一而废百者也。〇此章言道之所贵者中,中之所贵者权。杨氏曰:"禹、稷三过其门而不入,苟不当其可,则与墨子无异。颜子在陋巷,不改其乐,苟不当其可,则与杨氏无异。子莫执为我、兼爱之中而无权,乡邻有斗而不知闭户,同室有斗而不知救之,是亦犹执一耳,故孟子以为贼道。禹、稷、颜回,易地则皆然,以其有权也。不然,则是亦杨、墨而已矣。"

国学经典文库

孟子诠解

朱熹注评《孟子》

图文珍藏版

【原文】

　　孟子曰:"饥者甘食,渴者甘饮,是未得饮食之正也,饥渴害之也。岂惟口腹有饥渴之害? 人心亦皆有害。①人能无以饥渴之害为心害,则不及人不为忧矣。"②

【朱子集注】

　　①口腹为饥渴所害,故于饮食不暇择,而失其正味;人心为贫贱所害,故于富贵不暇择,而失其正理。

　　②人能不以贫贱之故而动其心,则过人远矣。

【原文】

　　孟子曰:"柳下惠不以三公易其介。"①

【朱子集注】

　　①介,有分辨之意。柳下惠进不隐贤,必以其道,遗佚不怨,阨穷不悯,直道事人,至于三黜,是其介也。○此章言柳下惠和而不流,与孔子论夷、齐不念旧恶意正相类,皆圣贤微显阐幽之意也。

【原文】

　　孟子曰:"有为者辟若掘井,掘井九轫而不及泉,犹为弃井也。"①

【朱子集注】

　　①辟,读作譬。轫,音刃,与仞同。○八尺为仞。言凿井虽深,然未及泉而止,犹为自弃其井也。○吕侍讲曰:"仁不如尧,孝不如舜,学不如孔子,终未入于圣人之域,终未至于天道,未免为半途而废、自弃前功也。"

【原文】

　　孟子曰:"尧、舜,性之也;汤、武,身之也;五霸,假之也。①久假而不归,恶知其非有也?"②

【朱子集注】

　　①尧、舜天性浑全,不假修习。汤、武修身体道,以复其性。五霸则假借仁义之

名,以求济其贪欲之私耳。

②恶,平声。〇归,还也。有,实有也。言窃其名以终身,而不自知其非真有。或曰:"盖叹世人莫觉其伪者。"亦通。旧说,久假不归,即为真有,则误矣。〇尹氏曰:"性之者,与道一也;身之者,履之也,及其成功,则一也;五霸则假之而已,是以功烈如彼其卑也。"

【原文】

公孙丑曰:"伊尹曰:'予不狎于不顺。'放太甲于桐,民大悦。太甲贤,又反之,民大悦。①贤者之为人臣也,其君不贤,则固可放与?"②孟子曰:"有伊尹之志,则可;无伊尹之志,则篡也。"③

【朱子集注】

①予不狎于不顺,《太甲》篇文。狎,习见也。不顺,言太甲所为不顺义理也。余见前篇。

②与,平声。

③伊尹之志,公天下以为心而无一毫之私者也。

【原文】

公孙丑曰:"《诗》曰'不素餐兮',君子之不耕而食,何也?"孟子曰:"君子居是国也,其君用之,则安富尊荣;其子弟从之,则孝弟忠信。'不素餐兮',孰大于是?"①

【朱子集注】

①餐,七丹反。〇《诗·魏国风·伐檀》之篇。素,空也。无功而食禄,谓之素餐。此与告陈相、彭更之意同。

【原文】

王子垫问曰:"士何事?"①孟子曰:"尚志。"②曰:"何谓尚志?"曰:"仁义而已矣。杀一无罪,非仁也;非其有而取之,非义也。居恶在?仁是也;路恶在?义是也。居仁由义,大人之事备矣。"③

【朱子集注】

①垫,丁念反。○垫,齐王之子也。上则公、卿、大夫,下则农、工、商、贾,皆有所事,而士居其间,独无所事,故王子问之也。

②尚,高尚也。志者,心之所之也。士既未得行公、卿、大夫之道,又不当为农、工、商、贾之业,则高尚其志而已。

③恶,平声。○非仁非义之事,虽小不为。而所居所由,无不在于仁义,此士所以尚其志也。大人,谓公、卿、大夫。言士虽未得大人之位,而其志如此,则大人之事体用已全。若小人之事,则固非所当为也。

【原文】

孟子曰:"仲子,不义与之齐国而弗受,人皆信之,是舍箪食豆羹之义也。人莫大焉亡亲戚、君臣、上下。以其小者信其大者,奚可哉?"①

【朱子集注】

①舍,音捨。食,音嗣。○仲子,陈仲子也。言仲子设若非义而与之齐国,必不肯受。齐人皆信其贤,然此但小廉耳。其辟兄离母,不食君禄,无人道之大伦,罪莫大焉。岂可以小廉信其大节,而遂以为贤哉?

【原文】

桃应问曰:"舜为天子,皋陶为士,瞽瞍杀人,则如之何?"①孟子曰:"执之而已矣。"②"然则舜不禁与?"③曰:"夫舜恶得而禁之?夫有所受之也。"④"然则舜如之何?"⑤曰:"舜视弃天下,犹弃敝蹝也。窃负而逃,遵海滨而处,终身䜣然,乐而忘天下。"⑥

【朱子集注】

①桃应,孟子弟子也。其意以为舜虽爱父,而不可以私害公;皋陶虽执法,而不可以刑天子之父。故设此问,以观圣贤用心之所极,非以为真有此事也。

②言皋陶之心,知有法而已,不知有天子之父也。

③与,平声。○桃应问也。

④夫,音扶。恶,平声。○言皋陶之法,有所传受,非所敢私,虽天子之命亦不

得而废之也。

　　⑤桃应问也。

　　⑥蹝，音徙。䜣与欣同。乐，音洛。○蹝，草履也。遵，循也。言舜之心，知有父而已，不知有天下也。孟子尝言，舜视天下犹草芥，而惟顺于父母可以解忧，与此意互相发。○此章言为士者，但知有法，而不知天子父之为尊；为子者，但知有父，而不知天下之为大。盖其所以为心者，莫非天理之极、人伦之至。学者察此而有得焉，则不待较计论量，而天下无难处之事矣。

【原文】

　　孟子自范之齐，望见齐王之子，喟然叹曰："居移气，养移体，大哉居乎！夫非尽人之子与？"①孟子曰：②"王子宫室、车马、衣服多与人同，而王子若彼者，其居使之然也，况居天下之广居者乎？"③鲁君之宋，呼于垤泽之门。守者曰：'此非吾君也，何其声之似我君也？'此无他，居相似也。"④

【朱子集注】

　　①夫，音扶。与，平声。○范，齐邑。居，谓所处之位。养，奉养也。言人之居处，所系甚大，王子亦人子耳，特以所居不同，故所养不同，而其气体有异也。

　　②张、邹皆云："羡文也。"

　　③广居，见前篇。尹氏曰："睟然见于面，盎于背，居天下之广居者然也。"

　　④呼，去声。○垤泽，宋城门名也。孟子又引此事为证。

【原文】

　　孟子曰："食而弗爱，豕交之也；爱而不敬，兽畜之也。①恭敬者，币之未将者也。②恭敬而无实，君子不可虚拘。"③

【朱子集注】

　　①食，音嗣。畜，许六反。○交，接也。畜，养也。兽，谓犬马之属。

　　②将，犹奉也。《诗》曰：'承筐是将。'程子曰："恭敬虽因威仪币帛而后发见，然币之未将时，已有此恭敬之心，非因币帛而后有也。"

　　③此言当时诸侯之待贤者，特以币帛为恭敬，而无其实也。拘，留也。

【原文】

孟子曰:"形色,天性也。惟圣人,然后可以践形。"①

【朱子集注】

①人之有形有色,无不各有自然之理,所谓天性也。践,如践言之践。盖众人有是形,而不能尽其理,故无以践其形。惟圣人有是形,而又能尽其理,然后可以践其形而无歉也。○程子曰:"此言圣人尽得人道而能充其形也。盖人得天地之正气而生,与万物不同。既为人,须尽得人理,然后称其名。众人有之而不知,贤人践之而未尽,能充其形,惟圣人也。"杨氏曰:"天生烝民,有物有则。物者,形色也。则者,性也。各尽其则,则可以践形矣。"

【原文】

齐宣王欲短丧。公孙丑曰:"为期之丧,犹愈于已乎?"①孟子曰:"是犹或紾其兄之臂,子谓之姑徐徐云尔,亦教之孝弟而已矣。"②王子有其母死者,其傅为之请数月之丧。公孙丑曰:"若此者,何如也?"③曰:"是欲终之而不可得也,虽加一日愈于已。谓夫莫之禁而弗为者也。"④

【朱子集注】

①已,犹止也。

②紾,之忍反。○紾,戾也。教之以孝弟之道,则彼当自知兄之不可戾,而丧之不可短矣。孔子曰:"子生三年,然后免于父母之怀,予也有三年之爱于其父母乎?"所谓教之以孝弟者如此。盖示之以至情之不能已者,非强之也。

③为,去声。○陈氏曰:"王子所生之母死,厌于嫡母而不敢终丧。其傅为请于王,欲使得行数月之丧也。时又适有此事,丑问如者,是非何如?"按《仪礼》:"公子为其母练冠、麻衣、縓缘,既葬除之。"疑当时此礼已废,或既葬而未忍即除,故请之也。

④夫,音扶。○言王子欲终丧而不可得,其傅为请,虽止得加一日,犹胜不加。我前所讥,乃谓夫莫之禁而自不为者耳。○此章言三年通丧,天经地义,不容私意有所短长。示之至情,则不肖者有以企而及之矣。

【原文】

孟子曰:"君子之所以教者五:①有如时雨化之者,②有成德者,有达财者,③有答问者,④有私淑艾者。⑤此五者,君子之所以教也。"⑥

【朱子集注】

①下文五者,盖因人品高下,或相去远近先后之不同。

②时雨,及时之雨也。草木之生,播种封殖,人力已至而未能自化,所少者,雨露之滋耳。及此时而雨之,则其化速矣。教人之妙,亦犹是也,若孔子之于颜、曾是已。

③财,与材同。此各因其所长而教之者也。成德,如孔子之于冉、闵;达财,如孔子之于由、赐。

④就所问而答之,若孔、孟之于樊迟、万章也。

⑤艾,音义。○私,窃也。淑,善也。艾,治也。人或不能及门受业,但闻君子之道于人,而窃以善治其身,是亦君子教诲之所及,若孔、孟之于陈亢、夷之是也。孟子亦曰:"予未得为孔子徒也,予私淑诸人也。"

⑥圣贤施教,各因其材,小以成小,大以成大,无弃人也。

【原文】

公孙丑曰:"道则高矣,美矣,宜若登天然,似不可及也。何不使彼为可几及而日孳孳也?"①

【朱子集注】

①几,音机。

【原文】

孟子曰:"大匠不为拙工改废绳墨,羿不为拙射变其彀率。①君子引而不发,跃如也。中道而立,能者从之。"②

【朱子集注】

①为,去声。彀,古候反。率,音律。○彀率,弯弓之限也。言教人者,皆有不

可易之法，不容自贬以徇学者之不能也。

②引，引弓也。发，发矢也。跃如，如踊跃而出也。因上文彀率而言君子教人，但授以学之之法，而不告以得之之妙，如射者之引弓而不发矢，然其所不告者，已如踊跃而见于前矣。中者，无过不及之谓。中道而立，言其非难非易。能者从之，言学者当自勉也。○此章言道有定体，教有成法；卑不可抗，高不可贬；语不能显，默不能藏。

【原文】

孟子曰："天下有道，以道殉身；天下无道，以身殉道。①未闻以道殉乎人者也。"②

【朱子集注】

①殉，如殉葬之殉，以死随物之名也。身出则道在必行，道屈则身在必退，以死相从而不离也。

②以道从人，妾妇之道。

【原文】

公都子曰："滕更之在门也，若在所礼。而不答，何也？"①孟子曰："挟贵而问，挟贤而问，挟长而问，挟有勋劳而问，挟故而问，皆所不答也。滕更有二焉。"②

【朱子集注】

①更，平声。○赵氏曰："滕更，滕君之弟，来学者也。

②长，上声。○赵氏曰："二，谓挟贵、挟贤也。"尹氏曰："有所挟，则受道之心不专，所以不答也。"○此言君子虽诲人不倦，又恶夫意之不诚者。

【原文】

孟子曰："于不可已而已者，无所不已；于所厚者薄，无所不薄也。①其进锐者，其退速。"②

【朱子集注】

①已，止也。不可止，谓所不得不为者也。所厚，所当厚者也。此言不及者

之弊。

②进锐者,用心太过,其气易衰,故退速。○三者之弊,理势必然。虽过不及之不同,然卒同归于废弛。

【原文】

孟子曰:"君子之于物也,爱之而弗仁;于民也,仁之而弗亲。亲亲而仁民,仁民而爱物。"①

【朱子集注】

①物,谓禽兽草木。爱,谓取之有时,用之有节。程子曰:"仁,推己及人,如老吾老,以及人之老,于民则可,于物则不可。统而言之则皆仁,分而言之则有序。"杨氏曰:"其分不同,故所施不能无差等,所谓理一而分殊者也。"尹氏曰:"何以有是差等? 一本故也,无伪也。"

【原文】

孟子曰:"知者无不知也,当务之为急;仁者无不爱也,急亲贤之为务。尧、舜之知而不遍物,急先务也;尧、舜之仁不遍爱人,急亲贤也。①不能三年之丧,而缌小功之察;放饭流歠,而问无齿决,是之谓不知务。"②

【朱子集注】

①知者之知,并去声。○知者固无不知,然常以所当务者为急,则事无不治,而其为知也大矣;仁者固无不爱,然常急于亲贤,则恩无不洽,而其为仁也博矣。

②饭,扶晚反。歠,昌悦反。○三年之丧,服之重者也。缌麻,三月;小功,五月,服之轻者也。察,致详也。放饭,大饭。流歠,长歠,不敬之大者也。齿决,啮断干肉,不敬之小者也。问,讲求之意。○此章言君子之于道,识其全体,则心不狭;知所先后,则事有序。丰氏曰:"智不急于先务,虽遍知人之所知、遍能人之所能,徒弊精神,而无益于天下之治矣。仁不急于亲贤,虽有仁民爱物之心,小人在位,无由下达,聪明日蔽于上,而恶政日加于下,此孟子所谓不知务也。"

卷第十四

尽心下

【原文】

孟子曰："不仁哉,梁惠王也! 仁者以其所爱及其所不爱,不仁者以其所不爱及其所爱。"①公孙丑曰："何谓也?""梁惠王以土地之故,糜烂其民而战之,大败;将复之,恐不能胜,故驱其所爱子弟以殉之,是之谓以其所不爱及其所爱也。"②

【朱子集注】

①亲亲而仁民,仁民而爱物,所谓以其所爱及其所不爱也。

②梁惠王以下,孟子答辞也。糜烂其民,使之战斗,糜烂其血肉也。复之,复战也。子弟,谓太子申也。以土地之故及其民,以民之故及其子,皆以其所不爱及其所爱也。〇此承前篇之末三章之意,言仁人之恩,自内及外;不仁之祸,由疏逮亲。

【原文】

孟子曰："春秋无义战。彼善于此,则有之矣。①征者,上伐下也,敌国不相征也。"②

【朱子集注】

①《春秋》每书诸侯战伐之事,必加讥贬,以著其擅兴之罪,无有以为合于义而许之者。但就中彼善于此者则有之,如召陵之师之类是也。

②征,所以正人也。诸侯有罪,则天子讨而正之,此春秋所以无义战也。

【原文】

孟子曰："尽信《书》,则不如无《书》。①吾于《武成》,取二三策而已矣。②仁人无敌于天下。以至仁伐至不仁,而何其血之流杵也?"③

【朱子集注】

①程子曰:"载事之辞,容有重称而过其实者,学者当识其义而已。苟执于辞,则时或有害于义,不如无《书》之愈也。"

②《武成》,《周书》篇名,武王伐纣归而记事之书也。策,竹简也。取其二三策之言,其余不可尽信也。程子曰:"取其奉天伐暴之意,反政施仁之法而已。"

③杵,舂杵也。或作卤,楯也。《武成》言武王伐纣,纣之"前徒倒戈,攻于后以北,血流漂杵。"孟子言此则其不可信者。然《书》本意,乃谓商人自相杀,非谓武王杀之也。孟子之设是言,惧后世之惑,且长不仁之心耳。

【原文】

孟子曰:"有人曰:'我善为陈,我善为战。'大罪也。①国君好仁,天下无敌焉。②南面而征,北狄怨;东面而征,西夷怨。曰:'奚为后我?'③武王之伐殷也,革车三百两,虎贲三千人。④王曰:'无畏!宁尔也,非敌百姓也。'若崩厥角稽首。⑤征之为言正也,各欲正己也,焉用战?"⑥

【朱子集注】

①陈,去声。○制行伍曰陈,交兵曰战。

②好,去声。

③此引汤之事以明之,解见前篇。

④两,去声。贲,音奔。○又以武王之事明之也。两,车数,一车两轮也。千,《书序》作百。

⑤《书·泰誓》文与此小异。孟子之意当云:王谓商人曰:"无畏我也。我来伐纣,本为安宁汝,非敌商之百姓也。"于是,商人稽首至地,如角之崩也。

⑥焉,於虔反。○民为暴君所虐,皆欲仁者来正己之国也。

【原文】

孟子曰:"梓匠轮舆能与人规矩,不能使人巧。"①

【朱子集注】

①尹氏曰:"规矩,法度可告者也。巧则在其人,虽大匠亦末如之何也已。盖下

学可以言传,上达必由心悟,庄周所论斫轮之意盖如此。"

【原文】

孟子曰:"舜之饭糗茹草也,若将终身焉。及其为天子也,被袗衣,鼓琴,二女果,若固有之。"①

师趛鬲

【朱子集注】

①饭,上声。糗,去久反。茹,音汝。袗,之忍反。果,《说文》作媒,乌果反。○饭,食也。糗,干糒也。茹,亦食也。袗,画衣也。二女,尧二女也。果,女侍也。言圣人之心,不以贫贱而有慕于外,不以富贵而有动于中,随遇而安,无预于己,所性分定故也。

【原文】

孟子曰:"吾今而后知杀人亲之重也:杀人之父,人亦杀其父;杀人之兄,人亦杀其兄。然则非自杀之也,一间耳。"①

【朱子集注】

①间,去声。○言吾今然后知者,必有所为而感发也。一间者,我往彼来,间一人耳,其实与自害其亲无异也。范氏曰:"知此则爱敬人之亲,人亦爱敬其亲矣。"

【原文】

孟子曰:"古之为关也,将以御暴。①今之为关也,将以为暴。"②

【朱子集注】

①讥察非常。

②征税出入。○范氏曰:"古之耕者什一,后世或收大半之税,此以赋敛为暴也。文王之囿,与民同之;齐宣王之囿,为阱国中,此以园囿为暴也。后世为暴,不止于关。若使孟子用于诸侯,必行文王之政,凡此之类,皆不终日而改也。"

【原文】

孟子曰:"身不行道,不行于妻子;使人不以道,不能行于妻子。"①

【朱子集注】

①身不行道者,以行言之。不行者,道不行也。使人不以道者,以事言之。不能行者,令不行也。

【原文】

孟子曰:"周于利者,凶年不能杀;周于德者,邪世不能乱。"①

【朱子集注】

①周,足也,言积之厚则用有余。

【原文】

孟子曰:"好名之人,能让千乘之国;苟非其人,箪食豆羹见于色。"①

【朱子集注】

①好、乘、食,皆去声。见,音现。○好名之人,矫情干誉,是以能让千乘之国。然若本非能轻富贵之人,则于得失之小者,反不觉其真情之发见矣。盖观人不于其所勉,而于其所忽,然后可以见其所安之实也。

【原文】

孟子曰:"不信仁贤,则国空虚。①无礼义,则上下乱。②无政事,则财用不足。"③

【朱子集注】

①空虚,言若无人然。

②礼义,所以辨上下,定民志。

③生之无道,取之无度,用之无节故也。○尹氏曰:"三者以仁贤为本。无仁贤,则礼义政事,处之皆不以其道矣。"

国学经典文库

孟子诠解

朱熹注评《孟子》

图文珍藏版

【原文】

孟子曰:"不仁而得国者,有之矣;不仁而得天下,未之有也。"①

【朱子集注】

①言不仁之人,骋其私智,可以盗千乘之国,而不可以得丘民之心。邹氏曰:"自秦以来,不仁而得天下者有矣,然皆一再传而失之,犹不得也。所谓得天下者,必如三代而后可。"

【原文】

孟子曰:"民为贵,社稷次之,君为轻。①是故得乎丘民而为天子,得乎天子为诸侯,得乎诸侯为大夫。②诸侯危社稷,则变置。③牺牲既成,粢盛既洁,祭祀以时,然而旱干水溢,则变置社稷。④

【朱子集注】

①社,土神。稷,谷神。建国则立坛壝以祀之。盖国以民为本,社稷亦为民而立,而君之尊,又系于二者之存亡,故其轻重如此。

②丘民,田野之民,至微贱也。然得其心,则天下归之。天子,至尊贵也,而得其心者,不过为诸侯耳。是民为重也。

③诸侯无道,将使社稷为人所灭,则当更立贤君,是君轻于社稷也。

④盛,音成。○祭祀不失礼,而土谷之神不能为民御灾捍患,则毁其坛壝而更置之,亦年不顺成、八蜡不通之意。是社稷虽重于君而轻于民也。

【原文】

孟子曰:"圣人,百世之师也,伯夷、柳下惠是也。故闻伯夷之风者,顽夫廉,懦夫有立志;闻柳下惠之风者,薄夫敦,鄙夫宽,奋乎百世之上。百世之下,闻者莫不兴起也。非圣人而能若是乎?而况于亲炙之者乎?"①

【朱子集注】

①兴起,感动奋发也。亲炙,亲近而熏炙之也。余见前篇。

【原文】

孟子曰:"仁也者,人也。合而言之,道也。"①

【朱子集注】

①仁者,人之所以为人之理也。然仁,理也;人,物也。以仁之理,合于人之身而言之,乃所谓道者也。程子曰:"《中庸》所谓率性之谓道是也。"〇或曰:"外国本'人也'之下,有'义也者宜也,礼也者履也,智也者知也,信也者实也'凡二十字。"今按:如此,则理极分明,然未详其是否也。

【原文】

孟子曰:"孔子之去鲁,曰:'迟迟吾行也。'去父母国之道也。去齐,接淅而行,去他国之道也。"①

【朱子集注】

①重出。

【原文】

孟子曰:"君子之戹于陈、蔡之间,无上下之交也。"①

【朱子集注】

①君子,孔子也。戹与厄同,君臣皆恶,无所与交也。

【原文】

貉稽曰:"稽大不理于口。"①孟子曰:"无伤也。士憎兹多口。②《诗》云:'忧心悄悄,愠于群小。'孔子也。'肆不殄厥愠,亦不陨厥问。'文王也。"③

【朱子集注】

①貉,音陌。〇赵氏曰:"貉,姓;稽,名。为众口所讪。"理,赖也。今按《汉书》无俚,《方言》亦训赖。

②赵氏曰:"为士者,益多为众口所讪。"按:此则憎当从土,今本皆从心,盖传

写之误。

③《诗·邶风·柏舟》及《大雅·绵》之篇也。悄悄,忧貌。愠,怒也。本言卫之仁人见怒于群小。孟子以为孔子之事,可以当之。肆,发语辞。陨,坠也。问,声问也。本言太王事昆夷,虽不能殄绝其愠怒,亦不自坠其声问之美。孟子以为文王之事,可以当之。○尹氏曰:"言人顾自处如何,尽其在我者而已。"

【原文】

孟子曰:"贤者以其昭昭,使人昭昭;今以其昏昏,使人昭昭。"①

【朱子集注】

①昭昭,明也。昏昏,暗也。尹氏曰:"《大学》之道,在自昭明德,而施于天下国家,其有不顺者寡矣。"

【原文】

孟子谓高子曰:"山径之蹊间,介然用之而成路。为间不用,则茅塞之矣。今茅塞子之心矣。"①

【朱子集注】

①介,音戛。○径,小路也。蹊,人行处也。介然,倏然之顷也。用,由也。路,大路也。为间,少顷也。茅塞,茅草生而塞之也。言理义之心。不可少有间断也。

【原文】

高子曰:"禹之声,尚文王之声。"①孟子曰:"何以言之?"曰:"以追蠡。"②曰:"是奚足哉? 城门之轨,两马之力与?"③

【朱子集注】

①尚,加尚也。丰氏曰:"言禹之乐,过于文王之乐。"

②追,音堆。蠡,音礼。○丰氏曰:"追,钟纽也。《周礼》所谓旋虫是也。蠡者,啮木虫也。言禹时钟在者,钟纽如虫啮而欲绝,盖用之者多,而文王之钟不然,是以知禹之乐过于文王之乐也。"

③与,平声。○丰氏曰:"奚足,言此何足以知之也。轨,车辙迹也。两马,一车

所驾也。城中之途容九轨，车可散行，故其辙迹浅。城门惟容一车，车皆由之，故其辙迹深。盖日久车多所致，非一车两马之力能使之然也。言禹在文王前千余年，故钟久而纽绝；文王之钟，则未久而纽全，不可以此而议优劣也。"○此章文义本不可晓，旧说相承如此，而丰氏差明白，故今存之，亦未知其是否也。

【原文】

齐饥。陈臻曰："国人皆以夫子将复为发棠，殆不可复。"[1]孟子曰："是为冯妇也。晋人有冯妇者，善搏虎，卒为善士。则之野，有众逐虎，虎负嵎，莫之敢撄。望见冯妇，趋而迎之。冯妇攘臂下车。众皆悦之，其为士者笑之。"[2]

【朱子集注】

[1]复，扶又反。○先时齐国尝饥，孟子劝王发棠邑之仓，以振贫穷。至此又饥，陈臻问言齐人望孟子复劝王发棠，而又自言恐其不可也。

[2]手执曰搏。卒为善士，后能改行为善也。之，适也。负，依也。山曲曰嵎。撄，触也。笑之，笑其不知止也。疑此时齐王已不能用孟子，而孟子亦将去矣，故其言如此。

【原文】

孟子曰："口之于味也，目之于色也，耳之于声也，鼻之于臭也，四肢之于安佚也，性也。有命焉，君子不谓性也。[1]仁之于父子也，义之于君臣也，礼之于宾主也，智之于贤者也，圣人之于天道也，命也。有性焉，君子不谓命也。"[2]

【朱子集注】

[1]程子曰："五者之欲，性也。然有分，不能皆如其愿，则是命也。不可谓我性之所有，而求必得之也。"愚按：不能皆如其愿，不止为贫贱。盖虽富贵之极，亦有品节限制，则是亦有命也。

[2]程子曰："仁、义、礼、智、天道，在人则赋于命者，所禀有厚薄清浊。然而性善可学而尽，故不谓之命也。"张子曰："晏婴智矣，而不知仲尼。是非命耶？"愚按：所禀者厚而清，则其仁之于父子也至，义之于君臣也尽，礼之于宾主也恭，智之于贤否也哲，圣人之于天道也，无不吻合而纯亦不已焉。薄而浊，则反是。是皆所谓命也。或曰：者当作否；人，衍字。更详之。○愚闻之师曰："此二条者，皆性之所有而命于

天者也。然世之人以前五者为性,虽有不得,而必欲求之;以后五者为命,一有不至,则不复致力,故孟子各就其重处言之,以伸此而抑彼也。张子所谓养则付命于天,道则责成于己,其言约而尽矣。"

【原文】

浩生不害问曰:"乐正子,何人也?"孟子曰:"善人也,信人也。"①"何谓善?何谓信?"②曰:"可欲之谓善,③有诸己之谓信,④充实之谓美,⑤充实而有光辉之谓大,⑥大而化之之谓圣,⑦圣而不可知之之谓神。⑧乐正子,二之中,四之下也。"⑨

【朱子集注】

①赵氏曰:"浩生,姓;不害,名,齐人也。"

②不害问也。

③天下之理,其善者必可欲,其恶者必可恶。其为人也,可欲而不可恶,则可谓善人矣。

④凡所谓善,皆实有之,如恶恶臭,如好好色,是则可谓信人矣。○张子曰:"志仁无恶之谓善,诚善于身之谓信。"

⑤力行其善,至于充满而积实,则美在其中而无待于外矣。

⑥和顺积中,而英华发外,美在其中,而畅于四支,发于事业,则德业至盛而不可加矣。

⑦大而能化,使其大者泯然无复可见之迹,则不思不勉,从容中道,而非人力之所能为矣。张子曰:"大可为也,化不可为也,在熟之而已矣。"

⑧程子曰:"圣不可知,谓圣之至妙,人所不能测。非圣人之上,又有一等神人也。"

⑨盖在善、信之间,观其从于子敖,则其有诸己者或未实也。张子曰:"颜渊、乐正子皆知好仁矣。乐正子志仁无恶而不致于学,所以但为善人、信人而已。颜子好学不倦,合仁与智,具体圣人,独未至圣人之止耳。"○程子曰:"士之所难者,在有诸己而已。能有诸己,则居之安、资之深,而美且大可以驯致矣。徒知可欲之善,而若存若亡而已,则能不受变于俗者鲜矣。"尹氏曰:"自可欲之善,至于圣而不可知之神,上下一理。扩充以至于神,则不可得而名矣。"

【原文】

孟子曰:"逃墨必归于杨,逃杨必归于儒。归,斯受之而已矣。①今之与杨、墨辩者,如追放豚,既入其苙,又从而招之。"②

【朱子集注】

①墨氏务外而不情,杨氏太简而近实,故其反正之渐,大略如此。归斯受之者,闵其陷溺之久,而取其悔悟之新也。

②放豚,放逸之豕豚也。苙,阑也。招,罥也,羁其足也。言彼既来归,而又追咎其既往之失也。○此章见圣贤之于异端,距之甚严,而于其来归,待之甚恕。距之严,故人知彼说之为邪;待之恕,故人知此道之可反,仁之至,义之尽也。

【原文】

孟子曰:"有布缕之征,粟米之征,力役之征。君子用其一,缓其二。用其二,而民有殍。用其三,而父子离。"①

【朱子集注】

①征赋之法,岁有常数,然布缕取之于夏,粟米取之于秋,力役取之于冬,当各以其时。若并取之,则民力有所不堪矣。今两税三限之法,亦此意也。尹氏曰:"言民为邦本,取之无度,则其国危矣。"

【原文】

孟子曰:"诸侯之宝三:土地,人民,政事。宝珠玉者,殃必及身。"①

【朱子集注】

①尹氏曰:"言宝得其宝者安,宝失其宝者危。"

【原文】

盆成括仕于齐。孟子曰:"死矣盆成括!"盆成括见杀,门人问曰:"夫子何以知其将见杀?"曰:"其为人也小有才,未闻君子之大道也,则足以杀其躯而已矣。"①

【朱子集注】

①盆成,姓;括,名也。恃才妄作,所以取祸。徐氏曰:"君子道其常而已。括有死之道焉,设使幸而获免,孟子之言犹信也。"

【原文】

孟子之滕,馆于上宫。有业屦于牖上,馆人求之弗得。①或问之曰:"若是乎从者之廋也?"曰:"子以是为窃屦来与?"曰:"殆非也。夫子之设科也,往者不追,来者不距。苟以是心至,斯受之而已矣。"②

【朱子集注】

①馆,舍也。上宫,别宫名。业屦,织之有次业而未成者。盖馆人所作,置之牖上而失之也。

②从、为,并去声。与,平声。夫子,如字,旧读为扶余者,非。○或问之者,问于孟子也。廋,匿也。言子之从者,乃匿人之物如此乎?孟子答之,而或人自悟其失,因言此从者固不为窃屦而来,但夫子设置科条以待学者,苟以向道之心而来,则受之耳,虽夫子亦不能保其往也。门人取其言,有合于圣贤之指,故记之。

【原文】

孟子曰:"人皆有所不忍,达之于其所忍,仁也;人皆有所不为,达之于其所为,义也。①人能充无欲害人之心,而仁不可胜用也。人能充无穿踰之心,而义不可胜用也。②人能充无受尔汝之实,无所往而不为义也。③士未可以言而言,是以言餂之也;可以言而不言,是以不言餂之也,是皆穿踰之类也。"④

【朱子集注】

①恻隐羞恶之心,人皆有之,故莫不有所不忍、不为,此仁义之端也。然以气质之偏、物欲之蔽,则于他事或有不能者。但推所能,达之于所不能,则无非仁义矣。

②胜,平声。○充,满也。穿,穿穴;踰,踰墙,皆为盗之事也。能推所不忍,以达于所忍,则能满其无欲害人之心,而无不仁矣。能推其所不为,以达于所为,则能满其无穿踰之心,而无不义矣。

③此申说上文充无穿踰之心之意也。盖尔汝,人所轻贱之称,人虽或有所贪昧隐忍而甘受之者,然其中心必有惭忿而不肯受之之实。人能即此而推之,使其充满,无所亏缺,则无适而非义矣。

④餂,音忝。○餂,探取之也。今人以舌取物曰餂,即此意也。便佞隐默,皆有意探取于人,是亦穿踰之类也。然其事隐微,人所易忽,故特举以见例。明必推无穿

踰之心，以达于此而悉去之，然后为能充其无穿踰之心也。

【原文】

孟子曰："言近而指远者，善言也；守约而施博者，善道也。君子之言也，不下带而道存焉。[1]君子之守，修其身而天下平。[2]人病舍其田而芸人之田，所求于人者重，而所以自任者轻。"[3]

【朱子集注】

①施，去声。○古人视不下于带，则带之上乃目前常见至近之处也。举目前之近事，而至理存焉，所以为言近而指远也。

②此所谓守约而施博也。

③舍，音捨。○此言不守约而务博施之病。

【原文】

孟子曰："尧、舜，性者也；汤、武，反之也。[1]动容周旋中礼者，盛德之至也。哭死而哀，非为生者也。经德不回，非以干禄也；言语必信，非以正行也。[2]君子行法，以俟命而已矣。"[3]

【朱子集注】

①性者，得全于天，无所污坏，不假修为，圣之至也。反之者，修为以复其性，而至于圣人也。程子曰："性之、反之，古未有此语，盖自孟子发之。"吕氏曰："无意而安行，性者也；有意利行，而至于无意，复性者也。尧、舜不失其性，汤、武善反其性，及其成功则一也。"

②中、为、行，并去声。○细微曲折，无不中礼，乃其盛德之至。自然而中，而非有意于中也。经，常也。回，曲也。三者亦皆自然而然，非有意而为之也，皆圣人之事，性之之德也。

③法者，天理之当然者也。君子行之，而吉凶祸福有所不计，盖虽未至于自然，而已非有所为而为矣。此反之之事，董子所谓"正其义不谋其利，明其道不计其功"，正此意也。○程子曰："动容周旋中礼者，盛德之至。行法以俟命者，'朝闻道，夕死可矣'之意也。"吕氏曰："法由此立，命由此出，圣人也。行法以俟命，君子也。圣人性之，君子所以复其性也。"

【原文】

孟子曰:"说大人,则藐之,勿视其巍巍然。①堂高数仞,榱题数尺,我得志,弗为也。食前方丈,侍妾数百人,我得志,弗为也。般乐饮酒,驱骋田猎,后车千乘,我得志,弗为也。在彼者,皆我所不为也;在我者,皆古之制也,吾何畏彼哉?"②

【朱子集注】

①说,音税。藐,音眇。〇赵氏曰:"大人,当时尊贵者也。藐,轻之也。巍巍,富贵高显之貌。藐焉而不畏之,则志意舒展,言语得尽也。"

②榱,楚危反。般,音盘。乐,音洛。乘,去声。〇榱,桷也。题,头也。食前方丈,馔食列于前者,方一丈也。此皆其所谓巍巍然者,我虽得志,有所不为,而所守者皆古圣贤之法,则彼之巍巍者何足道哉!〇杨氏曰:"《孟子》此章,以己之长,方人之短,犹有此等气象,在孔子则无此矣。"

【原文】

孟子曰:"养心莫善于寡欲。其为人也寡欲,虽有不存焉者,寡矣;其为人也多欲,虽有存焉者,寡矣。"①

【朱子集注】

①欲,如口鼻耳目四支之欲,虽人之所不能无,然多而不节,未有不失其本心者,学者所当深戒也。程子曰:"所欲不必沉溺,只有所向便是欲。"

【原文】

曾皙嗜羊枣,而曾子不忍食羊枣。①公孙丑问曰:"脍炙与羊枣孰美?"孟子曰:"脍炙哉!"公孙丑曰:"然则曾子何为食脍炙而不食羊枣?"曰:"脍炙所同也,羊枣所独也。讳名不讳姓,姓所同也,名所独也。"②

【朱子集注】

①羊枣,实小黑而圆,又谓之羊矢枣。曾子以父嗜之,父殁之后,食必思亲,故不忍食也。

②肉聂而切之为脍。炙,炙肉也。

【原文】

万章问曰:"孔子在陈,曰:'盍归乎来! 吾党之士狂简,进取,不忘其初。'孔子在陈,何思鲁之狂士?"①孟子曰:"孔子'不得中道而与之,必也狂獧乎! 狂者进取,獧者有所不为也'。孔子岂不欲中道哉? 不可必得,故思其次也。"②"敢问何如斯可谓狂矣?"③曰:"如琴张、曾皙、牧皮者,孔子之所谓狂矣。"④"何以谓之狂也?"⑤曰:"其志嘐嘐然,曰:'古之人,古之人。'夷考其行,而不掩焉者也。⑥狂者又不可得,欲得不屑不洁之士而与之,是獧也,是又其次也。⑦孔子曰:'过我门而不入我室,我不憾焉者,其惟乡原乎! 乡原,德之贼也。'"曰:"何如斯可谓之乡原矣?"⑧曰:"'何以是嘐嘐也? 言不顾行,行不顾言,则曰古之人,古之人。行何为踽踽凉凉? 生斯世也,为斯世也,善斯可矣。'阉然媚于世也者,是乡原也。"⑨万子曰:"一乡皆称原人焉,无所往而不为原人,孔子以为德之贼,何哉?"⑩曰:"非之无举也,刺之无刺也,同乎流俗,合乎污世,居之似忠信,行之似廉洁,众皆悦之,自以为是,而不可与入尧、舜之道,故曰德之贼也。⑪孔子曰:'恶似而非者:恶莠,恐其乱苗也;恶佞,恐其乱义也;恶利口,恐其乱信也;恶郑声,恐其乱乐也;恶紫,恐其乱朱也;恶乡原,恐其乱德也。'⑫君子反经而已矣。经正,则庶民兴;庶民兴,斯无邪慝矣。"⑬

【朱子集注】

①盍,何不也。狂简,谓志大而略于事。进取,谓求望高远。不忘其初,谓不能改其旧也。此语与《论语》小异。

②獧,音绢。○不得中道至有所不为,据《论语》,亦孔子之言。然则"孔子"字下当有"曰"字。《论语》道作行,獧作狷。有所不为者,知耻自好,不为不善之人也。孔子岂不欲中道以下,孟子言也。

③万章问也。

④琴张,名牢,字子张。子桑户死,琴张临其丧而歌,事见《庄子》。虽未必尽然,要必有近似者。曾皙,见前篇。季武子死,曾皙倚其门而歌,事见《檀弓》。又,言志异乎三子者之撰,事见《论语》。牧皮,未详。

⑤万章问。

⑥嘐,火交反。行,去声。○嘐嘐,志大言大也。重言古之人,见其动辄称之,不一称而已也。夷,平也。掩,覆也。言平考其行,则不能覆其言也。程子曰:"曾皙言志,而夫子与之。盖与圣人之志同,便是尧、舜气象也。特行有不掩焉耳,此所

⑦此因上文所引,遂解所以思得獦者之意。狂,有志者也;獦,有守者也。有志者能进于道,有守者不失其身。屑,洁也。

⑧乡人非有识者。原与愿同。《荀子》"原悫",字皆读作愿,谓谨愿之人也。故乡里所谓愿人,谓之乡原。孔子以其似德而非德,故以为德之贼。过门不入而不恨之,以其不见亲就为幸,深恶而痛绝之也。万章又引孔子之言而问也。

⑨行,去声。踽,其禹反。阉,音奄。○踽踽,独行不进之貌。凉凉,薄也,不见亲厚于人也。乡原讥狂者曰:何用如此嘐嘐然,行不掩其言,而徒每事必称古人邪?又讥獦者曰:何必如此踽踽凉凉,无所亲厚哉?人既生于此世,则当但为此世之人,使当世之人皆以为善则可矣。此乡原之志也。阉,如奄人之奄,闭藏之意也。媚,求悦于人也。孟子言此深自闭藏,以求亲媚于世,是乡原之行也。

⑩原,亦谨厚之称,而孔子以为德之贼,故万章疑之。

⑪吕侍讲曰:"言此等之人,欲非之则无可举,欲刺之则无可刺也。"流俗者,风俗颓靡,如水之下流,众莫不然也。污,浊也。非忠信而似忠信,非廉洁而似廉洁。

⑫恶,去声。莠,音有。○孟子又引孔子之言以明之。莠,似苗之草也。佞,才智之称,其言似义而非义也。利口,多言而不实者也。郑声,淫乐也。乐,正乐也。紫,间色也。朱,正色也。乡原,不狂不獦,人皆以为善,有似乎中道而实非也,故恐其乱德。

⑬反,复也。经,常也,万世不易之常道也。兴,兴起于善也。邪慝,如乡原之属是也。世衰道微,大经不正,故人人得为异说以济其私,而邪慝并起,不可胜正。君子于此,亦复其常道而已。常道既复,则民兴于善,而是非明白,无所回互,虽有邪慝,不足以惑之矣。○尹氏曰:"君子取夫狂獦者,盖以狂者志大而可与进道,獦者有所不为而可与有为也。所恶于乡原,而欲痛绝之者,为其似是而非,惑人之深也。绝之之术无他焉,亦曰反经而已矣。"

【原文】

孟子曰:"由尧、舜至于汤,五百有余岁,若禹、皋陶,则见而知之;若汤,则闻而知之。①由汤至于文王,五百有余岁,若伊尹、莱朱,则见而知之;若文王,则闻而知之。②由文王至于孔子,五百有余岁,若太公望、散宜生,则见而知之;若孔子,则闻而知之。③由孔子而来至于今,百有余岁,去圣人之世,若此其未远也;近圣人之居,若此其甚也,然而无有乎尔,则亦无有乎尔。"④

【朱子集注】

①赵氏曰:"五百岁而圣人出,天道之常。然亦有迟速,不能正五百年,故言有余也。"尹氏曰:"知,谓知其道也。"

②赵氏曰:"莱朱,汤贤臣。"或曰:"即仲虺也,为汤左相。"

③散,素亶反。〇散,氏;宜生,名;文王贤臣也。子贡曰:"文、武之道,未坠于地,在人。贤者识其大者,不贤者识其小者,莫不有文、武之道焉。夫子焉不学?"此所谓闻而知之也。

④林氏曰:"孟子言孔子至今时未远,邹鲁相去又近,然而已无有见而知之者矣;则五百余岁之后,又岂复有闻而知之者乎?"愚按:此言虽若不敢自谓已得其传,而忧后世遂失其传,然乃所以自见其有不得辞者,而又以见夫天理民彝不可泯灭,百世之下,必将有神会而心得之者耳。故于篇终,历序群圣之统,而终之以此,所以明其传之有在,而又以俟后圣于无穷也,其指深哉!〇有宋元丰八年,河南程颢伯淳卒。潞公文彦博题其墓曰:"明道先生。"而其弟颐正叔序之曰:"周公殁,圣人之道不行;孟轲死,圣人之学不传。道不行,百世无善治;学不传,千载无真儒。无善治,士犹得以明夫善治之道,以淑诸人,以传诸后;无真儒,则天下贸贸焉莫知所之,人欲肆而天理灭矣。先生生乎千四百年之后,得不传之学于遗经,以兴起斯文为己任。辨异端,辟邪说,使圣人之道焕然复明于世。盖自孟子之后,一人而已。然学者于道不知所向,则孰知斯人之为功? 不知所至,则孰知斯名之称情也哉?"

第四章　张居正注评《孟子》

孟子卷一

梁惠王章句上

【原文】

孟子见梁惠王。

【张居正注评】

梁惠王名罃。本魏侯，都大梁，僭称王，谥曰惠。孟子在当时，以道自重，不见诸侯。适梁惠王卑礼厚币以招贤者，乃是一个行道的机会，因往见之。

【原文】

王曰："叟，不远千里而来，亦将有以利吾国乎？"

【张居正注评】

"叟"是长老之称，如今称老先生一般。惠王一见孟子，尊称之说："叟，你自邹至梁，不惮千里之远而来，有何计策，可以利益寡人之国乎？"

【原文】

孟子对曰："王！何必曰利？亦有仁义而已矣。"

【张居正注评】

孟子对说："王欲图国事，何必开口就说个利字？治国之道，亦有仁义而已矣。"仁者，心之德，爱之理；义者，心之制，事之宜。这是人君君国子民，立纲陈纪的大道理。舍此不言而言利，岂予千里见王之心哉！

【原文】

"王曰：'何以利吾国?'大夫曰：'何以利吾家?'士庶人曰：'何以利吾身?'上下交征利而国危矣。万乘之国，弑其君者，必千乘之家；千乘之国，弑其君者，必百乘之家。万取千焉，千取百焉，不为不多矣，苟为后义而先利，不夺不餍。"

【张居正注评】

这一节是说求利之害。征，是取。乘，是车数。万乘，是天子之国，千乘是诸侯之国。千乘之家，是天子的公卿，百乘之家，是诸侯的大夫。餍，是满足的意思。孟子说："我所以谓王不当言利者，盖以王乃一国之主，人之表率。王若惟利是求，说何以利吾国，则此端一倡，人皆效尤。为大夫的，便计算说何以利吾家；为士庶人的，便计算说何以利吾身。上取利于下，下取利于上，上下交相征利，而弑夺之祸起，国从此危矣。将见万乘之国，弑其君者，必是千乘之家；千乘之国，弑其君者，必是百乘之家。盖地位相近，则凌夺易生，必然之势也。夫公卿于天子，万乘之中，十取其一，而得千乘焉。大夫于诸侯，千乘之中，十取其一，而得百乘焉。所得不为不多矣。若以义为后，而以利为先，则纵欲贪饕，何有止极！不弑其君而尽夺之，其心固未肯自以为餍足也，国岂有不危者哉！夫求利之端一开于上，而弑夺之祸遂成于下，则利之为害，甚可畏矣，王岂可以此为言乎?"

【原文】

"未有仁而遗其亲者也，未有义而后其君者也。"

【张居正注评】

这一节是说仁义未尝不利。遗，是弃。后，是不着紧的意思。孟子又说："我谓治国之道，在仁义者，盖以仁义有自然之利故也。今夫人君之治国家，不过欲人皆孝于亲，忠于君而已。人而不仁，固有遗弃其亲而不顾者。诚能好仁，则天性之爱，自笃于所亲；凡所以承颜顺志，左右就养者，皆其情之不容已者也。几曾见有仁之人，而肯遗弃其亲者乎? 人而不义，固有背慢其君而不敬者。诚能好义，则敬事之念，自先于所尊；凡所以纾忠尽力，奔走服役者，皆其分之无所逃者也。几曾见有好义之人,而肯背慢其君者乎?夫使举国之人,个个是忠臣孝子,都来亲戴其上,国家之利,孰大于此。而皆自仁义中得之,则仁义曷尝不利乎?王欲图治,固不必舍此而他求矣。"

【原文】

"王亦曰仁义而已矣,何必曰利。"

【张居正注评】

孟子重言以结上文两节之意。说道:"求利有莫大之害,行仁义有莫大之利。则天理人欲之间,关系治乱安危,非细故矣。王欲为国,亦惟曰仁义而已矣,何必言利以启危亡之祸哉!"按当时王道不明,人心陷溺,列国游士,争为功利之说,阿顺时君,干进苟合。而孟子独举仁义为言,所以遏人欲之横流,存天理于既灭,其有功于世道大矣。七篇之中,无非此意,读者宜详味焉。

【原文】

孟子见梁惠王。王立于沼上,顾鸿雁麋鹿,曰:"贤者亦乐此乎?"孟子对曰:"贤者而后乐此,不贤者虽有此不乐也。"

【张居正注评】

沼是池。鸿是雁之大者。麋是鹿之大者。孟子见梁惠王,正遇惠王在苑囿中游赏,立于池沼之上。忽见孟子,有惭愧的意思。因看着那鸿雁麋鹿,问孟子说:"吾闻贤德之君,修身勤政,不事佚游,岂亦以此台池鸟兽为乐乎?"孟子对说:"遇景赏玩,人之常情;虽贤德之君,亦曷尝不以此为乐。但惟贤者而后能乐此。盖君有贤德,则民心欢感,和气流通,故能享此台池鸟兽之乐。若夫不贤之君。民心离而国势蹙,虽有此台池鸟兽,不能享其乐也。是好乐虽同,而有能享不能享之异;惟视民心之得失何如耳。"孟子此言,既以释惠王之惭,亦欲因其机而引之于当道也。

【原文】

"《诗》云:'经始灵台,经之营之。庶民攻之,不日成之。经始勿亟,庶民子来。王在灵囿,麀鹿攸伏。麀鹿濯濯,白鸟鹤鹤。王在灵沼,于牣鱼跃。'文王以民力为台为沼,而民欢乐之。谓其台曰灵台,谓其沼曰灵沼,乐其有麋鹿鱼鳖。古之人与民偕乐,故能乐也。”

【张居正注评】

诗是《大雅·灵台》之篇。经是量度。营是谋为。攻是治。亟是速。麀鹿是牝鹿。伏是驯伏。濯濯是肥泽。鹤鹤是洁白的模样。牣是充满。古之人,指文王说。偕乐是同乐。孟子承上文说:“我谓贤者而后乐此,惟周文王为然。《诗·大雅·灵台》之篇说,文王始作灵台,方经度营谋,众百姓每,已都来攻治,不数日之间,就完成了。在文王之心,惟恐劳民,每戒令不要急速。而民心自然乐于供役,竭力争先,如子趋父事一般。其台既成,台下有囿。文王在于灵囿,则见麀鹿驯伏而不惊,濯濯而肥泽。白鸟鹤鹤而鲜洁,若是其可爱焉。囿中有沼,文王在于灵沼,则但见鱼之跳跃者,充满于池中,若是其众多焉。诗之所言如此。夫文王用民之力,为台为沼,宜乎百姓劳而生怨矣。今乃不惟不以为劳,而反欢乐之,称其台叫作灵台,称其沼叫作灵沼。言其成就之速,恰似神灵之所为一般。又乐其囿中有麋鹿,沼中有鱼鳖,而叹美之无已。夫民乐文王之乐如此,其故何哉? 盖由文王平日能施行仁政,爱养下民,使百姓每都饱食暖衣,安居乐业。所以百姓每都欢欣爱戴,亦乐其有此台池鸟兽,而文王得以享其乐也。此非贤者而后乐此之明徵哉!”

【原文】

“《汤誓》曰:‘时日害丧,予及女偕亡。’民欲与之偕亡,虽有台池鸟兽,岂能独乐哉?”

【张居正注评】

《汤誓》是《商书》篇名。时字,解做是字。害字,解做何字。孟子又说:“我所谓不贤者虽有此不乐,观于夏桀之事可见。昔桀尝自言,吾有天下,如天之有日,日亡吾乃亡耳。民怨其虐,因就其言而指日说:此日何时亡乎? 若亡,则我宁与之俱亡。盖欲其亡之速也。夫为君者独乐,而不恤其民,致使下民违怨诅咒,欲与之俱亡;当此之时,一身且不能保,虽有台池鸟兽,安能晏然于上而独享其乐哉? 此我所以说,不贤者虽有此不乐也。”抑游观之乐,圣王不废;然至于游于佚,则又切切戒之。故台沼虽设,而文王方且视民如伤,不遑暇食,则其忧勤之心可想矣。夏桀荒于宴乐,遂至琼宫瑶台,竭天下之财力以自奉,丛民之怨,不亦宜乎? 明主所宜深念也。”

【原文】

梁惠王曰:"寡人之于国也,尽心焉耳矣。河内凶,则移其民于河东,移其粟于河内;河东凶亦然。察邻国之政,无如寡人之用心者;邻国之民不加少,寡人之民不加多,何也?"

【张居正注评】

河内、河东都是魏地。凶是年岁饥荒。昔梁惠王自负其恤民之政,因夸示于孟子说:"人君治国,以恤民为先,而恤民以救荒为急。若寡人之治国也,其于恤民之事,可谓竭尽其心而无以加矣。有时河内饥荒,河东收成,则使河内之民,少壮者都移居河东地方就食。却将河东的粮食,转运于河内,以养赡那老幼之不能迁移者。或遇河东饥荒,河内收成,则移民于河内,移粟于河东,也依照前法而行。我遍察邻国之政,非无岁凶的时节,然皆漫无料理,未有如寡人这样用心者,宜乎民之去邻国而归寡人也。乃今邻国之民,较之于我不见其加少;寡人之民,较之于彼不见其加多。其故何哉?"夫移民移粟,虽荒政之所不废,然不过一时权宜之术而已。惠王遽以是为尽心,欲求胜于邻国,其所见者小矣。

【原文】

孟子对曰:"王好战,请以战喻。填然鼓之,兵刃既接,弃甲曳兵而走;或百步而后止,或五十步而后止,以五十步笑百步,则何如?"曰:"不可。直不百步耳,是亦走也。"曰:"王如知此,则无望民之多于邻国也。"

【张居正注评】

喻是比喻。填然是鼓声。直字,解做但字。孟子因梁惠王以恤民自负,乃设喻以晓之

豆闭簋

说:"王平素好战斗之事,请即以战为比喻。夫战者两军相当,填然鼓之;兵刃既接,胜败分矣。那败的抛弃了甲胄,拖曳着兵器,脱身逃走。或有走到百步之远而后止者,或有走到五十步而后止者。那走到五十步的,就笑那百步的人,以为无勇,则王以为何如?"惠王说:"不可。这走五十步的,但未至于百步耳,同一败走也,乌可以近而笑远乎!"孟子遂就其明而通之说:

"王若知五十步不可以笑百步,则无望民之多于邻国矣。盖治国以王道为要,犹战者以克敌为能。今邻国不恤其民,而吾王能行小惠,固为差胜;然其不能行王道,则一而已矣。比之战者,特五十步之走耳,乌可以此而笑彼哉。王诚能力行王政,则民不求多而自多,国不期富而自富矣。"

【原文】

"不违农时,谷不可胜食也;数罟不入洿池,鱼鳖不可胜食也;斧斤以时入山林,材木不可胜用也。谷与鱼鳖不可胜食,材木不可胜用,是使民养生丧死无憾也。养生丧死无憾,王道之始也。"

【张居正注评】

农时,是耕耘收获之时。罟,是鱼网。数罟,是密网。洿池,是洼下聚水的去处。憾字,解做恨字。孟子又说:"治国莫要于王政,而王政必先于养民。为治之初,法制未备,且因天地自然之利,而尽撙节爱养之宜。如农时乃五谷所自出,必爱惜民力,勿妨其务农之时,则民得尽力于南亩,而五谷不可胜食矣。洿池乃鱼鳖所聚,必禁绝密网,勿使入于洿池之中,则川泽不竭于渔,而鱼鳖不可胜食矣。山林乃材木所生,必限制斧斤,直待草林零落之时,方许其入,则萌蘖得有所养,而材木不可胜用矣。谷与鱼鳖不可胜食,材木不可胜用,则饮食宫室有所资,而民之养生者,得遂其愿。祭祀棺椁有所备,而民之丧死者,得尽其情。是使民养生丧死,两无所憾也。养生丧死无憾,则民心得而邦本固,法制自此而可立,教化自此而可兴矣。王道之始事如此。"

【原文】

"五亩之宅,树之以桑,五十者可以衣帛矣。鸡豚狗彘之畜,无失其时,七十者可以食肉矣。百亩之田,勿夺其时,数口之家,可以无饥矣。谨庠序之教,申之以孝悌之义,颁白者不负戴于道路矣。七十者衣帛食肉,黎民不饥不寒,然而不王者,未之有也。"

【张居正注评】

树,是栽种。庠、序,俱是学名。申,是丁宁反复的意思。颁白,是老人头发半白半黑者。背上驮着叫作负,头上顶着叫作戴,皆用力劳苦之事。黎民,是少壮黑发之民。孟子又说:"因天地自然之利,而行撙节爱养之政,不过王道之始事耳。兹欲使百姓家给人足,各遂其生,各复其性,须定为经制。一夫与田百亩,外又有五亩宅舍。宅舍周围墙下,都叫他种植桑树,以供蚕事,则丝帛有出,而五十非帛不暖者,可以衣帛矣。鸡豚狗彘之畜,不要误了他孕字之时,则生息繁盛,而七十非肉不饱者,可以食肉矣。百亩之田,不妨碍他耕耘收获的时候,则民得尽力农亩,一家数口,都有养赡,可无饥饿之患矣。这都是养民之事,民得其养,则教化可施。必着实举行那庠序中的条教。就中所教有孝悌两端,尤为紧切。又丁宁告语以致其中重之意,则民知爱亲敬长,乐为代劳,那年高颁白之人,无有负戴于道路者矣,这是教民之事。夫教养兼举,而治化大行,以至于七十者衣帛食肉,黎民不饥不寒,则人心无不爱戴,四方无不归往。如是而不能一统天下,以至于王者,理之所未有也。"此是王道之成,人君必如是而后为尽心耳,彼一时之小惠,岂足道哉?

【原文】

"狗彘食人食而不知检,途有饿莩而不知发;人死,则曰:'非我也,岁也。'是何异于刺人而杀之,曰:'非我也,兵也。'王无罪岁,斯天下之民至焉。"

【张居正注评】

检,是节制。莩,是饿死的人。发,是发仓廪以赈济。孟子又说:"王不举行王道,既无常产与民,又使狗彘得以食人之食,而不知爱惜减省;至于途有饿莩,又不知急发仓廪,以行赈贷。如是而民饥以死者,乃王之罪,非关岁凶也。王乃曰:'非我也,岁也。'是何异以兵器刺人而杀之,乃曰:'非我也,兵也。'夫操兵在人,杀人乃操兵者之罪;养民在君,民不加多,乃君失政之罪也。王诚不归罪于岁凶而勉行王道,则天下之民,皆将闻风而来归矣,岂但加多于邻国而已哉?夫天灾流行,国家代有。惟平时有三年九年之蓄,临时有议赈蠲租之政,则水旱不能为灾,而移民移粟,可无用矣。"此孟子告惠王之意也。

【原文】

梁惠王曰:"寡人愿安承教。"

【张居正注评】

梁惠王因孟子说行小惠不如行王道,宜罪己不宜罪岁凶,有感于心,遂虚己以请说:"寡人愿安心以受教。"盖望其尽言而无隐也。

【原文】

孟子对曰:"杀人以梃与刃,有以异乎?"曰:"无以异也。"

【张居正注评】

梃,是杖。孟子因梁惠王有求教之诚,遂因其机而先问之说:"杀人者,或用梃杖,或用兵刃,这两件有以异乎?"王说:"梃之与刃,其器虽不同,而同一致人于死,无以异也。"

【原文】

"以刃与政,有以异乎?"曰:"无以异也。"

【张居正注评】

孟子又问说:"杀人者,或以虐政,或以兵刃,这两件有以异乎?"王又说:"政之与刃,其事虽不同,而同一致人于死,无以异也。"

【原文】

曰:"庖有肥肉,厩有肥马;民有饥色,野有饿莩;此率兽而食人也。"

【张居正注评】

孟子因梁惠王说,虐政之杀人,同于兵刃,遂直言以匡正之说:"今王厚敛于民,以养禽兽,只见得庖厨中有肥肉,厩房中有肥马,而穷民有饥馁之色,野外有饿死之人,此何以异于驱禽兽而食人乎? 然则王以虐政杀人,真与兵刃无异矣,何不反求而亟图之乎?"

【原文】

"兽相食,且人恶之。为民父母,行政不免于率兽而食人,恶在其为民父母也?"

【张居正注评】

孟子又承上文说:"率兽食人,乃虐政之大者,其失人心而促国脉,皆在于此,不可不急改也。且如兽本异类,其自相吞噬,与人无预,人之见者,尤且恶之。况人君乃民之父母,民皆赖以为生者。乃今恣行虐政,至于率兽而食人,其视赤子之躯命,反兽类之不如矣。残忍如此,何在其为民之父母也哉?"

【原文】

"仲尼曰:'始作俑者,其无后乎!'为其象人而用之也。如之何其使斯民饥而死也?"

【张居正注评】

俑,是从葬的木偶人。古之葬者,束草为人以为从卫,叫作刍灵,略似人形而已。中古更易以俑,则有面目机发,能转动跳跃,如活人一般。故孔子恶之说:"始初作俑以从葬者,此人不仁甚矣,其无后乎?"夫仲尼所以深恶作俑之人者为何? 盖因其用生人之形,为送死之具,意涉于残忍故也。夫像人以从葬,非真致人于死也,而仲尼犹且恶之如此。况实以虐政残民,使民饥饿而死,其为不仁,尤甚于作俑者矣。如之何其可哉? 孟子之意,盖欲启发惠王不忍人之心,而引之以志于仁,故其言之激切如此。然由此章而观,人君之所自奉者,不过庖肉厩马而已。而其弊遂至于率兽食人,使厚敛之虐,同于操刃;不仁之祸,浮于作俑;则奢欲之为害,岂不大哉! 明主能以此言而体察民情,必且恻然动念,凡所以约己裕民者,当无所不至矣。

【原文】

梁惠王曰:"晋国天下莫强焉,叟之所知也。及寡人之身,东败于齐,长子死焉。西丧地于秦七百里,南辱于楚。寡人耻之,愿比死者一洒之,如之何则可?"

【张居正注评】

梁惠王问孟子说:"吾晋国在先世时,地广兵众。论其强盛,天下诸侯之国,无过之者,这是叟所明知也。及传至寡人之身,则东与齐战,兵败而长子被杀。西为秦人所侵,丧失河内外之地,凡七百里。南又为楚人所辱,不能与抗。是寡人贻辱于晋国之先君也,寡人耻之。今欲为先人一洗此辱,不知作何样经画乃可,愿明以告我也。"

【原文】

孟子对曰:"地方百里而可以王。"

孟子对说:"王莫说丧败之后,国势弱小,不足有为。若还有志自强,就是地方百里的小国,亦可以王于天下,岂但雪耻而已哉。"

【原文】

"王如施仁政于民,省刑罚,薄税敛,深耕易耨,壮者以暇日修其孝悌忠信,入以事其父兄,出以事其长上,可使制梃以挞秦楚之坚甲利兵矣。"

【张居正注评】

易,是用功到。耨,是锄草。孟子又说:"所谓百里可王者如何?王若施行仁政以及于民,于刑罚则省之,而用法以宽;于税敛则薄之,而取民有制。使百姓每得安其生业,尽力于农亩,春而深耕,布种得好;夏而易耨,锄治得到。那少壮的百姓,又以闲暇的时候,讲明孝悌忠信的道理,入以此事其父兄,出以此事其长上。衣食既足,礼让自兴。那百姓每戴上恩德,人人都有个亲上死长的义气。遇着敌国外患,必能出力报效,敢勇当先。虽以秦楚之强国,坚甲利兵,天下莫能当者,可使斩木为梃以挞之,而取胜于万全矣,况其他乎?臣所谓百里可王者以此。王能勉行仁政,又何以弱小为患哉?"

【原文】

"彼夺其民时,使不得耕耨以养其父母。父母冻饿,兄弟妻子离散。"

【张居正注评】

彼,指敌国而言。孟子又说:"我谓制梃可以挞秦楚之坚甲利兵者,非恃我能胜彼,彼固有可乘之衅也。彼国烦刑重敛,行政不仁,把百姓每务农的时候,都被他妨误了,使不得深耕易耨,尽力农事,以养其父母。致使其父母冻饿,而衣食无所仰给;兄弟妻子离散,而室家不能相保。此惟救死而恐不赡,何暇修孝悌忠信之行哉?"

【原文】

"彼陷溺其民,王往而征之,夫谁与王敌?"

【张居正注评】

承上文说:"彼国暴虐其民,使之冻饿离散,就如陷之于阱,溺之于水的一般,其结怨于民也深矣。吾王趁着此时,率吾尊君亲上之民,往正其罪。彼民方怨恨其上,一闻王师,都欣然乐归于我,谁肯为他出力用命而与王拒敌者哉?此我所以说,可使制梃以挞秦楚之坚甲利兵也。"

【原文】

"故曰:'仁者无敌。'王请勿疑。"

【张居正注评】

孟子又总结上文说:"王能发政施仁,则天下之人莫不归心。不仁者陷溺其民,则虽本国之民,不为用命。是以古语有云:'仁者无敌。'盖言民心所归,则强弱大小非所校也。我所谓百里可王,制梃可挞秦楚之甲兵者,亦有见于此耳。王请勿以予言为疑,而断然以发政施仁为务,虽以梁,王可也。尚何先人之耻不可雪哉?"按,此章惠王之志,在于报怨,而孟子之论,在于救民。盖能救民,则不必报怨,而自足以克敌;不能救民,而徒志于报怨,将兵连祸结,而丧败滋多矣。是以帝王之道,贵在自治,不以小忿而忘远图,正此意也。

【原文】

孟子见梁襄王,出,语人曰:"望之不似人君,就之而不见所畏焉。卒然问曰:'天下恶乎定?'吾对曰:'定于一。'"

【张居正注评】

梁襄王,是梁惠王之子。卒然,是急遽的模样。孟子见梁襄王,知其不足与有为,乃出而告人说道:"容貌词气,乃德之符。我今见王,远而望之,不似为人君的气象;近而就之,不见有可畏之威。且卒然而问我说:'当今天下诸侯,纷纷战争,何时平定?'我对说:'必待天下一统,则自然平定,无有战争矣。'"

【原文】

"'孰能一之?'对曰:'不嗜杀人者能一之。'"

嗜，是心所好尚。孟子又述其问答之言说道："王问我说：'今之诸侯，各君其国，各子其民，谁能统一天下？'我对说：'今天下惟争地争城，日以战斗为事，所以四分五裂，不能相一。惟是仁德之君，不好杀人者，则四方之民归之，而天下可一矣。'夫天以好生为德，人君奉天子民，惟在常存好生之心而已。创业之君，常存此心，则可以结人心而成混一之功。守成之君，常存此心，则可以寿国脉而保无疆之祚。"孟子此言，真万世人君之要道也。

【原文】

"'孰能与之？'对曰：'天下莫不与也。王知夫苗乎？七八月之间旱，则苗槁矣。天油然作云，沛然下雨，则苗浡然兴之矣。其如是，孰能御之？今夫天下之人牧，未有不嗜杀人者也；如有不嗜杀人者，则天下之民，皆引领而望之矣。诚如是也，民归之由水之就下，沛然谁能御之？'"

【张居正注评】

与，是归往。周时七八月，即今五六月。槁，是枯槁。油然，是云盛的模样。沛然，是雨盛的模样。浡然，是忽然兴起。御字，解做止字。牧，是牧养。君以养民为职，故叫作人牧。领，是颈。梁襄王又问孟子说："当今列国，分土而治，民各有主，谁肯舍其主而来归乎？"孟子说："当今天下的百姓，无不愿得所依赖而归往之也。王知夫禾苗乎？当夫七八月之间天气亢旱，禾苗枯槁，正是望雨之时，天忽油然作云，沛然下雨，将见苗之枯槁者，随即浡然兴起，发生甚速，谁得而御止之乎？方今天下之君，以牧民为职者，都只以争地争城为事，驱民战斗，忍视其肝脑涂地，略无顾惜，未见有不嗜杀人者也。如有不嗜杀人之主，出于其间，则天下之民，欣然向慕，就如旱苗之望雨一般，莫不延颈举首，都愿戴之以为君矣。望之如此其切，则其相率归附，不远千里而至，其势殆如流水之就下，沛然奔赴，谁得而阑阻之哉？此所以说天下莫不与也。"夫好生恶死，人心所同。战国之君，虽至不道，岂有嗜杀人者。特以甘心战斗，视民之死而不恤，故孟子以嗜杀人警之。盖凡淫威虐政，可以戕民生者，皆嗜杀人者也。君人者能省刑薄敛，务以厚民之生，则民心归而治平可常保矣。

【原文】

齐宣王问曰:"齐桓、晋文之事,可得闻乎?"孟子对曰:"仲尼之徒,无道桓、文之事者,是以后世无传焉,臣未之闻也。无以,则王乎?"

【张居正注评】

齐桓公、晋文公,皆春秋时伯诸侯者,能尊周室,攘夷狄,后世称其功。然先诈力而后仁义,圣贤所不道也。齐宣王有志于伯功,乃问孟子说:"在先五伯,惟齐桓、晋文为盛,二君所行之事,可使寡人得闻其概乎?"孟子对说:"臣所受学,传自仲尼。仲尼之徒,羞称五伯,无有言及桓、文之事者。所以后世之人不传其事,臣无从而闻之。既无所闻,则无可言矣。王若必欲臣言不已,其惟王天下之道乎?盖王道乃圣门常言,而臣得之传闻者也。王若能取法王道,则伯不足道矣。"

【原文】

曰:"德何如,则可以王矣?"曰:"保民而王,莫之能御也。"

【张居正注评】

齐宣王又问说:"人君之德如何,则可以王天下?"孟子对说:"天之立君,惟欲其保养斯民而已。若能修德行仁以保安百姓,使之得所,则天下之民,皆爱之如父母,而戴之为君师,其王天下也,孰得而御之哉?"

【原文】

曰:"若寡人者,可以保民乎哉?"曰:"可。"曰:"何由知吾可也?"曰:"臣闻之胡龁曰,王坐于堂上,有牵牛而过堂下者,王见之,曰:'牛何之?'对曰:'将以衅钟。'王曰:'舍之,吾不忍其觳觫,若无罪而就死地。'对曰:'然则废衅钟与?'曰:'何可废也?以羊易之!'不识有诸?"

【张居正注评】

胡龁,是齐臣。新钟铸成,杀牲取血以涂其衅郤叫作衅钟。觳觫,是恐惧的模样。齐宣王因孟子说保民可以致王,遂将自己问说:"若寡人者,也可以保安百姓否乎?"孟子对说:"可。"齐宣王问说:"你何由知道我可以保民?"孟子对说:"臣曾闻王之臣胡龁说,王一日坐于堂上,有人牵牛行过于堂下。王看见问说:'牵这牛将欲何往?'牵牛者对说:'新铸钟成,将杀此牛,取血以涂其衅郄也。'王说:'舍之,我不忍见此牛这样战惧觳觫,其状恰似无罪而往就死地一般,诚可怜也。'牵牛者说:'王既不忍杀这牛,则将废衅钟之事乎?'王说:'衅钟也是国之大事,何可废也?但取个羊来换他,则钟得以衅而牛亦可全矣。'臣所闻胡龁之言如此,不知果有此事否也?"

【原文】

曰:"有之。"曰:"是心足以王矣!百姓皆以王为爱也,臣固知王之不忍也。"

【张居正注评】

爱,是吝惜的意思。齐宣王因孟子述胡龁之言,乃承认说:"以羊易牛,诚有此事。"孟子遂就善念而开导之说:"王天下之道,不必他求,即王这一点不忍杀牛之心,便可怀保万民,兼济四海,而成兴王之业矣。但百姓每识见短浅,只见王爱此一牛,都道是吝惜财费而然。臣却知王之心,乃由觳觫之状,触目有感,一念恻怛之发,全出于不忍也。能由此一念而遂充之,于致王何有哉?"夫宣王爱牛之心,偶发于一时之感,而孟子遂许其可以保民而王者,盖此一念骤发之仁,最为真切;若推之于民,则凡以利用厚生,拯灾恤患者,将无所不至,而四海皆其度内矣。有保民之责者,能识此不忍之端而扩充之,则仁不可胜用已。

【原文】

王曰:"然。诚有百姓者。齐国虽褊小,吾何爱一牛?即不忍其觳觫,若无罪而就死地,故以羊易之也。"

【张居正注评】

褊,是狭。齐宣王以羊易牛,其心出于不忍,而其迹有似于吝惜。闻孟子之言,乃遂应以为然。说道:"以羊易牛,其迹似吝,诚有如百姓之所讥者,但我之心实不如是。齐国虽褊小,一牛之费能有几何,吾何爱焉?只为见其觳觫之状,若无罪而就死地,心中不忍,故以羊易之耳。此心惟夫子知之,而百姓不知也。"

【原文】

曰:"王无异于百姓之以王为爱也。以小易大,彼恶知之?王若隐其无罪而就死地,则牛羊何择焉?"王笑曰:"是诚何心哉?我非爱其财,而易之以羊也,宜乎百姓之谓我爱也!"

【张居正注评】

异,是怪。隐,是痛。择,是分别。孟子欲宣王察识其不忍之心,乃反复诘问之说:"百姓以王为爱,王亦无怪其然也。盖羊小而牛大,以小易大,迹本可疑,百姓何足以知之?王若果是不忍牛之觳觫,若无罪而就死地,则牛羊一般有生,一般无罪,何所分别,而以羊易牛乎?诚有难于自解者矣。"孟子设此难王,正欲使其反求诸己而得其本心也。宣王亦无以自明,乃笑而应之,说道:"是诚何心哉?我非爱惜一牛之费,而胡为易之以羊也。不忍于牛而独忍于羊,即我亦有不能自知者。百姓之以我为爱,不亦宜乎!"

【原文】

曰:"无伤也。是乃仁术也,见牛未见羊也。君子之于禽兽也,见其生,不忍见其死;闻其声,不忍食其肉,是以君子远庖厨也。"

【张居正注评】

孟子因宣王不能自得其本心,又为之分解说道:"以小易大,虽难解于百姓之疑,然亦无伤也。盖仁虽无所不爱,而见闻感触之时,亦自有斟酌变通之术。今王既能全觳觫之生,而又不废衅钟之礼,于难处之中,得善处之法,是乃仁之术也,何也?盖时当见牛,则此心已发而不可遏;时未见羊,则其理未形而无所妨;故以羊易牛,得以两全而无害,所谓仁术者如此。大凡君子为仁,莫不有术。其于禽兽也,见其生,则不忍见其死;闻其声,则不忍食其肉。此固其恻隐之真心。然祭祀燕飨,礼亦不可废者,则身远庖厨,使其死不接于目,声不闻于耳,固所以预养不忍之心,而广其为仁之术也。吾王以羊易牛,正合于君子之道。若能察识此心而扩充之,何不可保民之有哉?"

【原文】

王说,曰:"《诗》云:'他人有心,予忖度之。'夫子之谓也。夫我乃行之,反而求之,不得吾心;夫子言之,于我心有戚戚焉。此心之所以合于王者,何也?"

【张居正注评】

　　诗，是《小雅·巧言》之篇。夫子，指孟子说。戚戚，是心中感动的意思。齐宣王因孟子之言，有感于心，乃欢喜说道："人藏其心，难可测度。我闻《诗经》有云：'他人有心，予忖度之。'这两句说话，正夫子之谓也。夫以羊易牛，乃我所行的事；及反之吾心，求以小易大的缘故，自家茫然也，不知是何念头。夫子乃能推究来由，说是见牛未见羊之故。将我前日不忍的初心，不觉打动，戚戚然宛如堂下觳觫的形状，复在目前一般。此非夫子能忖度之，则我亦何自而得其本心哉？然这一点心，自我看来，极是微小，能济甚事？夫子却说足以致王，不知其所以合于王道者，果何在乎？"

【原文】

　　曰："有复于王者曰：'吾力足以举百钧，而不足以举一羽；明足以察秋毫之末，而不见舆薪。'则王许之乎？"曰："否。""今恩足以及禽兽，而功不至于百姓者，独何与？然则一羽之不举，为不用力焉；舆薪之不见，为不用明焉；百姓之不见保，为不用恩焉。故王之不王，不为也，非不能也。"

【张居正注评】

　　复，是禀白。秋毫，是毛之冗细而难见者。舆薪，是以车载着薪木。"今恩"以下，是孟子之言。孟子因宣王未知爱牛之心可以保民，乃设辩以提省之说道："今人有禀白于王者说：'我有力能举三千斤之重，而于一羽之轻却不能举；明能察见秋毫之末，而于舆薪之大却不能见。'王亦将信其言而许之乎？"齐宣王答说："不然。人未有举重而不能举轻，见小而不能见大者也。"孟子遂晓之说："王既知此，则知保民而王无难事矣。盖物与人异类，用爱颇难；民则与我相亲，加恩甚易。今王不忍一牛之死，是恩足以及禽兽，就如能举百钧，察秋毫一般。而德泽乃不加于百姓，是一羽之不举，舆薪之不见也。恩能及于所难，而独不能及于所易，其故何欤？然则一羽之不举，只是不曾去用力，一用力，则举之何难？舆薪之不见，只是不曾去用明，一用明，则视之何难？百姓之不见保，只是不曾去用恩，一用恩，则保之何难？夫既不用恩保民，何由能成王业？故王可以王而不王者，乃能为而不为，非欲为而不能也。若肯为之，则取诸爱牛之心，推广之有余矣。保民而王何难哉？"孟子于宣王，既发其爱物之心而使之察识；又示以仁民之术而望其扩充，所以引之于王道者，意独至矣。

【原文】

曰："不为者与不能者之形何以异？"曰："挟泰山以超北海，语人曰：'我不能。'是诚不能也。为长者折枝，语人曰：'我不能。'是不为也，非不能也。故王之不王，非挟泰山以超北海之类也；王之不王，是折枝之类也。"

【张居正注评】

形，是形状。以物夹腋下，叫作挟。超，是越过。齐宣王问孟子说："夫子谓我之不王，是不为，非是不能。这不为与不能的形状，如何分别？"孟子对说："泰山至大，北海至广，挟着泰山，去跳过北海，乃天下所必无之事，以此与人说我不能，这个真是不能，非不为也。奉长者之命，而折取草木之枝，有何难事？以此与人说我不能，这个是不肯为耳，非不能也。不为者与不能者之形，其不同如此。今王有不忍之心，自可以保民而王天下。然而不王者，非挟泰山以超北海之类，而阻于不能。王之不王，乃折枝之类，而由于不为也。盖恩由仁达，患无此心耳。有是心以及物，则物蒙其爱；有是心以及人，则人被其泽，夫何难哉？"有保民之任者，亦在察识此心而扩充之耳！

【原文】

"老吾老，以及人之老；幼吾幼，以及人之幼，天下可运于掌。《诗》云：'刑于寡妻，至于兄弟，以御于家邦。'言举斯心加诸彼而已。故推恩足以保四海，不推恩无以保妻子。古之人所以大过人者，无他焉，善推其所为而已矣。今恩足以及禽兽，而功不至于百姓者，独何与？"

【张居正注评】

老，是尊事的意思。吾老、人之老，都指父兄说。幼，是抚育的意思。吾幼、人之幼，都指子弟说。运于掌，是说近而易行，如运动手掌一般。《诗》，是《大雅·思齐》之篇。刑，是法。寡妻，是谦称寡德之妻。御字，解做治字。孟子又告齐宣王说："我谓王不难于致王者无他，亦有见于推恩之甚易耳。且如我有父兄，我能尊事之，即推这老老之心，以及于民，使百姓每都得以尊事其父兄。我有子弟，我能慈爱之，即推这幼幼之心，以及于民，使百姓每都得以慈爱其子弟。如此，则举天下之老

国学经典文库 孟子诠解 张居正注评《孟子》 图文珍藏版

者幼者,无一人不被我之恩泽。以之措置一世,就如运动手掌一般,何难之有?《诗·大雅·思齐》之篇说:'文王之德,为法于寡妻,施及于兄弟,又能统御乎家邦。'盖言文王能以仁心,施之于家而家齐,施之于国而国治,总不外于此心之运用而已。故为人君者,诚能推此心以施恩,则包含遍覆,虽四海之大,可以保之而无难;不能推此心以施恩,则众叛亲离,虽妻子至近,亦不可得而保矣,况四海乎?考之上古帝王,其功业隆盛所以大过于人而非后世所能及者,别无他道,只是善推此心。由亲亲推之以及于仁民,由仁民推之以及于爱物,施为先后之间,能不失其当然之序而已矣。今王恩足以及禽兽,而功乃不至于百姓,则是倒行而逆施,与古人之善推所为者,大相反矣。是果何为也哉?王其反求诸心可也。"

【原文】

"权,然后知轻重;度,然后知长短。物皆然,心为甚,王请度之。"

【张居正注评】

权,是秤锤,所以称物之轻重者。度,是丈尺。度,是称量的意思。孟子因宣王昧于推恩,要他心里自家裁度。复晓之说道:"物有轻重,必须用秤称之而后可知。物有长短,必须用丈尺量之而后可知。凡物皆是如此,未有舍权度而能知轻重长短者也。若人之一心,万理毕具;于凡应事接物之际,尤不可无权度以称量之,更有甚于物者。盖物无权度,不过一物之差而已。设使心无权度,则事到面前,茫然不知是非利害之所在,其颠倒错乱,有不可胜言者,岂但一物之失而已哉!今王不忍一牛而忍于百姓,是其爱物之心,反重且长;仁民之心,反轻且短,差谬甚矣。王请自家称量民与物,孰重而孰轻;爱民与爱物,当孰长而孰短;庶吾心之权度不差,而施恩必自有其序矣,尚何百姓之不可保哉?"此可见人君一心,万化之源,必权度不差,而后能推行有序。凡斟酌治道,鉴别人才,以至于赏罚举错,皆当以此心之权度为准,而审察之也。

【原文】

"抑王兴甲兵,危士臣,构怨于诸侯,然后快于心与?"王曰:"否。吾何快于是?将以求吾所大欲也。"

【张居正注评】

士,是战士。构,是两相构结。孟子诘问齐宣王说:"吾王爱物之心重且长,而爱民之心反轻且短,则此心之权度,必有所由敝而失其准者。岂是要兴动甲兵,驱战士武臣于危亡之地,而构结仇怨于诸侯,然后快足于心与?不忍一牛之死,而忍万民之命,王试度之,则其长短轻重,较然可知矣。"齐王对说:"不然。这三件都不是好事,吾何为求快于此?所以不得已而为之者,将用以战胜攻取,求得吾心中所大欲也。"

【原文】

曰:"王之所大欲,可得闻与?"王笑而不言。曰:"为肥甘不足于口与?轻暖不足于体与?抑为采色不足视于目与?声音不足听于耳与?便嬖不足使令于前与?王之诸臣,皆足以供之,而王岂为是哉?"曰:"否,吾不为是也。"曰:"然则王之所大欲可知已,欲辟土地,朝秦楚,莅中国而抚四夷也。以若所为,求若所欲,犹缘木而求鱼也。"

【张居正注评】

便嬖,是近习嬖幸之人。居上临下叫作莅。缘,是攀缘。孟子闻宣王求大欲之言,因探问之说:"王之所大欲如何,可使臣得闻之与?"齐王有难于自言者,但笑而不言。孟子又设问说:"王所大欲,岂为肥甘之味不足于口与?轻暖之衣不足于体与?抑或为华采之色不足观视于目与?声音之美不足听闻于耳与?近习嬖幸之人不足备使令于前与?凡此数者,王之诸臣皆足以供应之而不缺,王岂为是而汲汲以求之耶?"齐王应之说:"不然,这几件都是小事,吾不为是而求之也。"孟子说:"王所欲既不在是,则王之所大欲可知已。王必是要开广土地,朝服秦楚,临御中国,安抚四夷,使天下一统,然后王之大欲始遂耳。然求是大欲,必有大道。乃兴兵结怨以求之,以如是之所为,求如是之所欲,譬如攀缘树木而求水中之鱼,岂有可得之理哉?"